암기시간은 반으로, 기억시간은 두 배로!

해커스 텝스 기출 보카 200% 활용법

해커스 텝스 기출 보카 TEST

DAY별로 학습한 단어를 간단한 퀴즈로 복습할 수 있습니다.

단어시험지 자동생성기

간편하게 단어시험지를 만들어 외운 단어를 테스트할 수 있습니다.

이용 방법 해커스텝스(HackersTEPS.com) 접속 후 로그인
▶ 상단 메뉴의 **[교재/무료MP3 → 해커스 텝스 책 소개 → 해커스 텝스 기출 보카]** 클릭
▶ **[해커스 텝스 기출 보카 TEST, 단어시험지 자동생성기]** 선택 후 이용하기

Daily Checkup 해석

학습한 어휘로 만든 문장을 정확한 해석으로 복습할 수 있습니다.

무료 학습자료 바로 확인하기

이용 방법 해커스인강(HackersIngang.com) 접속 후 로그인
▶ 상단 메뉴의 **[텝스 → MP3/자료 → 무료 MP3/자료]** 클릭 후 이용하기

단어와 예문 암기 MP3 무료 다운로드

이용 방법 해커스인강(HackersIngang.com) 접속 후 로그인
▶ 상단 메뉴의 **[텝스 → MP3/자료 → 문제풀이 MP3]** 클릭 후 이용하기

▲ 무료 MP3 바로 듣기

해커스 텝스 기출보카

해커스 어학연구소

Hackers TEPS Vocabulary

PREFACE

텝스 학습의 기본은 탄탄한 어휘 실력입니다.

텝스 수험자들의 체계적이고 탄탄한 영어 실력 확립의 길잡이가 되어줄 어휘집인 《해커스 텝스 기출 보카》를 출간하게 되었습니다.
《해커스 텝스 기출 보카》는 텝스 학습의 근간인 텝스 어휘를 어떻게 하면 재미있고, 효율적으로 학습할 수 있을지를 고민하여 한 권으로 텝스를 완벽 대비할 수 있도록 최신 텝스 출제 경향을 반영한 책입니다.

최신 텝스 시험을 철저하게 연구, 분석하여 반영한 《해커스 텝스 기출 보카》

《해커스 텝스 기출 보카》는 출제 빈도가 높은 최신 텝스 단어들을 주제별로 묶어 오래 기억할 수 있도록 구성한 30일 완성 학습서입니다. 수록된 어휘들은 물론, 예문과 실전 TEST에도 텝스 시험을 철저하게 연구, 분석하여 반영하였으며, 텝스 전 영역에서 자주 나올 만한 출제 포인트를 통해 텝스 시험에 효과적으로 대비할 수 있게 하였습니다.

텝스 초보부터 고수까지 모두 학습할 수 있는 《해커스 텝스 기출 보카》

《해커스 텝스 기출 보카》는 영어 단어 실력을 탄탄하게 다지고자 하는 초보 학습자부터 텝스 고득점을 목표로 하는 학습자까지 모두 학습할 수 있도록 텝스빈출단어 뿐만 아니라 350점, 450점, 500점 완성단어를 구성하였습니다. 목표한 점수에 도달하기 위해 꼭 필요한 텝스 어휘를 집중적으로 학습할 수 있어 더욱 빠른 목표 달성이 가능합니다.

쉽고 재미있게 어휘를 암기할 수 있도록 구성된 《해커스 텝스 기출 보카》

《해커스 텝스 기출 보카》는 어휘를 쉽고 재미있게 암기할 수 있도록 구성하였습니다. 텝스에서 자주 출제되는 어휘들을 주제별로 묶어 암기할 수 있도록 했고, 각 주제마다 재미있는 스토리와 삽화를 수록하였습니다. 또한, 어휘를 효율적으로 암기할 수 있도록 도와주는 다양한 구성의 MP3를 해커스인강 사이트(HackersIngang.com)에서 접해보실 수 있습니다.

다양한 학습자료와 학습자들 간의 교류, 해커스텝스

《해커스 텝스 기출 보카》와 함께 텝스 학습을 더욱 재미있고 효과적으로 만들어 줄 해커스텝스 사이트(HackersTEPS.com)는 '사귐과 연대를 통한 함께함의 커뮤니티'를 꿈꾸는 해커스 철학을 담고 있습니다. 교재 학습 중 궁금한 점을 비롯하여 텝스 시험에 대한 다양한 정보를 다른 학습자들과 공유하고, 무료 텝스 학습 자료까지 함께 이용한다면 보다 효과적으로 시험에 대비할 수 있을 것입니다.

오랜 기간의 땀과 정성 속에 탄생한 《해커스 텝스 기출 보카》와 함께 목표를 이루고 꿈을 향해 한 걸음 더 나아가시기를 기원합니다.

David Cho

Hackers TEPS Vocabulary

Contents

책의 특징

1 텝스 전 영역 최신 기출 어휘 수록

최근 청해, 어휘, 문법, 독해의 텝스 전 영역에서 출제된 최신 기출 어휘를 수록하였습니다. 텝스에서 가장 자주 출제되는 7,000여 개에 이르는 방대한 어휘와 표현들을 통해 이 책 한 권으로 텝스 전 영역의 어휘를 대비할 수 있습니다.

2 텝스 최신 출제 포인트 수록

최신 텝스 시험을 철저하게 연구, 분석하여 텝스에 자주 출제되는 단어들의 출제 경향을 한눈에 파악할 수 있도록 출제 포인트로 깔끔하게 정리하였습니다. 특히, 텝스 단어 암기에 필수적인 기출 관용 표현, 혼동 어휘를 비롯한 문법 관련 사항까지 영역별 출제 포인트로 수록하여 텝스 전 영역을 효과적으로 대비할 수 있습니다.

3 텝스 필수 어휘 30일 정복

텝스의 필수적인 모든 단어를 30일 치 학습 분량으로 구성하여, 계획적인 학습이 가능합니다. 여러 수준의 학습자들이 자신에게 가장 알맞은 방법으로 단어 학습을 할 수 있도록 레벨별 학습플랜을 제공하였습니다. 목표를 세우고 레벨별 학습플랜(p.16~19)에 따라 꾸준히 학습해나가면 30일 후에는 부쩍 향상된 어휘 실력을 확인할 수 있을 것입니다.

4 출제율 높은 순으로 단기 학습 가능

텝스 전 영역에서 출제된 단어 중 출제 빈도가 높은 핵심 단어들을 '텝스빈출단어'에 수록하여, 우선순위가 높은 단어를 먼저 암기할 수 있도록 하였습니다. 또한 '텝스빈출단어'에 수록된 단어들의 출제 빈도를 별표로 표시하고, 빈도가 높은 단어부터 수록하여 중요한 단어부터 효율적으로 학습할 수 있습니다.

5 주제별 구성으로 연상 학습 가능

최신 텝스 기출 단어들을 텝스 빈출 주제 30개로 나누어 재미있는 스토리와 삽화를 함께 수록하였습니다. 이러한 주제별 구성에 따른 연상 학습으로 단어를 자연스럽게 암기할 수 있을 뿐만 아니라 해당 주제로 작성된 예문을 통해 단어의 문장 내 쓰임까지도 파악할 수 있어 어휘 실력을 극대화할 수 있습니다.

6 엄선된 퀴즈와 실전 문제 제공

그날그날 학습한 단어를 퀴즈로 풀어 보며 어휘 실력 향상을 확인할 수 있도록 매 DAY마다 Daily Checkup을 수록하였습니다. 또한, 10개 DAY마다 텝스 출제 경향을 반영한 실전 TEST 문제를 풀어보면서 실전 감각도 키울 수 있습니다.

7 텝스 무료 학습자료 제공 - HackersTEPS.com

해커스텝스 사이트(HackersTEPS.com)에서 매일 올라오는 텝스 문제를 풀어 보고, 텝스 시험과 관련된 방대한 학습자료를 이용하실 수 있습니다. 또한, 다른 학습자들과의 활발한 의견 교환을 통해 텝스 시험과 의문점에 대해 토론할 수 있습니다.

8 효과적인 어휘 암기를 위한 학습 자료 제공

단어시험지 자동생성기

해커스 텝스 기출 보카 TEST

Daily Checkup 해석

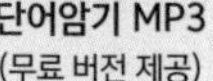
단어암기 MP3 (무료 버전 제공)

교재 동영상강의 (별매)

해커스텝스 사이트(HackersTEPS.com)에서는 출제 범위와 문제 유형을 선택할 수 있는 맞춤형 단어시험지 자동생성기와 학습한 단어를 복습할 수 있는 해커스 텝스 기출 보카 TEST를 무료로 제공합니다. 또한, 해커스인강 사이트(HackersIngang.com)에서 제공하는 무료 Daily Checkup 해석, 다양한 버전의 유/무료 MP3, 그리고 별도로 구매 가능한 동영상강의도 활용한다면 보다 효과적인 학습이 가능합니다.

책의 구성

텝스빈출단어

텝스 전 영역에서 출제 빈도가 높은 단어들을 수록하였습니다. 텝스 학습에 필수적인 단어들이므로 최우선으로 학습해 두어야 합니다.

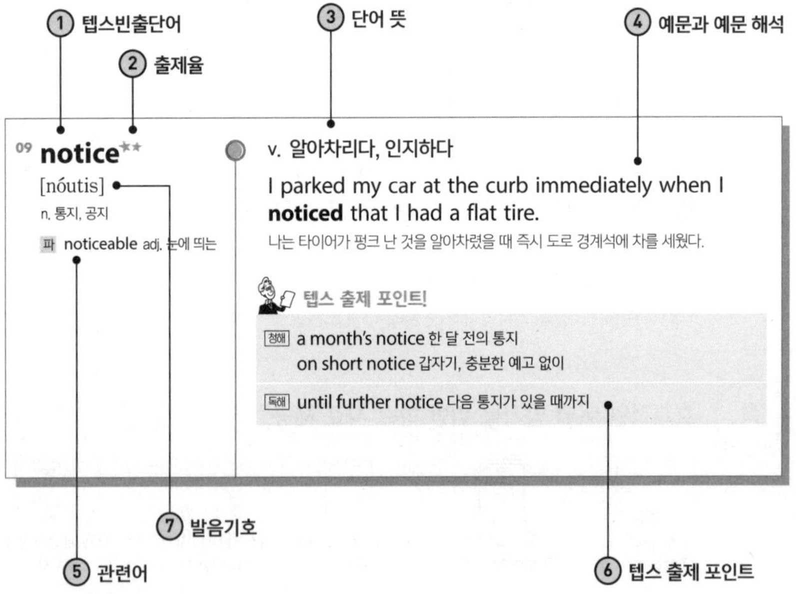

① 텝스빈출단어
② 출제율
③ 단어 뜻
④ 예문과 예문 해석
09 notice★★
[nóutis]
n. 통지, 공지
파 noticeable adj. 눈에 띄는
v. 알아차리다, 인지하다
I parked my car at the curb immediately when I noticed that I had a flat tire.
나는 타이어가 펑크 난 것을 알아차렸을 때 즉시 도로 경계석에 차를 세웠다.
텝스 출제 포인트!
청해 a month's notice 한 달 전의 통지
on short notice 갑자기, 충분한 예고 없이
독해 until further notice 다음 통지가 있을 때까지
⑦ 발음기호
⑤ 관련어
⑥ 텝스 출제 포인트

v. 동사 | n. 명사 | adj. 형용사 | adv. 부사 | prep. 전치사 | phr. 어구 | pl. 복수형 | 파 파생어 | 동 동의어 | 반 반의어

1 텝스빈출단어

텝스 청해, 어휘, 문법, 독해에 자주 출제되는 빈출 단어들을 주제별로 구성하였습니다. 각 DAY의 첫 페이지에 수록된 스토리에 포함된 단어부터 시작하여 출제 빈도가 높은 순으로 배치하여, 연상 학습 및 중요한 단어를 먼저 외울 수 있도록 학습의 효과를 극대화하였습니다.

2 출제율

텝스빈출단어 옆에는 별표로 출제 빈도가 표시되어 있습니다. 별표가 많을수록 텝스 전 영역에서 출제 빈도가 높은 단어입니다.

3 단어 뜻

텝스빈출단어의 뜻을 텝스에서 주로 쓰이는 뜻 위주로 품사와 함께 정리하였습니다.

4 예문과 예문 해석

텝스에서 나올 법한 예문과 정확한 해석이 실려 있습니다.

5 관련어

텝스빈출단어 하단에 파생어, 동의어, 반의어가 정리되어 있으므로 한 단어를 외우면서 동시에 관련 있는 여러 단어를 추가로 학습할 수 있습니다. 또한, 텝스빈출단어에 제공된 주요 단어 뜻 외에 함께 외워두면 좋은 다른 뜻도 함께 학습할 수 있습니다.

6 텝스 출제 포인트

텝스빈출단어가 시험에 어떻게 출제되는지 보여주는 부분입니다. 핵심 포인트가 출제 영역별(청해, 어휘, 문법, 독해)로 정리되어 있습니다.

7 발음기호

텝스빈출단어의 정확한 발음을 정리하여 텝스 청해 영역도 동시에 대비할 수 있게 하였고, 품사별로 발음이 다른 경우에는 따로 표시하였습니다.

책의 구성

텝스완성단어

텝스완성단어

350점 단어

avenue[ǽvənjùː]	n. 대로, 길 ㅣ (목적에 이르는) 수단, 방법
backseat[bǽksíːt]	n. 뒷좌석
blame[bleim]	v. 비난하다, ~의 탓으로 하다 n. 책임, 책망
block[blak]	n. 블록, 구획 v. 막다, 방해하다
crosswalk[krɔ́ːswɔ̀ːk]	n. 횡단 보도
descent[disént]	n. 하강 ㅣ 혈통, 가계
direct[dirékt]	v. ~에게 길을 가리키다, 안내하다 ㅣ 감독하다 adj. 직접의
drive[draiv]	v. (기계에) 동력을 공급하다 ㅣ ~한 행동을 하게 만들다
drop by	phr. 잠깐 들르다
fasten a seat belt	phr. 안전 벨트를 매다
flat tire	phr. 펑크 난 타이어
garage[gərɑ́ːdʒ]	n. 차고 ㅣ 차량 정비소
gas station	phr. 주유소
in turn	phr. 차례로, 번갈아 ㅣ 결국, 마침내
instant[ínstənt]	adj. 즉각의, 즉시의
instantly[ínstəntli]	adv. 즉시
make a right	phr. 우회전하다
mileage[máilidʒ]	n. 연비
mount[maunt]	v. 설치하다 ㅣ 놓다
overcrowded[òuvərkráudid]	adj. 매우 혼잡한, 초만원의
path[pæθ]	n. 길, 보도, 통로
related[riléitid]	adj. 관련된
sidewalk[sáidwɔ̀ːk]	n. 보도, 인도
speed limit	phr. 제한 속도
traffic jam	phr. 교통 정체
trouble[trʌ́bl]	n. (기계·차량 등에 생긴) 문제, 고장
vehicle[víːikl]	n. 차, 탈것 ㅣ 수단, 매체

450점 단어

abide by	phr. (규칙·결정을) 따르다
accelerate[æksélərèit]	v. 가속하다 ㅣ 촉진하다
alley[ǽli]	n. 골목길
alternate[ɔ́ːltərnət]	adj. 다른, 대신의 ㅣ 번갈아 나오는, 교대의 v. 번갈아 하다
alternatively[ɔːltə́ːrnətivli]	adv. 그렇지 않으면, 그 대신에
ascertain[æsərtéin]	v. 확인하다
awkward[ɔ́ːkwərd]	adj. 난처한 ㅣ 불편한, 어색한 ㅣ 서투른
backward[bǽkwərd]	adv. 뒤쪽으로 adj. 뒤떨어진 ㅣ 후진적인
bald[bɔːld]	adj. 닳은, 마모된
be backed up	phr. (교통이) 정체되다
be stuck in traffic	phr. 교통 체증으로 꼼짝 못하다
behind the wheel	phr. 운전하여
boulevard[búləvàːrd]	n. 큰 길, 대로
break down	phr. 고장나다 ㅣ 분해하다
crawl[krɔːl]	v. 몹시 느리게 가다, 기어가다
crooked[krúkid]	adj. 굽은, 구부러진
dealership[díːlərʃip]	n. (자동차) 판매 대리점
dent[dent]	v. 움푹 들어가게 하다 n. (부딪쳐서) 움푹 들어간 곳
detach[ditǽtʃ]	v. 떼어놓다, 분리시키다
double-park[dʌ̀blpɑ́ːrk]	v. 이중 주차하다
drive through a red light	phr. 정지 신호를 무시하고 운전하다
expire[ikspáiər]	v. 만기가 되다, 만료되다
give A a ride	phr. A를 태워 주다
go downhill	phr. 더 나빠지다, 질이 떨어지다
grab a cab	phr. 택시를 잡다
guidepost[gáidpòust]	n. 도로 표지, 이정표
hold up traffic	phr. 교통을 정체시키다
honk[haŋk]	v. (자동차의) 경적을 울리다
hull[hʌl]	n. (배의) 선체
I don't have a clue.	phr. 전혀 모르겠어.

각 점수대별 목표 학습자들을 위해 반드시 알아 두어야 할 단어를 350점, 450점, 500점 단어로 수준별로 나누어 '텝스완성단어'에 수록하였습니다. 텝스빈출단어와 마찬가지로 동일한 주제로 묶여 있어서, 같은 주제 안에서 연결하여 연상 학습이 가능합니다.

추가 학습 구성

1 오버뷰

주제별 구성에 따른 하루 치 단어를 학습하기 전에 그 날 배울 단어들로 구성된 재미있는 스토리를 삽화와 함께 미리 볼 수 있습니다.

* 우측 상단의 QR 코드를 통해 Day별 텝스빈출단어의 무료 MP3를 들으며 더욱 효과적인 학습이 가능합니다.

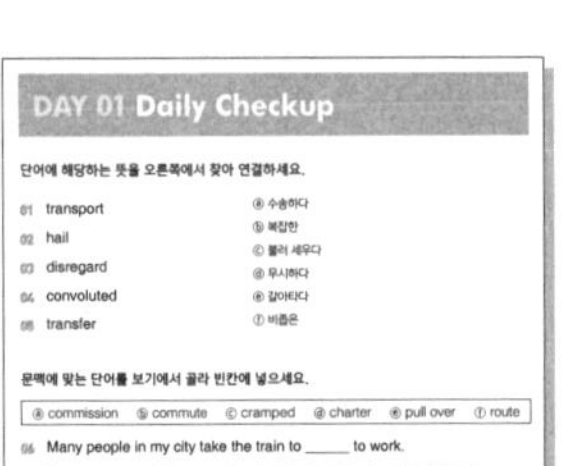
DAY 01 Daily Checkup

단어에 해당하는 뜻을 오른쪽에서 찾아 연결하세요.

01 transport
02 hail
03 disregard
04 convoluted
05 transfer

ⓐ 수송하다
ⓑ 복잡한
ⓒ 불러 세우다
ⓓ 무시하다
ⓔ 갈아타다
ⓕ 비좁은

문맥에 맞는 단어를 보기에서 골라 빈칸에 넣으세요.

ⓐ commission ⓑ commute ⓒ cramped ⓓ charter ⓔ pull over ⓕ route

06 Many people in my city take the train to ______ to work.
07 The tour group will ______ a bus to take them to a temple in the city.

2 Daily Checkup

매일 그날 학습한 텝스빈출단어를 테스트할 수 있도록 간단한 퀴즈로 구성되어 있습니다.

* Daily Checkup 해석은 해커스인강 사이트(HackersIngang.com)에서 무료로 다운로드하실 수 있습니다.

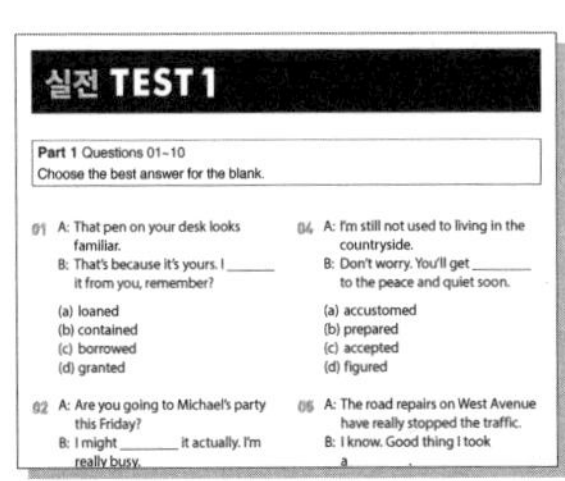
실전 TEST 1

Part 1 Questions 01~10
Choose the best answer for the blank.

01 A: That pen on your desk looks familiar.
B: That's because it's yours. I ______ it from you, remember?
(a) loaned
(b) contained
(c) borrowed
(d) granted

02 A: Are you going to Michael's party this Friday?
B: I might ______ it actually. I'm really busy.

04 A: I'm still not used to living in the countryside.
B: Don't worry. You'll get ______ to the peace and quiet soon.
(a) accustomed
(b) prepared
(c) accepted
(d) figured

05 A: The road repairs on West Avenue have really stopped the traffic.
B: I know. Good thing I took a ...

3 실전 TEST

10개 DAY마다 실제 텝스 시험과 동일한 유형의 문제를 풀어보면서 실전 적응력을 기를 수 있습니다.

* 실전 TEST의 정답과 해석은 교재 뒤에 수록된 <정답 및 해석>에서 제공됩니다.

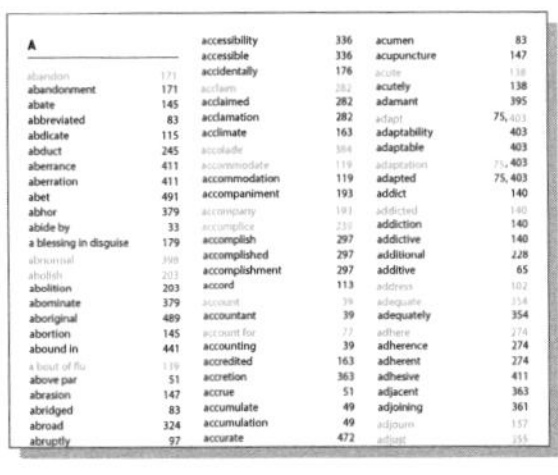

4 인덱스

텝스빈출단어와 텝스완성단어뿐만 아니라 파생어, 동의어 반의어까지도 책의 어느 페이지에 있는지 쉽게 찾아볼 수 있습니다.

* 텝스빈출단어는 파란색으로 표시하여 한 눈에 구분할 수 있도록 하였습니다.

단어 암기가 쉬워지는 특별한 학습 자료

단어암기 MP3

교재에 수록된 단어들을 들으면서 암기할 수 있는 다양한 구성의 MP3를 해커스인강 사이트(HackersIngang.com)에서 다운로드할 수 있습니다.

텝스빈출단어

각 DAY의 텝스빈출단어 MP3입니다. 단어의 원어민 발음과 함께 우리말 뜻을 들으며 단어를 암기하면 더욱 빠르게 목표 점수를 달성할 수 있을 것입니다.

① [무료] 텝스빈출단어와 예문 암기 MP3	영어 단어 → 우리말 뜻 → 예문
② [유료] 텝스빈출단어 집중 암기 MP3	영어 단어 → 우리말 뜻
텝스빈출단어 랜덤 TEST MP3*	영어 단어(랜덤) → 공백 → 우리말 뜻

* 영어 단어가 교재에 수록된 순서와 달리 랜덤하게 제공되어 TEST를 할 수 있는 MP3입니다.
공백 동안 영어 단어의 뜻을 스스로 떠올려 본 후, 우리말 뜻을 들으며 바로 정답을 확인할 수 있습니다.

텝스완성단어

각 DAY의 텝스완성단어 MP3이며 목표 점수대별로 구성되어 있습니다. 단어의 원어민 발음과 함께 우리말 뜻을 들으며 단어를 암기하면 더욱 빠르게 목표 점수를 달성할 수 있을 것입니다.

③ [유료] 텝스완성단어_350점 단어 MP3	영어 단어 → 우리말 뜻
④ [유료] 텝스완성단어_450점 단어 MP3	영어 단어 → 우리말 뜻
⑤ [유료] 텝스완성단어_500점 단어 MP3	영어 단어 → 우리말 뜻

◀ MP3 무료 다운로드 및 스트리밍 바로 듣기 (HackersIngang.com)

 단어시험지 자동생성기

1 단어시험지 자동생성기 이용 방법

해커스텝스(HackersTEPS.com) 접속 → 상단 메뉴에서 [텝스] 클릭 → [단어시험지 자동생성기] 클릭하고 이용하기

2 단어시험지 자동생성기 미리보기

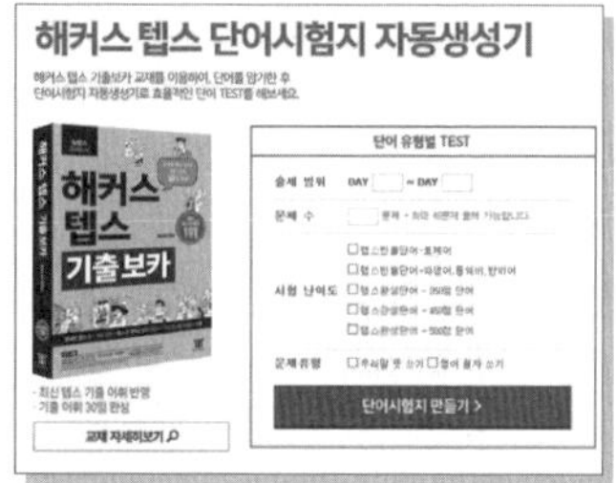

해커스 텝스 기출 보카 TEST

1 해커스 텝스 기출 보카 TEST 이용 방법

해커스텝스(HackersTEPS.com) 접속 → 상단 메뉴에서 [텝스] 클릭 → [해커스 텝스 기출 보카 TEST] 클릭하고 이용하기

2 해커스 텝스 기출 보카 TEST 미리보기

텝스 어휘의 특징

텝스 어휘의 특징은 주제가 특정 분야에만 국한되어 있지 않고 다양하며 그 폭이 넓다는 것입니다. 뿐만 아니라 전 영역에서 쉬운 표현부터 고난도 어휘까지 아우르며 고르게 출제됩니다. 주제별·영역별로 자주 등장하는 어휘의 특징이 있으므로 이를 파악하면 텝스 어휘를 보다 효과적으로 대비할 수 있습니다.

1 주제별 텝스 어휘의 특징

텝스 전 영역의 주제는 크게 일상생활과 학문 분야로 나눌 수 있습니다. 각 주제별로 자주 사용되는 어휘가 있으므로, 주제별로 구성된 《해커스 텝스 기출 보카》를 학습하면 각 주제와 관련된 텝스 표현을 보다 효율적으로 암기할 수 있습니다.

일상 생활	개인 생활	쇼핑, 식생활, 여가·스포츠, 여행, 주거 생활, 항공·숙박
	사회 생활	대중 매체, 비즈니스, 사교·공동체, 사회·문화, 직장 생활, 학교·교육
	기타	교통, 날씨·기후, 사고·재난, 통신, 환경

학문 분야	인문학	문학·언어, 역사, 예술, 종교·철학
	사회 과학	경제·금융, 법·범죄, 심리, 정치·외교
	자연 과학	건강·의학, 공학·기술, 물리·화학, 생물, 지구과학·천문학

2 영역별 텝스 어휘의 특징

모든 영역의 어휘는 난이도가 다양하고, 폭넓은 주제를 다루며 해당 주제와 관련된 표현이 자주 출제됩니다. 따라서 이러한 표현을 중심으로 익히되, 단순한 의미만이 아니라 예문을 통해 어휘의 정확한 쓰임과 뉘앙스를 파악하고 관용 표현을 익혀 두어야 합니다. 또한 이 책에 제시된 각 영역의 출제 포인트를 중점적으로 학습해 놓으면 어느 영역이든 대비할 수 있습니다.

1 청해

다양한 대화 상황과 담화가 제시되므로 구어체부터 각종 담화에서 사용될 수 있는 어휘가 등장합니다. 대화 상황에서는 주어진 상황에 알맞은 구어체 표현, 즉 get, take를 비롯한 주요 동사를 이용한 숙어, 이디엄, 조동사 관련 표현 등이 자주 출제됩니다. 담화의 경우, 뉴스·광고 등의 실용문과 강의에서 사용되는 높은 수준의 어휘가 출제되기도 합니다. 또한, 담화에서 쓰인 표현이 정답에서 다른 표현으로 바뀌므로 이러한 표현을 기억해 두도록 합니다.

2 어휘

구어체 표현에서부터 문어체에 주로 사용되는 고급 어휘까지 모두 출제됩니다. 뿐만 아니라 연어와 같은 관용 표현, 혼동하기 쉬운 유사 형태·의미를 가진 단어가 자주 나옵니다. 따라서 단어 자체의 단편적인 의미뿐만 아니라 문맥에서 쓰인 의미를 파악하여 알맞은 어휘를 선택할 수 있도록 학습해 둡니다.

3 문법

각 어휘의 문법적 특징 또는, 통째로 암기해야만 알 수 있는 숙어, 관용 표현, 특히 대화 상황에서만 쓰이는 구어체 표현이 자주 출제됩니다. 따라서 자주 쓰이는 이러한 표현을 암기해 두도록 합니다.

4 독해

편지, 광고, 공지, 기사 등의 실용문과 인문학, 사회 과학, 자연 과학 등의 학술문이 출제되고, 각 지문 유형별로 자주 등장하는 어휘가 있습니다. 따라서 주제별로 자주 나오는 어휘를 중심으로 익혀 두어야 합니다. 청해 영역과 마찬가지로 지문에서 쓰인 표현이 정답에서 다른 표현으로 바뀌므로 이러한 표현을 기억해 두도록 합니다.

레벨별 학습플랜

Self-Test

단어에 해당하는 뜻을 오른쪽에서 찾아 연결하세요.

01	introverted	ⓐ 요점
02	complication	ⓑ 출발
03	gist	ⓒ 되살리다
04	evade	ⓓ 내성적인
05	departure	ⓔ 피하다
		ⓕ 합병증

단어의 뜻으로 알맞은 것을 고르세요.

06	trivial	ⓐ 적절한	ⓑ 사소한	ⓒ 변하기 쉬운	ⓓ 수많은
07	predict	ⓐ 설명하다	ⓑ 관찰하다	ⓒ 깨닫다	ⓓ 예측하다
08	contemplate	ⓐ 측정하다	ⓑ 숙고하다	ⓒ 습득하다	ⓓ 개발하다
09	obstacle	ⓐ 장애	ⓑ 매체	ⓒ 의도	ⓓ 기회
10	ignorant	ⓐ 위험한	ⓑ 황량한	ⓒ 무지한	ⓓ 일정한

우리말 뜻에 알맞은 단어를 고르세요.

11	사로잡다	ⓐ switch	ⓑ refrain	ⓒ accompany	ⓓ obsess
12	인정하다	ⓐ reflect	ⓑ concede	ⓒ embrace	ⓓ hoist
13	능숙한	ⓐ adroit	ⓑ esoteric	ⓒ cumulative	ⓓ secluded
14	분위기	ⓐ device	ⓑ ambience	ⓒ gaiety	ⓓ connotation
15	이성적인	ⓐ rational	ⓑ urgent	ⓒ colossal	ⓓ stuffy

총점: ______ 점/15점

➔ 정답을 확인해 본 후 p.17~19에서 내 점수대에 맞는 학습플랜을 찾아 참고하세요.

Answer 01 ⓓ 02 ⓕ 03 ⓐ 04 ⓔ 05 ⓑ 06 ⓑ 07 ⓓ 08 ⓑ 09 ⓐ 10 ⓒ 11 ⓓ 12 ⓑ 13 ⓐ 14 ⓑ 15 ⓐ

텝스 350-400점 목표 (Self-Test 0~4점)

차근차근 텝스 단어의 기초를 다져 **350-400점대의 점수를 달성하고자** 하는 사람들을 위한 《해커스 텝스 기출 보카》 30일 기초 완성 **2회독 추천 학습**

회독	학습 방법	추천 학습 자료
1회독 (1일~15일)	**텝스빈출단어** (단어) · 하루에 Day 두 개씩 텝스빈출단어의 단어를 암기합니다.	텝스빈출단어 집중 암기 MP3
2회독 (16일~30일)	**텝스빈출단어** (단어, 예문, 텝스 출제 포인트) · 하루에 Day 두 개씩 텝스빈출단어의 단어를 복습하고, 예문을 보며 단어의 실제 쓰임을 학습합니다. '텝스 출제 포인트'를 학습하며 단어의 최신 출제 경향을 확인합니다. · 실전 TEST로 실제 텝스 시험 유형을 연습합니다.	텝스빈출단어와 예문 암기 MP3 실전 TEST
	텝스완성단어 (350점) · 하루에 Day 두 개씩 텝스완성단어 350점대 단어를 암기합니다.	텝스완성단어_350점 단어 MP3

* 해커스텝스 사이트(HackersTEPS.com)에서 텝스 학습자료와 매일 텝스 풀기를 무료로 이용하실 수 있습니다.
* 다양한 버전의 유/무료 MP3는 교재에 수록된 QR 코드를 통해 바로 듣기 또는 해커스인강 사이트(HackersIngang.com)에서 다운로드하실 수 있습니다.

텝스 450점 (Self-Test 5~12점)

꼼꼼하게 텝스 단어 실력을 쌓아 **450점대의 점수를 달성하고자** 하는 사람들을 위한 《해커스 텝스 기출 보카》 30일 실력 업그레이드 **3회독 추천 학습**

회독	학습 방법	추천 학습 자료
1회독 (1일~10일)	**텝스빈출단어** (단어) · 하루에 Day 세 개씩 텝스빈출단어의 단어를 암기합니다.	텝스빈출단어 집중 암기 MP3
2회독 (11일~20일)	**텝스빈출단어** (단어, 예문) · 하루에 Day 세 개씩 텝스빈출단어의 단어를 복습하고, 예문을 보며 단어의 실제 쓰임을 학습합니다.	텝스빈출단어와 예문 암기 MP3
	텝스완성단어 (350점) · 하루에 Day 세 개씩 텝스완성단어 350점대 단어를 암기합니다.	텝스완성단어_350점 단어 MP3
3회독 (21일~30일)	**텝스빈출단어** (단어, 예문, 텝스 출제 포인트) · 하루에 Day 세 개씩 텝스빈출단어의 단어와 예문을 복습하고, '텝스 출제 포인트'를 학습하며 단어의 최신 출제 경향을 확인합니다. · 실전 TEST로 실제 텝스 시험 유형을 연습합니다.	텝스빈출단어와 예문 암기 MP3 실전 TEST
	텝스완성단어 (450점) · 하루에 Day 세 개씩 텝스완성단어 450점대 단어를 암기합니다.	텝스완성단어_450점 단어 MP3

* 해커스텝스 사이트(HackersTEPS.com)에서 텝스 학습자료와 매일 텝스 풀기를 무료로 이용하실 수 있습니다.
* 다양한 버전의 유/무료 MP3는 교재에 수록된 QR 코드를 통해 바로 듣기 또는 해커스인강 사이트(HackersIngang.com)에서 다운로드하실 수 있습니다.

텝스 500점 (Self-Test 13~15점)

탄탄하게 텝스 단어 실력을 굳혀 **500점대 점수를 달성하고자** 하는 사람들을 위한 《해커스 텝스 기출 보카》 30일 완벽 정복 **3회독 추천 학습**

회독	학습 방법	추천 학습 자료
1회독 (1일~10일)	**텝스빈출단어** (단어, 예문) · 하루에 Day 세 개씩 텝스빈출단어의 단어를 암기하고, 예문을 보며 단어의 실제 쓰임을 학습합니다.	텝스빈출단어와 예문 암기 MP3
	텝스완성단어 (350점) · 하루에 Day 세 개씩 텝스완성단어 350점대 단어를 암기합니다.	텝스완성단어_350점 단어 MP3
2회독 (11일~20일)	**텝스빈출단어** (단어, 예문, 텝스 출제 포인트) · 하루에 Day 세 개씩 텝스빈출단어의 단어와 예문을 복습하고, '텝스 출제 포인트'를 학습하며 단어의 최신 출제 경향을 확인합니다.	텝스빈출단어와 예문 암기 MP3
	텝스완성단어 (450점) · 하루에 Day 세 개씩 텝스완성단어 450점대 단어를 암기합니다.	텝스완성단어_450점 단어 MP3
3회독 (21일~30일)	**텝스빈출단어** (단어, 예문, 텝스 출제 포인트, 관련어) · 하루에 Day 세 개씩 텝스빈출단어의 단어와 예문을 복습하고, '텝스 출제 포인트'를 학습하며 단어의 최신 출제 경향을 확인합니다. 텝스빈출단어 밑에 있는 관련어를 함께 학습합니다. · 실전 TEST로 실제 텝스 시험 유형을 연습합니다.	텝스빈출단어와 예문 암기 MP3 실전 TEST
	텝스완성단어 (500점) · 하루에 Day 세 개씩 텝스완성단어 500점대 단어를 암기합니다.	텝스완성단어_500점 단어 MP3

* 해커스텝스 사이트(HackersTEPS.com)에서 텝스 학습자료와 매일 텝스 풀기를 무료로 이용하실 수 있습니다.
* 다양한 버전의 유/무료 MP3는 교재에 수록된 QR 코드를 통해 바로 듣기 또는 해커스인강 사이트(HackersIngang.com)에서 다운로드하실 수 있습니다.

DAY 01

Hackers TEPS Vocabulary

표지판을 보긴 했는데...

교통

나는 가끔 아빠 차를 운전해서 학교로 commute한다. 오늘 아침엔 내 친구를 pick up해서 도서관에 drop off해주기로 했는데 학교 가는 route가 jam 되어 있다는 라디오 뉴스를 듣고 detour로 가기로 했다. 한참 가고 있는데 갑자기 경찰이 차를 갓길에 pull over하라고 하더니 과속을 했다며 fine을 5만 원이나 내라고 했다. 난 분명 이 길의 속도 제한이 시속 70km라는 표지판을 notice해서 속도를 지키고 있었는데 말이다! 그런데 다시 보니... 그 표지판은 이 도로가 70번 도로라는 표지판이었다!

01 **commute**★

[kəmjúːt]

파 commuter n. 통근자
adj. 통근의

v. 통근하다

Many city residents **commute** by subway every day.
많은 도시 거주자들은 매일 지하철로 통근한다.

n. 출퇴근, 통근

I don't like long and tiring **commutes**.
나는 길고 피곤한 출퇴근을 싫어한다.

02 **pick up**★

phr. (물건을) 찾아오다, 전화를 받다, 가져오다

phr. ~를 데리러 가다, ~를 태워주다 | 회복되다 | ~을 익히다

Can you **pick** me **up** from my office after work?
일이 끝난 후에 사무실로 나를 데리러 와줄 수 있니?

Sales of air conditioners **pick up** during the summer.
에어컨 판매량은 여름 동안에 회복된다.

Young children **pick up** a foreign language faster than adults do. 어린아이들은 어른보다 외국어를 더 빨리 익힌다.

텝스 출제 포인트!

문법 pick + 대명사 + up ~를 데리러 가다
pick up의 목적어로 대명사를 쓰는 경우, 대명사를 pick과 up 사이에 바르게 썼는지 어순을 묻는 문제가 출제된다.

03 **drop off**★

phr. ~을 갖다 놓다

phr. ~를 (차에서) 내려 주다

I went to the library to **drop off** Stacey.
나는 Stacey를 내려 주기 위해 도서관에 갔어.

04 **route**★★★

[ruːt]
[raut]

n. 길, 노선

The bus driver chose a different **route** to avoid delays caused by roadwork.
버스 운전사는 도로 공사로 인한 지체를 피하기 위해 다른 길을 택했다.

텝스 출제 포인트!

어휘 route : track : lane
route와 의미가 비슷한 track, lane의 쓰임을 구별하여 답을 선택하는 문제가 출제된다.

- route 길, 노선
- track (밟아서 생긴) 오솔길, 철도 선로
- lane 차선, 좁은 길

★★★ = 출제율 최상 ★★ = 출제율 상 ★ = 출제율 중

05 **jam**★★★

[dʒæm]

n. 혼잡, 정체

동 clog 막다

v. (장소 · 통로를) 막다, 메우다

The traffic on the bridge was **jammed**, forcing vehicles to turn back. 다리 위의 차가 막혀서 차량들을 되돌아가게 했다.

텝스 출제 포인트!

독해 traffic jam 교통 체증

06 **detour**★★★

[díːtuər]

v. 우회하다, 돌아가다

n. 우회, 우회 도로

Kayla took a **detour** on her way home from work to pick up Chinese food.

Kayla는 중국 음식을 찾아오기 위해 회사에서 집으로 오는 길에 우회했다.

텝스 출제 포인트!

어휘 take a detour 우회하다
take와 어울려 쓰이는 detour를 선택하는 문제가 출제된다.

07 **pull over**★

phr. (차를) 길가에 대다

The traffic cop signaled the man at the wheel to **pull over**.

그 교통경찰은 운전 중인 남자에게 차를 길가에 대라는 신호를 보냈다.

08 **fine**★★

[fain]

n. 벌금, 과태료

Simon paid a **fine** for parking in a handicapped zone.

Simon은 장애인 전용 구역에 주차해서 벌금을 냈다.

v. 벌금을 부과하다

The police officer **fined** the pedestrian for littering.

경찰관은 그 보행자에게 쓰레기를 버린 것에 대해 벌금을 부과했다.

adj. 아주 작은

The sand on the beach is very **fine**.

그 해변의 모래알은 아주 작다.

텝스 출제 포인트!

어휘 pay a fine 벌금을 내다
be fined for ~으로 벌금을 물다

09 **notice**★★
[nóutis]
n. 통지, 공지
파 noticeable adj. 눈에 띄는

v. 알아차리다, 인지하다

I parked my car at the curb immediately when I **noticed** that I had a flat tire.
나는 타이어가 펑크 난 것을 알아차렸을 때 즉시 도로 경계석에 차를 세웠다.

텝스 출제 포인트!

청해 a month's notice 한 달 전의 통지
on short notice 갑자기, 충분한 예고 없이

독해 until further notice 다음 통지가 있을 때까지

10 **meander**★★★
[miǽndər]

v. 구불구불하다 | 거닐다

Today's bus trip will take the scenic route, which **meanders** along the coastline.
오늘의 버스 여행은 해안 지대를 구불구불 따르는 경치가 좋은 길로 갈 것이다.

Children **meandered** aimlessly around the football field.
아이들은 축구장 주위를 목적 없이 거닐었다.

11 **careen**★★★
[kəríːn]

v. 위태롭게 달리다

After skidding across the icy road surface, the car **careened** through a gate.
얼어붙은 도로 표면을 가로지르며 미끄러진 후, 그 차는 출입구를 통과하여 위태롭게 달렸다.

12 **navigate**★★★
[nǽvəgèit]
v. (웹사이트를) 돌아다니다
파 navigation n. 항해

v. 항해하다, 비행하다

The fisherman **navigated** the sea with a compass.
그 어부는 나침반을 가지고 바다를 항해했다.

13 **diverge**★★★
[daivə́ːrdʒ]
파 divergent adj. 갈라지는

v. (길 · 의견 등이) 갈라지다, 나뉘다

This highway **diverges** into two narrow roads in three kilometers.
이 고속도로는 3킬로미터 후에 두 개의 좁은 도로로 갈라진다.

텝스 출제 포인트!

독해 diverge from ~에서 갈라지다

14 **hail**★★★

[heil]

v. 묘사하다

v. 불러 세우다 | 환호하며 맞이하다

The businessman **hailed** a taxi in the heavy rain.

그 사업가는 폭우 속에서 택시를 불러 세웠다.

Hundreds of cheering people **hailed** the pop star's arrival.

수백 명의 갈채하는 사람들이 그 팝스타의 도착을 환호하며 맞이했다.

텝스 출제 포인트!

어휘 **hail : bail : trail : nail**

hail과 형태가 비슷한 bail, trail, nail의 의미를 구별하여 함께 외워 두자.

- **hail** 불러 세우다, 환호하며 맞이하다
- **bail** (감옥에서) 보석을 받게 하다
- **trail** 질질 끌다, 추적하다
- **nail** 못을 박다

어휘 **hail a cab** 택시를 불러 세우다

cab과 어울려 쓰이는 hail을 선택하는 문제가 출제된다.

15 **jump the gun**★★★

phr. (성급하게) 출발하다, 행동하다

The light was still red when a motorcyclist **jumped the gun**.

오토바이 운전자가 성급하게 출발했을 때 신호등은 아직 빨간불이었다.

16 **transfer**★★★

[trænsfə́ːr]

n. 이동, 전근, 전학

파 **transference** n. 이동, 전근

동 **relocate** 이전하다

v. 갈아타다 | 전근하다, 전학하다 | (전화로) 연결해 주다

We **transferred** to another bus to get to City Hall.

우리는 시청에 가기 위해 다른 버스로 갈아탔다.

The manager was **transferred** to another branch in Chicago.

그 경영자는 시카고에 있는 다른 지사로 전근을 가게 되었다.

Hold on a second and I'll **transfer** you.

잠시만 기다리시면 연결해 드리겠습니다.

텝스 출제 포인트!

어휘 **transfer from A to B** A에서 B로 갈아타다, A에서 B로 전근/전학하다

청해 **transfer** 전근하다 → **relocate** 이전하다

transfer가 유사한 의미의 다른 표현으로 바뀌어 출제된다.

17 **direction**★★★
[dirékʃən]
파 direct v. 길을 알려 주다

n. 방향
Which **direction** is the bank?
은행이 어느 방향인가요?

18 **charter**★★★
[tʃɑ́ːrtər]

v. (항공기·배를) 전세 내다
The tourists **chartered** a boat to go across the bay.
그 여행객들은 만을 건너기 위해 배를 전세 냈다.

19 **convenient**★★★
[kənvíːnjənt]
파 convenience n. 편리함
conveniently adv. 편리하게
반 inconvenient 불편한

adj. 편리한
Using a Fast Pass to get through the tollgate is **convenient**.
톨게이트를 통과하기 위해 Fast Pass를 이용하는 것은 편리하다.

20 **designate**★★★
[dézignèit]
파 designation n. 지정, 임명
designated adj. 지정된

v. 지정하다
The express lane is **designated** for vehicles with six or more passengers.
고속 차선은 6인 이상의 승객을 태운 차량을 위해 지정되어 있다.

텝스 출제 포인트!
청해 designated area 지정 구역
designated seat 지정석

21 **curb**★★★
[kəːrb]
동 restrict 제한하다

n. (인도와 차도 사이의) 도로 경계석
The chauffeur slowly parked the limousine by the **curb**.
그 운전사는 도로 경계석 옆에 리무진을 천천히 주차했다.

v. 억제하다, 제한하다
India has been implementing a family planning policy to **curb** population growth.
인도는 인구 성장을 억제하기 위해서 가족계획 정책을 실행해오고 있다.

텝스 출제 포인트!
청해 curb 억제하다 → restrict 제한하다
curb가 유사한 의미의 다른 표현으로 바뀌어 출제된다.

22 **fare**★★★

[fɛər]

n. (기차·버스·택시 등의) 요금, 운임

People avoid taking cabs because of the increasing taxi **fare**.

택시 요금이 오르는 탓에 사람들은 택시 타는 것을 기피한다.

텝스 출제 포인트!

[어휘] fare : fee : fine

'요금'을 뜻하는 단어들의 의미를 구별하여 답을 선택하는 문제가 출제된다.

- fare (버스·택시 등을 이용하고 내는) 요금, 운임
- fee (서비스에 대한 대가로 내는) 요금, 수수료
- fine 벌금, 과태료

[청해] subway fare 지하철 요금

taxi fare 택시 요금

23 **bypass**★★

[báipɑːs]

[동] circumvent 우회하다

v. (장애물 등을) 피하다, 우회하다

Nick took the side road to **bypass** the accident on the freeway.

Nick은 고속도로에서 난 사고를 피하기 위해 샛길로 갔다.

24 **commission**★★

[kəmíʃən]

n. 위원회

v. 의뢰하다

n. 수수료

The auto dealership employees get a **commission** for every car they sell.

자동차 대리점 직원들은 그들이 파는 모든 차에 대해 수수료를 받는다.

25 **moor**★★

[muər]

[동] dock (배를) 부두에 대다

v. (배를) 정박시키다

Mr. Smith **moored** his boat so it wouldn't drift away from the dock.

Mr. Smith는 배가 부두에서 떠내려가지 않도록 그의 배를 정박시켰다.

텝스 출제 포인트!

[독해] moor 정박시키다 → dock 부두에 대다

moor가 유사한 의미의 다른 표현으로 바뀌어 출제된다.

26 **run**★★

[rʌn]

v. 달리다, 도망치다

v. (버스·기차 등이) 운행하다

The train to Chicago **runs** every 30 minutes.

시카고로 가는 기차는 30분마다 운행한다.

27 **cushion**★★

[kúʃən]

n. 방석, 완충물

v. 충격을 완화하다, 완충 작용을 하다

Airbags are designed to **cushion** the impact from a crash.

에어백은 사고의 충격을 완화하도록 만들어진다.

텝스 출제 포인트!

독해 cushion the impact 충격을 완화하다

28 **pandemonium**★★

[pændəmóuniəm]

동 anarchy 혼란

n. 대혼란

The protest in the street blocked traffic and created **pandemonium**.

거리의 시위는 교통을 가로막았고 대혼란을 일으켰다.

29 **convoluted**★★

[kɑ́nvəlùːtid]

파 convolution n. 복잡하게 뒤엉킨 것

adj. 복잡한, 뒤얽힌

Since the route to the bus terminal is **convoluted**, it's best to take a taxi.

버스 터미널로 가는 길이 복잡하기 때문에, 택시를 타는 것이 가장 좋다.

30 **veer**★★

[viər]

동 swerve 방향을 틀다

v. 방향을 바꾸다

The taxi driver suddenly **veered** into the left lane without warning.

택시 기사는 신호를 보내지 않고 갑자기 왼쪽 차선으로 방향을 바꾸었다.

31 **cramped**★★

[kræmpt]

파 cramp v. 쥐가 나다 n. (근육의) 경련, 쥐

adj. 비좁은, 갑갑한

Subways are **cramped** during rush hour.

지하철은 출퇴근 혼잡 시간대에 비좁다.

텝스 출제 포인트!

어휘 cramped : suppressed : compressed

cramped와 의미가 비슷한 suppressed, compressed의 쓰임을 구별하여 답을 선택하는 문제가 출제된다.

- cramped 비좁은, 갑갑한 (사람·물건이 들어갈 공간이 충분하지 못한 것을 의미한다)
- suppressed 억압된 (반란이 진압되거나 감정이 억제되는 것을 의미한다)
- compressed 압축된 (사물이 눌려서 작게 만들어진 것을 의미한다)

32 **opposite**★★

[ápəzit]

n. 반대

파 oppose v. 반대하다
opposition n. 반대

adj. 반대의, 반대편의

The woman was shocked to see a car coming from the **opposite** direction.

그 여자는 반대 방향에서 오는 차를 보고 깜짝 놀랐다.

텝스 출제 포인트!

어휘 opposite : contrary : reverse

opposite과 의미가 비슷한 contrary, reverse의 쓰임을 구별하여 답을 선택하는 문제가 출제된다.

- opposite 반대의 (위치나 방향뿐 아니라 생각이 반대라는 의미로 쓰인다)
- contrary 반대의 (의견 등이 반대되어 서로 대립한다는 의미로 쓰인다)
- reverse 거꾸로의 (방향이나 순서 등이 거꾸로라는 의미로 쓰인다)

청해 opposite to ~의 반대편에
Just the opposite. 그 반대야.

33 **interrupt**★★

[intərʌ́pt]

파 interruption n. 방해

v. 가로막다, 저지하다

An accident **interrupted** traffic flow on a main highway.

사고는 주요 고속도로의 교통 흐름을 가로막았다.

텝스 출제 포인트!

어휘 interrupt : prevent

interrupt와 의미가 비슷한 prevent의 쓰임을 구별하여 답을 선택하는 문제가 출제된다.

- interrupt 가로막다 (일이 진행되지 못하게 저지하는 것을 의미한다)
- prevent 막다 (일이 일어나지 못하게 막는 것을 의미한다)

청해 interrupt 가로막다 → disturb 방해하다
interrupt가 유사한 의미의 다른 표현으로 바뀌어 출제된다.

34 **make way**★★

phr. 비켜 주다, 길을 열어 주다

The cars **made way** for the ambulance by pulling to the side of the road.

자동차들은 길 한 편으로 바짝 대면서 구급차에 비켜 주었다.

35 **borrow**★★

[bárou]

v. 빌리다

Could I **borrow** your tire pump for a couple of days?

타이어 펌프를 이틀간 빌릴 수 있을까요?

텝스 출제 포인트!

[어휘] **borrow : lend**

borrow와 의미가 비슷한 lend의 쓰임을 구별하여 답을 선택하는 문제가 출제된다.

- borrow (남의 것을) 빌리다
- lend (내 것을 남에게) 빌려주다

36 **locate**★★

[lóukeit]

파 location n. 위치, 장소

v. 위치시키다 | (위치를) 찾아내다

The mall is **located** at the intersection of Pines Road and University Drive.

그 쇼핑몰은 Pines로와 University로의 교차로에 위치해 있다.

The detective **located** his client's long-lost cousin in Mexico.

그 형사는 오래전에 잃어버렸던 의뢰인의 사촌을 멕시코에서 찾아냈다.

텝스 출제 포인트!

[어휘] **locate : reach : land**

locate와 의미가 비슷한 reach, land의 쓰임을 구별하여 답을 선택하는 문제가 출제된다.

- locate 위치시키다
- reach ~에 도달하다, ~에 이르다
- land (비행기 · 배 등이) 착륙하다, 도착하다

[문법] **be located** 위치해 있다

locate는 '위치시키다, 위치를 정하다'라는 뜻이므로 '위치해 있다'라는 의미를 나타낼 때는 수동태인 be located를 쓰는 문제가 출제된다.

37 **recommend**★★

[rèkəménd]

파 recommendation n. 추천

v. 추천하다

The principal **recommended** taking a school bus instead of walking to school.

교장 선생님은 학교에 걸어오는 대신에 통학 버스를 탈 것을 추천했다.

텝스 출제 포인트!

[문법] **recommend that + 주어 + (should) 동사원형**

'추천 · 충고'를 나타내는 동사 recommend 뒤에 오는 that절에 '(should) 동사원형'을 쓰는 문제가 출제된다.

[독해] **recommendation letter** 추천서

38 **destination****
[dèstənéiʃən]

n. 목적지, 행선지

It took two hours to reach our **destination** by bike.
자전거로 우리의 목적지에 도달하는 데 두 시간이 걸렸다.

텝스 출제 포인트!

청해 final destination 최종 목적지
reach a destination 목적지에 도달하다

39 **disregard***
[dìsrigɑ́:rd]

v. 무시하다, 소홀히 하다

You can **disregard** the No Parking restriction from 9 P.M. to 6 A.M. on Maple Street.
Maple가에서 오후 9시부터 오전 6시까지는 주차 금지 규정을 무시해도 된다.

40 **bound***
[baund]
adj. 묶인, 구속된

adj. ~행의, ~로 향하는 | 꼭 ~하게 되어 있는

This plane is **bound** for Manhattan.
이 비행기는 맨해튼행이다.

Our team is **bound** to win if we stay focused on the match. 경기에 집중한다면 우리 팀은 꼭 이기게 되어 있다.

텝스 출제 포인트!

청해 be bound for ~행이다
be bound to V 꼭 ~하게 되어 있다, ~하기 마련이다

41 **rapidly***
[rǽpidli]
동 swiftly 신속하게

adv. 빠르게, 신속하게

The number of cars in New York is increasing **rapidly**. 뉴욕의 자동차 수는 빠르게 증가하고 있다.

42 **transport***
[trænspɔ́:rt]
파 transportation n. 교통 수단
transporter n. 운반 장치

v. 수송하다, 운송하다

The company uses trucks to **transport** goods to retail stores.
그 회사는 제품을 소매점으로 수송하는 데 트럭을 사용한다.

텝스 출제 포인트!

독해 mode of transportation 교통수단
public transportation 대중교통

DAY 01 Daily Checkup

단어에 해당하는 뜻을 오른쪽에서 찾아 연결하세요.

01 transport	ⓐ 수송하다
02 hail	ⓑ 복잡한
03 disregard	ⓒ 불러 세우다
04 convoluted	ⓓ 무시하다
05 transfer	ⓔ 갈아타다
	ⓕ 비좁은

문맥에 맞는 단어를 보기에서 골라 빈칸에 넣으세요.

ⓐ commission	ⓑ commute	ⓒ cramped	ⓓ charter	ⓔ pull over	ⓕ route

06 Many people in my city take the train to ______ to work.

07 The tour group will ______ a bus to take them to a temple in the city.

08 Finding a ______ while driving is now much easier, thanks to modern technology.

09 The driver had to ______ because he felt sick.

10 Long flights can be exhausting because of the dry air and ______ space.

ⓐ jammed	ⓑ recommended	ⓒ fine	ⓓ bypass	ⓔ rapidly	ⓕ make way

11 The stadium entrance was ______ with people lining up for the show.

12 We decided to ______ the city center by going around a ring road.

13 The waiter ______ a bottle of wine to go with our meal.

14 The road was blocked off to ______ for the holiday parade.

15 The crew worked ______ to finish construction by the deadline.

Answer 01 ⓐ 02 ⓒ 03 ⓓ 04 ⓑ 05 ⓔ 06 ⓑ 07 ⓓ 08 ⓕ 09 ⓔ 10 ⓒ 11 ⓐ 12 ⓓ 13 ⓑ 14 ⓕ 15 ⓔ

➔ 무료 Daily Checkup 해석은 HackersIngang.com에서 제공됩니다.
무료 단어시험지 자동생성기와 무료 해커스 텝스 기출 보카 TEST는 HackersTEPS.com에서 제공됩니다.

텝스 완성단어

350점 단어

□	avenue [ǽvənjùː]	n. 대로, 길 | (목적에 이르는) 수단, 방법
□	backseat [bǽksíːt]	n. 뒷좌석
□	blame [bleim]	v. 비난하다, ~의 탓으로 하다 n. 책임, 책망
□	block [blak]	n. 블록, 구획 v. 막다, 방해하다
□	crosswalk [krɔ́ːswɔːk]	n. 횡단 보도
□	descent [disént]	n. 하강 | 혈통, 가계
□	direct [dirékt]	v. ~에게 길을 가리키다, 안내하다 | 감독하다 adj. 직접의
□	drive [draiv]	v. (기계에) 동력을 공급하다 | ~한 행동을 하게 만들다
□	drop by	phr. 잠깐 들르다
□	fasten a seat belt	phr. 안전 벨트를 매다
□	flat tire	phr. 펑크 난 타이어
□	garage [gərɑ́ːdʒ]	n. 차고 | 차량 정비소
□	gas station	phr. 주유소
□	in turn	phr. 차례로, 번갈아 | 결국, 마침내
□	instant [ínstənt]	adj. 즉각의, 즉시의
□	instantly [ínstəntli]	adv. 즉시
□	make a right	phr. 우회전하다
□	mileage [máilidʒ]	n. 연비
□	mount [maunt]	v. 설치하다 | 늘다
□	overcrowded [òuvərkráudid]	adj. 매우 혼잡한, 초만원의
□	path [pæθ]	n. 길, 보도, 통로
□	related [riléitid]	adj. 관련된
□	sidewalk [sáidwɔ̀ːk]	n. 보도, 인도
□	speed limit	phr. 제한 속도
□	traffic jam	phr. 교통 정체
□	trouble [trʌ́bl]	n. (기계·차량 등에 생긴) 문제, 고장
□	vehicle [víːikl]	n. 차, 탈것 | 수단, 매체

450점 단어

□	abide by	phr. (규칙 · 결정을) 따르다
□	accelerate [æksélərèit]	v. 가속하다 | 촉진하다
□	alley [ǽli]	n. 골목길
□	alternate [ɔ́:ltərnət]	adj. 다른, 대신의 | 번갈아 나오는, 교대의 v. 번갈아 하다
□	alternatively [ɔ:ltə́:rnətivli]	adv. 그렇지 않으면, 그 대신에
□	ascertain [æsərtéin]	v. 확인하다
□	awkward [ɔ́:kwərd]	adj. 난처한 | 불편한, 어색한 | 서투른
□	backward [bǽkwərd]	adv. 뒤쪽으로 adj. 뒤떨어진 | 후진적인
□	bald [bɔ:ld]	adj. 닳은, 마모된
□	be backed up	phr. (교통이) 정체되다
□	be stuck in traffic	phr. 교통 체증으로 꼼짝 못하다
□	behind the wheel	phr. 운전하여
□	boulevard [búləvὰ:rd]	n. 큰 길, 대로
□	break down	phr. 고장나다 | 분해하다
□	crawl [krɔ:l]	v. 몹시 느리게 가다, 기어가다
□	crooked [krúkid]	adj. 굽은, 구부러진
□	dealership [dí:lərʃip]	n. (자동차) 판매 대리점
□	dent [dent]	v. 움푹 들어가게 하다 n. (부딪쳐서) 움푹 들어간 곳
□	detach [ditǽtʃ]	v. 떼어놓다, 분리시키다
□	double-park [dʌ̀blpɑ́:rk]	v. 이중 주차하다
□	drive through a red light	phr. 정지 신호를 무시하고 운전하다
□	expire [ikspáiər]	v. 만기가 되다, 만료되다
□	give A a ride	phr. A를 태워 주다
□	go downhill	phr. 더 나빠지다, 질이 떨어지다
□	grab a cab	phr. 택시를 잡다
□	guidepost [gáidpòust]	n. 도로 표지, 이정표
□	hold up traffic	phr. 교통을 정체시키다
□	honk [haŋk]	v. (자동차의) 경적을 울리다
□	hull [hʌl]	n. (배의) 선체
□	I don't have a clue.	phr. 전혀 모르겠어.

□	illegal parking	phr. 불법 주차
□	impassable [impǽsəbl]	adj. 지나갈 수 없는
□	intact [intǽkt]	adj. 손상되지 않은
□	intersect [ìntərsékt]	v. 교차하다
□	intersection [ìntərsékʃən]	n. 교차로
□	lane [lein]	n. 차선 | 좁은 길
□	mass transit	phr. 대중교통
□	midway [mìdwéi]	adv. 중간쯤에, 도중에
□	motion sickness	phr. 멀미
□	on one's way to	phr. ~로 가는 도중에
□	parking ticket	phr. 주차 위반 딱지
□	pass through	phr. ~를 지나가다, ~를 통과하다
□	passage [pǽsidʒ]	n. 통행, 통과 | 변화, 경과
□	pavement [péivmənt]	n. 포장 도로 | 보도, 인도
□	pedestrian [pədéstriən]	n. 보행자
□	permission [pərmíʃən]	n. 허락, 허가
□	permit [pərmít]	v. 허가하다, 허락하다 n. 허가, 허가증
□	puncture [pʌ́ŋktʃər]	n. (타이어에 난) 펑크
□	shortcut [ʃɔ́:rtkʌ́t]	n. 지름길 | 쉬운 방법
□	skid [skid]	v. 미끄러지다 n. 미끄러짐
□	slow down	phr. (속도 · 진행을) 늦추다
□	speeding ticket	phr. 속도 위반 딱지
□	steer [stiər]	v. 조종하다 | (어떤 방향으로) 돌리다
□	steering wheel	phr. (자동차의) 핸들
□	stop by	phr. 잠깐 들르다
□	straightaway [stréitəwèi]	adv. 즉시, 곧바로
□	take the wheel	phr. 운전하다
□	toll [toul]	n. (고속도로) 통행료 | 사상자 수
□	total [tóutl]	v. 총 ~가 되다 adj. 완전한 n. 총액
□	tow [tou]	v. (차를) 견인하다
□	transit [trǽnsit]	n. 통과, 통행 v. 통과하다, 횡단하다

500점 단어

□	attrition [ətríʃən]	n. 마찰, 마모 | 감소
□	bumpy [bʌ́mpi]	adj. 울퉁불퉁한
□	callous [kǽləs]	adj. 냉담한, 무신경한 | (피부가) 굳은
□	circuitous [sərkjú:ətəs]	adj. 우회하는, 빙 돌아가는
□	crackdown [krǽkdaun]	n. 일제 단속
□	deflect [diflékt]	v. 빗나가게 하다 | (관심 등을) 피하다
□	desist [disíst]	v. 그만두다, 단념하다
□	deviate [dí:vièit]	v. 벗어나다, 빗나가다
□	drive under the influence	phr. 음주 운전하다
□	elapse [ilǽps]	v. (시간이) 경과하다
□	enumerate [injú:mərèit]	v. 열거하다
□	foible [fɔ́ibl]	n. 약점, 단점
□	forte [fɔ:rt]	n. 장점
□	hamper [hǽmpər]	v. 방해하다 | 제한하다
□	jargon [dʒɑ́:rgən]	n. (전문 · 특수) 용어
□	jaywalk [dʒéiwɔ̀:k]	v. 길을 무단 횡단하다
□	jolt [dʒoult]	v. (차 등이) 갑자기 세게 흔들리다
□	maneuver [mənú:vər]	v. 조종하다 | 교묘히 다루다 n. 조작 | 책략
□	rear-end [ríərend]	v. ~에 추돌하다 adj. 후미의
□	roadworthy [róudwə̀:rði]	adj. 도로용으로 적합한
□	sober [sóubər]	adj. 술 취하지 않은 | 엄숙한 | 냉정한
□	stall [stɔ:l]	v. (엔진이) 멎다 n. 매점, 노점
□	strident [stráidnt]	adj. 귀에 거슬리는
□	swerve [swə:rv]	v. 방향을 바꾸다, 벗어나다
□	trudge [trʌdʒ]	v. 터덜터덜 걷다, 느릿느릿 걷다
□	unheeded [ʌnhí:did]	adj. 무시된
□	validate [vǽlədèit]	v. 확인하다, 증명하다
□	vice versa	phr. 반대의 경우도 마찬가지로
□	windshield [wíndʃi:ld]	n. 자동차 앞 유리
□	wobble [wɑ́:bl]	v. 흔들흔들하다 n. 동요

DAY 02

Hackers TEPS Vocabulary

▲ 무료 MP3 바로 듣기

과소비의 타당성

경제·금융

평생을 frugal하게 살아오신 아빠는 항상 내가 돈 쓰는 걸 cut down on하고 살아야 한다고 말씀하신다. 우리 집 mortgage에 내 학비 loan을 갚느라 항상 in the red하다고 강조하시면서 말이다. 오늘도 아빠는 내 신용카드 statement를 받고 깜짝 놀라셨는지 절약의 필요성에 대한 긴 이야기를 하셨다. 물론 아빠 말씀도 맞지만, 나는 이러한 recession에 나라도 이렇게 돈을 써주어야 경제를 stimulate하게 하고 국가 경제를 galvanize할 수 있다고 열심히 아빠를 설득해 보았다.

01 **frugal**★★

[frúːgəl]

파 frugality n. 절약, 검소

adj. 절약하는

People must be **frugal** with money during an economic downturn.

경기 침체 동안 사람들은 돈을 절약해야 한다.

02 **cut down on**★

phr. (비용·수량 등을) 줄이다

We should **cut down on** unnecessary expenses and save for a rainy day.

우리는 불필요한 지출을 줄이고 만일의 경우를 위해 저축해야 한다.

03 **mortgage**★★

[mɔ́ːrgidʒ]

n. 담보 대출

They have already paid off the **mortgage** on their home.

그들은 집에 대한 담보 대출을 이미 다 갚았다.

v. (토지·재산을) 저당 잡히다

He **mortgaged** his house to obtain the cash needed to start a company.

그는 창업에 필요한 현금을 구하기 위해 집을 저당 잡혔다.

텝스 출제 포인트!

청해 pay off a mortgage 담보 대출을 다 갚다

04 **loan**★★

[loun]

n. 대여

v. 빌려주다

n. 대출, 대부금

Luke will apply for a **loan** to buy the car.

Luke는 그 차를 사기 위해 대출을 신청할 것이다.

텝스 출제 포인트!

어휘 loan : mortgage : credit

loan과 의미가 비슷한 mortgage, credit의 쓰임을 구별하여 답을 선택하는 문제가 출제된다.

- loan 대출, 대여
- mortgage (특히 주택) 담보 대출, 저당
- credit 외상(판매), 신용

청해 ask for a loan 대출을 신청하다

take out a loan 대출을 받다

student loan 학자금 대출

텝스빈출단어 | 01 | DAY 02 | 03 | 04 | 05 | 06 | 07 | 08 | 09 | 10 | Hackers TEPS Vocabulary

★★★ = 출제율 최상 ★★ = 출제율 상 ★ = 출제율 중

05 **in the red** *

반 in the black 흑자인

phr. 적자인

Declining product sales have left us **in the red**.
상품 판매량의 감소는 우리를 적자로 만들었다.

06 **statement** **

[stéitmənt]

파 state v. 말하다, 진술하다

n. 입출금 내역서 | 성명, 진술

You will receive a monthly bank **statement** listing your account activity.
귀하의 계좌 활동을 열거한 월별 은행 입출금 내역서를 받으실 것입니다.

The government plans to make a **statement** regarding health care.
정부는 의료 보험에 관한 성명을 발표할 계획이다.

 **텝스 출제 포인트!**

어휘 bank statement 은행 입출금 내역서
bank와 어울려 쓰이는 statement를 선택하는 문제가 출제된다.

독해 financial statement 재무제표
make a statement 성명을 발표하다, 진술하다

07 **recession** **

[riséʃən]

n. 후퇴

n. 불경기, 경기 침체

Despite the **recession**, management has decided to raise employee salaries.
불경기에도 불구하고, 경영진은 직원 임금을 인상하기로 결정했다.

 **텝스 출제 포인트!**

독해 economic recession 경기 침체

08 **stimulate** *

[stímjulèit]

파 stimulation n. 자극, 격려
stimulus n. 자극
stimulating adj. 자극하는

v. 활발하게 하다, 자극하다

Consumer spending is encouraged to **stimulate** the economy.
소비자 지출은 경제를 활발하게 하기 위해 장려된다.

09 **galvanize** *

[gǽlvənàiz]

v. 활기를 불어넣다, 자극하다

The high real estate prices **galvanized** owners into selling their properties.
높은 부동산 가격은 소유주들이 부동산을 매각하도록 활기를 불어넣었다.

10 **ensure**★★★

[inʃúər]

파 sure adj. 확실한

v. 보장하다, 반드시 ~이게 하다

He worked hard to **ensure** the financial security of his family.

그는 가족의 경제적 안정을 보장하기 위해 열심히 일했다.

11 **compensate**★★★

[kɑ́mpənsèit]

파 compensation n. 보상

v. 보상하다, 배상하다 | 보충하다

The company **compensated** the employee for the industrial accident.

그 회사는 직원의 산재에 대해 보상했다.

He will work weekends to **compensate** for his absences.

그는 결근을 보충하기 위해 주말에 일할 것이다.

텝스 출제 포인트!

독해 compensate for ~을 보상하다

12 **account**★★★

[əkáunt]

v. (이유 등을) 설명하다, (어떤 비율을) 차지하다

파 accountant n. 회계사
accounting n. 회계

n. 계좌

I will open an **account** with a local bank.

나는 지역 은행에 계좌를 개설할 것이다.

텝스 출제 포인트!

어휘 account : deposit : balance

은행과 관련된 단어들의 의미를 구별하여 답을 선택하는 문제가 출제된다.

- account (예금) 계좌
- deposit 보증금, 예금
- balance 잔고

청해 bank account 은행 계좌
savings account 저축 예금 계좌
be accountable for ~에 대해 책임이 있다

독해 account for ~을 설명하다

13 **plummet**★★★

[plʌ́mit]

v. (가격·물가 등이) 폭락하다

The prices of consumer goods **plummeted** last month.

지난달에 소비재의 가격이 폭락했다.

★★★ = 출제율 최상 ★★ = 출제율 상 ★ = 출제율 중

14 **remuneration*****

[rimjù:nəréiʃən]

파 remunerate v. 보상하다

n. 보수, 보상

The contract guaranteed **remuneration** for all overtime.

그 계약서는 모든 추가 근무에 대한 보수를 보장했다.

15 **reimburse*****

[rì:imbə́:rs]

파 reimbursement n. 변제, 상환

v. 변제하다, 배상하다

Your travel expenses will be **reimbursed** after you submit the receipts.

귀하의 여행 경비는 영수증을 제출하신 후 변제될 것입니다.

텝스 출제 포인트!

청해 reimburse for ~을 배상하다

독해 reimburse 변제하다 → pay back 상환하다
reimburse가 유사한 의미의 다른 표현으로 바뀌어 출제된다.

16 **deficit*****

[défəsit]

n. 장애

반 surplus 흑자, 여분

n. 적자 | 부족, 부족액

The government's budget **deficit** increased in the first quarter.

1분기에 정부 예산 적자가 증가했다.

Many businesses borrow money to cover capital **deficits.**

많은 회사들이 자금 부족을 메우기 위해 돈을 빌린다.

17 **currency*****

[kə́:rənsi]

n. 화폐, 통화

Where can I exchange **currency** at the airport?

공항 어디에서 화폐를 환전할 수 있습니까?

텝스 출제 포인트!

어휘 exchange currency 환전하다
currency devaluation 통화 가치의 하락

18 **subsidy*****

[sʌ́bsədi]

파 subsidize v. 보조금을 주다

n. 보조금

Public schools receive an annual **subsidy** from the government.

공립 학교들은 정부로부터 연간 보조금을 받는다.

19 **redeem**★★★

[ridíːm]

v. 만회하다, 구원하다

파 redemption n. 변제, 상환
redemptive adj. 구원하는

v. (쿠폰 등을) 현금·상품으로 교환하다

Gift certificates may be **redeemed** for cash.

상품권은 현금으로 교환될 수 있다.

20 **tally up**★★★

phr. 총계하다, 합계하다

The accountant **tallied up** the expenses of the recent business seminar.

그 회계사는 최근의 사업 세미나 비용을 총계했다.

21 **disparity**★★★

[dispǽrəti]

n. 격차, 불균형

This economic policy could reduce the **disparity** between the rich and poor.

이 경제 정책은 빈부 격차를 감소시킬 수 있다.

텝스 출제 포인트!

독해 disparity between A and B A와 B의 격차

22 **budget**★★★

[bʌ́dʒit]

v. 예산을 세우다

n. 예산

The **budget** for business trips was reduced.

출장 경비 예산이 삭감되었다.

텝스 출제 포인트!

청해 on a tight budget 빠듯한 예산으로

23 **endow**★★★

[indáu]

파 endowment n. 기부

v. 기부하다

The wealthy businessman promised to **endow** the orphanage with funds.

그 부유한 사업가는 고아원에 자금을 기부하기로 약속했다.

24 **skyrocket**★★★

[skáirɑːkit]

동 soar 치솟다

v. 급등하다, 치솟다

Company sales **skyrocketed** during an advertising campaign.

회사의 매출은 광고 캠페인 기간 동안 급등했다.

★★★ = 출제율 최상 ★★ = 출제율 상 ★ = 출제율 중

25 **rebound*****
[ribáund]
v. (행위가) 되돌아오다

v. (가격 등이) 반등하다

Investors are optimistic that an increase in demand will cause house prices to **rebound**.
투자자들은 수요의 증가가 집값을 반등하도록 할 것이라고 낙관한다.

26 **persistent*****
[pərsístənt]
파 persist v. 지속하다, 고집하다
persistence n. 지속, 고집
persistently adv. 집요하게

adj. 계속되는, 끊임없이 지속되는 | 집요한

Poverty is a **persistent** problem in many countries.
빈곤은 많은 나라에서 계속되는 문제이다.

Scientists are **persistent** in finding answers to their questions. 과학자들은 의문에 대한 해답을 찾는 데 있어 집요하다.

27 **abundant*****
[əbʌ́ndənt]
파 abundance n. 풍부
abundantly adv. 풍부하게

adj. 풍부한

Thanks to its **abundant** natural resources, the US has become a leading industrial nation.
풍부한 천연자원 덕분에, 미국은 주요 산업국이 되었다.

텝스 출제 포인트!

청해 abundant 풍부한 → ample 충분한
abundant가 유사한 의미의 다른 표현으로 바뀌어 출제된다.

28 **eliminate*****
[ilímənèit]
파 elimination n. 제거

v. 없애다, 제거하다

International governments must work together to **eliminate** poverty.
국제 정부들은 빈곤을 없애기 위해 협력해야 한다.

29 **stock*****
[stɑːk]
v. 저장하다, 비축하다

n. 주식 | 재고

The director owns more than half of the company's **stock**.
그 이사는 회사 주식의 반 이상을 소유하고 있다.

The computer store has many new models in **stock**.
그 컴퓨터 상점에는 신모델의 재고가 많다.

v. 보관하다, 두다

The old books were **stocked** in a warehouse.
오래된 책들은 창고에 보관되어 있었다.

텝스 출제 포인트!

[청해] stock market 주식 시장
stock price 주가
in stock 재고가 있는
out of stock 재고가 없는, 품절되어
be stocked with ~으로 채워지다

30 **moratorium**★★
[mɔ̀ːrətɔ́ːriəm]
n. 일시적 정지

n. 지불 유예

The company placed a **moratorium** on online orders until the security program was fixed.
회사는 보안 프로그램이 고쳐질 때까지 온라인 주문을 지불 정지 상태로 두었다.

31 **parity**★★
[pǽrəti]
n. 일치, 유사

n. 동등, 동격

All shareholders have **parity** with regard to the amount of shares in the company.
모든 주주들은 회사 주식의 양에 있어서 동등하다.

32 **pitch in**★★

phr. (자금 등을 지원하며) 협력하다

Local businesses were asked to **pitch in** to help rebuild the youth center.
지역 기업들은 청소년 수련관을 재건하도록 돕는 것에 협력할 것을 요청받았다.

33 **rig**★★
[rig]

v. (부정한 수법으로) 조작하다

The system was **rigged** in favor of large corporations and small businesses could not compete.
그 시스템은 대기업에 유리하도록 조작되어 소기업들은 경쟁할 수 없었다.

34 **fund**★★
[fʌnd]
n. 자금, 기부금
[파] funding n. 자금 제공

v. (사업 등에) 자금을 대다

Donations were used to **fund** a tree-planting project. 기부금은 나무 심기 사업에 자금을 대는 데 사용되었다.

텝스 출제 포인트!

[청해] raise funds 자금을 모으다

[독해] fund 자금을 대다 → pay for 돈을 내다
fund가 유사한 의미의 다른 표현으로 바뀌어 출제된다.

35 **prospect****

[prá:spekt]

파 prospective adj. 장래의, 예상된

n. 전망, 예상

The **prospect** of rising gas prices has forced people to use public transportation.

유가 상승 전망은 사람들이 대중교통을 이용하게 했다.

36 **appraise****

[əpréiz]

파 appraisal n. 감정, 평가

v. (가치·가격을) 감정하다, 평가하다

The expert **appraised** the diamond at more than a thousand dollars.

그 전문가는 그 다이아몬드를 1,000달러 이상으로 감정했다.

텝스 출제 포인트!

어휘 appraise : measure

appraise와 의미가 비슷한 measure의 쓰임을 구별하여 답을 선택하는 문제가 출제된다.

- appraise 감정하다 (가치·가격 등을 평가하는 것을 의미한다)
- measure 측정하다 (크기·치수 등을 재는 것을 의미한다)

37 **recoup****

[rikú:p]

동 regain 되찾다

v. (손실 등을) 되찾다, 만회하다

Darren failed to **recoup** his savings after the stock market crash.

Darren은 주식 시장이 붕괴한 뒤 예금을 되찾는 데 실패했다.

38 **plunge****

[plʌndʒ]

n. 급락

v. 떨어지다, 급락하다 | 뛰어들다

Fuel prices **plunged** to a record low this morning.

연료 가격이 오늘 아침에 사상 최저치로 떨어졌다.

The young men **plunged** into the river to save their friend. 그 젊은이들은 친구를 구하기 위해 강물로 뛰어들었다.

39 **demand****

[dimǽnd]

파 demanding adj. 요구가 많은

n. 수요, 수요량

Demand for our products should increase as the holidays approach.

우리 상품에 대한 수요는 휴일이 다가옴에 따라 증가할 것이다.

v. 요구하다

The angry diner **demanded** to see the manager of the restaurant.

화가 난 식당 손님은 식당의 지배인과 만나기를 요구했다.

텝스 출제 포인트!

문법 demand that + 주어 + (should) 동사원형
'요구'를 나타내는 동사 demand 뒤에 오는 that절에 '(should) 동사원형'을 쓰는 문제가 출제된다.

40 **unfettered**★★
[ʌnfétərd]

adj. 자유로운, 제한받지 않는

Only the manager has **unfettered** access to all of the store's financial information.
매니저만 가게 재무 정보에 대해 자유로운 접근 권한이 있다.

41 **deposit**★★
[dipά:zit]
n. 예금
반 withdraw 인출하다

v. (은행에) 예금하다 | 퇴적시키다

I **deposited** some of my salary into a bank account.
나는 월급의 일부를 은행 계좌에 예금했다.

These minerals were **deposited** underground millions of years ago.
이 광물들은 수백만 년 전에 땅속에 퇴적되었다.

n. 보증금, 계약금

Your **deposit** will be refunded once the contract ends.
귀하의 보증금은 계약이 끝나면 환불될 것입니다.

42 **crisis**★★
[kráisis]

n. 위기

Several manufacturers closed down during the economic **crisis**.
여러 제조 회사들이 경제 위기 동안에 문을 닫았다.

텝스 출제 포인트!

어휘 economic/financial + crisis 경제/재정 위기
economic, financial과 어울려 쓰이는 crisis를 선택하는 문제가 출제된다.

43 **sustain**★
[səstéin]
v. (피해 등을) 입다
파 sustainable adj. 지속할 수 있는, 지탱할 수 있는

v. 유지하다, 지속하다

The committee outlined a business strategy to **sustain** growth.
위원회는 성장을 유지하기 위해 사업 전략의 개요를 짰다.

44 **property**★
[prάpərti]

n. 부동산, 재산 | 특징

He sold his **property** to raise money for a world tour.
그는 세계 여행을 할 돈을 마련하려고 자신의 부동산을 팔았다.

The sales of soap with antibacterial **properties** have skyrocketed.
항균성이 특징인 비누의 판매량이 급등했다.

텝스 출제 포인트!

어휘 private property 사유 재산
public property 공공 재산

45 **trade**★
[treid]
v. 교환하다

v. 거래하다, 무역하다

The two countries finally reached an agreement to **trade** certain agricultural goods.
두 나라는 마침내 특정한 농산품을 거래하기로 합의했다.

46 **fake**★
[feik]
v. 위조하다

adj. 가짜의

Fake designer goods are so well made that sales of the real products are falling.
가짜 디자이너 제품들이 너무 잘 만들어져서 진품들의 판매량이 감소하고 있다.

47 **fall**★
[fɔːl]
n. 떨어짐, 낙상

v. 떨어지다

The value of gold rarely **falls**, which makes it a good investment.
금의 가치는 좀처럼 떨어지지 않는데, 이것은 금이 유리한 투자대상이 되게 한다.

48 **soar**★
[sɔːr]
파 soaring adj. 급상승하는
동 skyrocket 급등하다

v. 치솟다, 급상승하다

The demand for cars decreased as the cost of gasoline **soared**.
휘발유 가격이 치솟음에 따라 자동차 수요가 감소했다.

DAY 02 Daily Checkup

단어에 해당하는 뜻을 오른쪽에서 찾아 연결하세요.

01 appraise	ⓐ 예금하다
02 statement	ⓑ 입출금 내역서
03 trade	ⓒ 계좌
04 deposit	ⓓ 보장하다
05 account	ⓔ 감정하다
	ⓕ 거래하다

문맥에 맞는 단어를 보기에서 골라 빈칸에 넣으세요.

ⓐ endows	ⓑ unfettered	ⓒ loan	ⓓ property	ⓔ plunged	ⓕ demand

06 Stock prices of that company ______ rapidly soon after its CEO resigned.

07 The fall of communism gave many countries ______ access to the free market for the first time.

08 The factory is planning to hire new workers to meet the increased ______ for its products.

09 The real estate firm will put the ______ on the market after renovating it.

10 The company ______ college scholarships to its employees' children.

ⓐ subsidy	ⓑ skyrocket	ⓒ deficit	ⓓ reimburse	ⓔ currency	ⓕ abundant

11 The sudden drop in global oil supplies has made gasoline prices ______.

12 Unless the administration raises taxes, it will suffer a huge financial ______.

13 The euro was established as the ______ of the European Union in 1999.

14 The company will ______ the cost of parking fees you incur on company business.

15 The theatre gets a monthly ______ because of its cultural importance.

Answer 01 ⓔ 02 ⓑ 03 ⓕ 04 ⓐ 05 ⓒ 06 ⓔ 07 ⓑ 08 ⓕ 09 ⓓ 10 ⓐ 11 ⓑ 12 ⓒ 13 ⓔ 14 ⓓ 15 ⓐ

➔ 무료 Daily Checkup 해석은 HackersIngang.com에서 제공됩니다.
무료 단어시험지 자동생성기와 무료 해커스 텝스 기출 보카 TEST는 HackersTEPS.com에서 제공됩니다.

텝스 완성단어

350점 단어

- □ **bankrupt** [bǽŋkrʌpt] adj. 파산한
- □ **broke** [brouk] adj. 돈이 없는, 파산한
- □ **burden** [bə́:rdn] n. 부담
- □ **capital** [kǽpətl] n. 자본, 수도
- □ **capitalism** [kǽpətəlìzm] n. 자본주의
- □ **circumstance** [sə́:rkəmstæns] n. 상황
- □ **commodity** [kəmɑ́dəti] n. 상품, 일용품
- □ **cover** [kʌ́vər] v. 다루다 | 책임지다 n. 덮개
- □ **coverage** [kʌ́vəridʒ] n. (보험의) 보상 범위 | 취재, 보도
- □ **debt** [det] n. 빚, 부채
- □ **debtor** [détər] n. 채무자
- □ **dwindle** [dwíndl] v. 줄어들다, 점차 감소하다
- □ **earnings** [ə́:rniŋz] n. 수입, 소득
- □ **financial** [finǽnʃəl] adj. 재정의, 금융의
- □ **income** [ínkʌm] n. (정기적인) 수입, 소득
- □ **interest rate** phr. 이자율, 금리
- □ **investment** [invéstmənt] n. 투자
- □ **levy** [lévi] v. (세금 등을) 징수하다
- □ **liability** [làiəbíləti] n. (-ies) 부채, 빚 | 의무, 책임
- □ **long-term** [lɔ̀:ŋtə́:rm] adj. 장기적인
- □ **marketplace** [mɑ́:rkitpleis] n. 시장 | 경제계
- □ **monopolize** [mənɑ́pəlàiz] v. 독점하다
- □ **monopoly** [mənɑ́pəli] n. 독점, 전매
- □ **poverty** [pɑ́vərti] n. 가난, 빈곤
- □ **profitable** [prɑ́fitəbl] adj. 이익이 되는 | 유익한
- □ **share** [ʃɛər] n. 몫 | 주식 v. 공유하다
- □ **short-term** [ʃɔ̀:rtə́:rm] adj. 단기적인

450점 단어

□	accumulate [əkjúːmjulèit]	v. 모으다, 축적하다
□	accumulation [əkjùːmjuléiʃən]	n. 축적
□	allocate [ǽləkèit]	v. 배분하다, 할당하다
□	at a standstill	phr. 정지한, 정체한
□	auspicious [ɔːspíʃəs]	adj. 길조의, 상서로운
□	be in debt	phr. 빚을 지고 있다
□	beneficiary [bènəfíʃièri]	n. 수혜자
□	bond [bɑːnd]	n. 채권 | 유대감
□	booming [búːmiŋ]	adj. 급속히 발전하는
□	bourgeois [búərʒwa]	adj. 중산층의 | 속물적인
□	breadwinner [brédwinər]	n. 가장, 한 집안의 생계를 꾸리는 사람
□	coalition [kòuəlíʃən]	n. 제휴, 연합
□	consolidate [kənsɑ́lədèit]	v. (회사·재산 등을) 통합하다, 합병하다
□	cut back on	phr. ~을 삭감하다, ~을 줄이다
□	deductible [didʌ́ktəbl]	adj. 세금 공제가 되는
□	deprive A of B	phr. A에게서 B를 빼앗다
□	deprived [dipráivd]	adj. 가난한, 불우한 n. (the ~) 가난한 사람들
□	developing country	phr. 개발 도상국
□	down payment	phr. 계약금
□	downturn [dáuntəːrn]	n. (경기의) 침체, 하락
□	fall short of	phr. ~에 미치지 못하다
□	foster [fɔ́ːstər]	v. 육성하다, 촉진하다 | 함양하다, 키우다
□	full-time earner	phr. 정규직 근로자
□	fundraiser [fʌ́ndrèizər]	n. 기금 모금 행사
□	gap between the rich and the poor	phr. 빈부 격차
□	go through the roof	phr. 폭등하다
□	gross [grous]	adj. 총체적인, 중대한 | 역겨운
□	gross domestic product (GDP)	phr. 국내 총생산
□	homeowner [hóumòunər]	n. 자택 소유자
□	impoverished [impɑ́vəriʃt]	adj. 빈곤에 처한, 가난해진

□	in good standing	phr. 신용 상태가 좋은
□	incur [inkə́:r]	v. (비용 · 비난을) 초래하다 ǀ (비용을) 물게 되다
□	live beyond one's means	phr. 분수에 넘치게 살다
□	make a fortune	phr. 큰 재산을 모으다
□	make a payment	phr. 지불하다, 납부하다
□	make ends meet	phr. 수입과 지출의 균형을 맞추다
□	market economy	phr. 시장 경제
□	monetary value	phr. 금전적 가치
□	per capita income	phr. 1인당 소득
□	portfolio [pɔ:rtfóuliòu]	n. 투자 자산 구성 ǀ 대표 작품 선집
□	premium [prí:miəm]	n. 보험료, 할부금 adj. 고급의, 우수한
□	private sector	phr. 민간 부문
□	risky [ríski]	adj. 위험한, 아슬아슬한
□	rosy [róuzi]	adj. 낙관적인
□	save a bundle	phr. 크게 절약하다
□	self-sufficiency [sèlfsəfíʃənsi]	n. 자급 자족
□	shareholder meeting	phr. 주주 총회
□	shortfall [ʃɔ́:rtfɔ:l]	n. 부족, 부족액
□	squeeze money	phr. 돈을 뜯어내다
□	stagnate [stǽgneit]	v. 침체하다
□	stagnation [stægnéiʃən]	n. 침체, 불경기
□	standard of living	phr. 생활 수준
□	surge [sə:rdʒ]	v. (물가가) 급등하다 n. 급등, 증가 ǀ 파도
□	surplus [sə́:rplʌs]	n. 나머지 ǀ 잉여금, 흑자
□	tactics [tǽktiks]	n. 책략, 방책
□	tax return	phr. 세금 환급
□	treasure [tréʒər]	v. 소중히 하다 n. 보물
□	treasury [tréʒəri]	n. 보물 ǀ 국고
□	undervalue [ʌ̀ndərvǽlju:]	v. 과소 평가하다
□	withdrawal [wiðdrɔ́:əl]	n. 인출 ǀ 탈퇴, 철수
□	yield [ji:ld]	v. (결과 · 이익을) 내다 n. 생산량, 수확

500점 단어

□	above par	phr. 표준 이상으로
□	accrue [əkrú:]	v. (이자가) 붙다 | 발생하다
□	affluent [ǽfluənt]	adj. 부유한 | 풍부한
□	aggregate [ǽgrigət]	adj. 총계의
□	annuity [ənjú:əti]	n. 연금
□	avaricious [ævəríʃəs]	adj. 욕심 많은, 탐욕스러운
□	barter [bá:rtər]	v. 물물 교환하다 n. 물물 교환
□	bilk [bilk]	v. ~에게 사기치다, ~를 속여 빼앗다
□	bolster [bóulstər]	v. 지지하다, 지원하다 | 강화하다
□	collateral [kəlǽtərəl]	n. 담보, 저당물
□	conspicuously [kənspíkjuəsli]	adv. 눈에 띄게, 두드러지게
□	curtail [kə:rtéil]	v. 줄이다 | (비용을) 삭감하다
□	defray [difréi]	v. (비용·경비를) 부담하다, 지출하다
□	destitute [déstətjù:t]	adj. 빈곤한, 궁핍한
□	disburse [disbə́:rs]	v. 지불하다, 분배하다
□	fiscal year	phr. 회계 연도
□	insolvent [insɑ́lvənt]	adj. 파산한, 지급 능력이 없는
□	installment [instɔ́:lmənt]	n. 할부, 분할 불입 | (전집·연재물 등의) 1권, 1회분
□	meager [mí:gər]	adj. 빈약한, 불충분한
□	mutable [mjú:təbl]	adj. 변하기 쉬운
□	pension [pénʃən]	n. 연금
□	piecemeal [pí:smi:l]	adj. 단편적인
□	run up	phr. (빚 등이) ~만큼 쌓이도록 두다
□	scrimp [skrimp]	v. 절약하다, 긴축하다
□	sluggish [slʌ́giʃ]	adj. 부진한, 불경기의
□	solvency [sɑ́:lvənsi]	n. 지불능력
□	superfluous [supə́:rfluəs]	adj. 여분의, 남아도는 | 불필요한
□	transgress [trænsgrés]	v. (제한·범위를) 넘다 | 위반하다
□	unparalleled [ʌnpǽrəleld]	adj. 비할 데 없는 | 유례 없는
□	vault [vɔ:lt]	n. 금고, 금고실 v. 뛰어넘다

DAY 03 Hackers TEPS Vocabulary

▲ 무료 MP3 바로 듣기

식사 매너

식생활

준수가 직접 차린 저녁식사에 invitation을 해 주었다. 준수가 개발했다는 recipe를 따라 요리한 스테이크는 hit the spot했고, 신선한 ingredient를 contain한 샐러드도 정말 맛있었다. 후식으로는 정성스레 구운 파이를 접시에 예쁘게 담아 serve해 주었다. 몹시 기대하며 한입 savor했는데 edible하지 않아서 speechless였을 정도였다. 그러나 매너 좋은 나는 모든 음식이 정말 delectable하다며 devour했는데, 준수가 말하는 것이다. "정말 좋아하네. 내 것까지 다 먹어."

01 **invitation**★
[ìnvitéiʃən]
파 invite v. 초대하다, 청하다

n. 초대, 초대장

We declined an **invitation** for lunch due to a midday meeting.
우리는 정오의 모임 때문에 점심 식사 초대를 거절했다.

텝스 출제 포인트!

어휘 invitation : appointment
invitation과 의미가 비슷한 appointment의 쓰임을 구별하여 답을 선택하는 문제가 출제된다.
- invitation 초대 (파티 · 식사와 같은 모임에 와달라는 요청을 의미한다)
- appointment 약속 (특정 시간 및 장소에서 만나기로 정하는 것을 의미한다)

청해 decline an invitation 초대를 거절하다
send an invitation 초대장을 보내다
be invited to ~에 초대되다
invite a question 질문을 청하다

02 **recipe**★
[résəpi]

n. 조리법

This is my favorite **recipe** for chocolate cake.
이것이 제가 좋아하는 초콜릿 케이크 조리법이에요.

03 **hit the spot**★

phr. 만족시키다, 꼭 맞다

That beef steak at dinner really **hit the spot**.
저녁 식사에서 그 쇠고기 스테이크는 정말 만족스러웠다.

04 **ingredient**★
[ingrí:diənt]

n. 재료, 성분

Prepare all the **ingredients** according to the recipe.
조리법에 따라 모든 재료를 준비하세요.

05 **contain**★★★
[kəntéin]
v. (감정을) 억누르다, 참다

v. 담고 있다, 포함하다

These jars **contain** peach jam, which my mother made herself.
이 단지들은 복숭아 잼을 담고 있는데, 그것은 우리 어머니가 직접 만드신 것이다.

텝스 출제 포인트!

문법 진행형으로 쓰지 않는 동사 contain
'상태'를 나타내는 동사 contain은 진행형(be동사 + -ing)으로 쓰이지 않는다는 것을 묻는 문제가 출제된다.

06 **serve**★★
[səːrv]
v. 섬기다

파 server n. 시중드는 사람
serving n. 1인분, 한 그릇

v. (음식을) 제공하다 | 역할을 하다

The wedding cake was **served** to the guests.
웨딩 케이크가 손님들에게 제공되었다.

This manual **serves** as a guide for new workers.
이 안내서는 신입 사원들에게 지침의 역할을 한다.

텝스 출제 포인트!

독해 serve as ~의 역할을 하다

07 **savor**★★★
[séivər]

파 savory n. 짭짤한 요리
adj. 맛 좋은

v. 음미하다, 맛보다

Restaurant diners **savored** the flavor of the lobster.
레스토랑에서 식사하는 사람들은 바닷가재의 맛을 음미했다.

텝스 출제 포인트!

청해 savor the flavor 맛을 음미하다

08 **edible**★
[édəbl]

반 inedible 먹을 수 없는

adj. 먹을 수 있는

These mushrooms are **edible**, but the ones picked this morning were poisonous.
이 버섯들은 먹을 수 있지만, 오늘 아침에 딴 것들은 독이 있었다.

09 **speechless**★
[spíːtʃlis]

파 speech n. 연설

adj. (충격 등으로) 말을 못 하는

The food critics were **speechless** after tasting the dish.
음식 평론가들은 그 요리를 맛본 후 말을 하지 못 했다.

텝스 출제 포인트!

청해 be speechless with ~으로 말을 못 하다
public speech 대중 연설

10 **delectable**★
[diléktəbl]

동 palatable 맛이 좋은

adj. 맛있는

The bakery's **delectable** muffins are especially popular among tourists.
그 제과점의 맛있는 머핀은 여행객들에게 특히 유명하다.

11 **devour**★★★
[diváuər]
동 gorge 실컷 먹다

v. 먹어 치우다, 게걸스레 먹다

Kimberly **devoured** lunch too quickly, which later gave her indigestion.
Kimberly는 점심 식사를 너무 빨리 먹어 치웠고, 이것은 나중에 소화불량을 일으켰다.

텝스 출제 포인트!

어휘 devour : partake
devour와 의미가 비슷한 partake의 쓰임을 구별하여 답을 선택하는 문제가 출제된다.
- devour 먹어 치우다, 게걸스레 먹다
- partake (음식 등을) 함께 먹다, 함께 하다

12 **squash**★★★
[skwɑːʃ]

v. 으깨다, 짓누르다

When making guacamole, I like to **squash** the avocado with a fork.
과카몰레를 만들 때, 나는 포크로 아보카도를 으깨는 것을 좋아한다.

13 **treat**★★★
[triːt]
v. 한턱내다
파 treatment n. 대우, 치료

n. 대접, 한턱내기

This lunch is my **treat**. 이번 점심은 제가 대접할게요.

v. 대우하다, 다루다 | 치료하다

Elders should be **treated** with respect.
연장자들은 존경심으로 대우받아야 한다.

The doctor **treated** the patient by prescribing cough syrup. 의사는 기침약을 처방하여 환자를 치료하였다.

텝스 출제 포인트!

청해 treat with ~으로 대우하다, ~으로 치료하다

14 **voracious**★★★
[vɔːréiʃəs]

adj. 식욕이 왕성한, 게걸스레 먹는

Athletes have **voracious** appetites, eating twice as much as others.
운동선수들은 식욕이 왕성해서, 다른 사람들의 두 배 정도 먹는다.

텝스 출제 포인트!

어휘 voracious appetite 왕성한 식욕
appetite와 어울려 쓰이는 voracious를 선택하는 문제가 출제된다.

★★★ = 출제율 최상 ★★ = 출제율 상 ★ = 출제율 중

15 **bland**★★★

[blænd]

adj. 단조로운, 재미없는

adj. (맛이) 담백한, 자극적이지 않은

The vegetable soup tasted **bland**.
그 야채수프는 담백한 맛이 났다.

16 **authentic**★★★

[ɔːθéntik]

파 authenticate v. 증명하다
authenticity n. 신빙성
authentically adv. 진정으로, 확실하게

adj. 진정한, 진짜의 | 믿을 만한, 확실한

This restaurant serves **authentic** Vietnamese cuisine.
이 레스토랑은 진정한 베트남 요리를 제공한다.

The film was an **authentic** reconstruction of life in the early 1900s.
그 영화는 1900년대 초의 생활에 대한 믿을 만한 재현이었다.

텝스 출제 포인트!

[독해] authentic 진짜의 → actual 실제의
authentic이 유사한 의미의 다른 표현으로 출제된다.

17 **order**★★★

[ɔ́ːrdər]

n. 명령
v. 주문하다

n. 주문 | 질서

The waiter at the restaurant took our **orders**.
레스토랑의 종업원이 우리 주문을 받았다.

People expect the government to support justice and **order**. 사람들은 정부가 정의와 질서를 유지하기를 기대한다.

v. 명령하다

The boss **ordered** the employee to complete the report by noon.
상관은 그 직원에게 보고서를 정오까지 완료하라고 명령했다.

텝스 출제 포인트!

[어휘] take an order 주문을 받다
take와 어울려 쓰이는 order를 선택하는 문제가 출제된다.

[독해] place an order 주문하다

18 **rigorous**★★★

[rígərəs]

파 rigorously adv. 엄격히

adj. 엄격한, 철저한

Stick to a **rigorous** diet if you want to lose weight.
살을 빼고 싶다면 엄격한 식단을 지키세요.

19 **spill**★★★
[spil]

v. (액체 등을) 엎지르다, 흘리다

I **spilled** juice on the cafe floor by accident.
나는 실수로 카페 바닥에 주스를 엎질렀다.

n. 유출

It took years to recover after a chemical **spill** damaged this ecosystem.
화학 약품 유출이 이 생태계를 훼손한 이후 회복되기까지 몇 년이 걸렸다.

텝스 출제 포인트!

어휘 cry over spilled milk 엎지른 물을 두고 한탄하다

20 **sufficient**★★★
[səfíʃənt]

파 suffice v. 충분하다, 족하다
sufficiently adv. 충분히
반 insufficient 불충분한

adj. 충분한

Make sure there is **sufficient** food for tonight's party.
오늘 밤 파티를 위해 충분한 음식이 있는지 확인하세요.

21 **quibble**★★★
[kwíbl]

v. 옥신각신하다, 투덜대다

Mary and her husband always **quibble** over what to eat for dinner.
Mary와 그녀의 남편은 항상 저녁으로 무엇을 먹을지를 두고 옥신각신한다.

텝스 출제 포인트!

어휘 quibble over/about ~에 대해 투덜거리다

22 **picky**★★★
[píki]

파 pick v. 고르다, 선택하다

adj. 까다로운

Some children are **picky** about food.
어떤 어린이들은 음식에 대해 까다롭다.

23 **flavor**★★★
[fléivər]

n. 맛, 향

That ice cream shop offers more than 20 **flavors**.
그 아이스크림 가게는 20가지가 넘는 맛을 제공한다.

24 **concoct**★★★
[kankά:kt]
v. (이야기 등을) 지어내다

v. (음료 등을) 섞어서 만들다, 조리하다

The new dish **concocted** by the chef was added to the menu. 요리사에 의해 섞어서 만들어진 새로운 요리는 메뉴에 추가되었다.

25 **imbibe**★★★
[imbáib]

v. (술·차 등을) 마시다

The manager **imbibes** coffee to stay alert during meetings. 매니저는 회의 동안 집중하려고 커피를 마신다.

26 **culinary**★★★
[kjú:lənèri]

adj. 요리의, 주방의

Sarah signed up to an evening class to improve her **culinary** skills.
Sarah는 그녀의 요리 기술을 향상시키기 위해 저녁 수업을 신청했다.

27 **pungent**★★
[pʌ́ndʒənt]
adj. 날카로운, 신랄한

adj. (혀·코를) 몹시 자극하는, 톡 쏘는

The special ingredient has a **pungent** smell but it's quite tasty.
그 특별한 재료는 몹시 자극적인 냄새가 나지만 꽤 맛있다.

텝스 출제 포인트!

[독해] pungent smell 톡 쏘는 냄새

28 **satiate**★★
[séiʃièit]

v. (식욕 등을) 충분히 만족시키다

The large appetizer **satiated** the guests until their entrée was ready.
많은 양의 전채요리는 주요리가 준비될 때까지 손님들을 충분히 만족시켰다.

29 **connoisseur**★★
[kὰ:nəsə́:r]

n. (예술품·음식의) 감정가, 전문가

Being a **connoisseur** of fine wines, he has a large stock at home.
고급 포도주의 감정가로서, 그는 집에 다량의 재고를 가지고 있다.

30 **fresh**★★
[freʃ]
adj. 상쾌한, 산뜻한

adj. (식품 등이) 신선한, 싱싱한

Our chef purchases **fresh** seafood every morning.
저희 주방장은 매일 아침 신선한 해산물을 구입합니다.

31 **gorge**★★
[gɔːrdʒ]
동 devour 게걸스레 먹다

v. 실컷 먹다

At the birthday party, the children **gorged** themselves on candy and soda.
생일 파티에서, 아이들은 사탕과 탄산음료를 실컷 먹었다.

n. 협곡

A bridge was erected to allow travelers to cross the **gorge**.
다리는 여행객들이 협곡을 건널 수 있도록 하기 위해 세워졌다.

텝스 출제 포인트!

[어휘] gorge : ingest : graze
먹는 것과 관련된 단어들의 의미를 구별하여 답을 선택하는 문제가 출제된다.
- gorge 실컷 먹다
- ingest (음식을) 섭취하다
- graze (가축이) 풀을 뜯다

[독해] gorge oneself on ~을 실컷 먹다

32 **make do with**★★

phr. 견디다, 때우다

The blizzard forced people to stay home and **make do with** what food they had.
눈보라는 사람들이 집에 머무르고 그들이 갖고 있는 음식으로 견디게 하였다.

33 **rancid**★★
[rǽnsid]

adj. 썩은 냄새가 나는

Rancid meat is not safe for consumption and must be disposed of.
썩은 냄새가 나는 고기는 먹기에 안전하지 않고 반드시 처분되어야 합니다.

34 **prod**★★
[prɑːd]
v. 자극하다, 재촉하다

v. 찌르다, 쑤시다

To check if a potato is cooked, **prod** it with a fork.
감자가 익었는지 확인하려면, 포크로 그것을 찔러보세요.

35 **purveyor**★★
[pərvéiər]
n. 정보 제공자

n. 조달 업자

The manager hired a **purveyor** to supply fresh vegetables to the restaurant.
그 지배인은 레스토랑에 신선한 채소를 공급하기 위해 조달 업자를 고용했다.

36 **funnel****
[fʌ́nl]

n. 깔때기

It's easier to get flour into a jar if you use a **funnel**.
깔때기를 사용한다면 밀가루를 병에 넣기에 더 쉬울 거야.

v. (정보·자금 등을) 쏟다, 집중하다

The government **funneled** the funds into welfare programs for the unemployed.
정부는 자금을 실업자들을 위한 복리후생에 쏟았다.

37 **parched****
[pɑːrtʃt]

파 parch v. 바싹 마르게 하다

adj. 몹시 목마른, 목이 타는

Water was provided to the **parched** marathon runners.
몹시 목이 마른 마라톤 선수들에게 물이 제공되었다.

38 **provision****
[prəvíʒən]

파 provide v. 제공하다, 주다

n. (-s) 식량 | (법률) 조항, 규정 | 공급

They packed **provisions** for the camping trip.
그들은 야영 여행을 위해 식량을 챙겼다.

A **provision** ensures public transportation services for the disabled.
법률 조항은 장애인들을 위한 대중교통 서비스를 보장한다.

The organization arranged for **provision** of food and water to the refugees.
그 단체는 난민들에게 음식과 물 공급을 준비했다.

39 **help oneself to***

phr. ~을 마음껏 먹다

Help yourself to the cookies on the coffee table.
커피 테이블에 있는 과자를 마음껏 드세요.

40 **essential***
[isénʃəl]

파 essentially adv. 본질적으로

adj. 필수의, 없어서는 안 될

Make sure your children eat the **essential** nutrients.
당신의 자녀들이 필수 영양소를 섭취할 수 있도록 하세요.

n. 필수품

Bring the **essentials** when you go on a trip.
여행을 갈 때는 필수품을 가져가세요.

텝스 출제 포인트!

문법 It is essential that + 주어 + (should) 동사원형
'필요 · 중요성'을 나타내는 형용사 essential 뒤에 오는 that절에 '(should) 동사원형'을 쓰는 문제가 출제된다.

41 **pulverize***
[pʌ́lvəràiz]
v. 완전히 쳐부수다

v. 분쇄하다, 가루로 만들다

The cook put all the ingredients in a blender to **pulverize** them.
요리사는 모든 재료들을 분쇄하기 위해 믹서에 넣었다.

42 **balance***
[bǽləns]
파 balanced adj. 균형 잡힌
반 imbalance 불균형

n. 균형, 조화 | 잔고

A good diet should have a **balance** between meat and vegetables.
좋은 식단은 육류와 채소 사이의 균형을 갖춰야 한다.

The **balance** in my bank account is about $1,000.
내 은행 계좌 잔고는 약 1,000달러이다.

v. 균형을 유지하다

Balance your body and mind with enough sleep and exercise.
충분한 수면과 운동으로 몸과 마음의 균형을 유지하세요.

텝스 출제 포인트!

독해 balanced diet 균형 잡힌 식단
account balance 계좌 잔고, 계정 잔액
balance the budget 예산의 수지 균형을 맞추다
strike a balance between A and B A와 B 사이에서 균형을 유지하다

43 **nutrient***
[njúːtriənt]
파 nutrition n. 영양
nutritious adj. 영양분이 많은
nutritional adj. 영양상의

n. 영양소, 영양분

The **nutrients** are listed on the food product label.
영양소는 식품 성분 표시에 나열되어 있습니다.

텝스 출제 포인트!

청해 essential nutrient 필수 영양소
nutritional science 영양학

44 **garnish***
[gá:rniʃ]
v. 장식하다, 꾸미다

v. (요리에) 고명을 곁들이다

Parsley is commonly used to **garnish** salmon and other types of fish.
파슬리는 흔히 연어와 다른 종류의 물고기에 고명을 곁들이기 위해 사용된다.

45 **prick***
[prik]

v. 찌르다

You should use a special tool to cut pineapples so you don't **prick** yourself.
당신은 찔리지 않기 위해 파인애플을 자를 때 특별한 도구를 사용해야 합니다.

46 **appeal***
[əpí:l]
v. 항소하다
파 appealing adj. 매력적인

v. 마음에 들다, 매력이 있다 | 간청하다

The food at the banquet **appealed** to the guests.
연회의 음식은 손님들의 마음에 들었다.

The speaker **appealed** to the audience for silence.
연설자는 청중에게 정숙해 주기를 간청했다.

n. 매력

The department store's **appeal** is its wide selection of women's clothing.
그 백화점의 매력은 다양한 종류의 여성복이다.

텝스 출제 포인트!

청해 appeal to ~의 마음에 들다
appeal for ~을 간청하다, 호소하다

47 **cater***
[kéitər]
파 catering n. 출장 연회 음식

v. (연회 등에) 음식을 제공하다 | ~의 요구를 채워주다

The food service business **caters** for many types of events.
그 요식업체는 많은 종류의 행사에 음식을 제공한다.

Online degree programs **cater** to workers with busy schedules.
온라인 학위 프로그램은 바쁜 일정의 직장인들의 요구를 채워준다.

48 **vegetarian***
[vèdʒətέəriən]
adj. 채식의
파 vegetarianism n. 채식주의

n. 채식주의자

The cafeteria has special meals for **vegetarians**.
그 구내식당에는 채식주의자를 위한 특별한 식사가 있다.

DAY 03 Daily Checkup

단어에 해당하는 뜻을 오른쪽에서 찾아 연결하세요.

01	fresh	ⓐ 실컷 먹다
02	savor	ⓑ 재료
03	nutrient	ⓒ 충분한
04	gorge	ⓓ 신선한
05	sufficient	ⓔ 음미하다
		ⓕ 영양소

문맥에 맞는 단어를 보기에서 골라 빈칸에 넣으세요.

ⓐ parched ⓑ rigorous ⓒ spill ⓓ voracious ⓔ caters ⓕ rancid

06 Excessive consumption of food is mainly caused by a ______ appetite.

07 The chef ______ for weddings, funerals and business conferences.

08 Every product has to meet ______ standards before it is launched onto the market.

09 We were so ______ from the heat that we couldn't speak.

10 If not cleaned on a regular basis, the kitchen gives off a ______ odor.

ⓐ treat ⓑ picky ⓒ bland ⓓ satiate ⓔ delectable ⓕ imbibes

11 It's important to ______ your friends with respect, or they won't stay around for long.

12 Ice cream will ______ his craving for something sweet after a meal.

13 That bakeshop on Hoff Street has the most ______ freshly baked breads and pastries.

14 Jeff usually ______ beer with his friends on Friday night.

15 Add salt to improve the taste of ______ food.

Answer 01 ⓓ 02 ⓔ 03 ⓕ 04 ⓐ 05 ⓒ 06 ⓓ 07 ⓔ 08 ⓑ 09 ⓐ 10 ⓕ 11 ⓐ 12 ⓓ 13 ⓔ 14 ⓕ 15 ⓒ

텝스 완성단어

350점 단어

- □ appetite [ǽpətàit] n. 식욕
- □ appetizer [ǽpitàizər] n. 전채 요리, 식욕을 돋우는 것
- □ aroma [əróumə] n. 향기
- □ artificial [àːrtəfíʃəl] adj. 인공적인, 부자연스러운
- □ be pleased with phr. ~에 만족하다
- □ beverage [bévəridʒ] n. 음료
- □ bottled water phr. 생수
- □ care for phr. ~을 좋아하다 | ~를 돌보다, ~를 걱정하다
- □ dairy [dέəri] adj. 유제품의, 우유의
- □ eat out phr. 외식하다
- □ entire [intáiər] adj. 전체의, 전부의 | 완전한
- □ flour [fláuər] n. 밀가루
- □ include [inklúːd] v. 포함하다
- □ lunch break phr. 점심 시간
- □ minimum [mínəməm] adj. 최소의, 최저의 n. 최소, 최저
- □ mixture [míkstʃər] n. 혼합물
- □ Never mind. phr. 괜찮아요, 신경 쓰지 마세요.
- □ pleasant [plézənt] adj. 유쾌한, 기분 좋은
- □ please [pliːz] v. 기쁘게 하다, 즐겁게 만들다
- □ pleasurable [pléʒərəbl] adj. 유쾌한, 즐거운
- □ pork [pɔːrk] n. 돼지고기
- □ preparation [prèpəréiʃən] n. 준비, 대비
- □ prepare for phr. ~을 준비하다
- □ preserve [prizə́ːrv] v. 저장하다 | 보존하다, 유지하다
- □ regardless of phr. ~에 관계없이, ~에도 불구하고
- □ spicy [spáisi] adj. 매운 | 양념을 넣은
- □ vending machine phr. 자동판매기

450점 단어

□	additive [ǽditiv]	n. 첨가물
□	all-you-can-eat [ɔ́:ljùkəní:t]	adj. 뷔페식의
□	amino acid	phr. 아미노산
□	baked goods	phr. 빵, 제과
□	bite [bait]	n. 간단한 식사 | 물린 상처 v. 물다
□	bitter [bítər]	adj. (맛이) 쓴 | 쓰라린
□	blend [blend]	v. 섞다, 혼합하다
□	brew [bru:]	v. (차 등을) 끓이다 | 생기다, 발생하다
□	butler [bʌ́tlər]	n. 지배인, 집사
□	caffeinated [kǽfənèitid]	adj. 카페인이 든
□	cake mix	phr. 케이크 재료
□	canned goods	phr. 통조림 제품
□	chew [tʃu:]	v. 씹다
□	complement [kámpləmènt]	v. 보완하다, 보충하다
□	craving [kréiviŋ]	n. (강렬한) 욕구, 갈망
□	cuisine [kwizí:n]	n. 요리
□	decay [dikéi]	v. 부패하다 n. 부패, 부식
□	digest [daidʒést]	v. 소화하다 | 이해하다
□	dine [dain]	v. 식사하다, 정찬을 들다
□	diner [dáinər]	n. 간이 식당 | 식사하는 사람
□	disgust [disgʌ́st]	n. 혐오감 v. 역겹게 하다
□	disgusting [disgʌ́stiŋ]	adj. 역겨운, 정말로 싫은
□	enrich [inrítʃ]	v. 풍부하게 하다
□	fast [faest]	v. 단식하다 n. 단식
□	feel free to	phr. 마음대로 ~하다
□	fiber [fáibər]	n. 섬유질
□	For here or to go?	phr. 여기서 드시고 가겠습니까, 가지고 가시겠습니까?
□	gratuity [grətjú:əti]	n. 팁, 사례금
□	greasy [grí:si]	adj. (음식이) 기름진
□	hangover [hǽŋouvər]	n. 숙취

- ☐ intake [ínteik] — n. 섭취 | 섭취량
- ☐ leftover [léftouvər] — n. 남은 음식
- ☐ liquor [líkər] — n. 술, 주류
- ☐ mince [mins] — v. (고기 · 야채를) 잘게 다지다
- ☐ mouth-watering [máuθwɔ:təriŋ] — adj. 군침이 도는
- ☐ overall [òuvərɔ́:l] — adj. 전부의 adv. 전반적으로, 전체적으로
- ☐ overeat [òuvərí:t] — v. 과식하다
- ☐ pay the bill — phr. 비용을 지불하다
- ☐ poultry [póultri] — n. 가금류
- ☐ processed food — phr. 가공 식품
- ☐ protein [próuti:n] — n. 단백질
- ☐ refined [rifáind] — adj. 정제된 | 세련된, 품위 있는
- ☐ refreshing [rifréʃiŋ] — adj. 상쾌한 | 참신한
- ☐ refreshment [rifréʃmənt] — n. (-s) 다과 | 원기 회복
- ☐ refrigerate [rifrídʒərèit] — v. 냉장하다, 냉동하다
- ☐ refrigerator [rifrídʒərèitər] — n. 냉장고 (= fridge)
- ☐ retention [riténʃən] — n. 보유, 보존, 유지
- ☐ ripe [raip] — adj. 익은 | 원숙한
- ☐ ripen [ráipən] — v. 익게 하다
- ☐ roast [roust] — v. (고기를) 굽다 adj. 구운
- ☐ salutary [sǽljutèri] — adj. 유익한 | 효과가 좋은
- ☐ seasoning [sí:zəniŋ] — n. 양념, 조미료
- ☐ sip [sip] — n. 한 모금 v. 조금씩 마시다
- ☐ specialty [spéʃəlti] — n. 전문, 장기
- ☐ staple [stéipl] — n. 주식
- ☐ swallow [swálou] — v. 삼키다 | 억누르다
- ☐ tab [tæb] — n. 계산서, 청구서 | 외상 장부
- ☐ takeout [téikàut] — n. 포장 음식
- ☐ tap water — phr. 수돗물
- ☐ utensil [ju:ténsəl] — n. (주방) 도구, 기구
- ☐ vineyard [vínjərd] — n. 포도원, 포도밭

500점 단어

- □ abstemious [æbstíːmiəs] adj. 자제하는
- □ antioxidant [æntiɑ́ːksidənt] n. 산화 방지제, 항산화물질
- □ binge drinking phr. 폭음
- □ condiment [kɑ́ːndəmənt] n. 조미료, 양념
- □ corpulent [kɔ́ːrpjulənt] adj. 비만의, 살찐
- □ cutlery [kʌ́tləri] n. 수저류
- □ detract [ditrǽkt] v. (가치 · 명성 등을) 떨어뜨리다 | (주의를) 딴 데로 돌리다
- □ distend [disténd] v. 부풀게 하다, 팽창시키다
- □ fermentation [fə̀ːrmentéiʃən] n. 발효
- □ glutton [glʌ́tn] n. 대식가 | 열중하는 사람
- □ gnaw [nɔː] v. 갉아먹다, 씹다
- □ grab a bite phr. 간단히 먹다
- □ hackneyed [hǽknid] adj. 진부한
- □ luscious [lʌ́ʃəs] adj. 맛 좋은, 달콤한
- □ make up one's mind phr. 결정하다, 결심하다
- □ modicum [mɑ́ːdəkəm] n. 약간, 조금
- □ pasteurize [pǽstʃəràiz] v. 저온 살균하다
- □ quench thirst phr. 갈증을 풀다
- □ reek [riːk] v. 지독한 악취를 풍기다
- □ repugnant [ripʌ́gnənt] adj. 불쾌한, 비위에 거슬리는
- □ restock [rìːstɑ́ːk] v. 다시 채우다, 보충하다
- □ set out phr. 시작하다, 착수하다 | 출발하다
- □ slick [slik] adj. 매끄러운 | 교묘한
- □ split the bill phr. 비용을 각자 부담하다
- □ stale [steil] adj. 상한 | 진부한, 신선미가 없는
- □ supple [sʌ́pl] adj. 유연한, 나긋나긋한
- □ tantalize [tǽntəlàiz] v. 감질나게 하다
- □ tenderize [téndəràiz] v. (고기 등을) 연하게 하다
- □ thaw [θɔː] v. 녹이다, 해동시키다
- □ vapid [vǽpid] adj. (음식이) 김 빠진, 맛이 없는

DAY 04 Hackers TEPS Vocabulary

▲ 무료 MP3 바로 듣기

독서를 너무 사랑하는 너

문학·언어

준수는 **prolific**한 작가들의 작품을 좋아하는 독서광이다. 특히 **myth**에 관한 **narrative**나 **obscure**한 내용의 소설들을 즐겨 읽고, 책들의 첫 번째 **edition**을 사서 수집하기도 한다. 요즘은 특히 어려운 러시아 소설책의 **engrossing**한 **plot**에 빠져 있다. 오늘은 약속시간이 지나도 나타나지 않는 준수에게 연락을 했더니 새로 나온 소설의 **copy**를 읽느라 약속을 까먹었다는 것이다. 독서는 마음의 양식이라고 늘 생각해왔지만, 준수의 지나친 책 사랑은 가끔 **fathom**하기 힘들다.

01 **prolific**★★★

[prəlífik]

adj. 아이를 많이 낳는

파 prolificacy n. 다작, 다산

adj. (작가 등이) 다작의

The man is a **prolific** author with over 200 published books.

그 남자는 200권 이상의 책을 출판한 다작 작가이다.

텝스 출제 포인트!

어휘 prolific : abundant

prolific과 의미가 비슷한 abundant의 쓰임을 구별하여 답을 선택하는 문제가 출제된다.

- prolific (작가 등이) 다작의, 아이를 많이 낳는
- abundant (자원 등이) 풍부한

독해 prolific author 다작 작가

02 **myth**★

[miθ]

파 mythology n. 신화
mythical adj. 신화의
mythological adj. 신화적인

n. 신화

Myths about the creation of humankind are common to many cultures.

인류의 창조에 대한 신화는 많은 문화권에서 공통적이다.

03 **narrative**★

[nǽrətiv]

파 narrate v. 이야기하다
narrator n. 서술자
narration n. 서술, 이야기

n. 이야기, 서술

The book's **narrative** was made more interesting by its unusual characters.

그 책의 이야기는 특이한 등장인물들로 더 흥미로워졌다.

adj. 서술의, 이야기체의

The actress used a **narrative** style in writing her autobiography.

그 여배우는 그녀의 자서전을 쓰는 데 서술 방식을 사용했다.

04 **obscure**★

[əbskjúər]

파 obscurity n. 불분명, 모호
반 unambiguous 분명한

adj. 분명하지 않은, 애매한

Translations of literary works often make the authors' intended meaning **obscure**.

문학 작품의 번역은 종종 작가가 의도한 의미를 분명하지 않게 만든다.

v. 가리다, 흐리게 하다

Heavy snowfall **obscured** the road ahead.

강한 눈보라가 앞의 도로를 가렸다.

★★★ = 출제율 최상　★★ = 출제율 상　★ = 출제율 중

05 **edition**★

[idíʃən]

파 edit v. 편집하다

n. (간행물의) 판

The collector bought a rare first **edition** of the book.

그 수집가는 그 책의 희귀한 초판을 구매했다.

06 **engrossing**★

[ingróusiŋ]

파 engross v. 몰두시키다
engrossed adj. 열중하고 있는

adj. 마음을 사로잡는, 몰두하게 하는

The memoir was so **engrossing** that I read it in one day.

그 회고록은 내 마음을 매우 사로잡아서 나는 그것을 하루 만에 다 읽었다.

텝스 출제 포인트!

독해 be engrossed in ~에 열중해 있다

07 **plot**★

[plɑːt]

n. 음모

n. 줄거리, 구상

The **plot** of this story was partly based on actual events. 이 이야기의 줄거리는 부분적으로 실제 사건들을 바탕으로 하였다.

08 **copy**★★

[kápi]

v. 복사하다, 베끼다

n. (같은 책·잡지의) 부 | 사본

Please kindly accept a **copy** of my new novel.

부디 새로 나온 제 소설 한 부를 받아 주십시오.

A **copy** of the company's annual financial report is available online.

그 회사의 연간 재정 보고서의 사본은 온라인에서 볼 수 있다.

텝스 출제 포인트!

어휘 copy : sample

copy와 의미가 비슷한 sample의 쓰임을 구별하여 답을 선택하는 문제가 출제된다.

- copy 사본 (책·잡지 등의 원본과 동일한 것을 의미한다)
- sample 견본 (품질이나 상태에 대한 판단을 위해 본보기로 미리 보여주는 것을 의미한다)

09 **fathom**★

[fǽðəm]

v. 이해하다, 헤아리다

Even after the teacher explained it, I couldn't **fathom** what the poem meant.

선생님이 설명해주신 후에도 나는 그 시가 무엇을 의미하는지 이해할 수 없었다.

10 **translate**★★★ [trænsléit]

파 translation n. 번역, 통역
translator n. 번역가, 통역사

v. 번역하다, 통역하다

The software can **translate** text from English into various other languages.
그 소프트웨어는 영어로 된 글을 다양한 다른 언어들로 번역할 수 있다.

11 **banality**★★★ [bənǽləti]

파 banal adj. 진부한, 평범한

n. 진부함, 진부한 말

The **banality** of the plot made the book predictable.
줄거리의 진부함은 그 책을 뻔하게 만들었다.

12 **tangential**★★★ [tændʒénʃəl]

adj. 접하는, 접선의

adj. 거의 관계가 없는

The editor suggested removing any **tangential** information and being more direct.
그 편집자는 거의 관계가 없는 정보들을 삭제하고 더 직접적일 것을 제안했다.

13 **value**★★★ [vǽljuː]

파 valuate v. 견적하다, 평가하다
valuable adj. 값진, 귀중한

n. 가치

The **value** of these old, rare comic books was estimated at fifty thousand dollars.
이 오래되고 희귀한 만화책의 가치는 5만 달러로 추산되었다.

v. 높이 평가하다

Martin **values** the ability to speak several languages.
Martin은 여러 언어를 구사하는 능력을 높이 평가한다.

14 **epitomize**★★★ [ipítəmàiz]

v. 요약하다

파 epitome n. 전형

v. ~의 전형이다

Philip Marlowe, star of Raymond Chandler's crime novels, **epitomizes** the private detective concept.
Raymond Chandler의 범죄 소설의 주인공 Philip Marlowe는 사립 탐정 개념의 전형이다.

15 **pronounced**★★★ [prənáunst]

adj. 명백한, 뚜렷한

파 pronounce v. 발음하다, 선언하다

adj. 발음되는

Some languages have a **pronounced** "J" consonant and others do not.
몇몇 언어는 발음되는 자음 'J'가 있지만 다른 언어들은 그렇지 않다.

16 **bewilder**★★★

[biwíldər]

동 baffle 당황하게 하다

v. 당황하게 하다, 어리둥절하게 만들다

The variety of accents used in Johannesburg **bewildered** Lenny.

요하네스버그에서 사용되는 다양한 억양은 Lenny를 당황하게 했다.

17 **support**★★★

[səpɔ́:rt]

파 supporting adj. 지지하는, 조연의
supportive adj. 지원하는, 보조적인

n. 도움, 지원

The inexperienced writer relied on the **support** of a professional editor.

그 경험 없는 작가는 전문 편집자의 도움에 의존했다.

v. 지원하다, 지지하다

A scholarship fund was established to **support** needy students.

어려운 학생들을 지원하기 위해 한 장학 기금이 설립되었다.

18 **comment**★★★

[kάment]

파 commentary n. 논평, 해설

n. 의견, 논평

The famous novelist welcomed **comments** about his book from readers.

그 유명 소설가는 자신의 책에 대한 독자들의 의견을 기쁘게 받아들였다.

v. 언급하다, 논평하다

Police will not **comment** on the case until the investigation is over.

경찰은 수사가 끝날 때까지 그 사건에 대해 언급하지 않을 것이다.

텝스 출제 포인트!

청해 make a comment 논평하다
comment on ~에 대해 언급하다, ~에 대해 논평하다

독해 comment 의견 → remark 말
comment가 유사한 의미의 다른 표현으로 바뀌어 출제된다.

19 **index**★★

[índeks]

n. 표시, 지표

n. 색인, 목록

The **index** lists the page numbers for all the medical terms used.

색인은 사용된 모든 의학 용어에 대한 페이지 번호를 열거한다.

20 **draft**★★
[dræft]
파 drafty adj. 외풍이 있는

n. 초고, 초안 | 외풍

Did you submit your first **draft** to the publisher?
초고를 출판사에 제출했니?

A **draft** from the open window made me feel cold.
열린 창문에서 들어오는 외풍은 나를 춥게 했다.

21 **connotation**★★
[kὰnətéiʃən]
파 connote v. 함축하다, 암시하다
동 implication 함축적 의미, 암시

n. 함축, 언외의 의미

The term "patriot" has positive **connotations** of honor and sacrifice.
'애국자'라는 용어는 명예와 희생이라는 긍정적인 함축의 의미를 가진다.

텝스 출제 포인트!

청해 connotation 함축 → implication 함축적 의미
connotation이 유사한 의미의 다른 표현으로 바뀌어 출제된다.

22 **prescient**★★
[préʃənt]

adj. 선견지명이 있는, 미리 아는

The author included a **prescient** comment about the future of the Internet in his work.
그 저자는 그의 작품에 인터넷의 미래에 대한 선견지명이 있는 언급을 포함했다.

23 **altercation**★★
[ɔ̀:ltərkéiʃən]
파 altercate v. 언쟁하다

n. 언쟁

Talking in a calm tone can help prevent a potential **altercation.** 침착한 어조로 말하는 것은 잠재적 언쟁을 막는 것을 도울 수 있다.

텝스 출제 포인트!

어휘 altercation : alteration
altercation과 형태가 비슷한 alteration의 의미를 구별하여 함께 외워 두자.
┌ altercation 언쟁
└ alteration 변경, 개조

24 **formulaic**★★
[fɔ̀:rmjuléiik]
파 formula n. 상투적인 문구, 공식

adj. 정형화된

The writer was criticized for heavily relying on **formulaic** plots.
그 작가는 정형화된 줄거리에 지나치게 의지한 것에 대해 비난을 받았다.

25 **manipulate**★★
[mənípjulèit]
파 manipulation n. 교묘한 처리, 조작
manipulative adj. 교묘하게 다루는

v. 솜씨 있게 다루다 | 조작하다

Poets **manipulate** simple words to make beautiful rhymes.
시인들은 아름다운 운을 만들어 내기 위해 간단한 단어들을 솜씨 있게 다룬다.

Politicians should not **manipulate** public opinion for their own political advantage.
정치인들은 자신의 정치적 이익을 위해 여론을 조작해서는 안 된다.

26 **pass for**★★

phr. ~으로 통하다

With her accurate pronunciation of Italian, she can **pass for** a native speaker.
정확한 이탈리아어 발음으로, 그녀는 원어민으로 통할 수 있다.

27 **backdrop**★★
[bǽkdrɑ̀p]

n. 배경

The **backdrop** for the theater play was New York City.
그 연극의 배경은 뉴욕시였다.

28 **recrimination**★★
[rikrìmənéiʃən]
n. 맞고소
파 recriminate v. 서로 비난하다

n. 맞비난, 맞대응

The writers' professional rivalry resulted in angry **recriminations**.
작가들의 직업상의 경쟁은 성난 맞비난을 야기했다.

29 **seminal**★★
[sémənl]

adj. 중대한, 영향력이 큰

Carl Sagan wrote the **seminal** book that made science popular in the United States.
칼 세이건은 미국에서 과학을 대중적으로 만든 중대한 책을 썼다.

30 **cull**★★
[kʌl]

v. 추려내다, 고르다

Novelists **cull** information from different sources before they begin writing.
소설가들은 집필을 시작하기 전에 여러 자료에서 정보를 추려낸다.

텝스 출제 포인트!

독해 cull A from B B에서 A를 추려내다

31 **exaggerate**★★

[igzǽdʒərèit]

파 exaggeration n. 과장
exaggerated adj. 과장된

동 overstate 과장하다

v. 과장하다

Some journalists **exaggerate** their stories to attract more readers.

일부 기자들은 더 많은 독자들을 끌기 위해 이야기를 과장한다.

32 **legible**★★

[lédʒəbl]

파 legibility n. 읽기 쉬움

반 illegible 읽기 어려운

adj. (필적·인쇄가) 읽기 쉬운

Please fill out the blanks in clear and **legible** print.

뚜렷하고 읽기 쉬운 활자체로 빈칸을 채워주시기 바랍니다.

텝스 출제 포인트!

어휘 legible : eligible

legible과 형태가 비슷한 eligible의 의미를 구별하여 함께 외워 두자.

- legible 읽기 쉬운
- eligible 적임의, 적격의

33 **sink in**★★

phr. (말·사건이) 충분히 이해되다

The poet uses such heavy metaphors that it takes a while for her points to **sink in**.

그 시인은 너무 심한 은유를 사용해서 그녀의 요점이 충분히 이해되는 데 시간이 걸린다.

34 **extemporize**★★

[ikstémpəràiz]

동 improvise 즉흥적으로 하다

v. (연설·연주 등을) 즉흥적으로 하다

I **extemporized** a poem inspired by recent political events.

나는 최근 정치적 사건들에서 영감을 받은 시를 즉흥적으로 읽었다.

35 **adaptation**★★

[ædəptéiʃən]

파 adapt v. 각색하다, 적응하다
adapted adj. 각색된, 알맞은

n. 각색 작품 | 적응

The movie **adaptation** of the well-known classic was faithful to the book.

그 유명한 고전의 영화 각색 작품은 책에 충실했다.

Migration is a common form of behavioral **adaptation** among animals.

이주는 동물들 사이에서 행동 적응의 일반적인 형태이다.

36 **version**★★
[vɔ́ːrʒən]

n. (책 등의) 판 | 번역본

The original **version** of the novel was published in the 14th century.
그 소설의 원판은 14세기에 출판되었다.

A Spanish **version** of the book will be distributed next year. 그 책의 스페인어 번역본은 내년에 배포될 것이다.

텝스 출제 포인트!

[어휘] original version 원판, 원본
original과 어울려 쓰이는 version을 선택하는 문제가 출제된다.

37 **critic**★★
[krítik]

파 criticize v. 비평하다
criticism n. 비평
critical adj. 비판적인

n. 비평가, 평론가

The essayist's recent work was well received by **critics**.
그 수필가의 최근 작품은 비평가들에게 호평을 받았다.

텝스 출제 포인트!

[독해] literary/film/food/art + critic 문학/영화/음식/예술 비평가

38 **term**★★
[təːrm]

n. 용어, 말 | 임기, 기간

Many legal and medical **terms** are derived from Latin. 많은 법률 용어와 의학 용어는 라틴어에서 유래했다.

His **term** as our country's president will end next year. 우리나라 대통령으로서 그의 임기는 내년에 끝날 것이다.

v. 칭하다, 이름 짓다

The project was **termed** a success by government officials. 그 프로젝트는 정부 관료들에 의해 성공이라고 칭해졌다.

39 **refer to**★★
phr. 가리키다

파 reference n. 언급, 참조

phr. ~을 언급하다 | ~을 참조하다

Many of the students **referred to** Oscar Wilde in their term papers.
많은 학생들이 학기 말 과제에서 오스카 와일드를 언급했다.

Readers may **refer to** the appendix for a list of suggested readings.
독자분들은 추천 도서 목록에 대해 부록을 참조하실 수 있습니다.

40 **emphasize**★

[émfəsàiz]

파 emphasis n. 강조

v. 강조하다

When discussing the work of Shakespeare, it is important to **emphasize** his comedic brilliance.
셰익스피어의 작품을 논할 때는, 그의 희극적 재치를 강조하는 것이 중요하다.

텝스 출제 포인트!

청해 place an emphasis on ~을 강조하다

41 **recondite**★

[rékəndàit]

동 esoteric 난해한, 심원한

adj. 난해한

The expressions used in the early English language can be **recondite** today.
초기 영어에서 사용된 표현들이 오늘날에는 난해할 수 있다.

42 **euphemism**★

[júːfəmìzm]

파 euphemistic adj. 완곡어법의

n. 완곡어법

Journalists sometimes use **euphemisms** to avoid stating unpleasant things.
기자들은 불쾌한 일들을 언급하는 것을 피하기 위해 때때로 완곡어법을 사용한다.

43 **account for**★

phr. 고려하다

phr. ~을 설명하다 | (~의 비율을) 차지하다

Noam Chomsky's theories **account for** the origins of language. 노암 촘스키의 이론들은 언어의 기원을 설명한다.

Educational spending **accounts for** 15 percent of the national budget. 교육비는 국가 예산의 15퍼센트를 차지한다.

44 **perception**★

[pərsépʃən]

n. 지각, 자각

파 perceive v. 알아차리다
perceptional adj. 인식의, 지각의

n. 인식, 이해

The author keeps readers' **perception** in mind when planning out his sequels.
작가는 속편에 대한 계획을 세울 때 독자들의 인식을 유념한다.

45 **envision**★

[invíʒən]

v. 상상하다, 마음속에 그리다

Amateur writers sometimes **envision** themselves winning a book award.
아마추어 작가들은 때때로 자신이 도서상을 수상하는 것을 상상한다.

46 **coin***
[kɔin]
n. 동전

v. (새로운 말을) 만들어 내다

An English philosopher first **coined** the phrase "survival of the fittest".
한 영국 철학자는 처음으로 '적자생존'이라는 말을 만들어 냈다.

텝스 출제 포인트!

[독해] coin 만들어 내다 → create 창조하다
coin이 유사한 의미의 다른 표현으로 바뀌어 출제된다.

47 **induce***
[indjú:s]
v. 설득하다, 권유하다

v. 일으키다, 야기하다

The forceful narrative will **induce** excitement in readers.
설득력 있는 서술은 독자들의 흥미를 일으킬 것이다.

텝스 출제 포인트!

[문법] induce + 목적어 + to V ~가 -하도록 하다
induce의 목적 보어로 to 부정사를 쓰는 문제가 출제된다.

48 **implication***
[implikéiʃən]
[파] implicate v. 함축하다
implicit adj. 함축적인, 암시적인
implicitly adv. 함축적으로
[동] connotation 함축, 언외의 의미

n. 함축적 의미, 암시

The **implication** of the book is that hope never dies.
이 책의 함축적 의미는 희망은 결코 죽지 않는다는 것이다.

49 **florid***
[flɔ́:rid]

adj. 화려한, 현란한

I dislike **florid** prose and prefer writing that is simple and direct.
나는 화려한 산문을 좋아하지 않고 단순하며 직접적인 글을 선호한다.

텝스 출제 포인트!

[어휘] florid style 화려한 문체
style과 어울려 쓰이는 florid를 선택하는 문제가 출제된다.

DAY 04 Daily Checkup

단어에 해당하는 뜻을 오른쪽에서 찾아 연결하세요.

01 connotation	ⓐ 다작의
02 prolific	ⓑ 발음되는
03 narrative	ⓒ 용어
04 pronounced	ⓓ 이야기
05 term	ⓔ 함축
	ⓕ 사본

문맥에 맞는 단어를 보기에서 골라 빈칸에 넣으세요.

ⓐ formulaic	ⓑ edition	ⓒ induced	ⓓ coined	ⓔ implications	ⓕ bewilder

06 The speaker's funny remarks ______ laughter in the audience.

07 Some scholars believe that Jane Austen ______ the term "dinner party".

08 My friends ______ me when they keep changing their minds about our plans.

09 Viewers became bored with the TV drama after its plot turned ______.

10 The candidate's withdrawal from the election has serious political ______.

ⓐ translate	ⓑ legible	ⓒ draft	ⓓ support	ⓔ pass for	ⓕ manipulate

11 You must ______ documents from Korean into English for non-Korean speakers.

12 The teacher reviewed a ______ of the student's report and told her how to revise it.

13 The doctor's handwriting is barely ______.

14 With her abundant experience, Karen could ______ an expert chef.

15 The candidate thanked the volunteers for their ______.

Answer 01 ⓔ 02 ⓐ 03 ⓓ 04 ⓑ 05 ⓒ 06 ⓒ 07 ⓓ 08 ⓕ 09 ⓐ 10 ⓔ 11 ⓐ 12 ⓒ 13 ⓑ 14 ⓔ 15 ⓓ

➔ 무료 Daily Checkup 해석은 HackersIngang.com에서 제공됩니다.
무료 단어시험지 자동생성기와 무료 해커스 텝스 기출 보카 TEST는 HackersTEPS.com에서 제공됩니다.

텝스 완성단어

350점 단어

□ **author** [ɔ́:θər]	n. 저자, 작가
□ **autobiography** [ɔ̀:təbaiɑ́:grəfi]	n. 자서전
□ **based on**	phr. ~에 근거하여
□ **complex** [kəmpléks]	adj. 복잡한
□ **define** [difáin]	v. 정의를 내리다, 뜻을 명확히 하다
□ **definition** [dèfəníʃən]	n. 정의
□ **describe** [diskráib]	v. 묘사하다, 기술하다
□ **enunciate** [inʌ́nsièit]	v. (또렷이) 말하다 | (생각을 명확히) 밝히다
□ **fluency** [flú:ənsi]	n. 유창함
□ **fluent** [flú:ənt]	adj. 유창하게 말하는
□ **handwriting** [hǽndraitiŋ]	n. 필체, 필적
□ **interpret** [intə́:rprit]	v. (외국어를) 통역하다 | 해석하다
□ **journal** [dʒə́:rnl]	n. 일기 | 잡지 | 논문
□ **literacy** [lítərəsi]	n. 읽고 쓰는 능력
□ **mean** [mi:n]	v. 의미하다 | 의도하다 adj. 심술궂은
□ **meaningful** [mí:niŋfəl]	adj. 의미 있는 | 중요한
□ **output** [áutput]	n. 작품 수 | 산출, 생산
□ **overlap** [òuvərlǽp]	v. 겹치다, 중복되다 n. 공통부분
□ **publish** [pʌ́bliʃ]	v. 출판하다, 발행하다 | 발표하다
□ **publisher** [pʌ́bliʃər]	n. 출판사
□ **science fiction**	phr. 공상 과학 소설
□ **stand for**	phr. ~을 상징하다
□ **summarize** [sʌ́məràiz]	v. 요약하다
□ **summary** [sʌ́məri]	n. 요약, 개요
□ **verse** [və:rs]	n. 시구, 운문 | (노래의) 구절
□ **voice** [vɔis]	v. 의견을 표현하다 n. 목소리, 의견
□ **wordy** [wə́:rdi]	adj. 장황한

450점 단어

	단어	뜻
□	ambiguous [æmbígjuəs]	adj. 애매한, 모호한
□	anecdote [ǽnikdòut]	n. 일화
□	anonymous [ənɑ́nəməs]	adj. 익명의, 작자 불명의
□	anthology [ænθɑ́lədʒi]	n. (여러 작품을 모은) 선집, 작품집
□	bilingual [bailíŋgwəl]	adj. 두 나라 말을 하는
□	brevity [brévəti]	n. 간결함
□	chronicle [krɑ́nikl]	v. 연대순으로 기록하다
□	citation [saitéiʃən]	n. 인용 | 소환
□	cliché [kli:ʃéi]	n. 진부한 표현
□	cohesive [kouhí:siv]	adj. 결합력 있는 | 응집성의
□	colloquial [kəlóukwiəl]	adj. 구어체의, 일상 회화의
□	comprehensible [kɑ̀mprihénsəbl]	adj. 이해할 수 있는
□	confounded [kanfáundid]	adj. 당황한
□	copious [kóupiəs]	adj. 풍부한
□	critique [kritíːk]	v. 비평하다 n. 비평, 평론
□	cut to the chase	phr. 바로 본론으로 들어가다
□	deduce [didjú:s]	v. 추론하다
□	dialect [dáiəlèkt]	n. 방언, 사투리
□	eloquent [éləkwənt]	adj. 말 잘하는, 설득력 있는
□	encompass [inkʌ́mpəs]	v. 포함하다, 망라하다
□	encyclopedia [insàikləpí:diə]	n. 백과사전
□	epic [épik]	n. 서사시
□	fictional [fíkʃənl]	adj. 허구의 | 소설의
□	gist [dʒist]	n. 요점, 요지
□	illiterate [ilítərət]	adj. 문맹의, 글을 모르는
□	ironic [airɑ́nik]	adj. 반어적인
□	literary [lítərèri]	adj. 문학의
□	manuscript [mǽnjuskrìpt]	n. 원고 | 필사본
□	memoir [mémwa:r]	n. 회고록, 전기
□	metaphor [métəfɔ̀:r]	n. 은유

□	naive [naiːíːv]	adj. 순진한, 천진난만한
□	nonverbal [nὰnvə́ːrbəl]	adj. 비언어적인
□	notion [nóuʃən]	n. 관념, 개념
□	oblique [əblíːk]	adj. 완곡한
□	paperback [péipərbæ̀k]	n. 종이 표지의 책, 문고판
□	plagiarize [pléidʒəràiz]	v. 표절하다
□	preface [préfis]	n. 서문, 머리말 v. 서문을 쓰다
□	proofread [prúːfriːd]	v. 교정을 보다
□	prose [prouz]	n. 산문, 산문체
□	protagonist [proutǽgənist]	n. 주인공 | 주연
□	rapt [ræpt]	adj. 완전히 몰입한
□	readable [ríːdəbl]	adj. 재미있게 읽을 수 있는
□	readership [ríːdərʃip]	n. 독자, 독자층
□	remark [rimάːrk]	n. 의견, 발언 v. 의견을 말하다
□	reminiscence [rèmənísns]	n. 추억, 회상 | (-s) 회고담
□	rhetorical [ritɔ́ːrikəl]	adj. 수사적인
□	saga [sάːgə]	n. 영웅 이야기, 무용담
□	satire [sǽtaiər]	n. 풍자
□	scoff [skɔːf]	v. 비웃다
□	shortsighted [ʃɔ́ːrtsáitid]	adj. 근시안적인
□	simultaneous [sàiməltéiniəs]	adj. 동시의, 동시에 일어나는
□	slang [slæŋ]	n. 속어, 은어
□	syllable [síləbl]	n. 음절
□	symbolism [símbəlìzm]	n. 상징, 상징적인 뜻
□	synonymous [sinάnəməs]	adj. 동의어의, 같은 뜻의
□	taunt [tɔːnt]	v. 비웃다, 조롱하다
□	unfold [ʌnfóuld]	v. (이야기가) 전개되다, 밝혀지다
□	usage [júːsidʒ]	n. 사용(법) | 어법
□	vague [veig]	adj. 애매한, 막연한
□	verbal [və́ːrbəl]	adj. 말의, 언어의
□	vocal [vóukəl]	adj. (의견을) 강경하게 밝히는 | 목소리의

500점 단어

- □ abbreviated [əbríːvièitid] adj. (어구를) 줄여서 쓴, 생략한
- □ abridged [əbrídʒd] adj. 요약된
- □ acumen [ækjúːmən] n. 통찰력, 안목 | (일에 대한) 감각
- □ allude [əlúːd] v. 암시하다 | 언급하다
- □ allusive [əlúːsiv] adj. 암시적인
- □ decipher [disáifər] v. (문자·암호를) 해독하다, 판독하다
- □ denote [dinóut] v. 나타내다, 의미하다
- □ discourse [dískɔːrs] n. 담화 | 화법
- □ effusive [ifjúːsiv] adj. 감정이 넘쳐 흐르는
- □ embellish [imbéliʃ] v. 아름답게 하다, 미화하다
- □ epitome [ipítəmi] n. 전형 | 요약, 개요
- □ fumble [fʌ́mbl] v. 말을 더듬다
- □ hyperbole [haipə́ːrbəli] n. 과장
- □ inarticulate [ìnɑːrtíkjulət] adj. 발음이 정확하지 않은
- □ make out phr. 알아듣다
- □ misconstrue [mìskənstrúː] v. 오해하다
- □ misnomer [misnóumər] n. 잘못된 명칭
- □ mordant [mɔ́ːrdənt] adj. 신랄한, 통렬한
- □ obfuscate [ɑ́ːbfəskèit] v. (판단·논점 등을) 흐리게 하다
- □ posthumous work phr. 유작
- □ quirk [kwəːrk] n. 기벽, 이상한 버릇
- □ rambling [rǽmbliŋ] adj. 횡설수설하는
- □ succinct [səksíŋkt] adj. 간결한, 간단명료한
- □ temerity [təmérəti] n. 무모함, 만용
- □ tome [toum] n. 두꺼운 책, 학술서
- □ trenchant [tréntʃənt] adj. 날카로운, 신랄한
- □ unconventional [ʌ̀nkənvénʃənl] adj. 관습에 얽매이지 않은 | 독특한
- □ verbatim [vərbéitim] adv. 말 그대로, 축어적으로
- □ verbose [vəːrbóus] adj. 말이 많은
- □ zenith [zíːniθ] n. 정점, 절정

DAY 05

Hackers TEPS Vocabulary

▲ 무료 MP3 바로 듣기

런던 날씨에 적응하는 법

날씨·기후

큰 기대 속에 런던 여행을 왔는데, 도착하자마자 시작된 **tremendous**한 폭우가 **drizzle**로 변해 몹시 **chilly**해졌다. 숙소로 가는 택시 안 라디오에서는 거센 비가 잠잠해지면서 **temperature**가 **moderate**해질 거라고 **forecast**를 하였다. 그러나 오히려 폭우가 쏟아지더니 택시에 내려 숙소에 들어서는 짧은 순간 완전히 **soak**되어버렸다. 직원에게 언제쯤 비가 **let up**할지 물어봤더니... 런던 날씨는 **peculiar**하기 때문에 **predict**하지 않는 것이 좋을 거라는 조언을 해주었다.

01 **tremendous**★
[triméndəs]
파 tremendously adv. 엄청나게

adj. 엄청난, 대단한

The **tremendous** roar of the thunder frightened everyone.
엄청난 천둥 소리는 모두를 깜짝 놀라게 했다.

 텝스 출제 포인트!

독해 have tremendous impact on ~에 엄청난 영향을 미치다
tremendous loss 엄청난 손해

02 **drizzle**★★
[drízl]

n. 이슬비, 가랑비

The **drizzle** turned into a downpour later in the day. 이슬비는 그날 오후에 폭우로 바뀌었다.

03 **chilly**★
[tʃíli]
파 chill v. 춥게 하다 n. 냉기
chilling adj. 쌀쌀한, 냉정한

adj. 쌀쌀한

The air was unusually **chilly** for an autumn day.
가을날치고는 공기가 몹시 쌀쌀했다.

04 **temperature**★
[témprətʃər]
n. 체온

n. 기온, 온도

What's the **temperature** this morning?
오늘 아침 기온은 몇 도입니까?

05 **moderate**★★
[mádərət]
v. 완화하다 [mádərèit]
파 moderation n. 온화, 알맞음
moderately adv. 적당히, 알맞게

adj. (날씨가) 온화한 | 적당한

San Francisco's **moderate** climate attracts many tourists.
샌프란시스코의 온화한 기후는 많은 관광객들을 끌어모은다.

Drinking wine in **moderate** amounts is not harmful to your health. 적당한 양의 와인을 마시는 것은 건강에 해롭지 않다.

06 **forecast**★★★
[fɔ́:rkæst]
n. 예측, 예상
파 forecaster n. 일기 예보관

n. 일기 예보

The **forecast** for tomorrow is sunshine.
내일의 일기 예보는 맑음이다.

v. 예상하다, 예측하다

The economist **forecasted** a drop in employment.
그 경제학자는 취업률의 하락을 예상했다.

★★★ = 출제율 최상 ★★ = 출제율 상 ★ = 출제율 중

텝스 출제 포인트!

어휘 forecast : prospect
forecast와 의미가 비슷한 prospect의 쓰임을 구별하여 답을 선택하는 문제가 출제된다.
- forecast 일기 예보, 예측
- prospect 가망, 기대

청해 forecast 예상하다 → predict 예측하다
forecast가 유사한 의미의 다른 표현으로 바뀌어 출제된다.

07 **soak***
[souk]
파 soaked adj. 흠뻑 젖은
동 saturate 적시다

v. 적시다
The shower today **soaked** the soil after a long drought. 오랜 가뭄 뒤에 오늘 내린 소나기는 토양을 적셨다.

텝스 출제 포인트!

어휘 soaked : damp : moist
soaked와 의미가 비슷한 damp, moist의 쓰임을 구별하여 답을 선택하는 문제가 출제된다.
- soaked 흠뻑 젖은 (물을 흡수하여 완전히 젖은 상태를 의미한다)
- damp 축축한 (습기가 많아서 눅눅한 상태를 의미한다)
- moist 촉촉한 (날씨가 습하거나 음식에 물기가 적당히 있는 상태를 의미한다)

08 **let up*****

phr. (비가) 그치다, 약해지다
The rain will **let up** by tomorrow.
내일이면 비가 그칠 것이다.

09 **peculiar****
[pikjú:ljər]
adj. 특유의
파 peculiarity n. 특성

adj. 이상한
Rain falling while the sun is shining is **peculiar**.
해가 떠 있는 동안에 비가 오는 것은 이상하다.

10 **predict****
[pridíkt]
파 prediction n. 예측, 예견
predictable adj. 예측할 수 있는

v. 예측하다
The weather forecaster has **predicted** a mild winter this year.
일기 예보관은 올해 온화한 겨울이 될 것이라고 예측했다.

11 **imminent**★★★
[ímənənt]
파 imminence n. 절박, 위급
imminently adv. 임박하여

adj. 임박한, 일촉즉발의

The dry season is **imminent** in Southeast Asia.
동남아시아에 건기가 임박했다.

12 **hold**★★★
[hould]
v. 열다, 개최하다
v. 유지하다, 지속하다

v. 잡고 있다

People struggled to **hold** on to their umbrellas because of the strong winds.
사람들은 강한 바람 때문에 우산을 잡고 있으려고 애썼다.

텝스 출제 포인트!

청해 hold on to ~을 꼭 잡다
hold an event 행사를 개최하다

13 **admittedly**★★★
[ædmítidli]
파 admit v. 인정하다

adv. 인정하건대

The weather forecast is usually accurate, but **admittedly**, it is sometimes wrong.
일기 예보는 보통 정확하지만, 인정하건대, 때때로는 틀린다.

14 **fluctuate**★★★
[flʌ́ktʃuèit]
파 fluctuation n. 변동

v. 계속 변화하다, 오르내리다

Temperatures **fluctuate** at the change of seasons.
환절기에는 기온이 계속 변화한다.

15 **inundate**★★★
[ínəndèit]
동 submerge 물에 잠그다

v. 침수시키다, 범람시키다

The village was **inundated** by the overflowing lake.
마을은 넘쳐 흐르는 호수에 의해 침수되었다.

16 **fortuitous**★★★
[fɔːrtjúːətəs]

adj. 행운의 | 우연의

It was **fortuitous** that the weather was pleasant throughout our vacation.
우리의 휴가 동안 날씨가 좋았던 것은 행운이었다.

A **fortuitous** encounter helped me get the job I have always wanted.
우연한 만남은 내가 항상 원하던 직장을 얻도록 도와주었다.

17 **sap**★★★
[sæp]
n. 수액

v. 약화시키다

The extreme heat gradually **sapped** Daniel's energy while he played soccer.
Daniel이 축구를 하는 동안 찌는 듯한 더위가 그의 에너지를 서서히 약화시켰다.

18 **arid**★★★
[ǽrid]
adj. 무미건조한
동 dry 건조한, 마른

adj. 건조한, 메마른

Part of the state of Arizona has an **arid** climate.
애리조나 주의 일부 영토는 건조한 기후이다.

 텝스 출제 포인트!

독해 arid 건조한 → dry 마른
arid가 유사한 의미의 다른 표현으로 바뀌어 출제된다.

19 **excuse**★★★
[ikskjú:z]
n. 변명, 핑계 [ikskjú:s]

v. 용서하다, 너그러이 봐주다

The rain was so heavy that the manager **excused** the workers for coming in late.
비가 너무 많이 내려서 매니저는 직원들이 늦게 들어온 것을 용서했다.

20 **bundle up**★★

phr. 껴입다, ~을 따뜻이 둘러싸다 | ~을 묶다, 뭉치다

My mother always told me to **bundle up** when it is cold. 우리 어머니께서는 항상 내게 추울 때 껴입으라고 말씀하셨다.

The camper **bundled up** some sticks to burn in the bonfire. 그 야영객은 모닥불에 태우기 위해 나뭇가지 몇 개를 묶었다.

21 **foliage**★★
[fóuliidʒ]

n. 나뭇잎

The spring **foliage** fell from the trees due to an early typhoon.
이른 태풍 때문에 나무에서 봄 나뭇잎이 떨어졌다.

22 **scorch**★★
[skɔ:rtʃ]

v. (식물 등을) 시들게 하다 | 태우다, 그슬리다

Last summer the hot weather **scorched** my beautiful rose bushes.
지난여름 더운 날씨는 내 아름다운 장미 나무를 시들게 했다.

The chef **scorched** my steak at the restaurant.
레스토랑에서 요리사는 내 스테이크를 태웠다.

23 **lull**★★
[lʌl]

n. (폭풍우 등의) 잠잠함, 소강상태

There is always an unusual **lull** before a storm arrives.
폭풍이 오기 전에는 항상 보기 드문 잠잠함이 있다.

v. (아이를) 달래다, 잠재우다

The sound of the mother's voice **lulled** her baby to sleep.
엄마의 목소리는 그녀의 아기가 잠들도록 달랬다.

24 **hunch**★★
[hʌntʃ]
v. (등을) 구부리다

n. 예감

I have a **hunch** that it's going to snow today.
나는 오늘 눈이 올 것 같은 예감이 들어.

텝스 출제 포인트!

[청해] have a hunch that ~일 것 같은 예감이 들다

25 **down in the dumps**★★

phr. 우울한

Tim has been **down in the dumps** since the first day of winter vacation.
Tim은 겨울 방학 첫날부터 우울했다.

26 **germane**★★
[dʒərméin]

adj. 밀접한 관련이 있는

Last year's high temperatures are **germane** to our discussion of climate change.
작년의 최고 기온은 기후 변화에 관한 우리의 토론과 밀접한 관련이 있다.

텝스 출제 포인트!

[독해] germane to ~과 밀접한 관계가 있는

27 **bane**★★
[bein]

n. 골칫거리, 재난의 원인

Frequent drought is the **bane** of many African countries.
잦은 가뭄은 많은 아프리카 국가들의 골칫거리이다.

28 measure★★

[méʒər]

파 measurement n. 측정
measurable adj. 측정할 수 있는

v. 측정하다

Today's hygrometers **measure** humidity more accurately than the earlier devices.
오늘날의 습도계는 옛날 것보다 습도를 더 정확하게 측정한다.

n. 조치, 수단

The government must take **measures** to reduce flu cases in the country.
정부는 국내 독감을 줄이기 위한 조치를 취해야 한다.

텝스 출제 포인트!

독해 take measures 조치를 취하다

29 likely★★

[láikli]

반 unlikely ~할 것 같지 않은

adj. ~할 것 같은

Since it is **likely** to snow in the evening, the performance will be moved indoors.
저녁에 눈이 올 것 같으므로, 공연은 실내로 이동될 것이다.

텝스 출제 포인트!

문법 be likely + to V ~할 것 같다
be likely 뒤에 to 부정사를 쓰는 문제가 출제된다.

30 disperse★★

[dispə́:rs]

파 dispersion n. 분산, 확산
dispersible adj. 분산시킬 수 있는

v. 흩어져 사라지게 하다 | (종자·지식을) 퍼뜨리다

The thick fog was **dispersed** over the whole city.
짙은 안개가 도시 전체로 흩어져 사라졌다.

Seeds are naturally **dispersed** by wind and insects.
씨앗은 바람과 곤충에 의해 자연적으로 퍼진다.

텝스 출제 포인트!

독해 dispersion of flu 독감의 확산

31 forbid★★

[fərbíd]

동 ban 금지하다

v. 금지하다

Children were **forbidden** from skating on the frozen lake. 아이들은 얼어붙은 호수에서 스케이트를 타는 것이 금지되었다.

32 **common**★★

[kάmən]

adj. 공통의

adj. 흔한, 보통의

Flooding is **common** in many parts of South America. 홍수는 남아메리카의 많은 지역에서 흔하다.

33 **accustomed**★

[əkΛstəmd]

파 accustom v. 익숙하게 하다

adj. 익숙한, 익숙해진

The local people are **accustomed** to the humid weather in Thailand.
지역 주민들은 태국의 습한 날씨에 익숙하다.

텝스 출제 포인트!

어휘 be accustomed to ~에 익숙하다

34 **drench**★

[drentʃ]

파 drenched adj. 흠뻑 젖은

v. 흠뻑 젖게 하다

The tourist was **drenched** after a sudden rainstorm.
그 관광객은 갑작스러운 폭풍우 후에 흠뻑 젖었다.

n. 호우

People at the festival were unprepared for the sudden **drench** of rain.
축제에 참가한 사람들은 갑작스러운 호우에 준비가 되어 있지 않았다.

35 **sign**★

[sain]

n. 표지, 표시
v. 서명하다, 신호하다

n. 징후, 조짐

Strong winds and low clouds are **signs** that it might rain.
강한 바람과 낮은 구름들은 비가 올 수도 있다는 징후다.

텝스 출제 포인트!

청해 no sign of ~의 조짐이 없는

36 **dune**★

[dju:n]

n. 모래 언덕

Dunes are blown and molded into different shapes by wind and water.
모래 언덕은 바람과 물에 의해 날려지고 각각 다른 모양으로 만들어진다.

★★★ = 출제율 최상 ★★ = 출제율 상 ★ = 출제율 중

37 cataclysm*

[kǽtəklìzm]

파 cataclysmic adj. 격변하는

동 upheaval 격변

n. (홍수 등의) 대재앙

In 2004, a **cataclysm** in Southeast Asia caused hundreds of thousands of deaths.

2004년에, 동남아시아의 대재앙은 수십만 명의 죽음을 초래했다.

38 be supposed to*

phr. ~할 예정인, ~하기로 되어 있는

It's **supposed to** be cloudy tomorrow according to the weather forecast. 일기 예보에 따르면 내일은 흐릴 예정이다.

텝스 출제 포인트!

문법 be supposed to + 동사원형 ~하기로 되어 있다

be supposed to 뒤에 동사원형을 쓰는 문제가 출제된다.

39 whirling*

[hwə́:rliŋ]

파 whirl v. 빙그르르 돌다

adj. 소용돌이치는, 회전하는

Whirling debris from a passing tornado was strewn all over the countryside.

지나가는 토네이도의 소용돌이치는 파편은 지방 곳곳에 흩뿌려졌다.

40 last*

[læst]

adj. 마지막의, 가장 최근의

adv. 마지막으로, 가장 최근에

v. 지속되다, 계속되다

Spring doesn't **last** very long these days because of climate change.

기후 변화로 인해 요즘에는 봄이 그리 오래 지속되지 않는다.

텝스 출제 포인트!

어휘 last : hold

last와 의미가 비슷한 hold의 쓰임을 구별하여 답을 선택하는 문제가 출제된다.

- last (일정 기간) 지속되다, 계속되다
- hold (어떤 상태를) 유지하다

41 subside*

[səbsáid]

파 subsidence n. 침하

v. 진정되다, 가라앉다

Let's wait until the lightning **subsides** before we drive home.

집으로 운전해서 돌아가기 전에 번개가 진정될 때까지 기다리자.

텝스 출제 포인트!

청해 subside 진정되다 → calm 가라앉다

subside가 유사한 의미의 다른 표현으로 바뀌어 출제된다.

42 **approach***

[əpróutʃ]

n. 접근

v. 접근하다, 다가오다

A yellow dust storm is **approaching** East Asia from the deserts of Mongolia.

황사가 몽골 사막으로부터 동아시아로 접근하고 있다.

텝스 출제 포인트!

청해 take an approach 접근 방법을 취하다

독해 theoretical approach 이론적 접근

43 **rise***

[raiz]

n. 상승, 증가

v. 상승하다, 오르다

Raindrops form when warm air **rises** and then becomes cool.

빗물은 따뜻한 공기가 상승한 후 차가워질 때 형성된다.

텝스 출제 포인트!

어휘 rise : lift

rise와 의미가 비슷한 lift의 쓰임을 구별하여 답을 선택하는 문제가 출제된다.

- rise 오르다 (높이 오른다는 의미로 쓰인다)
- lift 올리다 (물건 등을 들어올린다는 의미로 쓰인다)

독해 rise to one's feet 일어서다

rise to the bait 꾐에 빠지다

rise and fall 흥망성쇠

44 **rare***

[rεər]

파 rarity n. 희귀, 진귀

rarely adv. 드물게

동 uncommon 드문

adj. 드문, 희귀한

It is **rare** to see hail coming down in the summer.

여름에 우박이 내리는 것을 보는 일은 드물다.

45 **tropical***

[trápikəl]

파 tropic n. 열대 지방

adj. 열대성의

The climate is **tropical** at the equator, which can result in heavy rainstorms.

적도에서 기후는 열대성인데, 이는 심한 폭풍우를 초래할 수 있다.

텝스 출제 포인트!

독해 tropical island 열대 섬

46 **precede***

[prisí:d]

파 precedence n. 우선, 선행
precedent n. 선례, 전례

v. ~보다 앞서 발생하다

Often, a receding tide **precedes** a tsunami.

종종, 썰물은 쓰나미보다 앞서 발생한다.

텝스 출제 포인트!

청해 take precedence 우선하다
set a poor precedent 나쁜 선례를 남기다

청해 precedence 우선 → priority 우선 사항
precedence가 유사한 의미의 다른 표현으로 바뀌어 출제된다.

47 **blizzard***

[blízərd]

n. 심한 눈보라

The motorist had to seek shelter from the **blizzard**.

그 운전자는 심한 눈보라로부터 피할 곳을 찾아야 했다.

48 **concerning***

[kənsə́:rniŋ]

파 concern v. ~에 관계하다, 걱정시키다 n. 관심사, 우려
concerned adj. 걱정하는, 관계하는, 관심이 있는

prep. ~에 관하여

A weather center issued a warning **concerning** an incoming thunderstorm.

기상청은 다가오는 뇌우에 관하여 경고를 발령했다.

텝스 출제 포인트!

문법 진행형으로 쓰지 않는 동사 concern
'걱정시키다'라는 의미의 '감정'을 나타내는 동사 concern은 진행형(be동사 + -ing)으로 쓰이지 않는다는 것을 묻는 문제가 출제된다.

독해 prime concern 주요 관심사
raise a concern 우려를 자아내다
be concerned about ~을 걱정하다, ~에 관심을 가지다
as far as ~ is concerned ~에 관한 한, ~에 대해서는

49 **thermal***

[θə́:rməl]

adj. 보온이 잘 되는, 열의

The fur of the polar bear has a **thermal** effect and keeps it warm.

북극곰의 털은 보온이 잘되는 효과가 있어서 그것을 따뜻하게 한다.

DAY 05 Daily Checkup

단어에 해당하는 뜻을 오른쪽에서 찾아 연결하세요.

01 fluctuate	ⓐ 금지하다
02 predict	ⓑ 오르내리다
03 sap	ⓒ 약화시키다
04 admittedly	ⓓ 인정하건대
05 imminent	ⓔ 예측하다
	ⓕ 임박한

문맥에 맞는 단어를 보기에서 골라 빈칸에 넣으세요.

ⓐ approach	ⓑ concerning	ⓒ let up	ⓓ likely	ⓔ tremendous	ⓕ arid

06 The rain finally ______ after pouring for three days.

07 Building the pyramids required ______ effort.

08 A lack of rainfall leaves the desert ______.

09 Don't ______ the cat too quickly or you will scare it.

10 Heavy drinkers are more ______ to get liver disease than non-drinkers.

ⓐ germane	ⓑ lulled	ⓒ measure	ⓓ inundated	ⓔ foliage	ⓕ tropical

11 The child was ______ to sleep by the soft song.

12 Everyone was evacuated before the rain ______ the neighborhood.

13 Coconut trees grow only in warm ______ regions.

14 Although it is not ______ to our current discussion, we would like to talk about ecology.

15 The local ______ change to red and orange hues in the fall.

Answer 01 ⓑ 02 ⓔ 03 ⓒ 04 ⓓ 05 ⓕ 06 ⓒ 07 ⓔ 08 ⓕ 09 ⓐ 10 ⓓ 11 ⓑ 12 ⓓ 13 ⓕ 14 ⓐ 15 ⓔ

➔ 무료 Daily Checkup 해석은 HackersIngang.com에서 제공됩니다.
무료 단어시험지 자동생성기와 무료 해커스 텝스 기출 보카 TEST는 HackersTEPS.com에서 제공됩니다.

텝스완성단어

350점 단어

□	**alarming** [əlάːrmiŋ]	adj. 놀라운, 놀랄 만한 | 걱정스러운, 두려운
□	**analysis** [ənǽləsis]	n. 분석, 해석
□	**climate** [kláimit]	n. 기후 | 정세
□	**cloud** [klaud]	v. 하늘이 흐려지다
□	**cloudless** [kláudlis]	adj. 구름 없는, 맑게 갠
□	**confuse** [kənfjúːz]	v. 혼란스럽게 하다
□	**dramatic** [drəmǽtik]	adj. 극적인
□	**exception** [iksépʃən]	n. 예외
□	**expect** [ikspékt]	v. 기대하다
□	**extremely** [ikstríːmli]	adv. 매우, 극도로
□	**finally** [fáinəli]	adv. 마침내
□	**flood** [flʌd]	n. 홍수
□	**flood warning**	phr. 홍수 경보
□	**freeze** [friːz]	v. 얼다 | 움직이지 않다, 멈추다
□	**freezing** [fríːziŋ]	adj. 몹시 추운
□	**frequent** [fríːkwənt]	adj. 자주 일어나는, 빈번한 v. (특정 장소에) 자주 다니다
□	**frequently** [fríːkwəntli]	adv. 자주
□	**matter** [mǽtər]	v. 중요하다 | 문제 되다 n. 물질 | 문제
□	**midday** [mìddéi]	n. 정오
□	**moist** [mɔist]	adj. 촉촉한
□	**moisture** [mɔ́istʃər]	n. 습기, 수분
□	**odd** [ɑːd]	adj. 이상한 | 홀수의
□	**region** [ríːdʒən]	n. 지역, 지방 | 영역
□	**regional** [ríːdʒənl]	adj. 지역의, 지방의 | 국지적인
□	**suitable** [súːtəbl]	adj. 적당한, 적절한
□	**terrible** [térəbl]	adj. 끔찍한, 형편없는 | 무서운
□	**violent** [váiələnt]	adj. 격렬한 | 폭력적인, 잔인한

450점 단어

□	abruptly [əbrʌ́ptli]	adv. 갑자기
□	advisable [ædváizəbl]	adj. 권할 만한, 바람직한
□	advisory [ædváizəri]	adj. 조언하는 | 자문의 n. 주의보, 보고
□	allot [əlɑ́t]	v. 할당하다
□	ample [ǽmpl]	adj. 충분한, 넉넉한
□	annually [ǽnjuəli]	adv. 매년, 해마다
□	avalanche [ǽvəlæntʃ]	n. 눈사태
□	breeze [bri:z]	n. 산들바람, 미풍
□	Celsius [sélsiəs]	adj. 섭씨의
□	cold front	phr. 한랭 전선
□	condensation [kɑ̀ndenséiʃən]	n. 응결, 압축
□	condensed [kəndénst]	adj. 압축된 | 요약된
□	damp [dæmp]	adj. 축축한 n. 습기
□	defrost [difrɔ́:st]	v. 해동시키다
□	downpour [dáunpɔ:r]	n. 호우
□	drain [drein]	v. 배수하다 | 기진맥진하게 하다
□	drastic [drǽstik]	adj. 급격한, 과감한
□	drought [draut]	n. 가뭄
□	Fahrenheit [fǽrənhàit]	adj. 화씨의
□	foreshadow [fɔ:rʃǽdou]	v. 전조가 되다, 조짐을 나타내다
□	frost [frɔ:st]	n. 서리
□	gauge [geidʒ]	v. 측정하다 | 평가하다
□	glare [glɛər]	n. (불쾌하게) 환한 빛, 눈부심 v. 노려 보다
□	hailstone [héilstoun]	n. 우박
□	heavy rainfall	phr. 폭우
□	humid [hjú:mid]	adj. 습한
□	humidity [hju:mídəti]	n. 습기
□	immense [iméns]	adj. 거대한, 엄청난
□	in the meantime	phr. 그 사이에
□	innumerable [injú:mərəbl]	adj. 셀 수 없이 많은, 무수한

- □ lightning rod — phr. 피뢰침 | 비난을 대신 받는 사람
- □ likelihood [láiklihùd] — n. 가능성
- □ marine [mərí:n] — adj. 바다의, 해안의
- □ maritime [mǽrətàim] — adj. 바다의 | 해안 가까이 사는
- □ meteorological [mì:tiərəládʒikəl] — adj. 기상의
- □ meteorologist [mì:tiərálədʒist] — n. 기상학자
- □ misty [místi] — adj. 안개로 덮인
- □ monsoon [mɑ:nsú:n] — n. 계절풍
- □ no sooner A than B — phr. A하자마자 B하다
- □ overcast [óuvərkæst] — adj. 구름이 뒤덮인, 흐린
- □ overnight [òuvərnáit] — adv. 밤새, 하룻밤 사이에
- □ overreact [òuvəriǽkt] — v. 과민 반응하다
- □ phenomenal [finámənl] — adj. 놀랄만한, 경이적인
- □ phenomenon [finámənàn] — n. 현상 | 경이로운 사람
- □ precipitation [prisìpətéiʃən] — n. 강우량
- □ prolong [prəlɔ́:ŋ] — v. 연장하다, 늘이다
- □ put off — phr. 연기하다, 미루다
- □ residual [rizídʒuəl] — n. 나머지, 잔여 adj. 남은, 잔여의
- □ scattered [skǽtərd] — adj. 산발적인
- □ seaboard [sí:bɔ:rd] — n. 해안, 해변
- □ shimmer [ʃímər] — v. 반짝이다
- □ shiver [ʃívər] — v. 떨다
- □ shower [ʃáuər] — n. 소나기 v. 퍼붓다 | 샤워하다
- □ slippery [slípəri] — adj. 미끄러운
- □ tempest [témpist] — n. 폭풍우, (거센) 폭풍
- □ tempestuous [tempéstʃuəs] — adj. 열렬한, 격정적인
- □ thermometer [θərmámətər] — n. 온도계
- □ turbulence [tə́:rbjuləns] — n. 난기류 | 소란
- □ turbulent [tə́:rbjulənt] — adj. 휘몰아치는 | 거친, 난폭한
- □ unpredictable [ʌ̀npridíktəbl] — adj. 예측할 수 없는
- □ waterproof [wɔ́:tərpru:f] — adj. 방수의

500점 단어

- acuity [əkjúːəti] n. 예리함 | 예민함
- be fed up with phr. ~에 질리다
- bedraggled [bidrǽgld] adj. (질질 끌려서) 더럽혀진 | (비 등으로) 흠뻑 젖은
- credible [krédəbl] adj. 믿을 만한, 설득력이 있는
- dispel [dispél] v. 없애다, 떨쳐버리다
- dissipate [dísəpèit] v. (구름·안개를) 흩뜨리다 | 낭비하다
- dredge [dredʒ] v. 물 밑바닥을 긁어내다 | 캐내다
- ensue [insúː] v. 계속되다
- fallacy [fǽləsi] n. 오류, 그릇된 생각
- fall foliage phr. 단풍
- frigid [frídʒid] adj. 몹시 추운 | 냉담한
- fringe [frindʒ] n. 언저리, 주변
- frustrating [frʌ́streitiŋ] adj. 좌절감을 주는, 짜증 나는
- gale [geil] n. 강풍, 돌풍
- gust [gʌst] n. 돌풍, 질풍
- hardy [háːrdi] adj. 튼튼한, 내구력이 있는
- ignite [ignáit] v. 불을 붙이다
- in favor of phr. ~에 찬성하여
- in terms of phr. ~에 있어서, ~에 관하여
- inclement [inklémənt] adj. 날씨가 궂은
- muggy [mʌ́gi] adj. 무더운, 후덥지근한
- recant [rikǽnt] v. 철회하다, 취소하다
- static [stǽtik] adj. 정적인, 고정된
- stifle [stáifl] v. 억제하다, 참다 | 숨막히게 하다
- sultry [sʌ́ltri] adj. 무더운
- torrential rainstorm phr. 폭우
- torrid [tɔ́ːrid] adj. 몹시 더운 | 열렬한 | 몹시 힘든
- under the weather phr. 몸 상태가 좋지 않은
- unfurl [ʌ̀nfə́ːrl] v. 펼쳐지다
- variable [vέəriəbl] adj. 변하기 쉬운 n. 변수

DAY 06

Hackers TEPS Vocabulary

▲ 무료 MP3 바로 듣기

후보자의 강렬한 인상

정치·외교

다가오는 시장 election으로 인해 candidate들이 pledge한 내용들을 담아, 시민들이 advocate해주기를 요청하는 포스터들이 거리에 붙어 있다. 준수와 함께 후보자 포스터를 살펴보던 중, 마침 '독재자'라는 영화를 인상 깊게 본 나는 포스터의 한 인물이 영화 속 독재자와 겹쳐져 이 후보는 왠지 corruption과 관련이 있을 것 같고 administration을 잡으면 뇌물수수가 rampant해질 것 같다고 준수에게 말했다. 준수는 나의 걱정을 allay해주고 어서 영화에서 현실로 돌아오라고 말했다.

영화와 현실을
구분해야 하지 않을까?

01 **election**★

[ilékʃən]

파 elect v. 선출하다

n. 선거

Ronald Reagan won the US presidential **election** twice: first in 1980 and then again in 1984.

로널드 레이건은 미국 대통령 선거에서 두 차례 당선되었는데, 첫 번째는 1980년이었고, 그다음은 1984년이었다.

02 **candidate**★★

[kǽndidèit]

파 candidacy n. 입후보, 출마

n. 후보자, 지원자

The election commission checks if **candidates** are qualified to run for president.

선거 위원회는 후보자들이 대통령에 출마할 자격이 있는지 확인한다.

텝스 출제 포인트!

청해 candidate 후보자 → applicant 지원자

candidate가 유사한 의미의 다른 표현으로 바뀌어 출제된다.

03 **pledge**★★★

[pledʒ]

n. 맹세, 서약

v. 약속하다, 서약하다

The prime minister **pledged** to provide better job opportunities.

총리는 더 나은 취업 기회를 제공하겠다고 약속했다.

04 **advocate**★★★

v. [ǽdvəkèit]

n. [ǽdvəkət]

파 advocacy n. 지지, 옹호

v. 지지하다, 옹호하다

I **advocate** increasing the budget for education.

나는 교육 예산 증액을 지지한다.

n. 지지자, 옹호자

My neighbor is an **advocate** of environmentalism.

내 이웃은 환경 보호주의 지지자이다.

05 **corruption**★

[kərʌ́pʃən]

파 corrupt v. 타락시키다 adj. 부패한

n. 부패, 타락

The newly elected governor vowed to fight **corruption** in the state.

새로 선출된 주지사는 그 주의 부패와 맞서 싸울 것을 맹세했다.

06 **administration**★★
[ədmìnistréiʃən]

파 administer v. 통치하다, 관리하다
administrator n. 관리자
administrative adj. 관리의, 행정의

n. 정권, 정부 | 관리, 경영

The new **administration** is proposing a change in foreign policy. 새로운 정권은 외교 정책의 변화를 제안하고 있다.

The accountant has extensive experience in financial **administration**. 그 회계사는 재무 관리에 폭넓은 경험이 있다.

07 **rampant**★★
[rǽmpənt]

adj. 만연하는

The media is reporting **rampant** bribery among elected officials.
대중 매체는 선출된 공무원들의 만연하는 뇌물 수수에 대해 보도하고 있다.

08 **allay**★★
[əléi]

v. (흥분·화 등을) 가라앉히다, 진정시키다

The government's televised broadcast on the swine flu **allayed** the public's fears.
돼지 독감에 대한 정부의 텔레비전 방송은 대중의 불안을 가라앉혔다.

텝스 출제 포인트!

어휘 allay : allure : allege : allot
allay와 형태가 비슷한 allure, allege, allot의 의미를 구별하여 함께 외워 두자.
- allay (흥분·화 등을) 진정시키다
- allure 꾀다, 유인하다
- allege 단언하다
- allot 할당하다, 배분하다

09 **address**★★★
[ədrés]

v. 부르다
n. 연설, 주소

v. (문제를) 다루다, 처리하다 | ~에게 연설하다

She **addressed** the issue of unemployment in her speech.
그녀는 연설에서 실업 문제를 다루었다.

Several speakers were invited to **address** the graduating students.
졸업생들에게 연설하기 위해 여러 명의 연설자가 초대되었다.

텝스 출제 포인트!

어휘 address an issue 문제를 다루다
issue와 어울려 쓰이는 address를 선택하는 문제가 출제된다.

청해 address a problem 문제를 처리하다

10 **impose*****

[impóuz]

파 imposition n. 부과, 세금

v. (의무 · 세금 등을) 부과하다

The federal government **imposed** a tax on all imported products.

연방 정부는 모든 수입품에 세금을 부과했다.

텝스 출제 포인트!

독해 impose A on B B에 A를 부과하다
impose a tax 세금을 부과하다, 과세하다

11 **restrict*****

[ristríkt]

파 restriction n. 제한
restricted adj. 제한된
restrictive adj. 제한하는

v. 제한하다, 한정하다

United States law **restricts** presidents to only two terms in office.

미국 법은 대통령이 관직을 두 번만 연임하도록 제한한다.

텝스 출제 포인트!

독해 restrict A to B A를 B로 제한하다
be restricted to ~으로 제한되다
impose a restriction 제한을 가하다

12 **enact*****

[inǽkt]

파 enactment n. 제정, 법규

v. (법률을) 제정하다 | 연기하다, 상연하다

The parliament **enacted** a new law concerning child protection.

국회는 아동 보호에 관한 새로운 법을 제정했다.

My friend **enacted** the role of Juliet in the play.

내 친구는 연극에서 줄리엣 역할을 연기했다.

텝스 출제 포인트!

어휘 enact a law 법률을 제정하다
law와 어울려 쓰이는 enact를 선택하는 문제가 출제된다.

13 **mitigate*****

[mítəgèit]

파 mitigation n. 완화
동 defuse 완화시키다

v. 완화하다, 누그러뜨리다

Authorities have worked hard to **mitigate** the conditions that lead to terrorist acts.

당국은 테러 행위를 초래하는 상황을 완화하기 위해 많은 노력을 해왔다.

14 **defy**★★★
[difái]
파 defiance n. 반항, 도전

v. ~에게 반항하다, ~에게 도전하다 | 무시하다

Striking workers **defied** the government's demand to return to work.
파업 중인 노동자들은 업무에 복귀하라는 정부의 요구에 반항했다.

The mayor **defied** the public's calls to step down from office.
그 시장은 관직에서 물러나라는 대중의 요구를 무시했다.

텝스 출제 포인트!

어휘 defy : deify
defy와 형태가 비슷한 deify의 의미를 구별하여 함께 외워 두자.
- defy ~에게 반항하다, 무시하다
- deify 신격화하다

독해 defy 도전하다 → challenge 맞서다
defy가 유사한 의미의 다른 표현으로 바뀌어 출제된다.

15 **garner**★★★
[gáːrnər]
동 hoard 축적하다

v. (정보·지지 등을) 얻다, 모으다

Political candidates often make unrealistic promises to **garner** support for elections.
정치 후보자들은 선거를 위한 지지를 얻기 위해 보통 비현실적인 공약을 내건다.

16 **delegate**★★★
n. [déligət]
v. [déligèit]
v. (대표로) 파견하다
파 delegation n. 대표 임명, 위임

n. 대표, 대리인

Delegates from around the world met to discuss economic policies.
전 세계의 대표들이 경제 정책을 논의하기 위해 만났다.

v. (권한·업무 등을) 위임하다

I **delegated** the task of arranging meetings with clients to my assistant.
나는 고객들과의 미팅을 준비하는 일을 내 보조원에게 위임했다.

17 **autonomy**★★★
[ɔːtánəmi]
파 autonomous adj. 자율의

n. 자치권, 자치 | 자율성

Local governments have the **autonomy** to manage their own affairs.
지방 자치 단체는 그 지방의 일을 처리할 수 있는 자치권을 지닌다.

College students enjoy greater **autonomy** living away from home.
대학생들은 집을 떠나 살면서 더 많은 자율성을 누린다.

18 **reinstate**★★★

[rìːinstéit]

파 reinstatement n. 복위, 복직

v. (직책 등에) 복직시키다, 복귀시키다

The senator was **reinstated** after the investigation proved his innocence.

그 상원 의원은 수사가 그의 결백을 증명한 뒤에 복직되었다.

19 **implement**★★★

[ímpləmənt]

파 implementation n. 실행

v. 실행하다, 이행하다

A new policy on online education will be **implemented** next year.

온라인 교육에 관한 새로운 정책은 내년에 실행될 것이다.

20 **resignation**★★★

[rèzignéiʃən]

파 resign v. 사임하다, 포기하다
resigned adj. 체념한

n. 사직(서), 사임 | 체념, 포기

The governor filed his **resignation** following reports of a scandal.

그 주지사는 추문 보도 후에 사직서를 제출했다.

The athlete accepted his defeat with **resignation**.

그 선수는 체념하며 자신의 패배를 받아들였다.

텝스 출제 포인트!

독해 announce resignation 사임을 표명하다
tender/submit/hand in resignation 사직서를 제출하다

21 **proclaim**★★★

[proukléim]

파 proclamation n. 선포, 선언

v. 선포하다, 선언하다

The US **proclaimed** war on Japan after the attack on Pearl Harbor.

미국은 진주만 공격 이후 일본에 전쟁을 선포했다.

22 **muster**★★★

[mʌ́stər]

v. (용기를) 내다, (병사들을) 소집하다

v. (지지 등을) 모으다

The senate is required to **muster** a majority of votes to pass new legislation.

의회는 새로운 법을 통과시키기 위해 과반수의 표를 모으는 것이 요구된다.

텝스 출제 포인트!

독해 muster 모으다 → assemble 소집하다
muster가 유사한 의미의 다른 표현으로 바뀌어 출제된다.

[23] **counter**★★
[káuntər]

v. 반대하다, 거스르다

The opposition party **countered** every proposal made by the ruling party.
야당은 여당이 제시한 모든 안건에 반대했다.

[24] **suppress**★★
[səprés]
파 suppression n. 진압, 억제

v. 진압하다, 억압하다 | (감정 등을) 억누르다

The army was called in to **suppress** the uprising of militant rebels.
공격적인 반군들의 폭동을 진압하기 위해 군대가 소집되었다.

People who express anger appropriately are healthier than those who **suppress** it.
분노를 적당히 표현하는 사람이 분노를 억누르는 사람보다 더 건강하다.

[25] **incumbent**★★
[inkʌ́mbənt]

n. 재임자

As the **incumbent**, the president has an obvious advantage in the election.
재임자로서, 그 대통령은 선거에서 확실한 이점을 가지고 있다.

adj. 해야 하는, (의무의 일부로) 필요한

It is **incumbent** upon all restaurant staff to provide high quality service.
모든 식당의 직원들은 높은 품질의 서비스를 제공해야 한다.

[26] **intercede**★★
[ìntərsí:d]
동 intervene 개입하다

v. 중재하다, 조정하다

Refugees often need representatives to **intercede** on their behalf.
난민들은 보통 자신들을 대신하여 중재해줄 대변인을 필요로 한다.

[27] **embargo**★★
[imbá:rgou]
v. (통상을) 정지하다

n. 통상금지

The country has partially lifted its **embargo** on Cuban goods.
그 나라는 쿠바산 상품의 통상금지를 부분적으로 해제하였다.

텝스 출제 포인트!

청해 lift an embargo 통상금지를 해제하다

28 **conciliatory**★★
[kənsíliətɔ̀:ri]

adj. 회유적인, 달래는

The gift from the ambassador was a **conciliatory** gesture to improve relations.
대사로부터 받은 선물은 관계를 개선하기 위한 회유의 제스처였다.

텝스 출제 포인트!

어휘 conciliatory gesture 회유의 제스처
gesture와 어울려 쓰이는 conciliatory를 선택하는 문제가 출제된다.

29 **diplomatic**★★
[dìpləmǽtik]

파 diplomacy n. 외교술
diplomat n. 외교관
diplomatically adv. 외교적으로

adj. 외교적 수완이 있는

The minister is very **diplomatic** and knowledgeable in finance.
그 장관은 매우 외교적인 수완이 뛰어나고 금융에 대해 아는 것이 많다.

30 **chicanery**★★
[ʃikéinəri]

동 fraud 사기

n. 속임수, 책략

Everything the congressman said turned out to be just political **chicanery**.
그 국회 의원이 말한 모든 것은 단지 정치적인 속임수로 밝혀졌다.

31 **forswear**★★
[fɔ:rswɛ́ər]

동 forgo 포기하다
반 approve 승인하다

v. 그만두다, 포기하다

The protesters **forswore** the use of violence.
그 시위자들은 폭력 행사를 그만두었다.

32 **regressive**★★
[rigrésiv]
adj. (세금이) 역진세의

파 regressively adv. 퇴보하여
regress v. 퇴보하다, 퇴행하다

adj. 퇴보하는, 퇴행하는

The new legislation is seen as a **regressive** measure regarding environmental protection.
새 법률은 환경 보호와 관련하여 퇴보하는 방책으로 간주된다.

33 **retroactive**★★
[rètrouǽktiv]

adj. (법률·승급 등의 효력이) 소급하는

Some citizens had to pay additional fees under the **retroactive** tax.
몇몇 시민들은 소급세에 따라 추가 요금을 지불해야 했다.

34 **impasse**★★
[ímpæs]

n. 교착상태, 궁지

Negotiations on the trade deal reached an **impasse** and could not be resolved.
그 무역 거래에 대한 협상은 교착상태에 이르렀고 해결될 수 없었다.

35 **stonewall**★★
[stóunwɔ̀:l]
파 stonewalling n. 의사 방해

v. (의사 진행을) 방해하다

President Nixon **stonewalled** the Watergate investigation. 닉슨 대통령은 워터게이트 사건 수사를 방해했다.

36 **engaged**★★
[ingéidʒd]
adj. 약혼한, 교전 중인
파 engage v. 종사하다, 고용하다
engagement n. 약속, 계약, 고용

adj. 종사하는, 참여하는

The health minister is actively **engaged** in organizing relief efforts.
보건부 장관은 구호 활동을 준비하는 데 활발히 종사하고 있다.

텝스 출제 포인트!

독해 be engaged in ~에 종사하고 있다, ~으로 바쁘다
be engaged in war 교전 중이다

37 **mandate**★★
[mǽndeit]
n. 지시, 권한
파 mandatory adj. 강제의, 의무적인

v. 요구하다, 명령하다

Legislators **mandated** health insurance coverage for all citizens.
입법자들은 모든 시민을 위한 의료 보험 제도를 요구했다.

38 **outcome**★★
[áutkʌm]
동 result 결과

n. 결과, 성과

Almost all the representatives were pleased with the **outcome** of the conference.
거의 모든 대표들이 회의의 결과에 만족했다.

텝스 출제 포인트!

어휘 outcome : aftereffect
outcome과 의미가 비슷한 aftereffect의 쓰임을 구별하여 답을 선택하는 문제가 출제된다.
outcome 결과, 성과
aftereffect 여파

독해 outcome 결과 → result 결과
outcome이 유사한 의미의 다른 표현으로 바뀌어 출제된다.

39 **indefatigable**★★
[ìndifǽtigəbl]

adj. 지칠 줄 모르는, 끈질긴

Gandhi was an **indefatigable** practitioner of nonviolent protest.
간디는 지칠 줄 모르는 비폭력 시위의 실천가였다.

40 **sanction**★★
[sǽŋkʃən]
n. 허가, 인가
v. 허가하다, 제재를 가하다

n. (상대국에 대한) 제재, 처벌

Economic **sanctions** are often an effective way to penalize nations for unacceptable actions.
경제 제재는 용인할 수 없는 행위를 하는 국가를 응징하는 데 있어 종종 효과적인 방법이다.

41 **rebuke**★
[ribjú:k]
n. 비난

v. 비난하다, 힐책하다

The senator **rebuked** her colleagues for making offensive remarks at the assembly.
그 상원 의원은 회의에서 무례한 발언을 한 것에 대해 동료들을 비난했다.

42 **subjugate**★
[sʌ́bdʒugèit]

v. 예속시키다, 복종시키다

A military occupation is when a foreign power **subjugates** a population.
군사 점령이란 외세가 사람들을 예속시킬 때를 말한다.

43 **face the music**★

phr. (자신의 행동에 대해) 비난을 받아들이다

Three high-ranking officials had to **face the music** for their crimes.
세 명의 고위 공무원들은 그들의 범죄에 대한 비난을 받아들여야 했다.

44 **unilateral**★
[jù:nilǽtrəl]

adj. 일방적인, 단독의

The **unilateral** decision made by the country's leader was criticized by other nations.
국가 지도자에 의한 일방적인 결정은 다른 나라들로부터 비난을 받았다.

45 **turmoil**★
[tə́:rmɔil]

n. 혼란, 소란

A financial crisis may often result in political **turmoil**. 금융 위기는 종종 정치적 혼란을 야기할 수 있다.

텝스 출제 포인트!

청해 political turmoil 정치적 혼란

46 **demonstrate***

[démənstrèit]

파 demonstration n. 시위, 설명
demonstrative adj. 시위적인, (감정을) 숨기지 않는

v. 시위운동을 하다 | (실험 등으로) 설명하다

After the election many people **demonstrated** at the presidential palace.
선거 후, 많은 사람들이 대통령궁에서 시위운동을 했다.

A specialist **demonstrated** how to handle the device.
전문가는 그 장치를 다루는 법을 설명했다.

47 **consensus***

[kənsénsəs]

n. 합의, 일치

Government officials have reached a **consensus** on next year's budget plan.
국가 공무원들은 내년도 예산안에 합의했다.

텝스 출제 포인트!

청해 reach a consensus 합의에 이르다

48 **denounce***

[dináuns]

파 denunciation n. 비난

v. 비난하다

The international community **denounces** human rights violations.
국제 사회는 인권 침해를 비난한다.

49 **consent***

[kənsént]

v. 동의하다, 승낙하다

n. 동의, 승낙

The president needs the **consent** of Congress to declare war on another country.
대통령이 다른 나라에 선전포고를 하려면 국회의 동의가 필요하다.

텝스 출제 포인트!

독해 without consent 동의 없이

50 **reform***

[rifɔ́:rm]

v. 개혁하다

파 reformation n. 개혁
reformer n. 개혁가

n. 개혁, 혁신

Lawmakers are seeking **reform** to improve welfare policies.
입법자들은 복지 정책을 개선하기 위한 개혁을 추진하고 있다.

DAY 06 Daily Checkup

단어에 해당하는 뜻을 오른쪽에서 찾아 연결하세요.

01 restrict
02 enact
03 implement
04 advocate
05 delegate

ⓐ 대표
ⓑ 실행하다
ⓒ 제정하다
ⓓ 지지하다
ⓔ 부패
ⓕ 제한하다

문맥에 맞는 단어를 보기에서 골라 빈칸에 넣으세요.

ⓐ suppress	ⓑ consensus	ⓒ turmoil	ⓓ defied	ⓔ resignation	ⓕ imposed

06 There was a ______ among most of the jury members that the defendant was guilty.
07 The country is in financial ______ following a stock market crash.
08 The government ______ new taxes on the sale of property.
09 The president said he would harshly ______ the protestors if they did not disperse.
10 The patient ______ doctors' orders by eating unhealthy food.

ⓐ mandates	ⓑ unilateral	ⓒ rampant	ⓓ denounced	ⓔ sanctions	ⓕ autonomy

11 Ethnic tribes in the north want greater ______ from the national government.
12 Economic ______ prevented the country from trading with its neighbors.
13 The police used force to stop ______ crime in the neighborhood.
14 Environmentalists ______ the dumping of toxic waste into the lake.
15 The Ministry of Transport ______ harsher penalties for speeding vehicles.

Answer 01 ⓕ 02 ⓒ 03 ⓑ 04 ⓓ 05 ⓐ 06 ⓑ 07 ⓒ 08 ⓕ 09 ⓐ 10 ⓓ 11 ⓕ 12 ⓔ 13 ⓒ 14 ⓓ 15 ⓐ

➔ 무료 Daily Checkup 해석은 HackersIngang.com에서 제공됩니다.
무료 단어시험지 자동생성기와 무료 해커스 텝스 기출 보카 TEST는 HackersTEPS.com에서 제공됩니다.

텝스 완성단어

350점 단어

- □ absolute [ǽbsəlù:t] adj. 절대적인, 독재적인 | 완전한
- □ agreement [əgrí:mənt] n. 협정, 계약 | 합의, 동의
- □ armed [ɑ:rmd] adj. 무장한, 무기를 가진
- □ authority [əθɔ́:rəti] n. (-ies) 당국 | 권한, 직권
- □ chaos [kéiɑ:s] n. 무질서, 대혼란
- □ communism [kámjunìzm] n. 공산주의
- □ communist [kámjunist] adj. 공산주의의 n. 공산주의자
- □ civilian [sivíljən] n. 민간인 adj. 민간의
- □ democracy [dimákrəsi] n. 민주주의
- □ dictate [díkteit] v. 명령하다 | 받아쓰게 하다
- □ diplomat [dípləmæt] n. 외교관
- □ dispute [dispjú:t] n. 논쟁, 분쟁 v. 논쟁하다 | 이의를 제기하다
- □ embassy [émbəsi] n. 대사관
- □ facilitate [fəsílətèit] v. 용이하게 하다, 촉진하다
- □ government agency phr. 정부 기관
- □ governor [gʌ́vərnər] n. 주지사 | 통치자
- □ independent [ìndipéndənt] adj. 독립한, 자치적인 n. 무소속 의원
- □ neutral country phr. 중립국
- □ opponent [əpóunənt] n. 적수, 반대자, 상대편
- □ parliament [pá:rləmənt] n. 의회, 국회
- □ protest [próutest] n. 항의, 시위 v. 항의하다
- □ public opinion phr. 여론
- □ spokesperson [spóukspə̀:rsn] n. 대변인
- □ tension [ténʃən] n. 긴장, 긴장 상태
- □ ulterior motive phr. 속셈, 저의
- □ unanimous [ju:nǽnəməs] adj. 만장일치의
- □ warfare [wɔ́:rfɛər] n. 전쟁, 교전

450점 단어

- □ absentee vote　phr. 부재자 투표
- □ accord [əkɔ́:rd]　n. 일치, 동의 | 협정
- □ adviser [ædváizər]　n. 보좌관
- □ allegiance [əlí:dʒəns]　n. 충성심
- □ alliance [əláiəns]　n. 동맹, 협정
- □ ally [ælái]　n. 동맹국, 연합국　v. 동맹하다
- □ ambassador [æmbǽsədər]　n. 대사, 사절
- □ assassinate [əsǽsənèit]　v. 암살하다
- □ asylum [əsáiləm]　n. 망명
- □ ballot [bǽlət]　n. 무기명 투표
- □ bribe [braib]　n. 뇌물　v. 매수하다
- □ bureaucratic [bjùərəkrǽtik]　adj. 관료 정치의
- □ chancellor [tʃǽnsələr]　n. 장관, 총리
- □ city council　phr. 시의회
- □ congressperson [káŋgrəspə̀:rsn]　n. 국회의원
- □ cohesion [kouhí:ʒən]　n. 화합, 결합
- □ conspiracy [kənspírəsi]　n. 음모, 모의
- □ consul [kánsəl]　n. 영사
- □ councilor [káunsələr]　n. 의원
- □ demilitarize [di:mílətəràiz]　v. 비무장화하다
- □ democrat [déməkræt]　n. 민주당 지지자 | (D-) 민주당원
- □ disarm [disá:rm]　v. ~의 무장을 해제하다
- □ electorate [iléktərət]　n. 유권자
- □ emissary [éməsèri]　n. 사절, 특사
- □ equate [ikwéit]　v. 동일시하다
- □ espionage [éspiənà:ʒ]　n. 첩보 활동
- □ exile [égzail]　n. 유배
- □ exponent [ikspóunənt]　n. 주창자, 대변자
- □ faction [fǽkʃən]　n. 당파, 파벌
- □ hegemony [hidʒéməni]　n. 주도권, 패권

텝스완성단어 01 02 03 04 05 DAY 06 07 08 09 10 Hackers TEPS Vocabulary

□	**inauguration** [inɔ̀ːgjuréiʃən]	n. 취임, 취임식
□	**incite** [insáit]	v. 자극하다, 선동하다
□	**interested parties**	phr. 관심 있는 사람들	이해 관계자
□	**intervention** [ìntərvénʃən]	n. 개입, 간섭	중재, 조정
□	**manifest** [mǽnəfèst]	v. 명백하게 하다	나타내다, 발현하다
□	**menace** [ménis]	n. 위협, 협박
□	**municipal** [mjuːnísəpəl]	adj. 시의, 지방 자치제의
□	**municipality** [mjuːnìsəpǽləti]	n. 지방 자치 단체
□	**nominal** [nάmənl]	adj. 이름만의, 명목상의	아주 적은
□	**nominate** [nάmənèit]	v. 지명하다
□	**overthrow** [òuvərθróu]	v. 전복시키다	(정부를) 타도하다
□	**pacify** [pǽsəfài]	v. 평화를 회복시키다	진정시키다
□	**patriotic** [pèitriάtik]	adj. 애국심이 강한
□	**preliminary** [prilímənèri]	adj. 예비의, 임시의
□	**proponent** [prəpóunənt]	n. 지지자, 옹호자
□	**protest rally**	phr. 항의 시위
□	**refugee** [rèfjudʒíː]	n. 난민, 망명자
□	**republican** [ripʌ́blikən]	n. 공화당 지지자	(R-) 공화당원
□	**revoke** [rivóuk]	v. 취소하다, 폐지하다
□	**ruling party**	phr. 여당, 집권당
□	**run for**	phr. ~에 입후보하다
□	**scrap** [skræp]	v. 폐기하다, 버리다	철회하다
□	**senator** [sénətər]	n. 상원 의원
□	**shelve** [ʃelv]	v. 보류하다
□	**sovereign** [sάvərin]	n. 주권자	주권국
□	**sovereignty** [sάvərənti]	n. 주권, 통치권
□	**standing** [stǽndiŋ]	n. 위치, 지위
□	**supremacy** [səpréməsi]	n. 우위, 주도권
□	**tyranny** [tírəni]	n. 전제 정치, 폭정
□	**unscrupulous** [ʌnskrúːpjələs]	adj. 부도덕한
□	**untenable** [ʌnténəbl]	adj. 옹호될 수 없는

500점 단어

□	abdicate [ǽbdəkèit]	v. 사임하다, 퇴위하다
□	allegedly [əlédʒidli]	adv. 전해진 바에 의하면
□	collusion [kəlú:ʒən]	n. 공모, 결탁
□	conscript [kənskrípt]	v. 군대에 징집하다
□	dapper [dǽpər]	adj. 말쑥한
□	demarcation [dì:mɑ:rkéiʃən]	n. 경계, 구분
□	depose [dipóuz]	v. 물러나게 하다 ㅣ 증언하다
□	diatribe [dáiətràib]	n. 비판, 공격
□	entourage [ɑ́:nturɑ:ʒ]	n. 수행단
□	envoy [énvɔi]	n. 외교 사절
□	evasive [ivéisiv]	adj. 회피적인
□	impeach [impí:tʃ]	v. (공무원을) 탄핵하다
□	inception [insépʃən]	n. 시작, 발단, 개시
□	irreconcilable [irékənsàiləbl]	adj. 타협할 수 없는, 양립할 수 없는
□	mollify [mɑ́:ləfài]	v. 진정시키다
□	ostensible [ɑ:sténsəbl]	adj. 표면적인
□	partisan [pɑ́:rtizən]	adj. 당파적인 n. 열렬한 지지자
□	ploy [plɔi]	n. 책략, 계략
□	polarize [póuləràiz]	v. 분열시키다
□	precursor [prikə́:rsər]	n. 선도자, 선구자 ㅣ 전조
□	ratify [rǽtəfài]	v. (조약을) 비준하다
□	reparation [rèpəréiʃən]	n. 보상, 배상금
□	repatriate [ri:péitrièit]	v. 본국으로 송환하다
□	sabotage [sǽbətɑ̀:ʒ]	n. 방해 행위
□	seditious [sidíʃəs]	adj. 선동적인
□	subvert [səbvə́:rt]	v. 타락시키다, 무너뜨리다
□	suffrage [sʌ́fridʒ]	n. 투표권, 참정권
□	supersede [sù:pərsí:d]	v. 대신하다, 대체하다
□	taint [teint]	v. 더럽히다, 오점을 남기다
□	unification [jù:nəfikéiʃən]	n. 통일

기내식 메뉴는 단 둘!

항공·숙박

영국 여행 티켓을 알아보던 중, 절약하는 차원에서 보다 저렴한 표를 book 하였다. 직항은 vacancy가 없어 홍콩에서 connecting flight를 탔는데, aisle seat이 available하지 않아 leg room도 없고, carry-on 가방을 넣을 overhead compartment도 비좁았다. 게다가 성수기라서 departure가 30분이나 delay되었다. 마침내 이륙하여 lavatory에 다녀오니 배가 고파졌는데, 기내식 메뉴가 무엇인지 묻는 나에게 승무원이 색다른 답변을 해 주었다! "네, 고객님. 드시거나, 안 드시거나 입니다."

01 **book**★

[buk]

파 booking n. 예약

v. 예약하다

I'd like to **book** a direct flight to France for May 11.

5월 11일 자 프랑스로 가는 직항편을 예약하고 싶습니다.

텝스 출제 포인트!

청해 book + a seat/room/flight 좌석/객실/항공편을 예약하다
make a booking 예약하다
be booked up 예약이 다 차다

02 **vacancy**★

[véikənsi]

파 vacant adj. 비어 있는

n. 빈방 | 공석, 결원

The popular hotel has few **vacancies** during the peak season.

유명 호텔에는 성수기 동안 빈방이 거의 없다.

A board member temporarily filled the **vacancy** left by the CEO's resignation.

한 이사회 임원이 최고 경영자의 퇴임으로 생긴 공석을 임시로 채웠다.

텝스 출제 포인트!

청해 vacancy 공석 → post 지위
vacancy가 유사한 의미의 다른 표현으로 바뀌어 출제된다.

03 **connecting flight**★★★

phr. 연결 비행편

Continuing travelers may board their **connecting flight** at gate 12.

계속 가시는 여행객들은 12번 탑승구에서 연결 비행편을 타실 수 있습니다.

텝스 출제 포인트!

청해 miss a connecting flight 연결 비행편을 놓치다

04 **aisle seat**★

반 window seat 창가 쪽 좌석

phr. 통로 쪽 좌석

Would you like an **aisle seat** or a window seat?

통로 쪽 좌석으로 하시겠습니까, 창가 쪽 좌석으로 하시겠습니까?

05 **available*****

[əvéiləbl]

파 availability n. 이용 가능성

반 unavailable 이용할 수 없는

adj. 이용할 수 있는 | (만날) 시간이 있는

Complimentary beverages and snacks are **available** to all passengers.

모든 탑승객들은 무료 음료와 간식을 이용하실 수 있습니다.

Is the doctor **available** for a consultation tomorrow?

의사 선생님께서 내일 상담할 시간이 있으신가요?

텝스 출제 포인트!

[어휘] available : possible

available과 의미가 비슷한 possible의 쓰임을 구별하여 답을 선택하는 문제가 출제된다.

- available 이용할 수 있는 (상품·서비스 등이 이용 가능하다는 의미로 쓰인다)
- possible 가능한 (어떤 일이 일어날 가능성이 있다는 의미로 쓰인다)

06 **leg room***

phr. (좌석에서) 다리를 뻗을 수 있는 공간

Stretch out comfortably with the added **leg room** in first class.

일등석의 더 넓은 다리를 뻗을 수 있는 공간에서 편하게 누우세요.

07 **carry-on***

[kǽrian]

adj. 기내 반입용의

Each passenger may bring only one **carry-on** bag.

각 탑승객은 한 개의 기내 반입용 가방만 가지고 타실 수 있습니다.

텝스 출제 포인트!

[청해] carry-on baggage 기내 반입용 수하물

08 **overhead compartment***

phr. (비행기·기차 등의) 머리 위 짐칸

Airplanes have **overhead compartments** for small baggage.

항공기에는 작은 수하물을 위한 머리 위 짐칸이 있다.

09 **departure*****

[dipɑ́ːrtʃər]

파 depart v. 출발하다

반 arrival 도착

n. 출발, 떠남

Departure times for trips going to Japan have been rescheduled.

일본으로 가는 여행의 출발 시간이 변경되었다.

텝스 출제 포인트!

청해 departure time 출발 시간
depart for ~로 출발하다
depart from ~에서 출발하다

10 **delay**★
[diléi]
n. 지체, 지연

v. 지연시키다, 늦추다

The flight to Los Angeles was **delayed** due to poor weather conditions.
로스앤젤레스로 가는 항공편이 악천후 때문에 지연되었다.

텝스 출제 포인트!

청해 without delay 지체 없이

11 **lavatory**★★
[lǽvətɔ̀:ri]

n. 화장실

Smoking is prohibited, including in the **lavatories**.
화장실을 포함하여 흡연은 금지되어 있습니다.

12 **accommodate**★★★
[əkɑ́mədèit]
파 accommodation n. 숙박 시설

v. 수용하다, 숙박시키다 | ~의 편의를 도모하다

The new guesthouse on Third Avenue can **accommodate** up to 30 people.
3번가에 있는 새 하숙집은 30명까지 수용할 수 있다.

The hospital will do all it can to **accommodate** its patients. 그 병원은 환자들의 편의를 도모하기 위해 모든 노력을 다할 것이다.

텝스 출제 포인트!

독해 accommodate 숙박시키다 → house 유숙시키다
accommodate가 유사한 의미의 다른 표현으로 바뀌어 출제된다.

13 **disturb**★★★
[distə́:rb]
파 disturbance n. 방해, 장애
disturbing adj. 방해가 되는

v. 방해하다

Do not **disturb** the guests while they are in their rooms. 손님들이 객실에 있는 동안 방해하지 마세요.

텝스 출제 포인트!

청해 sleep disturbance 수면 장애

★★★ = 출제율 최상 ★★ = 출제율 상 ★ = 출제율 중

14 **rate**★★★

[reit]

n. 속도

파 rating n. 평가, 등급

n. 요금, 대금 | 비율

The **rates** for hotels are usually higher the closer they are to the beach.

호텔 요금은 보통 해변에 더 가까울수록 비싸다.

The products made by this company have a very high failure **rate**.

이 회사에서 만든 상품들은 고장률이 아주 높다.

v. 평가하다

The workers at the factory are **rated** based on their daily productivity.

공장에서 일하는 직원들은 그들의 일일 생산성에 근거하여 평가된다.

15 **layover**★★★

[léiòuvər]

동 stopover 도중하차

n. (항공편의) 경유, 도중하차

The flight from Singapore to Amsterdam includes a **layover** in Dubai.

싱가포르에서 암스테르담까지 가는 항공편은 두바이에서의 경유를 포함한다.

16 **reserve**★★★

[rizə́:rv]

n. 비축, 지정 보호 지역

파 reservation n. 예약, 유보, 제한, 의구심
reserved adj. 예약한

v. 예약하다 | 보유하다 | 남겨두다

These rooms are **reserved** for convention attendees.

이 방들은 대표자 회의 참석자들을 위해 예약되어 있다.

The university **reserves** the right to use the contents of the report for publication.

대학은 출판을 위해 보고서의 내용을 사용할 수 있는 권리를 보유한다.

Hikers should **reserve** their strength for the difficult parts of the trail.

도보 여행자들은 산길의 힘든 지역을 위해 힘을 남겨두어야 한다.

텝스 출제 포인트!

어휘 make a reservation 예약하다
make와 어울려 쓰이는 reservation을 선택하는 문제가 출제된다.

청해 reserve the right 권리를 보유하다
reservation number 예약 번호
have reservations about ~에 대해 의구심을 갖다

17 **impeccable** ★★★
[impékəbl]

adj. 나무랄 데 없는, 결점 없는

The flight attendants are trained to offer **impeccable** service. 승무원들은 나무랄 데 없는 서비스를 제공하도록 훈련받는다.

18 **barge** ★★★
[baːrdʒ]

동 raft 뗏목

v. 난입하다, 침입하다

The angry guest **barged** into the manager's office to complain.
화가 난 손님은 불평하기 위해 매니저의 사무실에 난입했다.

n. 바지선, 거룻배

The workers overloaded the **barge**, which caused it to sink.
직원들은 바지선에 짐을 너무 많이 실었고, 이것은 그것을 가라앉게 했다.

19 **tease** ★★★
[tiːz]

v. 놀리다, 괴롭히다

I was **teased** for thinking the drinks in the hotel room's refrigerator were free.
나는 호텔 객실의 냉장고에 있는 음료수가 공짜라고 생각했다가 놀림 받았다.

20 **deserve** ★★★
[dizə́ːrv]

v. (마땅히) ~을 받을 만하다

The pilot **deserves** credit for executing a perfect emergency landing.
그 조종사는 완벽한 비상 착륙을 해낸 것에 대한 공로를 인정받을 만하다.

텝스 출제 포인트!

독해 deserve credit for ~에 대한 공로를 인정받을 만하다

21 **circumspect** ★★★
[sə́ːrkəmspèkt]

adj. 신중한, 조심스러운

The crew member was **circumspect** in describing emergency measures.
그 승무원은 비상조치들을 설명하는 데 있어 신중했다.

22 **mention** ★★★
[ménʃən]

v. 말하다, 언급하다

The captain **mentioned** the temperature and weather conditions of the destination city.
기장은 도착 도시의 기온과 기상 상태에 대해 말했다.

★★★ = 출제율 최상 ★★ = 출제율 상 ★ = 출제율 중

23 **deny**★★★

[dinái]

파 denial n. 부인, 부정

v. 부인하다, 부정하다

The airport staff **denied** that there was any problem with security.

공항 직원은 보안에 문제가 있다는 것을 부인했다.

24 **obtrusive**★★

[əbtrúːsiv]

adj. 참견하고 나서는

파 obtrusively adv. 주제넘게

adj. 눈에 거슬리는

Anyone behaving in an **obtrusive** manner on the hotel's premises will be removed.

호텔 부지에서 눈에 거슬리는 태도로 행동하는 사람들은 쫓겨날 것이다.

25 **cruise**★★

[kruːz]

n. 유람선 여행

v. (항공기 · 배 등이) 순항하다

Planes typically **cruise** at low altitudes prior to landing. 비행기는 착륙 전에 보통 저고도로 순항한다.

26 **declare**★★

[diklέər]

파 declaration n. 신고(서), 선언

v. (세관에서) 신고하다 | 선언하다, 공표하다

Please **declare** all agricultural products on arrival in the country.

모든 농산물은 입국하실 때 신고해 주시기 바랍니다.

The politician **declared** his intention to run for senator.

그 정치인은 상원 의원으로 출마하고자 하는 자신의 계획을 선언했다.

 텝스 출제 포인트!

청해 declare 선언하다 → announce 발표하다
declare가 유사한 의미의 다른 표현으로 바뀌어 출제된다.

독해 declare war 전쟁을 선언하다

27 **aerial**★★

[έəriəl]

adj. 항공기의

n. 안테나

adj. 공중의, 대기의

The sky was clear, giving flight passengers an **aerial** view of the city.

하늘이 청명해서 비행기 승객들에게 도시의 공중 풍경을 보여주었다.

28 **unruffled**★★

[ʌnrʌ́fld]

동 unflappable 동요하지 않는

adj. 침착한, 냉정을 잃지 않는

The hotel staff was **unruffled** by a small fire in the dining hall and escorted the guests outside.

그 호텔 직원은 식당에서 일어난 작은 화재에도 침착했고 투숙객들을 밖으로 안내했다.

29 **content**★★

n. [kántent]
adj. [kəntént]
n. (문서 등의) 내용

n. 내용물

A customs officer looked through the **contents** of my bag.
세관원이 내 가방의 내용물을 살펴보았다.

adj. 만족한

I'm **content** with my present job position and wage.
나는 내 현재 직책과 임금에 만족한다.

텝스 출제 포인트!

독해 be content with ~에 만족하다

30 **complete**★★

[kəmplí:t]
v. 완성하다, 끝내다
adj. 완전한, 완성된
파 completely adv. 완전히

v. (서류 등을 빠짐없이) 작성하다

Please **complete** this registration form before checking in.
숙박 수속하시기 전에 이 신청서를 작성해 주시기 바랍니다.

31 **concourse**★★

[kánkɔ:rs]

n. (공항·역의) 중앙 홀

The airport **concourse** was renovated to include more duty-free shops.
공항의 중앙 홀은 더 많은 면세점을 수용하기 위해 개조되었다.

32 **request**★★

[rikwést]
v. 요청하다

n. 요청, 부탁

A taxi service is available by **request** at the front desk.
택시 서비스는 안내 데스크에서 요청하시면 이용하실 수 있습니다.

텝스 출제 포인트!

문법 request that + 주어 + (should) 동사원형
'요청'을 나타내는 동사 request 뒤에 오는 that절에 '(should) 동사원형'을 쓰는 문제가 출제된다.

청해 request 요청하다 → ask for 요구하다
request가 유사한 의미의 다른 표현으로 바뀌어 출제된다.

독해 by request 요청에 의해

★★★ = 출제율 최상 ★★ = 출제율 상 ★ = 출제율 중

33 **flexible**★★

[fléksəbl]

파 flexibility n. 융통성, 유연성
flexibly adv. 유연하게

반 inflexible 융통성 없는

adj. 융통성이 있는, 유연한

Resort employees work a **flexible** schedule to help patrons.

고객들에게 도움을 주기 위해 리조트 직원들은 융통성이 있는 일정으로 일합니다.

텝스 출제 포인트!

독해 flexible schedule 융통성이 있는 일정

34 **raucous**★

[rɔ́:kəs]

adj. 시끄러운

Raucous guests in a room on the fourth floor made it difficult for others to sleep.

4층 방의 시끄러운 투숙객들은 다른 사람들이 잠들기 어렵게 했다.

35 **receptionist**★

[risépʃənist]

파 reception n. 접수처, 환영

n. (호텔 · 회사의) 안내원, 접수원

The **receptionist** welcomed the tourists to the lodge.

안내원은 별장에 온 관광객들을 환영했다.

텝스 출제 포인트!

청해 reception desk (호텔의) 접수처, 프런트

36 **see off**★

phr. ~를 배웅하다

The assistant came to **see off** his boss at the airport.

보좌인은 그의 상사를 배웅하러 공항에 왔다.

37 **meet**★

[mi:t]

v. (우연히) 만나다

v. 충족시키다, 만족시키다

We do our best to **meet** the needs of our passengers.

저희들은 승객들의 요구를 충족시키기 위해 최선을 다합니다.

38 **stow**★

[stou]

v. (짐을) 싣다

Checked baggage, which should be under a certain weight, is **stowed** in the cargo hold.

어느 정도의 이하의 무게여야 하는 위탁 수하물은 화물칸에 실린다.

39 **board***

[bɔːrd]

파 boarding n. 탑승

v. (비행기 · 기차 등에) 탑승하다

People with disabilities can **board** the plane first.

장애인분들은 비행기에 먼저 탑승하실 수 있습니다.

n. 위원회

The **board** of directors had a meeting to discuss the new contracts.

이사회는 새로운 계약에 대해 의논하기 위해 회의를 했다.

텝스 출제 포인트!

청해 get on board 탑승하다
on board 기내의, 선상의
board of directors 이사회
boarding pass 탑승권

40 **custom***

[kʌ́stəm]

adj. 주문 제작한

파 customary adj. 관습상의

n. (-s) 세관 | 관습, 풍습

You must list all taxable purchases on the **customs** form before arriving.

도착 전에 모든 과세 상품을 세관 신고서에 기입하셔야 합니다.

Giving money to the bride is a **custom** at Italian weddings.

신부에게 돈을 주는 것은 이탈리아 결혼식의 관습이다.

텝스 출제 포인트!

청해 customs declaration 세관 신고(서)
customs declaration form 세관 신고서
customs official 세관원
clear customs 세관을 통과하다

41 **edge***

[edʒ]

n. 우세, 유리한 점, 위력

n. 가장자리

At the **edge** of the airport runway is a protective barrier.

공항 활주로의 가장자리는 보호벽이다.

텝스 출제 포인트!

어휘 on the edge of one's seat (영화 · 이야기에) 완전히 매료되어

42 **verify**★

[vérəfài]

파 verification n. 확인

v. 확인하다

I called the airline to **verify** my flight reservation.

나는 내 항공편 예약을 확인하기 위해 항공사에 전화했다.

43 **view**★

[vjuː]

n. 경치, 전망

n. 의견, 견해

The magazine contains a section on travelers' **views** about hotel service.

그 잡지는 호텔 서비스에 관한 여행자들의 의견에 대한 난을 포함한다.

v. 간주하다

Some **view** the financial crisis as an opportunity to make money.

어떤 사람들은 금융 위기를 돈을 벌 수 있는 기회로 간주한다.

텝스 출제 포인트!

어휘 **view : sight : look : vision**

view와 의미가 비슷한 sight, look, vision의 쓰임을 구별하여 답을 선택하는 문제가 출제된다.

- **view** 경치, 전망 (일정한 장소에서 눈에 들어오는 풍경을 의미한다)
- **sight** 광경, 풍경 (눈에 보인 그대로의 광경으로, 인상적인 광경을 의미한다)
- **look** 모양, 모습 (사물의 외관이나 사람의 외모를 의미한다)
- **vision** 시각, 시야 (눈으로 볼 수 있는 능력이나 범위를 의미한다)

청해 **view** 견해 → **idea** 의견

view가 유사한 의미의 다른 표현으로 바뀌어 출제된다.

독해 **a view on** ~에 대한 의견

view A as B A를 B로 간주하다

DAY 07 Daily Checkup

단어에 해당하는 뜻을 오른쪽에서 찾아 연결하세요.

01	delay	ⓐ 경유
02	cruise	ⓑ 신중한
03	lavatory	ⓒ 부탁
04	circumspect	ⓓ 순항하다
05	layover	ⓔ 지연시키다
		ⓕ 화장실

문맥에 맞는 단어를 보기에서 골라 빈칸에 넣으세요.

ⓐ verified ⓑ accommodate ⓒ boarded ⓓ concourse ⓔ receptionist ⓕ impeccable

06 The van can ______ up to twelve passengers.

07 There is an information desk in the ______ of the train station.

08 An art expert ______ that the painting was an original.

09 The food critic praised the restaurant for its ______ service.

10 Hotel guests may call the ______ should they need assistance.

ⓐ available ⓑ customs ⓒ deserves ⓓ vacancies ⓔ reserve ⓕ complete

11 The staff ______ credit for helping the project succeed.

12 Act fast if you would like to ______ a ticket for the football game.

13 ______ the application form to open a bank account.

14 The new product will be ______ in stores this month.

15 The restaurant has several ______ for waiting staff which it needs to fill.

Answer 01 ⓔ 02 ⓓ 03 ⓕ 04 ⓑ 05 ⓐ 06 ⓑ 07 ⓓ 08 ⓐ 09 ⓕ 10 ⓔ 11 ⓒ 12 ⓔ 13 ⓕ 14 ⓐ 15 ⓓ

➔ 무료 Daily Checkup 해석은 HackersIngang.com에서 제공됩니다.
무료 단어시험지 자동생성기와 무료 해커스 텝스 기출 보카 TEST는 HackersTEPS.com에서 제공됩니다.

텝스 완성단어

350점 단어

□	airfare [έərfὲər]	n. 항공료
□	baggage [bǽgidʒ]	n. 짐, 수하물
□	blank [blæŋk]	n. 공란, 빈칸 adj. 빈
□	check in	phr. (호텔에서) 숙박 수속하다 ǀ (공항에서) 탑승 수속하다
□	check out	phr. (호텔에서) 퇴실 수속하다 ǀ 도서관에서 대출하다
□	domestic [dəméstik]	adj. 국내의 ǀ 가정의
□	economy class	phr. (열차 · 항공기의) 일반석
□	embarrass [imbǽrəs]	v. 난처하게 하다, 당황스럽게 하다
□	embarrassed [imbǽrəst]	adj. 난처한, 당혹한
□	fill out a form	phr. 양식에 기입하다
□	formal [fɔ́:rməl]	adj. 격식을 차린 ǀ 공식적인
□	give [giv]	v. 주다
□	land [lænd]	v. 착륙하다
□	limit [límit]	v. 제한하다
□	luggage [lʌ́gidʒ]	n. 짐, 수하물
□	on time	phr. 제시간에
□	passenger [pǽsəndʒər]	n. 승객
□	passport [pǽspɔ:rt]	n. 여권
□	print [print]	v. (필기체가 아닌) 인쇄체로 쓰다 n. 인쇄물
□	random [rǽndəm]	adj. 임의의, 되는 대로의
□	responsible [rispɑ́nsəbl]	adj. 책임이 있는
□	roughly [rʌ́fli]	adv. 대략, 거의
□	slope [sloup]	n. 경사지
□	takeoff [téikɔ̀:f]	n. 이륙
□	urge [ə:rdʒ]	v. 권유하다, 촉구하다 n. 충동, 욕망
□	via [ví:ə]	prep. ~를 경유하여, ~을 통해
□	waiting list	phr. 대기자 명단

450점 단어

	단어	뜻
□	airsickness [ɛ́ərsìknis]	n. 비행기 멀미
□	all in good time	phr. 머지 않아 | 때가 되면
□	arrival card	phr. 입국 신고서
□	baggage claim area	phr. (공항의) 수하물 찾는 곳
□	bellhop [bélhɑ̀p]	n. (호텔의) 벨보이, 사환
□	by no means	phr. 결코 ~이 아니다
□	cargo [kɑ́:rgou]	n. 화물, 짐
□	cancellation [kænsəléiʃən]	n. (예약) 취소
□	deluxe [dəlʌ́ks]	adj. 호화로운, 사치스러운
□	deplane [di:pléin]	v. 비행기에서 내리다
□	disembark [dìsembɑ́:rk]	v. (배 · 비행기 등에서) 내리다
□	dread [dred]	v. 두려워하다
□	dreadful [drédfəl]	adj. 무서운, 두려운
□	embark [imbɑ́:rk]	v. 승선하다
□	embark on	phr. ~에 착수하다
□	eminence [émənəns]	n. 명성, 탁월
□	eminent [émənənt]	adj. 저명한, 뛰어난
□	extraordinary [ikstrɔ́:rdənèri]	adj. 뛰어난, 비범한
□	flight attendant	phr. 승무원
□	get in line	phr. 줄서다
□	halfway [hæ̀:fwéi]	adv. 중간에, 중도에서
□	impatient [impéiʃənt]	adj. 성급한
□	impetuous [impétʃuəs]	adj. 성급한, 충동적인
□	in no time	phr. 곧, 즉시
□	in the nick of time	phr. 알맞게 때를 맞추어
□	in-flight [ìnfláit]	adj. 기내의
□	jet lag	phr. 시차로 인한 피로
□	kiosk [ki:ɑ́sk]	n. 매점, 가판대
□	local time	phr. 현지 시간
□	lost and found	phr. 분실물 취급소

- □ make amends phr. 보상하다, 배상하다
- □ make it up to phr. ~에게 (손해를) 보상하다
- □ median [mí:diɑn] adj. 중앙의, 중간의
- □ mind one's own business phr. 남의 일에 간섭하지 않다
- □ nausea [nɔ́:ziə] n. 메스꺼움, 구역질
- □ no strings attached phr. 부대 조건이 없는, 무조건의
- □ on standby phr. 대기하고 있는
- □ once and for all phr. 마지막으로 한 번만 더 | 최종적으로
- □ one of a kind phr. 독특한 것
- □ optional [ɑ́pʃənl] adj. 선택적인
- □ overlook [òuvərlúk] v. 간과하다 | 너그럽게 봐주다
- □ prior to phr. ~에 앞서, ~ 전에
- □ retrieve [ritrí:v] v. 되찾다 | 회복하다
- □ ridiculous [ridíkjuləs] adj. 터무니없는, 우스꽝스러운
- □ room rate phr. 객실 요금
- □ second to none phr. 제일의
- □ security guard phr. 경비원, 경호원
- □ sneaky [sní:ki] adj. 몰래 하는 | 비열한, 교활한
- □ straightforward [strèitfɔ́:wərd] adj. 간단한 | 솔직한
- □ suite [swi:t] n. 스위트룸, 특실
- □ take A into account phr. A를 고려하다, A를 참작하다
- □ tempt [tempt] v. 유혹하다, 꾀다
- □ tempting [témptiŋ] adj. 매력적인 | 솔깃한, 구미가 당기는
- □ top-notch [tɑ̀:pnɑ́:tʃ] adj. 최고의, 일류의
- □ touch down phr. 착륙하다
- □ unattended [ʌ̀nəténdid] adj. 방치된, 내버려 둔
- □ unexpectedly [ʌ̀nikspéktidli] adv. 뜻밖에, 불시에
- □ valuables [vǽljuəblz] n. 귀중품
- □ wake-up call phr. (호텔의) 모닝콜
- □ weary [wíəri] v. 지치게 하다 adj. 지친
- □ You have my word. phr. 약속할게요. | 제 말을 믿으세요.

500점 단어

- ☐ ambience [ǽmbiəns] n. 분위기
- ☐ assail [əséil] v. 습격하다, 엄습하다
- ☐ bungle [bʌ́ŋgl] v. 실수하다, 서투르게 하다
- ☐ concierge [kɔ:nsiέərʒ] n. (호텔의) 안내 직원
- ☐ confiscate [kɑ́:nfəskèit] v. 압수하다, 몰수하다
- ☐ defer [difə́:r] v. 연기하다, 미루다
- ☐ dismay [disméi] v. 당황시키다 | 낙담시키다 n. 실망, 경악
- ☐ fastidious [fæstídiəs] adj. 까다로운 | 세심한, 꼼꼼한
- ☐ flutter [flʌ́tər] v. 흔들리다, 펄럭이다
- ☐ frail [freil] adj. 허약한, 약한 | 깨지기 쉬운
- ☐ grace time phr. 유예 시간
- ☐ halt [hɔ:lt] v. 중단하다 n. 중지, 멈춤
- ☐ impede [impí:d] v. 방해하다, 지연시키다
- ☐ indolent [índələnt] adj. 게으른, 나태한
- ☐ jettison [dʒétisn] v. (화물 등을) 버리다
- ☐ jitters [dʒítərz] n. 초조, 신경과민
- ☐ languish [lǽŋgwiʃ] v. 기력이 없어지다 | (불쾌한) 일을 겪다
- ☐ linger [líŋgər] v. 꾸물거리다 | 좀처럼 사라지지 않다
- ☐ overt [ouvə́:rt] adj. 명백한, 공공연한
- ☐ prerogative [prirɑ́:gətiv] n. 특권
- ☐ quarantine [kwɔ́:rəntì:n] n. 검역소 v. 격리하다
- ☐ queasy [kwí:zi] adj. 메스꺼운, 멀미가 나는
- ☐ retract [ritrǽkt] v. 철회하다, 취소하다 | 집어넣다
- ☐ ridicule [rídikjù:l] v. 비웃다, 조소하다
- ☐ scrutinize [skrú:tənàiz] v. 세밀히 조사하다
- ☐ scrutiny [skrú:təni] n. 정밀 조사
- ☐ seedy [sí:di] adj. 누추한, 초라한 | 기분이 언짢은
- ☐ tamper [tǽmpər] v. 함부로 변경하다 | 간섭하다
- ☐ unobtrusively [ʌ̀nəbtrú:sivli] adv. 주제넘지 않게
- ☐ vociferous [vousífərəs] adj. 큰 소리로 외치는, 떠들썩한

건강에 방심은 금물!

건강·의학

준수는 매우 sturdy하다. 꾸준한 운동을 통한 regimen과 엄격한 식단에, 심지어 비타민 supplement까지 챙겨 먹으면서 건강을 유지하려 노력한다. 그래서 준수가 감기에 come down with한 것 같다고 했을 때 깜짝 놀랐다. 준수는 코가 congested하고 몸이 lethargic한 것 같다며 병원에 갔는데 diagnose 받아보니 감기가 아니라 수두에 걸렸다는 것이다. 온통 두드러기로 뒤덮인 준수를 한참 놀렸는데... 딱 사흘만인 오늘... 일어나보니 나도 두드러기가 나 있었다. 준수에게 옮아 나도 수두에 contract하고 말았다. 으앙~~~

01 **sturdy**★
[stə́ːrdi]

adj. 튼튼한

The athletes are young, **sturdy**, and are less prone to injury.
그 운동선수들은 어리고 튼튼하며, 부상을 당하는 경향이 적다.

02 **regimen**★★★
[rédʒəmən]

n. (식사·운동 등에 의한) 요법

Mr. Cole is on a strict exercise **regimen** to lose weight. Mr. Cole은 체중을 줄이려고 엄격한 운동 요법을 하고 있다.

03 **supplement**★★★
n. [sʌ́pləmənt]
v. [sʌ́pləmènt]

파 supplementary adj. 보충의

n. 보조제, 보충(물)

Vitamin **supplements** are recommended for those with poor eating habits.
비타민 보조제는 식습관이 나쁜 사람들에게 권장된다.

v. 보충하다, 보완하다

Please **supplement** your report with charts and tables. 차트와 표로 보고서를 보충해 주시기 바랍니다.

텝스 출제 포인트!

독해 vitamin supplement 비타민 보조제
dietary supplement 식이 보조제

04 **come down with**★

phr. (병에) 걸리다

I think I'm **coming down with** a cold.
나는 감기에 걸리려고 하는 것 같다.

05 **congested**★
[kəndʒéstid]

파 congestion n. (코)막힘, 정체

adj. 코가 막힌 | (교통·사람이) 혼잡한

My nose is still **congested** due to the flu.
독감 때문에 내 코는 여전히 막혀 있다.

Downtown streets are always **congested** with traffic at this hour.
시내 도로는 이 시간에 항상 차들로 혼잡하다.

텝스 출제 포인트!

어휘 congested nose 코막힘
nose와 어울려 쓰이는 congested를 선택하는 문제가 출제된다.

텝스빈출단어 01 02 03 04 05 06 07 DAY 08 09 10 Hackers TEPS Vocabulary

06 **lethargic**★★★

[ləθɑ́:rdʒik]

파 lethargy n. 무기력

adj. 무기력한, 활발하지 못한

Sandra became **lethargic** after the long meeting.
Sandra는 긴 회의 후에 무기력해졌다.

07 **diagnose**★★★

[dáiəgnòus]

파 diagnosis n. 진단
diagnostic adj. 진단의

반 misdiagnose 오진하다

v. 진단하다

To **diagnose** a disease, doctors first obtain a patient's medical history.
질병을 진단하기 위해, 의사들은 먼저 환자의 병력을 얻는다.

08 **contract**★

v. [kəntrǽkt]
n. [kɑ́ntrækt]

파 contractor n. 계약자, 하청업자
contractual adj. 계약상의

v. (병에) 걸리다

The students **contracted** malaria during the field trip. 학생들은 현장 학습 동안 말라리아에 걸렸다.

n. 계약서, 계약

The businessmen signed a **contract** to build a new factory. 그 경영인들은 새 공장을 짓기 위해 계약서에 서명했다.

텝스 출제 포인트!

[독해] under contract to/with ~와 계약을 맺고 있는

09 **apply**★★★

[əplái]

파 applicant n. 지원자
application n. 적용, 신청
applicable adj. 적용되는

v. 바르다 | 적용하다 | 신청하다, 지원하다

This lotion can be **applied** directly to an insect bite.
이 로션은 벌레 물린 곳에 직접 바를 수 있다.

Factory employees should **apply** safety rules in all work areas.
공장 직원들은 모든 업무 영역에 안전 규칙을 적용해야 한다.

He wants to **apply** for membership of a sports club.
그는 스포츠 클럽의 회원권을 신청하기를 원한다.

텝스 출제 포인트!

[어휘] apply + lotion/moisturizer 로션/보습제를 바르다
lotion, moisturizer와 어울려 쓰이는 apply를 선택하는 문제가 출제된다.

[청해] apply + paint/glaze 페인트/유약을 칠하다
apply to a college 대학에 지원하다
apply for a job 입사 지원하다

10 **skip**★★★
[skip]

v. 거르다, 빼먹다 | 깡충깡충 뛰다

Feeling exhausted after work, Max decided to **skip** his daily workout.
퇴근 후에 진이 빠진 기분이었기 때문에, Max는 그의 일일 운동을 거르기로 했다.

Sally's excitement was evident as she **skipped** along the road.
Sally는 길을 따라 깡충깡충 뛰는 것을 보아 신난 것이 분명했다.

11 **infection**★★★
[infékʃən]
n. 악영향

파 infect v. 감염시키다, 영향을 주다
infectious adj. 전염성의

n. 감염, 전염

Cleaning the wound can prevent the **infection** from getting worse.
상처를 소독하는 것은 감염이 심해지는 것을 막을 수 있다.

12 **overcome**★★★
[òuvərkʌ́m]

v. 극복하다

Most of the survivors **overcame** the psychological trauma of the accident.
대부분의 생존자들은 그 사고의 정신적 외상을 극복했다.

13 **inject**★★★
[indʒékt]
v. 삽입하다

파 injection n. 주사, 주입

v. 주사하다, 투여하다

The nurse **injected** the man with a drug to help him sleep.
그 간호사는 남자가 잠이 들도록 돕기 위해 약을 주사했다.

텝스 출제 포인트!

어휘 **inject : instill**
inject와 의미가 비슷한 instill의 쓰임을 구별하여 답을 선택하는 문제가 출제된다.
- inject (액체·약물을) 주사하다
- instill (사상·감정을) 주입하다

14 **relieve**★★★
[rilíːv]
v. 안도하게 하다

파 relief n. 경감, 안도
relieved adj. 안도한

v. (고통·부담을) 경감하다, 덜다

I'm using strong medication to **relieve** my toothache.
나는 치통을 경감하기 위해 독한 약을 복용하고 있다.

★★★ = 출제율 최상 ★★ = 출제율 상 ★ = 출제율 중

15 **prescription*****
[priskrípʃən]
파 prescribe v. 처방하다

n. 처방전, 처방

You must follow the dosage instructions on the **prescription**.
처방전에 있는 복용량 지침을 따라야 한다.

텝스 출제 포인트!

청해 fill a prescription 처방전대로 약을 조제하다
prescribe medicine 약을 처방하다

16 **pass out*****

phr. 기절하다, 의식을 잃다

Emily was taken to the hospital because she **passed out** in the summer heat.
Emily는 땡볕 더위로 기절했기 때문에 병원에 실려 갔다.

17 **remedy*****
[rémədi]
v. 개선하다, 바로잡다

n. 치료(약), 의료 | 구제책

Tea is considered to be a good **remedy** for a cough or sore throat.
차는 기침이나 목이 아플 때 좋은 치료 약으로 여겨진다.

The large donation was an unexpected **remedy** for the firm's budget shortage problem.
많은 기부금은 회사의 예산 부족 문제의 뜻밖의 구제책이었다.

18 **immune*****
[imjúːn]
파 immunize v. 면역시키다
immunity n. 면역력

adj. 면역의, 면역이 있는

Eat plenty of vegetables to strengthen your **immune** system. 면역 체계를 강화시키려면 채소를 많이 드세요.

텝스 출제 포인트!

독해 immune system 면역 체계

19 **aggravate*****
[ǽgrəvèit]
파 aggravation n. 악화

v. (괴로움·병 등을) 악화시키다

Overexercising can **aggravate** a stiff neck.
과도한 운동은 뻣뻣한 목을 악화시킬 수 있다.

20 **detrimental**★★★

[dètrəméntl]

파 detriment n. 유해물
detrimentally adv. 해롭게

동 deleterious 해로운

adj. 해로운

Eating fatty foods is **detrimental** to your health.

기름진 음식을 먹는 것은 건강에 해롭다.

 텝스 출제 포인트!

청해 be detrimental to ~에 해롭다

21 **prognosis**★★★

[pragnóusis]

n. 예상, 예측

n. (질병의) 예후

After a thorough examination of Peter, doctors gave a positive **prognosis**.

Peter에 대한 정밀 검사 이후, 의사들은 긍정적인 예후를 내놓았다.

22 **recover**★★★

[rikʌ́vər]

파 recovery n. 회복, 복구

v. (건강을) 회복하다 | (원상태로) 복구하다 | 되찾다

She **recovered** quickly from food poisoning.

그녀는 식중독에서 빠르게 회복했다.

The computer technician successfully **recovered** the file.

컴퓨터 기술자는 그 파일을 성공적으로 복구했다.

The detective **recovered** the jewelry stolen from the museum.

그 형사는 박물관에서 도난당한 보석을 되찾았다.

23 **vigorous**★★★

[vígərəs]

adj. 활발한, 활기찬

adj. 격렬한 | 강건한

Doctors recommend a healthy diet and **vigorous** exercise to lose weight.

의사들은 살을 빼기 위해 건강한 식단과 격렬한 운동을 권고한다.

Due to regular exercise, Jack is extremely **vigorous**.

규칙적인 운동 덕분에, Jack은 매우 강건하다.

24 **hygiene**★★★

[háidʒiːn]

파 hygienic adj. 위생적인

n. 위생, 청결

It is basic **hygiene** to wash one's hands after using the bathroom.

화장실을 이용한 후에 손을 씻는 것은 기본 위생이다.

★★★ = 출제율 최상 ★★ = 출제율 상 ★ = 출제율 중

25 **patient**★★

[péiʃənt]

adj. 참을성 있는

n. 환자, 병자

There were more **patients** in the emergency room than the doctors could handle.

응급실에는 의사가 돌볼 수 있는 수보다 더 많은 환자들이 있었다.

26 **shake off**★★

phr. (병 등을) 떨쳐내다, 물리치다

I can't seem to **shake off** this cough.

이 기침을 떨쳐내기 쉽지 않은 것 같다.

27 **posture**★★

[pástʃər]

n. 자세, 몸가짐

Having poor **posture** while sitting can increase the pressure on your muscles.

나쁜 자세로 앉아 있는 것은 근육에 대한 압박을 증가시킬 수 있다.

28 **acute**★★

[əkjúːt]

adj. 급성의, 예리한

파 acutely adv. 강렬히

adj. 심한, 격렬한

I was given an injection to alleviate the **acute** pain in my knee.

나는 심한 무릎 통증을 완화시키기 위해 주사를 맞았다.

29 **dehydration**★★

[dìːhaidréiʃən]

n. 탈수

Dehydration is a common problem when hiking in the summer.

탈수는 여름에 등산을 할 때 겪는 흔한 문제이다.

텝스 출제 포인트!

독해 suffer from dehydration 탈수를 겪다

30 **indisposed**★★

[ìndispóuzd]

adj. 몸이 안 좋은

Tracey's assistant is **indisposed** at the moment, so she's managing her own schedule.

Tracey의 조수가 요즘 몸이 안 좋아서, 그녀는 자신의 일정을 직접 관리하고 있다.

텝스 출제 포인트!

어휘 be indisposed with ~으로 몸이 안 좋은

31 **a bout of flu** ★★

phr. 독감 치레

Lately, Rachel has been suffering from **a bout of flu.**
최근에, Rachel은 독감 치레를 했다.

32 **cot** ★★
[kɑːt]

n. 간이침대, 아기 침대

Rooms at the hospital have four **cots** each, separated by curtains.
병원의 각 병실에는 커튼으로 구분된 4개의 간이침대가 있다.

33 **safety** ★★
[séifti]
파 safe adj. 안전한

n. 안전

Medical staff always take **safety** precautions for patients.
의료진은 항상 환자를 위해 안전 예방 조치를 취한다.

34 **spry** ★★
[sprai]

adj. 기운찬

Even though Mark is 80, he is still **spry.**
Mark는 80세이지만, 그는 아직도 기운차다.

35 **operation** ★★
[àpəréiʃən]
파 operate v. 수술하다, (기계를) 작동하다

n. 수술 | 운영, 경영 | (군사) 작전

She had an **operation** to have a tumor removed.
그녀는 종양을 제거하기 위한 수술을 받았다.

The CEO was determined to improve the **operation** of his company.
그 최고 경영자는 그의 회사의 운영을 개선하겠다는 의지가 확고했다.

The military must obtain approval for their **operations** from the President.
군대는 대통령으로부터 작전에 대한 승인을 얻어야 한다.

텝스 출제 포인트!

청해 have an operation 수술을 받다

36 **doze off** ★★

phr. 잠깐 자다, 깜박 졸다

To regain energy, it is good to **doze off** for a few minutes.
기력을 회복하기 위해서는, 몇 분 정도 잠깐 자는 것이 좋다.

텝스빈출단어 01 02 03 04 05 06 07 DAY 08 09 10 Hackers TEPS Vocabulary

★★★ = 출제율 최상 ★★ = 출제율 상 ★ = 출제율 중

37 **drug overdose**★★

phr. 약물 과다 복용

Do not exceed the prescribed dosage to prevent a **drug overdose**.
약물 과다 복용을 막기 위해 처방된 복용량을 초과하지 마십시오.

38 **outbreak**★
[áutbrèik]

n. (질병 · 전쟁 등의) 발생, 발발

The medical community is concerned about an **outbreak** of plague.
의료계는 전염병의 발생에 대해 걱정한다.

39 **constrict**★
[kənstríkt]

v. 수축되다, 조이다

Smoking is known to **constrict** blood vessels.
흡연은 혈관을 수축시키는 것으로 알려져 있다.

40 **chronic**★
[kránik]
파 chronically adv. 만성적으로

adj. (병이) 만성적인, 고질의 | 장기간에 걸친

Asthma is a **chronic** illness causing shortness of breath.
천식은 숨이 차게 되는 만성 질환이다.

A **chronic** shortage of teachers is a serious issue in public schools.
장기간에 걸친 교사의 부족은 공립 학교에서 심각한 문제이다.

텝스 출제 포인트!

독해 chronic disease 만성 질환
chronic problem 고질적인 문제점

41 **obesity**★
[oubí:səti]
파 obese adj. 비만의

n. 비만

Obesity has numerous negative effects on the body, including hypertension.
비만은 고혈압을 포함하여 신체에 많은 부정적인 영향을 미친다.

42 **addicted**★
[ədíktid]
파 addict v. 중독되게 하다 n. 중독자
addiction n. 중독, 열중
addictive adj. 중독성의

adj. 중독된

Some people who drink coffee become **addicted** to caffeine.
커피를 마시는 몇몇 사람들은 카페인에 중독된다.

 텝스 출제 포인트!

독해 **be addicted to** ~에 중독되다 → **be caught up in** ~에 몰두하다
be addicted to가 유사한 의미의 다른 표현으로 바뀌어 출제된다.

43 **torpid**★
[tɔ́:rpid]
adj. (동물이) 동면하는

adj. 무기력한

A **torpid** patient may experience a slower recovery time.
무기력한 환자는 더 느린 회복 시간을 보낼 수도 있다.

44 **efficacy**★
[éfikəsi]

n. 효능, 효험

Because of his continued pain, the boy questioned the **efficacy** of the medicine.
계속되는 고통 때문에, 그 소년은 약의 효능을 의심했다.

45 **condition**★
[kəndíʃən]
n. 질환, 질병

n. (건강) 상태 | 조건

Ms. Wilson is in excellent **condition** for someone who has suffered a stroke.
Ms. Wilson은 뇌졸중을 앓았던 사람치고는 최상의 건강 상태이다.

The financial deal was made on the **condition** that it is kept secret.
그 금융 거래는 비밀로 하는 것을 조건으로 성사되었다.

 텝스 출제 포인트!

청해 **in good condition** 몸 상태가 좋은
on condition that ~이라는 조건으로

46 **resist**★
[rizíst]
v. 저항하다
파 **resistance** n. 저항
resistant adj. 저항력이 있는, 저항하는

v. (병·화학 작용 등을) 견뎌내다

Sufficient sleep and a balanced diet can help one **resist** infection.
충분한 잠과 균형 잡힌 식단은 감염을 견뎌내는 것을 도울 수 있다.

 텝스 출제 포인트!

청해 **resistant to** ~에 저항하는

47 **perceive**★

[pərsíːv]

파 perception n. 인식, 통찰력
perceptive adj. 지각의, 통찰력 있는

v. 인지하다, 알아채다

The nurse **perceived** that the patient's injuries were serious and gave him medicine.
그 간호사는 환자의 부상이 심각하다는 것을 인지하고 그에게 약을 주었다.

48 **complication**★

[kɑ̀mpləkéiʃən]

n. 복잡한 상태

n. 합병증 | 문제

The **complications** of diabetes can include heart disease. 당뇨의 합병증은 심장병을 포함할 수 있다.

There were **complications** in carrying out the project. 이 프로젝트를 실행하는 데 문제가 있었다.

49 **episode**★

[épəsòud]

n. (소설 등의) 삽화, 에피소드

n. (증상의) 발현

Many patients suffer **episodes** of depression during serious illnesses.
많은 환자들이 중병 중에 우울증의 발현을 겪는다.

50 **transitory**★

[trǽnsətɔ̀ːri]

동 temporary, evanescent 순간의

adj. 일시적인

Rebecca's illness was thankfully **transitory**, and she recovered quickly.
Rebecca의 병은 다행히 일시적인 것이었고, 그녀는 빨리 회복했다.

텝스 출제 포인트!

독해 transitory 일시적인 → temporary 순간의
transitory가 유사한 의미의 다른 표현으로 바뀌어 출제된다.

51 **vital**★

[váitl]

adj. 생명에 중요한, 생명의 | 필수적인

Blood redistributes oxygen to **vital** organs.
혈액은 생명에 중요한 기관들에 산소를 재분배한다.

Vitamin D is **vital** for maintaining strong and healthy bones.
비타민 D는 강하고 건강한 뼈를 유지하기 위해 필수적이다.

DAY 08 Daily Checkup

단어에 해당하는 뜻을 오른쪽에서 찾아 연결하세요.

01	acute	ⓐ 중독된
02	posture	ⓑ 합병증
03	cot	ⓒ 심한
04	addicted	ⓓ 회복하다
05	recover	ⓔ 간이침대
		ⓕ 자세

문맥에 맞는 단어를 보기에서 골라 빈칸에 넣으세요.

ⓐ obesity ⓑ infection ⓒ aggravate ⓓ resist ⓔ chronic ⓕ diagnosed

06 The children washed their hands to avoid getting a(n) ______.

07 The old man has had a(n) ______ cough for several months now.

08 The high rate of childhood ______ is due to the popularity of snack foods.

09 My doctor recently ______ me with diabetes.

10 People ______ cold symptoms by not getting enough rest.

ⓐ drug overdose ⓑ hygiene ⓒ injected ⓓ supplement ⓔ episode ⓕ sturdy

11 The brick houses stood ______ against the storm's winds.

12 A(n) ______ can be caused by taking too much prescription medicine.

13 Maintaining good ______ will help the wounds heal faster.

14 The nutritionist said I needed to ______ my diet with more fresh fruits and vegetables.

15 A nurse ______ the flu shot into the patient's left arm.

Answer 01 ⓒ 02 ⓕ 03 ⓔ 04 ⓐ 05 ⓓ 06 ⓑ 07 ⓔ 08 ⓐ 09 ⓕ 10 ⓒ 11 ⓕ 12 ⓐ 13 ⓑ 14 ⓓ 15 ⓒ

➔ 무료 Daily Checkup 해석은 HackersIngang.com에서 제공됩니다.
무료 단어시험지 자동생성기와 무료 해커스 텝스 기출 보카 TEST는 HackersTEPS.com에서 제공됩니다.

텝스 완성단어

350점 단어

- □ **ache** [eik] — v. 아프다 n. 아픔, 쑤심
- □ **aging** [éidʒiŋ] — n. 노화
- □ **alcoholic** [ælkəhɔ́:lik] — adj. 술의 n. 알코올 중독자
- □ **allergic** [ələ́:rdʒik] — adj. 알레르기가 있는
- □ **back pain** — phr. 요통
- □ **bleed** [bli:d] — v. 출혈하다
- □ **blood pressure** — phr. 혈압
- □ **checkup** [tʃékʌ̀p] — n. 건강 진단
- □ **cough** [kɔ:f] — n. 기침 v. 기침하다
- □ **cripple** [krípl] — v. 불구로 만들다
- □ **fever** [fí:vər] — n. 열
- □ **flu** [flu:] — n. 유행성 감기 (= influenza)
- □ **handicapped** [hǽndikæpt] — adj. 장애가 있는 n. (the ~) 신체 장애자
- □ **heart attack** — phr. 심장마비
- □ **irritate** [írətèit] — v. ~에 염증을 일으키다 | 짜증나게 하다
- □ **medical treatment** — phr. 치료
- □ **medication** [mèdəkéiʃən] — n. 약물치료, 약물
- □ **overweight** [òuvərwéit] — adj. 과체중의, 비만의
- □ **physician** [fizíʃən] — n. (내과) 의사
- □ **side effect** — phr. 부작용
- □ **stamina** [stǽmənə] — n. 체력
- □ **suffer from** — phr. ~을 앓다 | ~으로부터 고통받다
- □ **surgeon** [sə́:rdʒən] — n. 외과 의사
- □ **surgery** [sə́:rdʒəri] — n. 외과 수술 (= surgical operation)
- □ **symptom** [símptəm] — n. 증상
- □ **therapy** [θérəpi] — n. 치료, 요법
- □ **unconscious** [ʌnkɑ́:nʃəs] — adj. 의식을 잃은 | 무의식적인

450점 단어

- □ abate [əbéit] v. 약해지다
- □ abortion [əbɔ́:rʃən] n. 낙태, 유산
- □ ailment [éilmənt] n. 병, 질환
- □ anorexia [ænəréksiə] n. 거식증
- □ antibiotic [æntibaiάtik] adj. 항생 물질의 n. 항생제
- □ asthma [ǽzmə] n. 천식
- □ cavity [kǽvəti] n. 충치 | 움푹 파인 곳, 구멍
- □ coma [kóumə] n. 혼수상태
- □ contagious [kəntéidʒəs] adj. 전염성의
- □ crutch [krʌtʃ] n. 목발
- □ diabetes [dàiəbí:tis] n. 당뇨병
- □ diarrhea [dàiərí:ə] n. 설사
- □ disability [dìsəbíləti] n. (신체적 · 정신적) 장애
- □ disorder [disɔ́:rdər] n. (가벼운) 병 | 장애 | 혼란
- □ dosage [dóusidʒ] n. 1회분 투약량 | 복용량
- □ emaciated [iméiʃièitid] adj. 쇠약한, 수척한
- □ epidemic [èpədémik] n. 전염병 adj. 유행성의, 전염성의
- □ exhaustive [igzɔ́:stiv] adj. 철저한 | 소모적인
- □ expectant [ikspéktənt] adj. 임신한, 출산을 앞둔
- □ fetus [fí:təs] n. 태아
- □ feverish [fí:vəriʃ] adj. 열이 있는
- □ fracture [frǽktʃər] n. 골절 | 균열 v. 뼈를 부러뜨리다, 삐다
- □ fuse [fju:z] v. 결합하다, 융합하다
- □ grimace [gríməs] v. 얼굴을 찡그리다 n. 찡그린 표정
- □ hospitalize [hάspitəlàiz] v. 입원시키다
- □ inhale [inhéil] v. (공기 · 가스 등을) 들이쉬다, 흡입하다
- □ insomnia [insάmniə] n. 불면증
- □ intensive care unit phr. 중환자실, 집중 치료실
- □ kidney [kídni] n. 신장, 콩팥
- □ lessen [lésn] v. 줄다, 줄이다

- □ **leukemia** [ljukí:miə] n. 백혈병
- □ **malnourished** [mælnə́:riʃt] adj. 영양실조의
- □ **malpractice** [mæ̀lprǽktis] n. 의료 과실
- □ **molar** [móulər] n. 어금니
- □ **neurotic** [njuərɑ́tik] n. 신경과민인 사람 adj. 신경과민의
- □ **numb** [nʌm] adj. 감각을 잃은, 마비된 v. 감각을 잃게 하다, 마비시키다
- □ **organ transplant** phr. 장기 이식
- □ **outpatient** [áutpèiʃnt] n. 외래 환자
- □ **over-the-counter** [òuvərðəkáuntər] adj. 처방전 없이 살 수 있는
- □ **pandemic** [pændémik] n. (전국적 · 세계적) 유행병
- □ **perspiration** [pə̀:rspəréiʃən] n. 발한 | 땀
- □ **pharmaceutical company** phr. 제약 회사
- □ **pharmacist** [fɑ́:rməsist] n. 약사
- □ **placebo** [pləsí:bou] n. 위약(유효 성분이 없는 약)
- □ **pneumonia** [njumóunjə] n. 폐렴
- □ **pregnant** [prégnənt] adj. 임신한
- □ **rash** [ræʃ] n. 발진, 뾰루지 adj. 성급한, 경솔한
- □ **regain** [rigéin] v. 회복하다, 되찾다
- □ **respiratory** [réspərətɔ̀:ri] adj. 호흡기의
- □ **sanitation** [sænitéiʃən] n. (공중) 위생
- □ **scar** [skɑ:r] n. 흉터, 상처 v. 상처를 남기다
- □ **seizure** [sí:ʒər] n. 발작, 발병
- □ **sling** [sliŋ] n. (부러진 팔을 고정시키는) 팔걸이 붕대
- □ **sneeze** [sni:z] n. 재채기 v. 재채기하다
- □ **stroke** [strouk] n. 뇌졸중, 발작
- □ **therapeutic** [θèrəpjú:tik] adj. 치료의, 치료법의
- □ **ulcer** [ʌ́lsər] n. 궤양
- □ **urine** [júərin] n. 소변
- □ **vaccinate** [vǽksənèit] v. 예방 접종을 하다
- □ **veterinarian** [vètərənɛ́əriən] n. 수의사
- □ **ward** [wɔ:rd] n. 병동, 병실 v. (공격을) 피하다

500점 단어

□	abrasion [əbréiʒən]	n. 찰과상
□	acupuncture [ǽkjupʌ̀ŋktʃər]	n. 침술
□	anemia [əníːmiə]	n. 빈혈증
□	anesthetic [ænəsθétik]	n. 마취제 adj. 마취의
□	attributable to	phr. ~에 기인하는
□	autopsy [ɔ́ːtɑːpsi]	n. 검시, 부검
□	bodily fluids	phr. 체액
□	boisterous [bɔ́istərəs]	adj. 활기가 넘치는
□	convalesce [kɑ̀ːnvəlés]	v. 요양하다, 회복기를 보내다
□	debilitate [dibílətèit]	v. (사람 · 몸을) 쇠약하게 하다
□	debilitating [dibílətèitiŋ]	adj. 쇠약하게 하는
□	euthanasia [jùːθənéiʒə]	n. 안락사
□	exacerbate [igzǽsərbèit]	v. (병 · 고통을) 악화시키다
□	flare up	phr. 심해지다, 확 타오르다
□	heredity [hərédəti]	n. 유전 adj. 유전의
□	hypertension [hàipərténʃən]	n. 고혈압
□	hypochondria [hàipəkɑ́ːndriə]	n. 건강 염려증
□	inflammation [ìnfləméiʃən]	n. 염증
□	life expectancy	phr. 수명, 평균 수명
□	malady [mǽlədi]	n. 병 | (사회적) 병폐
□	nod off	phr. 깜빡 졸다
□	panacea [pænəsíːə]	n. 만병통치약
□	palpitation [pælpitéiʃən]	n. 심계 항진, (심장의) 고동
□	pass away	phr. 사망하다, 죽다
□	recuperate [rikjúːpərèit]	v. 회복하다
□	resuscitate [resʌ́sətèit]	v. 소생시키다
□	soundly [sáundli]	adv. (잠이 든 모습이) 푹, 깊이
□	squeamish [skwíːmiʃ]	adj. 비위가 약한
□	venereal disease	phr. 성병
□	virulent [vírjulənt]	adj. 전염성이 강한, 악성의

DAY 09

Hackers TEPS Vocabulary

▲ 무료 MP3 바로 듣기

인턴사원의 열정

직장 생활

여름 방학 인턴십을 통해 benefit할 수 있을 것이라는 생각에 application을 submit했는데 합격을 했다! 매우 ecstatic한 기분으로 첫 출근을 했다. 아빠로부터 회사생활이 얼마나 arduous한지를 익히 들어온 나는, 주어진 업무를 성실히 perform함으로써 내가 얼마나 assiduous하고 dutiful하며 qualified한 인재인지를 보여주기로 했다. 나를 employ한 팀장님께서 kudos를 한 몸에 받으실 수 있기를 기대하며 맡겨주신 업무를 위해 밤을 새겠다고 말씀 드렸는데...

01 **benefit**★★★

[bénəfit]

n. 이익, 이로움

파 beneficial adj. 이로운, 유익한

n. (회사에서 직원에게 제공하는) 복리 후생

The corporation offers standard **benefits** such as paid sick leave.
그 기업은 유급 병가와 같은 표준 복리 후생을 제공한다.

v. 이익을 얻다

Thousands of undergraduates **benefit** from scholarship grants each year.
매년 수천 명의 대학생들이 장학금으로부터 이익을 얻는다.

텝스 출제 포인트!

청해 benefit 이익 → advantage 이점
benefit이 유사한 의미의 다른 표현으로 바뀌어 출제된다.

독해 benefit from ~으로부터 이익을 얻다
be of benefit to ~에게 유익하다, ~에게 도움이 되다

02 **application**★★

[æpləkéiʃən]

n. 특정 용도

파 apply v. 신청하다, 적용하다
applicant n. 지원자, 후보자

n. 신청, 지원서 | 적용, 응용

Job candidates submitted their **application** forms online. 입사 지원자들은 신청서를 온라인으로 제출했다.

Electricity production is a useful **application** of nuclear power.
전력 생산은 원자력의 유용한 적용이다.

텝스 출제 포인트!

독해 application form 신청서, 지원서
file an application 원서를 제출하다, 허가를 신청하다

03 **submit**★★★

[səbmít]

파 submission n. 제출, 순종
submissive adj. 순종하는

동 hand in 제출하다

v. 제출하다 | 순종하다, 복종하다

The human resources manager **submitted** a report on employee productivity.
인사부 관리자는 직원 생산성에 관한 보고서를 제출했다.

Children are expected to **submit** to their parents' authority. 자녀들은 부모의 권위에 순종할 것으로 기대된다.

텝스 출제 포인트!

독해 submit a report 보고서를 제출하다

04 **ecstatic**★★★

[ekstǽtik]

파 ecstatically adv. 무아지경으로, 도취하여

adj. 열광하는, 황홀한

The assistant was **ecstatic** to learn about her pay raise.

그 조수는 자신의 급여가 인상된 것을 알고 열광했다.

05 **arduous**★★★

[ɑ́:rdʒuəs]

파 arduously adv. 힘들게

adj. 몹시 힘든, 고된

The training workshop is **arduous** but all employees must undergo it.

교육 워크숍은 몹시 힘들지만 모든 직원들은 견뎌내야 한다.

06 **perform**★

[pərfɔ́:rm]

파 performer n. 연주자, 연기자
performance n. 공연, 성과

v. 수행하다, 이행하다 | 공연하다

Wage earners **perform** tasks better when they are given incentives.

근로자들은 격려금을 받으면 일을 더 잘 수행한다.

The singer will **perform** at the large auditorium downtown.

그 가수는 시내의 대강당에서 공연할 것이다.

텝스 출제 포인트!

어휘 perform : conduct

'수행하다'를 뜻하는 단어들의 의미를 구별하여 답을 선택하는 문제가 출제된다.

- perform (다른 사람이 맡긴 일 · 업무 등을) 수행하다
- conduct (조사 · 검사 · 업무 등을) 수행하다

청해 perform a surgery 수술하다

07 **assiduous**★★

[əsídʒuəs]

adj. 근면한, 끈기 있는

Our **assiduous** sales team always handles the merchandise with care.

근면한 우리 영업팀은 물품을 항상 조심스럽게 다룹니다.

08 **dutiful**★★★

[djú:tifəl]

파 duty n. 의무

adj. 의무를 다하는, 충실한

Jeremy works hard at the office in addition to being a **dutiful** husband at home.

Jeremy는 집에서 의무를 다하는 남편일 뿐만 아니라 사무실에서도 열심히 일한다.

09 **qualified**★★
[kwáləfàid]
파 qualify v. 자격을 주다
qualification n. 자격, 조건

adj. 자격 있는, 적임의

Qualified applicants on the short list have been scheduled for interviews.
최종 후보자 명단에 있는 자격 있는 지원자들은 면접이 예정되었다.

10 **employ**★
[implɔ́i]
v. 사용하다, 쓰다
파 employment n. 고용
동 hire 고용하다

v. 고용하다

Around 60,000 new workers were **employed** in this area last year.
작년에 약 6만 명의 신입 사원들이 이 지역에서 고용되었다.

11 **kudos**★★
[kjú:douz]

n. 칭찬, 찬사

Mike always gets **kudos** from his coworkers for his helpful suggestions.
Mike는 항상 도움이 되는 제안으로 그의 동료들에게 칭찬을 받는다.

12 **pay off**★★★

phr. 성과를 거두다 | (빚을) 모두 갚다

The manager's hard work **paid off** with the opening of a second branch.
그 지배인의 성실한 노력은 2호점을 개설하는 성과를 거두었다.

Pay off your debt with a portion of your monthly income. 월수입의 일부로 빚을 모두 갚으십시오.

13 **preoccupied**★★★
[pri:ɑ́:kjupaid]
파 preoccupy v. 몰두하게 하다
preoccupation n. 몰두

adj. 몰두한, 여념이 없는

The administrator was **preoccupied** with a budget control problem.
그 관리자는 예산 관리 문제에 몰두했다.

텝스 출제 포인트!

독해 be preoccupied with ~에 몰두하다, ~에 골몰하다

14 **reschedule**★★★
[rì:skédʒu:l]

v. 일정을 변경하다

The board meeting has been **rescheduled** from 2 P.M. to 3 P.M.
이사회 회의는 오후 2시에서 오후 3시로 일정이 변경되었다.

★★★ = 출제율 최상 ★★ = 출제율 상 ★ = 출제율 중

15 **promote*****

[prəmóut]

파 promotion n. 승진, 장려, 판촉
promotional adj. 판촉의

v. 승진시키다 | 촉진하다, 장려하다 | (상품을) 판촉하다

An excellent knowledge of the industry can help one get **promoted**.
산업에 대한 뛰어난 지식은 승진하는 데 도움이 될 수 있다.

The government policy will **promote** the creation of new businesses.
정부의 정책은 새로운 사업의 창출을 촉진할 것이다.

A celebrity will **promote** the product on television.
한 유명 인사가 텔레비전에서 그 제품을 판촉할 것이다.

텝스 출제 포인트!

청해 promote 장려하다 → motivate 동기를 부여하다
promote가 유사한 의미의 다른 표현으로 바뀌어 출제된다.

독해 get promoted to ~으로 승진하다
get a promotion 승진하다

16 **agenda*****

[ədʒéndə]

n. 의제, 안건

The first item on the **agenda** is the new marketing plan. 의제의 첫 번째 항목은 새 마케팅 기획안이다.

텝스 출제 포인트!

청해 item on the agenda 의제의 항목
agenda for a meeting 회의 안건

17 **feckless*****

[féklis]

adj. 무기력한

파 fecklessly adv. 무책임하게

adj. 무책임한, 나태한

Companies want to avoid hiring **feckless** workers.
회사는 무책임한 직원들을 고용하는 것을 피하고 싶어 한다.

18 **onerous*****

[ánərəs]

파 onerously adv. 성가시게, 번거롭게

adj. 부담스러운, 성가신

Dealing with customer complaints can be an **onerous** task.
고객 불만을 처리하는 것은 부담스러운 일일 수 있다.

텝스 출제 포인트!

독해 onerous task 부담스러운 일

19 **wage**★★★
[weidʒ]

n. 임금, 급료

The new minimum **wage** approved by Congress will benefit entry-level workers.
의회에 의해 승인된 새 최저 임금은 신입 사원들에게 이익이 될 것이다.

v. (전쟁·투쟁 등을) 하다, 벌이다

The military has vowed to **wage** war against the rebels.
군대는 반란군에 대항해서 전쟁을 할 것을 맹세했다.

텝스 출제 포인트!

독해 minimum wage 최저 임금
wage earner 임금 노동자, 근로자

20 **discharge**★★★
[distʃɑ́:rdʒ]
v. 퇴원시키다
n. 방출, 배출

v. 해고하다, 면직시키다 | 방출하다

The employee was **discharged** for leaking confidential information to the media.
그 직원은 언론에 기밀을 누설해서 해고되었다.

The car battery was **discharging** some strange fluid.
그 자동차 배터리는 이상한 유체를 방출하고 있었다.

텝스 출제 포인트!

독해 discharge A from a hospital A를 병원에서 퇴원시키다

21 **ingratiate**★★★
[ingréiʃièit]

v. 비위를 맞추다, 환심을 사다

Jenny **ingratiates** herself with the clients by smiling and telling jokes.
Jenny는 웃고 농담을 하면서 고객들의 비위를 맞춘다.

텝스 출제 포인트!

독해 ingratiate oneself with ~의 비위를 맞추다

22 **leave out**★★★

phr. ~을 빠뜨리다, 제외하다

Mr. Miller found out that he had **left out** an important document after sending the parcel.
Mr. Miller는 소포를 보낸 후에 중요한 문서를 빠뜨렸다는 것을 알게 되었다.

★★★ = 출제율 최상 ★★ = 출제율 상 ★ = 출제율 중

23 **upbraid**★★★

[ʌpbréid]

동 berate 질책하다
chastise 꾸짖다, 벌하다
chide, lambast 꾸짖다

v. 꾸짖다, 나무라다

The supervisor **upbraided** her assistant for arriving to the office late.

그 감독관은 그녀의 조수가 사무실에 늦게 도착한 것에 대해 꾸짖었다.

24 **commensurate**★★★

[kəménsərət]

adj. 액수가 알맞은, 적당한

adj. (액수 등이) 상응하는

According to the job description, salary is **commensurate** with education and experience.

직무 기술서에 따르면, 급여는 교육과 경력에 상응한다.

25 **handle**★★★

[hǽndl]

n. 손잡이, 핸들

v. 처리하다, 다루다

The highly trained staff **handled** the network problem with ease.

고도로 훈련된 직원들은 네트워크 문제를 쉽게 처리했다.

텝스 출제 포인트!

청해 handle a problem 문제를 처리하다

26 **colleague**★★

[káli:g]

동 coworker 동료

n. (직업상의) 동료

Developing good relations with **colleagues** is essential for teamwork.

동료들과 좋은 관계를 유지하는 것은 팀워크를 위해 필수적이다.

27 **relegate**★★

[réləgèit]

파 relegation n. 좌천, 격하

v. 좌천시키다

Because of the branch's poor performance, the director was **relegated** to the position of manager.

그 지점의 낮은 실적 때문에, 그 이사는 부장직으로 좌천되었다.

28 **pursue**★★

[pərsú:]

v. 추구하다, 쫓다

파 pursuit n. 직업, 추구

v. (일·연구 등에) 종사하다

Graduates with degrees in journalism often **pursue** careers in media.

신문학 학위가 있는 졸업생들은 종종 언론직에 종사한다.

텝스 출제 포인트!

어휘 pursue a career 직업에 종사하다
career와 어울려 쓰이는 pursue를 선택하는 문제가 출제된다.

29 **grievance**★★
[gríːvəns]
동 complaint 불만, 고충

n. (부당한 행위에 대한) 불만, 노여움

George's **grievance** was the preference given to employees on the marketing team.
George의 불만은 마케팅팀의 직원들에게 주어진 특혜였다.

30 **get around to**★★

phr. ~까지도 하다

Due to too much work, Jillian didn't **get around to** preparing for her presentation.
너무 많은 업무로 인해, Jillian은 발표 준비까지는 하지도 못했다.

31 **manage**★★
[mǽnidʒ]
파 management n. 경영, 관리, 감독
manager n. 경영자, 지배인
managerial adj. 경영의
manageable adj. 관리할 수 있는

v. 관리하다, 경영하다 | 간신히 해내다

Are you **managing** the consumer research team?
당신은 소비자 조사팀을 관리하고 있나요?

The pilot **managed** to land the plane during the storm.
그 조종사는 폭풍우 동안에 비행기 착륙을 간신히 해냈다.

 텝스 출제 포인트!

[어휘] manage : handle
manage와 의미가 비슷한 handle의 쓰임을 구별하여 답을 선택하는 문제가 출제된다.
┌ manage 이럭저럭 해내다 (간신히 하는 것을 의미한다)
└ handle 처리하다 (문제를 다루는 것을 의미한다)

[청해] manage to V 이럭저럭 ~해내다
management system 경영 관리 시스템

32 **loose cannon**★★

phr. 돌발행동을 하는 사람

Kevin was disqualified for the managerial position due to being a **loose cannon**.
Kevin은 돌발행동을 하는 사람이기 때문에 관리직 자격을 박탈당했다.

33 **under the wire**★★

phr. (마감 시간 등에) 간신히, 빠듯하게

I handed in my report just **under the wire**.
나는 간신히 보고서를 제출했다.

34 **antagonize**★★

[æntǽgənàiz]

파 antagonization n. 대립

v. 반감을 사다

In order not to **antagonize** her employer, Rita doesn't argue with anything he says.

고용주의 반감을 사지 않기 위해, Rita는 그가 말하는 어떤 것에도 반박하지 않는다.

35 **goad**★★

[goud]

v. 못살게 굴다, 들들 볶다

n. 자극, 격려

v. 자극하다, 격려하다

The successes of his colleagues **goaded** Patrick into becoming more competitive.

동료들의 성공은 Patrick이 더 경쟁심을 갖도록 자극했다.

36 **impugn**★★

[impjú:n]

v. 이의를 제기하다

To have a better chance of promotion, Marie **impugned** the competence of her rival.

승진의 가능성을 더 높이기 위해, Marie는 그녀의 경쟁자의 능력에 대해 이의를 제기했다.

텝스 출제 포인트!

청해 impugn : impute

impugn과 형태가 비슷한 impute의 의미를 구별하여 함께 외워 두자.

- impugn 이의를 제기하다
- impute (죄 등을) 전가하다, ~의 탓으로 하다

37 **dismiss**★★

[dismís]

v. 무시하다, 묵살하다

파 dismissal n. 해고, 묵살

v. 해고하다 | (생각 등을) 버리다

Management **dismissed** an assistant for falsifying documents.

경영진은 문서를 위조했다는 이유로 한 조수를 해고했다.

The team **dismissed** their initial plan to make a video presentation.

그 팀은 비디오 발표를 하겠다는 최초의 계획을 버렸다.

텝스 출제 포인트!

어휘 dismiss : discard

'버리다'를 뜻하는 단어들의 의미를 구별하여 답을 선택하는 문제가 출제된다.

- dismiss (생각 등을) 버리다
- discard (불필요한 것, 습관 · 신념 등을) 버리다

38 **appoint**★★
[əpɔ́int]
파 appointment n. 임명, 약속

v. 임명하다

The board **appointed** the vice president to the CEO position.
이사회는 부사장을 최고 경영자 지위에 임명했다.

텝스 출제 포인트!

독해 appoint A as B A를 B로 임명하다
appoint A to B A를 B에 임명하다

39 **retire**★★
[ritáiər]
파 retirement n. 은퇴, 퇴직
retiree n. 퇴직자
retired adj. 은퇴한, 퇴직한

v. 은퇴하다, 퇴직하다

The accountant **retired** after working at the company for 50 years.
그 회계사는 회사에서 50년간 일한 후에 은퇴했다.

40 **meet a deadline**★

phr. 마감 기한을 맞추다

The addition of personnel helped our team **meet a deadline**.
인력의 추가는 우리 팀이 마감 기한을 맞추는 데 도움을 주었다.

41 **adjourn**★
[ədʒə́ːrn]

v. (회의 등을) 잠시 중단하다, 연기하다

We **adjourned** the meeting for lunch.
우리는 점심을 먹기 위해 회의를 잠시 중단했다.

텝스 출제 포인트!

어휘 adjourn a meeting 회의를 잠시 중단하다, 회의를 연기하다

42 **occupation**★
[ɑ̀kjupéiʃən]
파 occupy v. 점령하다, 차지하다
occupational adj. 직업의

n. 직업, 업무 | 점령

Computer programming is a challenging **occupation** that requires a lot of training.
컴퓨터 프로그래밍은 많은 훈련을 요구하는 힘든 직업이다.

The Japanese **occupation** of the Philippines lasted three years.
일본의 필리핀 점령은 3년 동안 지속되었다.

43 **go at**★

phr. ~에게 달려들다, 덤비다

phr. ~을 열심히 하다

When Tim starts a new project, he always **goes at** it with complete commitment.

Tim은 새로운 프로젝트를 시작하면, 전적인 헌신을 다해 그것을 열심히 한다.

44 **organize**★

[ɔ́:rgənàiz]

v. 정리하다, 체계화하다

파 organizer n. 조직자, 주최자
organization n. 조직, 단체
organized adj. 정리된

v. 조직하다, 편성하다

The workers **organized** a union to protect their rights.

노동자들은 그들의 권리를 보호하기 위해 노동조합을 조직했다.

텝스 출제 포인트!

청해 organize 정리하다 → arrange 정돈하다
organize가 유사한 의미의 다른 표현으로 바뀌어 출제된다.

45 **insist**★

[insíst]

파 insistence n. 고집, 주장
insistent adj. 강요하는, 끈질긴

v. (강하게) 요구하다 | 주장하다

Coming to work on time is something most companies **insist** on.

제시간에 출근하는 것은 대부분의 회사들이 요구하는 것이다.

The attorney **insisted** on his client's innocence.

그 변호사는 의뢰인의 무죄를 주장했다.

텝스 출제 포인트!

문법 insist that + 주어 + (should) 동사원형
'주장'을 나타내는 동사 insist 뒤에 오는 that절에 '(should) 동사원형'을 쓰는 문제가 출제된다.

청해 insist on ~을 요구하다, ~을 주장하다

46 **be tied up**★

phr. 바쁘다

I will **be tied up** with work throughout the weekend.

나는 주말 내내 업무로 바쁠 것이다.

텝스 출제 포인트!

어휘 be tied up with ~으로 바쁘다

DAY 09 Daily Checkup

단어에 해당하는 뜻을 오른쪽에서 찾아 연결하세요.

01	organize	ⓐ 조직하다
02	insist	ⓑ 의제
03	kudos	ⓒ 처리하다
04	agenda	ⓓ 제출하다
05	handle	ⓔ 칭찬
		ⓕ 요구하다

문맥에 맞는 단어를 보기에서 골라 빈칸에 넣으세요.

ⓐ discharge ⓑ qualified ⓒ occupation ⓓ benefits ⓔ managed ⓕ reschedule

06 The guests ______ to arrive on time despite the heavy traffic.

07 The management decided to ______ the employee for misconduct.

08 The supervisor wants to ______ the presentation for a more convenient time.

09 ______ applicants will be contacted via e-mail.

10 Our body ______ from vitamins as long as their quantity does not exceed the prescribed limit.

ⓐ wage ⓑ adjourned ⓒ appointed ⓓ submitted ⓔ feckless ⓕ impugned

11 The contestant ______ his entry an hour before the deadline.

12 Many people ______ the honesty of the politician.

13 The president ______ his former colleague as trade commissioner.

14 The employee was reprimanded for the ______ way he dealt with a customer.

15 The manager finally ______ the long meeting at five o'clock.

Answer 01 ⓐ 02 ⓕ 03 ⓔ 04 ⓑ 05 ⓒ 06 ⓔ 07 ⓐ 08 ⓕ 09 ⓑ 10 ⓓ 11 ⓓ 12 ⓕ 13 ⓒ 14 ⓔ 15 ⓑ

텝스 완성단어

350점 단어

□	as soon as possible	phr. 가능한 한 빨리 (= ASAP)
□	be willing to V	phr. 기꺼이 ~하다
□	bossy [bási]	adj. 우두머리 행세를 하는, 으스대는
□	business card	phr. 명함
□	business trip	phr. 출장
□	call a meeting	phr. 회의를 소집하다
□	conference [kánfərəns]	n. 회의, 회담
□	coworker [kóuwə̀:rkər]	n. 동료
□	efficient [ifíʃənt]	adj. 효율적인 | 유능한, 실력 있는
□	encourage [inkə́:ridʒ]	v. 격려하다 | 장려하다
□	encouragement [inkə́:ridʒmənt]	n. 격려, 장려
□	fire [faiər]	v. 해고하다
□	goal setting	phr. 목표 설정
□	hold a meeting	phr. 회의를 주최하다
□	human resources	phr. 인사부 | 노동력
□	job interview	phr. 면접
□	night shift	phr. 야간 근무
□	office hours	phr. 근무 시간, 영업시간
□	overwork [òuvərwə́:rk]	v. 과로하다 n. 과로
□	payday [péidèi]	n. 급여일
□	recruit [rikrú:t]	v. (신입 사원 · 회원 등을) 모집하다 n. (단체 등의) 신입 회원
□	recruitment [rikrú:tmənt]	n. 신규 모집
□	require [rikwáiər]	v. 필요로 하다
□	requirement [rikwáiərmənt]	n. 필요조건, 요건 | 필요, 요구
□	résumé [rézumèi]	n. 이력서
□	steady [stédi]	adj. 확고한 | 한결같은, 불변의
□	working conditions	phr. 근로 조건, 업무 환경

450점 단어

- □ assent [əsént] — v. 동의하다, 찬성하다 n. 동의, 찬성
- □ bawling [bɔ́:liŋ] — adj. (화를 내며) 고함치는
- □ be adept at — phr. ~에 능숙하다
- □ bellow [bélou] — v. 고함치다 | 큰 소리로 울부짖다
- □ blunder [blʌ́ndər] — n. 큰 실수
- □ burn out — phr. 녹초가 되다 | 다 태우다
- □ call it a night — phr. (그날 밤의) 일을 끝내다
- □ call off — phr. 취소하다
- □ certification [sə̀:rtəfikéiʃən] — n. 자격증, 증명서
- □ certify [sə́:rtəfài] — v. 증명하다, 보증하다
- □ come by — phr. ~에 잠깐 들르다
- □ commend [kəménd] — v. (공개적으로) 칭찬하다
- □ cover letter — phr. 자기소개서
- □ decent [dí:snt] — adj. 적당한, 알맞은 | 점잖은, 예의 바른
- □ demote [dimóut] — v. 강등시키다, 좌천시키다
- □ diligence [dílidʒəns] — n. 근면, 노력
- □ dismal [dízməl] — adj. 참담한
- □ disrupt [disrʌ́pt] — v. 방해하다
- □ entail [intéil] — v. 수반하다
- □ fill a position — phr. 충원하다
- □ get ahead — phr. 출세하다, 성공하다 | 앞으로 나아가다
- □ get fired — phr. 해고되다
- □ job applicant — phr. 구직자, 지원자
- □ job opening — phr. 일자리
- □ keynote address — phr. 기조연설
- □ lucky break — phr. 좋은 기회
- □ morale [məræ̃l] — n. 사기, 근로 의욕
- □ mull over — phr. ~을 숙고하다
- □ newcomer [nú:kʌmər] — n. 새로 온 사람, 신참
- □ novice [návis] — n. 초보자, 초심자

□	off-duty [ɔ̀:fdjú:ti]	adj. 비번의, 쉬는
□	overload [òuvərlóud]	v. 너무 많이 주다 | 과적하다
□	paycheck [péitʃèk]	n. 봉급, 급료
□	predecessor [prédəsèsər]	n. 전임자, 선배
□	presume [prizú:m]	v. 가정하다, 추정하다
□	profession [prəféʃən]	n. 직업, 전문직
□	put A on a back burner	phr. A를 당분간 보류하다
□	put up with	phr. 참다, 견디다
□	reinforce [rì:infɔ́:rs]	v. 강화하다, 증대시키다
□	relocation [rì:loukéiʃən]	n. 이전 | 전근
□	runaround [rʌ́nəràund]	n. 발뺌, 회피
□	screwup [skrú:ʌ̀p]	n. 실수, 실패
□	seasoned [sí:znd]	adj. 노련한, 경험이 많은 | 양념한
□	shorthanded [ʃɔ̀:rthǽndid]	adj. 일손이 모자라는
□	sick day	phr. 병가
□	stack of files	phr. 파일 더미
□	stationery [stéiʃənèri]	n. 문구류, 사무용품
□	subordinate [səbɔ́:rdənət]	n. 부하, 하급자
□	supervise [sú:pərvàiz]	v. 감독하다, 관리하다
□	supervisor [sú:pərvàizər]	n. 관리자, 상사
□	swamped [swɑmpt]	adj. 눈코 뜰 새 없이 바쁜
□	tackle [tǽkl]	v. (문제에) 부딪치다 | 논쟁하다
□	telecommuting [téləkəmjù:tiŋ]	n. 재택 컴퓨터 근무
□	turnout [tə́:rnaut]	n. 참가자의 수 | 투표율
□	turnover [tə́:rnouvər]	n. 이직률 | (기업의) 매출액
□	underpaid [ʌ̀ndərpéid]	adj. 박봉의
□	unemployment rate	phr. 실업률
□	union [jú:njən]	n. 노동조합 adj. (미국) 연합군의, 북군의
□	vocation [voukéiʃən]	n. 직업 | 천직, 소명
□	willingly [wíliŋli]	adv. 기꺼이
□	work load	phr. 업무량, 작업량

500점 단어

- ☐ acclimate [ǽkləmèit] — v. (새로운 환경에) 순응시키다
- ☐ accredited [əkréditid] — adj. 공인된
- ☐ across the board — phr. 전면적으로, 전반적으로
- ☐ adulation [æ̀dʒuléiʃən] — n. 아부, 아첨
- ☐ affiliated company — phr. 계열 회사, 자회사
- ☐ appellation [æ̀pəléiʃən] — n. 명칭, 호칭
- ☐ aspersion [əspə́:rʃən] — n. 비방, 비난
- ☐ break one's back — phr. 등골이 빠지게 일하다
- ☐ convene [kənví:n] — v. 소집하다
- ☐ default [difɔ́:lt] — n. 태만, 불이행 | 초기 설정
- ☐ disingenuous [dìsindʒénjuəs] — adj. 부정직한, 불성실한
- ☐ divisive [diváisiv] — adj. 논쟁을 일으키는, 분열을 일으키는
- ☐ exalt [igzɔ́:lt] — v. 승진시키다 | 칭찬하다
- ☐ get by — phr. 그럭저럭 해나가다 | 지나가다
- ☐ lay off — phr. ~를 해고하다 n. 해고
- ☐ malfeasance [mælfí:zns] — n. (공무원의) 위법 행위
- ☐ obdurate [ά:bdjurit] — adj. 고집 센
- ☐ oversee [òuvərsí:] — v. 감독하다, 관리하다
- ☐ perk [pə:rk] — n. 임직원 혜택 | (급여 이외의) 특전
- ☐ personnel [pə̀:rsənél] — n. 전 직원 adj. 직원의, 인사의
- ☐ pertinent [pə́:rtənənt] — adj. 관계 있는 | 적절한
- ☐ preside [prizáid] — v. 사회를 보다 | 지배하다
- ☐ rectify [réktəfài] — v. 고치다, 바로잡다
- ☐ renounce [rináuns] — v. 포기하다, 단념하다
- ☐ savvy [sǽvi] — adj. 경험 있고 박식한 v. 알다, 이해하다
- ☐ sedentary [sédntèri] — adj. 앉아 있는
- ☐ sidetrack [sáidtræ̀k] — v. (주제에서) 벗어나다
- ☐ stipend [stáipend] — n. 봉급, 수당
- ☐ subsume [səbsú:m] — v. 포함하다, 포괄하다
- ☐ walk on air — phr. 무아지경에 이르다

DAY 10

Hackers TEPS Vocabulary

▲ 무료 MP3 바로 듣기

부상도 그녀를 막을 순 없다!

사고·재난

자전거 타기를 처음 배운 유나가 unfortunately 전봇대에 smash하면서 언덕에서 tumble하고 말았다. 평소 안전개념이 철저한 유나는 protection을 위해 헬멧을 잘 쓰고 다니던 터라 그나마 큰 부상은 피할 수 있었지만 자전거는 destroy되고 말았다. 그래도 한창 자전거에 재미를 붙인 유나는 어떠한 사고도 자신의 운동 의지를 stymie할 수 없다며 의사 선생님께 언제 rehabilitate되어 다시 자전거를 탈 수 있느냐고 물었다. 의사 선생님은 당황하며 다친 팔을 gaze하실 뿐이었다.

01 **unfortunately**★

[ʌnfɔ́ːrtʃənətli]

파 unfortunate adj. 불행한

반 fortunately 다행히도

adv. 불행하게도, 유감스럽게도

Unfortunately, few are believed to have survived the ferry boat disaster.

불행하게도, 그 페리호 참사에서 살아남은 사람은 거의 없는 것으로 여겨진다.

02 **smash**★

[smæʃ]

v. 박살내다, 격파하다

v. 충돌하다

A fast-moving car **smashed** into a mailbox as its front tire blew.

빠르게 달리던 자동차가 앞바퀴 타이어가 펑크 나면서 우체통에 충돌했다.

텝스 출제 포인트!

청해 smash into ~에 충돌하다

smash up ~을 박살내다

03 **tumble**★★★

[tʌ́mbl]

v. 굴러떨어지다

The avalanche caused large rocks to **tumble** down the side of the mountain.

눈사태는 거대한 바위들이 산등성이로 굴러떨어지게 만들었다.

04 **protection**★

[prətékʃən]

파 protect v. 보호하다

protective adj. 보호하는

n. 보호

Trees provide **protection** against landslides by absorbing excess water.

나무는 여분의 물을 흡수하여 산사태로부터 보호를 해준다.

텝스 출제 포인트!

청해 for one's own protection 스스로를 보호하기 위해

environmental protection 환경 보호

UV protection 자외선 차단

protect A from B A를 B로부터 보호하다

protect one's privacy 사생활을 보호하다

05 **destroy**★

[distrɔ́i]

파 destruction n. 파괴

destructive adj. 파괴적인

v. 파괴하다

The tornado that swept through town **destroyed** many houses.

마을을 휩쓴 토네이도는 많은 주택들을 파괴했다.

06 **stymie**★★★
[stáimi]

v. 좌절시키다, 방해하다

Heavy rains **stymied** efforts to rescue the tsunami victims.
폭우는 쓰나미 희생자들을 구조하려는 노력을 좌절시켰다.

07 **rehabilitate**★
[rì:həbílətèit]
파 rehabilitation n. 회복, 복위

v. 회복시키다

It took a year after the highway collision for Tom to **rehabilitate** his arms.
고속도로 추돌 사고 이후 Tom이 팔을 회복시키는 데 일 년이 걸렸다.

08 **gaze**★
[geiz]

v. 바라보다, 응시하다

Firefighters could only **gaze** at what remained of the scorched forest.
소방관들은 그저 불탄 숲의 잔해를 바라볼 수밖에 없었다.

텝스 출제 포인트!

어휘 gaze : gape : glance
'보다'를 뜻하는 단어들의 의미를 구별하여 답을 선택하는 문제가 출제된다.
- gaze (가만히) 바라보다, 응시하다
- gape (놀람 · 감탄으로) 입을 벌리고 보다
- glance 흘끗 보다

09 **avert**★★★
[əvə́:rt]

v. 방지하다, 피하다 | 눈을 돌리다, 외면하다

The cleaner **averted** a gas explosion by shutting down the power.
그 청소부는 전원을 차단함으로써 가스 폭발을 방지했다.

When showing upsetting footage, broadcasters warn sensitive viewers to **avert** their eyes.
불편한 장면을 보여줄 때, 방송 진행자들은 예민한 시청자들에게 눈을 돌리라고 경고한다.

10 **caution**★★★
[kɔ́:ʃən]
n. 조심, 경계, 경고
파 cautionary adj. 경고성의
cautious adj. 조심스러운
cautiously adv. 조심스럽게

v. ~에게 경고하다, 주의를 주다

The mayor **cautioned** residents to leave quickly as the nearby volcano was due to erupt.
시장은 주민들에게 인근의 화산이 분출될 예정이므로 빨리 떠나라고 경고했다.

텝스 출제 포인트!

어휘 caution against ~에 대해서 경고하다

11 **stave off** ★★★

phr. (안 좋은 일을) 면하다, 피하다

The hikers managed to **stave off** hunger by eating wild berries on the trail.
등산객들은 산길에서 산딸기를 먹으며 굶주림을 간신히 면했다.

12 **alleviate** ★★★

[əlíːvièit]

파 alleviation n. 완화, 경감

v. (고통 등을) 완화하다, 경감하다

Aspirin may **alleviate** the symptoms of inflammation.
아스피린이 염증의 증상을 완화할 수 있다.

텝스 출제 포인트!

독해 alleviate 완화하다 → minimize 최소화하다
alleviate가 유사한 의미의 다른 표현으로 바뀌어 출제된다.

독해 alleviate pain 고통을 완화하다

13 **vulnerable** ★★★

[vʌ́lnərəbl]

adj. 상처받기 쉬운

파 vulnerability n. 취약성

adj. 취약한, 연약한

Villages along the riverbank are **vulnerable** to flash floods.
강둑을 따라 있는 마을들은 갑작스런 홍수에 취약하다.

텝스 출제 포인트!

독해 vulnerable to ~에 대해 취약한

14 **hazard** ★★★

[hǽzərd]

파 hazardous adj. 위험한

n. 위험, 위험 요소

The improper storage of petroleum products creates a safety **hazard**.
석유 제품의 잘못된 보관은 안전 위험을 야기한다.

텝스 출제 포인트!

독해 fire hazard 화재 위험, 화재의 원인이 되는 것
be hazardous to ~에 위험하다

15 **tide ~ over** ★★★

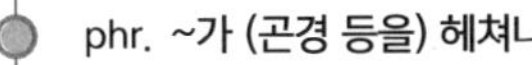

phr. ~가 (곤경 등을) 헤쳐나가도록 하다

The IMF gave the nation a loan to help **tide** it **over** after the typhoon.
국제 통화 기금은 그 국가가 태풍 이후에 헤쳐나가도록 돕기 위해 차관을 주었다.

16 **conflagration*****

[kɑ̀nfləgréiʃən]

n. 대화재, 큰불

Experts are still investigating possible causes for the **conflagration**.

전문가들은 대화재의 가능한 원인들을 아직도 조사하고 있다.

텝스 출제 포인트!

어휘 conflagration : conflation

conflagration과 형태가 비슷한 conflation의 의미를 구별하여 함께 외워두자.

- conflagration 대화재, 큰불
- conflation 융합, 합성

17 **precipitate*****

[prisípitèit]

v. (나쁜 일을) 촉진하다, 재촉하다

The famine was **precipitated** by a particularly harsh drought. 특히 극심한 가뭄으로 기근이 촉진되었다.

18 **mar****

[mɑːr]

동 impair 손상시키다

v. 망치다, 손상시키다

Lisa's road trip was **marred** by a car accident.

Lisa는 자동차 사고로 인해 도로 여행을 망쳤다.

텝스 출제 포인트!

청해 be marred by ~으로 인해 망치다

독해 mar 손상시키다 → ruin 망치다

mar이 유사한 의미의 다른 표현으로 바뀌어 출제된다.

19 **claim****

[kleim]

v. 청구하다

n. 주장, 단언

v. (목숨을) 빼앗다 | (사실이라고) 주장하다

The rail crash **claimed** the lives of nearly 100 people.

그 철도 사고는 거의 100명의 목숨을 빼앗았다.

The convicted man **claimed** to be innocent of the crime.

유죄 판결을 받은 남자는 그 범죄에 대한 무죄를 주장했다.

n. (배상 등의) 청구, 신청

Citizens whose homes were destroyed filed **claims** with their insurance companies.

집이 파괴된 시민들은 보험 회사에 배상을 청구했다.

텝스 출제 포인트!

청해 insurance claim 보험금 청구
make a claim 주장하다, (손해 배상을) 청구하다
claim one's luggage 수하물을 찾다

20 **aghast**★★
[əgǽst]

adj. 깜짝 놀란, 혼비백산하여

Residents were **aghast** to hear that there was an explosion at the power plant.
주민들은 발전소에서 폭발이 있었다는 것을 듣고 깜짝 놀랐다.

21 **hobble**★★
[hάbl]

v. 절뚝거리며 걷다

The woman **hobbled** around on crutches for months after she broke her leg.
그 여자는 다리가 부러진 후 몇 달 동안 목발을 짚고 절뚝거리며 걸었다.

22 **leery**★★
[líəri]

adj. 조심스러운, 경계하는

Eric was **leery** of crossing the wooden bridge, which looked old and decayed.
Eric은 오래되고 썩은 것처럼 보이는 나무다리를 건너는 것을 조심스러워 했다.

텝스 출제 포인트!

어휘 leery of ~을 경계하는

23 **pounce**★★
[pauns]
v. 맹렬히 비난하다

v. 갑자기 달려들다

The cat **pounced** on the bird in the tree but missed and fell off the branch.
그 고양이는 나무에 있는 새에게 갑자기 달려들었지만 놓쳐서 나뭇가지에서 떨어졌다.

24 **scald**★★
[skɔːld]
v. 끓는 물에 소독하다
n. 화상

v. (뜨거운 물·증기에) 데게 하다

It is possible to **scald** yourself badly with very hot steam. 매우 뜨거운 증기에 심하게 델 수 있다.

텝스 출제 포인트!

독해 scald oneself with ~에 데다

25 **identify****

[aidéntəfài]

파 identification n. 신원 확인

v. (~의 신원을) 확인하다, 식별하다 | 자신을 동일시하다

The victims may be **identified** through their fingerprints.

희생자들은 그들의 지문을 통해서 신원이 확인될 수 있다.

Young women **identify** with the main character in the popular romance movie.

젊은 여성들은 인기 로맨스 영화의 주인공과 자신을 동일시한다.

텝스 출제 포인트!

독해 identify with ~와 자신을 동일시하다

26 **cower****

[káuər]

동 crouch 움츠리다

v. (겁을 먹고) 웅크리다, 위축되다

People **cowered** under the table when the earthquake started.

사람들은 지진이 시작되었을 때 식탁 밑에 웅크렸다.

27 **coordinate****

[kouɔ́ːrdənèit]

파 coordination n. 협동, 조정
coordinator n. 조정자

v. 협력하다, 조화를 이루다

Aid agencies may **coordinate** with local authorities to distribute relief goods.

자원봉사 기관들은 구호품을 배부하기 위해 지역 당국과 협력할 것이다.

텝스 출제 포인트!

독해 coordinate with ~와 협력하다

28 **confine****

[kənfáin]

n. 한계

파 confinement n. 감금
confined adj. 갇힌, 좁은

v. 가두다 | 제한하다

Survivors were **confined** within the building for two days.

생존자들은 이틀 동안 건물 안에 갇혀 있었다.

Judy's doctor **confined** her diet to vegetables and fruit.

Judy의 주치의는 그녀의 식단을 채소와 과일로 제한했다.

텝스 출제 포인트!

독해 be confined to ~에 갇혀 있다
confine oneself to ~에 틀어박히다

29 **omit**★★

[oumít]

파 omission n. 누락, 생략

v. 빠뜨리다, 생략하다

Individuals admitted to hospitals were **omitted** from the list of missing people.

병원에 입원된 사람들은 실종자 명단에서 빠졌다.

30 **wade**★★

[weid]

v. 간신히 빠져나가다 | (개울·강 등을) 걸어서 건너다

Rescuers **waded** through the debris of the collapsed building.

구조 대원들은 무너진 건물의 잔해를 간신히 빠져나갔다.

The hikers **waded** across the river to get to the other side.

도보 여행자들은 반대편으로 가기 위해 강을 걸어서 건넜다.

텝스 출제 포인트!

어휘 wade through ~을 간신히 빠져나가다

31 **emerge**★★

[imə́:rdʒ]

v. (사실 등이) 드러나다, 부상하다

파 emergence n. 출현, 발생

emerging adj. 최근 생겨난

v. (어두운 곳 등에서) 나오다, 나타나다

Some injured passengers **emerged** from the burning bus.

부상당한 일부 승객들은 불타고 있는 버스에서 나왔다.

텝스 출제 포인트!

독해 emerge from ~에서 나오다, ~에서 빠져나오다

32 **revive**★★

[riváiv]

파 revival n. 소생, 회복

v. 소생시키다, 회복시키다

Doctors successfully **revived** the unconscious man.

의사들은 의식을 잃은 그 남자를 성공적으로 소생시켰다.

33 **abandon**★

[əbǽndən]

v. (계획 등을) 포기하다

파 abandonment n. 포기, 유기

v. (집·사람 등을) 버리다

A collision with another vessel forced the crew to **abandon** ship. 다른 선박과의 충돌은 선원들이 배를 버리게 만들었다.

텝스 출제 포인트!

독해 abandon 버리다 → evacuate 떠나다

abandon이 유사한 의미의 다른 표현으로 바뀌어 출제된다.

★★★ = 출제율 최상 ★★ = 출제율 상 ★ = 출제율 중

34 **neglect***

[niglékt]

v. (무관심으로) 깜빡 잊다

파 negligence n. 과실, 태만
negligent adj. 부주의한

v. 무시하다 | 소홀히 하다, 방치하다

Many of those injured during the storm **neglected** a warning to leave the area.

폭풍우로 다친 사람들 중 다수는 그 지역을 떠나라는 경고를 무시했다.

The man was fined because he **neglected** to pay his taxes on time.

그 남자는 세금을 제때 내는 것을 소홀히 하여 벌금을 물었다.

텝스 출제 포인트!

어휘 neglect one's duties 직무를 소홀히 하다

35 **fatal***

[féitl]

파 fatality n. 사망자(수), 재난

동 deadly, lethal 치명적인

adj. 치명적인, 죽음을 초래하는

The driver was killed in a **fatal** car accident.

그 운전자는 치명적인 교통사고로 사망했다.

36 **miraculously***

[mirǽkjuləsli]

파 miracle n. 기적
miraculous adj. 기적적인

adv. 기적적으로

The boy **miraculously** survived an accidental fall from a tree.

그 소년은 나무에서 떨어지는 사고에서 기적적으로 생존했다.

37 **pull through***

phr. (병 · 어려움 등을) 극복하게 하다

International aid helped the country **pull through** after its unprecedented disaster.

국제적인 원조는 그 나라가 전례 없는 재난 후에 극복하도록 도왔다.

38 **insurance***

[inʃúərəns]

파 insure v. 보험에 들다

n. 보험(금)

Accident victims may use **insurance** to pay for their medical expenses.

사고 피해자들은 그들의 의료 비용을 지불하기 위해 보험금을 사용할 수 있다.

텝스 출제 포인트!

청해 health/life + insurance 의료/생명 보험
insurance policy 보험 증서

39 **trigger**★
[trígər]

v. (사건 등을) 일으키다, 유발하다

Smoke from burned rice **triggered** the fire alarm, which woke everyone up.
탄 밥에서 난 연기가 화재 경보를 일으켰고, 모든 사람들을 깨웠다.

텝스 출제 포인트!

[청해] trigger 유발하다 → elicit 이끌어 내다
trigger가 유사한 의미의 다른 표현으로 바뀌어 출제된다.

40 **defense**★
[diféns]
n. 변호, 옹호
[파] defend v. 방어하다, 옹호하다
defensive adj. 방어적인

n. 방어(물)

Sea walls serve as a **defense** against strong waves.
방파제는 강한 파도에 대한 방어물 역할을 한다.

텝스 출제 포인트!

[청해] defense mechanism 방어 기제

41 **evacuate**★
[ivǽkjuèit]
[파] evacuation n. 대피, 피난

v. 대피시키다, 피난시키다

Residents were **evacuated** from their homes during the hurricane.
주민들은 허리케인 동안 그들의 집에서 대피했다.

42 **plague**★
[pleig]

n. 전염병

An outbreak of the **plague** killed numerous people in Europe.
전염병의 발발은 유럽에서 수많은 사람들을 죽게 했다.

v. 괴롭히다

The woman has been **plagued** by financial problems since losing her job.
그 여자는 일자리를 잃은 후로 재정 문제로 괴로움을 겪어 왔다.

텝스 출제 포인트!

[독해] be plagued by ~으로 괴로움을 겪다

43 **barely***

[bέərli]

adv. 겨우, 간신히 | 거의 ~않다

One man **barely** survived the terror attack that killed eighteen others.
18명이 사망한 테러 공격에서 남자 한 명만이 겨우 살아남았다.

The car in front was **barely** visible because of the thick fog. 짙은 안개 때문에 앞에 가는 차가 거의 보이지 않았다.

44 **devastating***

[dévəstèitiŋ]

파 devastate v. 파괴하다
devastation n. 파괴, 황폐

adj. (완전히) 파괴적인, 황폐화시키는

Several structures fell apart during the **devastating** earthquake.
파괴적인 지진 동안 건물 몇 채가 무너졌다.

45 **excessive***

[iksésiv]

adj. 지나친

파 exceed v. 초과하다
excess n. 초과

adj. 과도한

Excessive snowfall blocked the mountain road for hours. 과도한 폭설이 몇 시간 동안 산길을 봉쇄했다.

텝스 출제 포인트!

독해 in excessive quantities 지나친 양으로

46 **investigate***

[invéstəgèit]

파 investigation n. 조사, 수사
investigator n. 조사자, 연구자
investigative adj. 조사의, 연구의

v. 조사하다, 수사하다

Authorities are **investigating** the cause of the plane crash.
당국은 비행기 사고의 원인을 조사하고 있다.

텝스 출제 포인트!

독해 investigate a crime 범죄를 수사하다
under investigation 조사 중의
criminal investigation 범죄 수사

DAY 10 Daily Checkup

단어에 해당하는 뜻을 오른쪽에서 찾아 연결하세요.

01 gaze
02 defense
03 investigate
04 emerge
05 miraculously

ⓐ 조사하다
ⓑ 기적적으로
ⓒ 무시하다
ⓓ 나오다
ⓔ 바라보다
ⓕ 방어

문맥에 맞는 단어를 보기에서 골라 빈칸에 넣으세요.

ⓐ vulnerable	ⓑ barely	ⓒ evacuated	ⓓ pull through	ⓔ omitted	ⓕ tumbled

06 Despite her problems, Jane was determined to ______ without anyone's help.
07 Losing his concentration, the gymnast ______ off the balance beam.
08 Computers without security software are ______ to virus attacks.
09 People living near the volcano were ______ after a warning was issued.
10 My boss was angry after I ______ an important part of the sales report.

ⓐ protection	ⓑ devastating	ⓒ trigger	ⓓ caution	ⓔ plague	ⓕ smashed

11 The motorcyclist was badly injured after he ______ into a tree.
12 Many skin lotions offer ______ against the sun's harmful rays.
13 The ______ flood caused countless residents to lose their homes.
14 In the 1600s, a deadly ______ afflicted thousands of people in London.
15 All parents should ______ their children against playing in the street.

Answer 01 ⓔ 02 ⓕ 03 ⓐ 04 ⓓ 05 ⓑ 06 ⓓ 07 ⓕ 08 ⓐ 09 ⓒ 10 ⓔ 11 ⓕ 12 ⓐ 13 ⓑ 14 ⓔ 15 ⓓ

➔ 무료 Daily Checkup 해석은 HackersIngang.com에서 제공됩니다.
무료 단어시험지 자동생성기와 무료 해커스 텝스 기출 보카 TEST는 HackersTEPS.com에서 제공됩니다.

텝스완성단어

350점 단어

□	accidentally [æksədéntəli]	adv. 우연히, 뜻하지 않게
□	affect [əfékt]	v. 영향을 미치다 | (병이) 발생하다
□	affected [əféktid]	adj. 피해를 입은 | 병에 걸린 | 영향을 받은
□	avoid [əvɔ́id]	v. 피하다
□	awful [ɔ́:fəl]	adj. 끔찍한 | 무서운
□	commotion [kəmóuʃən]	n. 소동
□	damage [dǽmidʒ]	v. ~에 피해를 입히다 n. 피해, 손해
□	desperate [déspərət]	adj. 필사적인 | 절망적인
□	desperately [déspərətli]	adv. 몹시 | 필사적으로
□	disaster [dizǽstər]	n. 재해, 재난 | 큰 실패
□	disastrous [dizǽstrəs]	adj. 비참한, 파괴적인
□	do damage	phr. 피해를 입히다, 손상시키다
□	emergency [imə́:rdʒənsi]	n. 비상사태, 위급
□	horrible [hɔ́:rəbl]	adj. 끔찍한, 형편없는 | 지독한
□	inevitable [inévətəbl]	adj. 불가피한, 피할 수 없는
□	miss [mis]	v. 놓치다 | (있어야 할 것이) 없다는 것을 눈치채다
□	missing [mísiŋ]	adj. 사라진, 행방불명의
□	panic [pǽnik]	v. 당황하다 n. 당황 | 공포
□	prepared [pripɛ́ərd]	adj. 준비가 된
□	regret [rigrét]	v. 후회하다 n. 유감, 후회
□	regrettably [rigrétəbli]	adv. 유감스럽게도
□	ruin [rú:in]	v. 망치다, 못쓰게 만들다 n. 유적, 폐허
□	scratch [skrætʃ]	n. 할퀸 상처 v. 할퀴어 상처를 내다, 긁다
□	severe [sivíər]	adj. 심한 | 엄격한
□	sink [siŋk]	v. 가라앉다
□	survive [sərváiv]	v. 살아남다 | ~보다 오래 살다
□	victim [víktim]	n. 피해자, 희생자

450점 단어

- adrift [ədríft] — adj./adv. 표류해서
- adversity [ædvə́:rsəti] — n. 역경, 불운
- atomic bomb — phr. 원자 폭탄
- beforehand [bifɔ́:rhænd] — adj./adv. 미리, 사전에
- beseech [bisí:tʃ] — v. 간청하다
- blaze [bleiz] — n. 화재 | 불길
- casualty [kǽʒuəlti] — n. 사상자, 피해자
- catastrophe [kətǽstrəfi] — n. 대참사, 큰 재앙
- come as no surprise — phr. 놀라운 일이 아니다
- endure [indjúər] — v. 견디다, 참다
- eventful [ivéntfəl] — adj. 다사다난한
- extinguish [ikstíŋgwiʃ] — v. 불을 끄다
- fall through — phr. 완료되지 못하다
- famine [fǽmin] — n. 기근 | 굶주림
- fire drill — phr. 화재 대피 훈련
- fire engine — phr. 소방차
- first aid — phr. 응급 치료
- get into hot water — phr. 곤경에 빠지다
- get out of hand — phr. 감당할 수 없게 되다
- hardship [há:rdʃip] — n. 고난, 고생
- hold up — phr. 견디다
- incident [ínsədənt] — n. 사건, 사고
- incidental [ìnsədéntl] — adj. 우연히 일어나는 | 부수적인, 부차적인
- injured [índʒərd] — adj. 부상한, 다친 n. (the ~) 부상자
- It's a shame. — phr. 유감이다.
- jeopardize [dʒépərdàiz] — v. 위험에 빠뜨리다
- lethal [lí:θəl] — adj. 치명적인
- minor injury — phr. 경상
- misery [mízəri] — n. 비참, 곤궁
- mortal [mɔ́:rtl] — adj. 죽어야 할 운명의 | 치명적인

□	mortality rate	phr. 사망률
□	natural disaster	phr. 자연재해
□	nuisance [njú:sns]	n. 귀찮은 일 | 골칫거리
□	ominous [ámənəs]	adj. 불길한
□	oversight [óuvərsait]	n. 간과, 실수 | 관리, 감독
□	peril [pérəl]	n. 위험
□	portentous [pɔ:rténtəs]	adj. 전조가 되는
□	put out	phr. 불을 끄다
□	reckless [réklis]	adj. 무모한, 부주의한
□	rescue party	phr. 구조대
□	rush [rʌʃ]	v. 서두르다, 돌진하다 n. 분출
□	safety inspection	phr. 안전 검사
□	setback [sétbæk]	n. 방해 | 좌절 | 실패
□	severity [səvérəti]	n. 격렬 | 엄격
□	shabby [ʃǽbi]	adj. 초라한 | 낡아빠진
□	shatter [ʃǽtər]	v. 산산이 부수다 | 파괴하다
□	shelter [ʃéltər]	n. 보호 시설 | 거처 v. 보호하다
□	shield [ʃi:ld]	v. 보호하다, 감싸다
□	shipwreck [ʃíprek]	n. 난파 v. 난파하다
□	slightly [sláitli]	adv. 다소, 약간
□	sloppy [slápi]	adj. 부주의한 | 조잡한, 엉성한
□	smother [smʌ́ðər]	v. 덮어서 끄다
□	starvation [stɑ:rvéiʃən]	n. 굶주림
□	stay away from	phr. ~을 피하다
□	streak [stri:k]	n. 연속 | 줄무늬
□	tsunami [tsuná:mi]	n. 해일
□	unavoidable [ʌ̀nəvɔ́idəbl]	adj. 피하기 어려운, 불가피한
□	whereabouts [wérəbauts]	n. 소재, 행방
□	wound [wu:nd]	n. 상처, 부상
□	wreck [rek]	n. 난파 | 파손된 차 v. 난파시키다 | 파괴하다
□	wreckage [rékidʒ]	n. 난파 | 잔해

500점 단어

- □ a blessing in disguise — phr. 전화위복, 뜻밖의 좋은 결과
- □ afflict [əflíkt] — v. (심신을) 괴롭히다
- □ contingency plan — phr. 긴급 사태 대책
- □ cope with — phr. ~에 대처하다
- □ cordon off — phr. 출입을 통제하다
- □ cut off — phr. ~을 끊다, ~을 중단하다
- □ dire [daiər] — adj. 무서운 | 비참한
- □ extremity [ikstréməti] — n. 궁지, 곤경
- □ extricate [ékstrəkèit] — v. 구해내다, 탈출시키다
- □ foreboding [fɔ:rbóudiŋ] — adj. 예감하는 n. 예감, 전조
- □ forestall [fɔ:rstɔ́:l] — v. 미연에 방지하다
- □ forewarn [fɔ:rwɔ́:rn] — v. 경고하다, 주의를 주다
- □ galling [gɔ́:liŋ] — adj. (상황이) 짜증 나는, 화나는
- □ haphazard [hæphǽzərd] — adj. 우연의 | 무계획의
- □ heed [hi:d] — v. 주의하다, 조심하다
- □ imperil [impérəl] — v. 위험에 빠뜨리다
- □ inadvertently [inədvə́:rtntli] — adv. 무심코
- □ inexorable [inéksərəbl] — adj. 용서없는, 냉혹한 | 굽힐 수 없는
- □ intrepid [intrépid] — adj. 용맹한, 대담한
- □ irreparably [irépərəbli] — adv. 회복할 수 없을 정도로, 돌이킬 수 없게
- □ mishap [míshæp] — n. 사고, 불상사
- □ nip in the bud — phr. 미연에 방지하다
- □ plight [plait] — n. 곤경, 역경
- □ predicament [pridíkəmənt] — n. 곤경, 궁지
- □ premonition [prì:məníʃn] — n. 예감, 불길한 징조
- □ ravage [rǽvidʒ] — n. 파괴 | 참혹한 피해
- □ repercussion [rì:pərkʌ́ʃn] — n. 영향, 파장
- □ salvage [sǽlvidʒ] — v. 구하다, 지키다
- □ sporadic [spərǽdik] — adj. 산발적인
- □ strand [strænd] — v. 오도 가도 못하게 하다, 고립시키다

실전 TEST 1

Part 1 Questions 01~10
Choose the best answer for the blank.

01 A: That pen on your desk looks familiar.
B: That's because it's yours. I ________ it from you, remember?

(a) loaned
(b) contained
(c) borrowed
(d) granted

02 A: Are you going to Michael's party this Friday?
B: I might ________ it actually. I'm really busy.

(a) interrupt
(b) skip
(c) locate
(d) attend

03 A: Are your parents still staying with you?
B: Yes, but I'm going to ________ my mother tonight at the airport. She's going back to Korea.

(a) see off
(b) pick up
(c) leave out
(d) go at

04 A: I'm still not used to living in the countryside.
B: Don't worry. You'll get ________ to the peace and quiet soon.

(a) accustomed
(b) prepared
(c) accepted
(d) figured

05 A: The road repairs on West Avenue have really stopped the traffic.
B: I know. Good thing I took a ________.

(a) detour
(b) breakthrough
(c) curb
(d) route

06 A: I guess I should take my umbrella.
B: That's for the best. We'll probably have some ________ later today.

(a) splash
(b) flow
(c) fluid
(d) drizzle

07 A: Jill has been going to the gym.
B: Yes, she's on a new ________ to get back into shape.

(a) pattern
(b) regimen
(c) launch
(d) plunge

08 A: Didn't you buy that sandwich a week ago? You should throw it away.
B: It's OK. I think it's still ________.

(a) culinary
(b) edible
(c) rancid
(d) chilly

09 A: It won't be easy fundraising for this charity.
B: It's going to be a(n) ________ task, but I think it'll be worth it.

(a) callous
(b) partial
(c) tactile
(d) arduous

10 A: How do you know whether chicken is cooked?
B: You should ________ it with something sharp.

(a) prod
(b) goad
(c) nudge
(d) rig

Part 2 Questions 11~30
Choose the best answer for the blank.

11 Nearly seven million ________ of the author's newest novel have been sold.

(a) episodes
(b) topics
(c) copies
(d) stocks

12 Waiters in fine dining restaurants do not simply take ________, but must guide diners through the meal.

(a) orders
(b) invitations
(c) recipes
(d) instructions

13 Students were expected to ________ their final report no later than five o'clock.

(a) commit
(b) submit
(c) permit
(d) omit

14 Online banking is far more ________ than visiting a bank to make transactions.

(a) obedient
(b) patient
(c) convenient
(d) persistent

15 The judge felt it was necessary to ________ to stop the prosecutor from bullying the defendant.

(a) recede
(b) concede
(c) supersede
(d) intercede

16 Although her car was almost totally destroyed, Sarah ________ largely unhurt from her collision with the bus.

(a) emerged
(b) inspired
(c) issued
(d) elevated

17 Many governments are encouraging companies in the oil industry to ________ the issue of climate change.

(a) discharge
(b) address
(c) irritate
(d) cater

18 The subject of sales revenue is not on the ________ for today's board of directors meeting, but the chairman will request it be included.

(a) agreement
(b) agenda
(c) preface
(d) procedure

19 Trash compactors ________ refuse into small, dense blocks that take up less space.

(a) refute
(b) squash
(c) devour
(d) inject

20 Stress can be ________ to your health, as it increases your chances of getting ill.

(a) aerial
(b) thermal
(c) detrimental
(d) vigorous

21 The city's mayor ________ December 3rd as Riggs Sutton Day in honor of the local author.

(a) proclaimed
(b) relegated
(c) maintained
(d) disregarded

22 Diana learned to be ________ in her college days, when she lived on a small allowance.

(a) meager
(b) prosperous
(c) lethal
(d) frugal

23 Having been ________ for over a year, the company's declaration of bankruptcy was inevitable.

(a) in the red
(b) on the loose
(c) on the ball
(d) off the cuff

24 House prices in France are expected to ________ this year, as the French economy continues to decline.

(a) compensate
(b) plummet
(c) epitomize
(d) dismiss

25 The rapid reaction of health professionals in West Africa ________ a potential cholera epidemic.

(a) averted
(b) dispersed
(c) endowed
(d) rescinded

26 The river Thames ________ through London before flowing into the North Sea.

(a) lingers
(b) barges
(c) recoups
(d) meanders

27 The removal of tariffs on trade gave Indian companies ________ access to the American market.

(a) unfettered
(b) convoluted
(c) prolific
(d) feckless

28 Except when the stream is at its highest level, it is usually shallow enough to ________ across.

(a) lapse
(b) wade
(c) defy
(d) fuse

29 The motorcycle ________ down the slope and crashed through the safety barriers.

(a) careened
(b) gorged
(c) crawled
(d) loitered

30 To contemporary eyes, Art Nouveau art and architecture can come across as unnecessarily ________.

(a) frigid
(b) florid
(c) pungent
(d) prescient

정답 및 해석 p.514

DAY 11

Hackers TEPS Vocabulary

▲ 무료 MP3 바로 듣기

'모두'에게 친절한 내 친구

사교·공동체

내 친구 준수는 모든 acquaintance들에게 언제나 courteous하다. 주위 사람들에게 grudge를 살 일을 하지 않거니와 feud를 일으키지도 않아서 누구하고나 amicable하고 compatible하게 지낸다. 당연히 ostentatious하지도 않은 준수는 peer들 사이에선 항상 인기 만점이다. 심지어 준수는 자신이 이용하는 물건에게도 hospitable한데.. 오늘은 주유소에서 차를 세우며 이렇게 말하기까지 했다. "나를 위해 늘 고생하는 차에게 오늘은 특별히 고급 오일을 넣어주어야지~"

01 **acquaintance**★★★

[əkwéintəns]

파 acquaint v. 소개하다
acquainted adj. 안면이 있는

n. 아는 사람, 지인

The man has few friends but many **acquaintances**.

그 남자는 친구는 몇 명 없지만 아는 사람은 많다.

 텝스 출제 포인트!

독해 make one's acquaintance ~와 아는 사이가 되다
be acquainted with ~와 아는 사이이다, ~을 알게 되다

02 **courteous**★

[kə́:rtiəs]

파 courtesy n. 예의
courteously adv. 정중하게

adj. 정중한, 예의 바른

The man greeted a customer with a **courteous** nod.

그 남자는 고객에게 정중한 목례로 인사했다.

03 **grudge**★★★

[grʌdʒ]

동 enmity, rancor 원한, 적의

n. 유감, 원한

My sister still holds a **grudge** against me for crashing her car.

내 여동생은 내가 그녀의 차를 망가뜨린 것에 대해 여전히 유감이 있다.

 텝스 출제 포인트!

어휘 hold/have + a grudge 원한을 품다

04 **feud**★

[fju:d]

v. 서로 다투다

n. 불화, 다툼

The neighbors were having a **feud** over their parking spaces.

이웃들은 주차 공간을 두고 불화를 겪고 있었다.

 텝스 출제 포인트!

청해 feud over ~에 대한 불화
feud with ~와의 불화

05 **amicable**★★★

[ǽmikəbl]

파 amicably adv. 평화적으로

adj. 사이좋은, 우호적인

The two pals have had an **amicable** relationship since childhood.

두 친구는 어린 시절부터 사이좋은 관계를 유지해 오고 있다.

텝스 출제 포인트!

어휘 amicable : amenable
amicable과 형태가 비슷한 amenable의 의미를 구별하여 함께 외워 두자.
- amicable 우호적인
- amenable 순종하는

06 **compatible**★
[kəmpǽtəbl]
adj. (기계가) 호환 가능한
반 incompatible 양립하지 않는, 모순된

adj. 뜻이 맞는, 화합하여 지낼 수 있는 | 양립할 수 있는

Compatible partners enjoy spending time together.
뜻이 맞는 동료들은 함께 시간을 보내는 것을 좋아한다.

Unfortunately, the proposed policy is not **compatible** with existing regulations.
유감스럽게도, 제안된 정책은 현재의 정책과 양립할 수 없다.

텝스 출제 포인트!

어휘 be compatible with ~과 양립할 수 있다, ~과 조화되다

07 **ostentatious**★★★
[ɑ̀stəntéiʃəs]

adj. 과시하는, 허세 부리는

The event was attended by wealthy people dressed in an **ostentatious** manner.
그 행사에는 과시하는 차림새를 한 부자들이 참석했다.

08 **peer**★
[piər]
v. 눈여겨보다

n. 또래, 동배

Children follow what their **peers** do to avoid being left out.
아이들은 따돌림당하지 않으려고 또래들이 하는 것을 따라 한다.

텝스 출제 포인트!

청해 peer pressure 또래 집단의 압박

독해 peer 동배 → coworker 동료
peer가 유사한 의미의 다른 표현으로 바뀌어 출제된다.

09 **hospitable**★
[hɑ́spitəbl]
파 hospitality n. 환대
반 inhospitable 불친절한

adj. 친절한, 환대하는

This town's residents have a reputation for being **hospitable.**
이 마을 주민들은 친절하기로 이름나 있다.

10 **affectation**★★★
[æfektéiʃən]

n. 허세, 꾸밈, 가장

Matthew's flamboyance was seen by some of the partygoers as an **affectation**.
Matthew의 화려함은 몇몇 파티 참석자들에게는 허세로 보였다.

11 **hit it off**★★★

phr. (~와) 죽이 맞다

Sarah immediately **hit it off** with her new next-door neighbor.
Sarah는 그녀의 새로운 옆집 이웃과 금세 죽이 맞았다.

12 **flaunt**★★★
[flɔːnt]

v. 과시하다, 자랑하다

The new neighbors like to **flaunt** their wealth by driving around in expensive cars.
새 이웃들은 비싼 차를 몰고 돌아다니며 부를 과시하는 것을 좋아한다.

텝스 출제 포인트!

[어휘] flaunt one's wealth 부를 과시하다

13 **appreciation**★★★
[əprìːʃiéiʃən]

[파] appreciate v. 감사하다, 감상하다
appreciative adj. 감사의, 안목이 있는

n. 감사 | 이해, 감상 | (가치 · 가격의) 상승

Please take this gift as a token of my **appreciation**.
감사의 표시로 이 선물을 받아 주십시오.

The gourmet's **appreciation** of fine wine has increased with time.
그 미식가의 고급 와인에 대한 이해는 시간이 흐름에 따라 증진되었다.

The housing market is showing signs of price **appreciation**.
주택 시장이 가격 상승의 조짐을 보이고 있다.

텝스 출제 포인트!

[청해] token of appreciation 감사의 표시
show appreciation 감사를 표하다
be appreciative of ~에 대해 감사하다

텝스빈출단어 DAY 11 12 13 14 15 16 17 18 19 20 Hackers TEPS Vocabulary

★★★ = 출제율 최상 ★★ = 출제율 상 ★ = 출제율 중

14 condolence***

[kəndóuləns]

파 condole v. 애도하다, 문상하다

n. 애도

Give my **condolences** to the relatives of the deceased.

고인의 친지분들께 제 애도의 뜻을 전해 주십시오.

텝스 출제 포인트!

어휘 offer one's condolences 애도를 표하다
offer와 어울려 쓰이는 condolences를 선택하는 문제가 출제된다.

15 congenial***

[kəndʒí:njəl]

파 congeniality n. 일치, 적합성

adj. 마음이 맞는 | 적합한, 알맞은

People seek the company of those who are **congenial**.

사람들은 마음이 맞는 사람들과의 교제를 추구한다.

The town offers a **congenial** environment for single people.

그 도시는 독신자들에게 적합한 환경을 제공해 준다.

16 disparage***

[dispǽridʒ]

파 disparaging adj. 얕보는
disparagingly adv. 얕보아

v. 비하하다, 폄하하다

Teachers shouldn't **disparage** their students when they are making an effort.

교사들은 그들의 학생들이 노력을 하고 있을 때 비하해서는 안 된다.

17 sit on the fence***

phr. 중립적인 태도를 취하다

Some prefer to **sit on the fence** during heated political discussions.

어떤 사람들은 격한 정치 토론 중에 중립적인 태도를 취하는 것을 선호한다.

18 hassle***

[hǽsl]

n. 혼란

n. 골치 아픈 일

Planning a social gathering by yourself can be a **hassle**.

사교 모임을 혼자서 계획하는 것은 골치 아픈 일일 수 있다.

19 amenable***

[əmí:nəbl]

adj. 잘 받아들이는, 순종하는

Ricky is **amenable** to doing any favor for his closest friends.

Ricky는 가장 친한 친구들의 어떠한 부탁이든 잘 받아들인다.

20 **coerce**★★★

[kouə́:rs]

파 coercion n. 강제, 강압

v. 억지로 시키다, 강요하다

Some parents feel they must **coerce** their kids into doing chores.

어떤 부모들은 자녀들이 집안일을 하도록 억지로 시켜야 한다고 생각한다.

텝스 출제 포인트!

독해 coerce A into -ing A가 -하도록 강요하다

21 **procrastinate**★★★

[proukrǽstənèit]

파 procrastination n. 미루는 버릇, 지연

v. 꾸물거리다, 늑장 부리다

You shouldn't **procrastinate** when others are in need.

다른 사람들이 어려움에 처해 있을 때 꾸물거려서는 안 된다.

22 **prone to**★★★

phr. ~하는 경향이 있는

People **prone to** depression should consult a doctor.

우울증의 경향이 있는 사람은 의사와 상담해야 한다.

텝스 출제 포인트!

청해 be prone to injury 부상을 당하기 쉽다

23 **introverted**★★★

[íntrəvə̀:rtid]

파 introvert n. 내성적인 사람

반 extroverted 외향적인

adj. 내성적인, 내향적인

Introverted people usually prefer private gatherings to large parties.

내성적인 사람들은 대개 큰 파티보다는 사적인 모임을 좋아한다.

24 **take after**★★★

phr. ~를 닮다

Steven **takes after** his dad in the way he takes part in community activities.

Steven은 공동체 활동에 참여하는 면에서 그의 아버지를 닮았다.

텝스 출제 포인트!

청해 take after ~를 닮다 → resemble 공통점이 있다

take after가 유사한 의미의 다른 표현으로 바뀌어 출제된다.

★★★ = 출제율 최상 ★★ = 출제율 상 ★ = 출제율 중

25 **slip one's mind**★★★

phr. 잊어버리다

It totally **slipped my mind** to get milk on my way home.

나는 집에 오는 길에 우유를 사 오는 것을 완전히 잊어버렸다.

26 **magnanimous**★★

[mæɡnǽnəməs]

adj. 관대한, 아량이 있는

The couple gave a **magnanimous** donation to the homeless shelter.

그 부부는 노숙인 쉼터에 관대한 기부를 했다.

27 **caterer**★★

[kéitərər]

파 cater v. 음식을 공급하다

n. (행사) 음식 공급자

The **caterer** assured the organizer there would be plenty of food for the guests.

그 행사 음식 공급자는 주최 측에 손님들을 위한 음식이 충분할 것이라고 안심시켰다.

28 **let the cat out of the bag**★★

phr. 무심코 비밀을 누설하다

The party for Laurie was supposed to be a secret, but someone **let the cat out of the bag**.

Laurie를 위한 파티는 비밀로 하기로 했었지만, 누군가가 무심코 비밀을 누설했다.

29 **work up**★★

phr. ~을 불러일으키다, 북돋우다

Mike just couldn't **work up** any enthusiasm for his new job.

Mike는 그의 새로운 직장에 도저히 어떠한 열정도 불러일으킬 수 없었다.

30 **garrulous**★★

[ɡǽrələs]

adj. 수다스러운, 말이 많은

Although Sally is quite **garrulous**, Edward enjoys listening to her stories.

Sally는 꽤 수다스럽지만, Edward는 그녀의 이야기를 듣는 것을 좋아한다.

텝스 출제 포인트!

청해 garrulous 수다스러운 → talkative 말이 많은
garrulous가 유사한 의미의 다른 표현으로 바뀌어 출제된다.

31 **tell off**★★

phr. 야단치다, 호통치다

Ms. Cho **told off** the bully for being rude to her son.
Ms. Cho는 그녀의 아들에게 무례하게 한 것에 대해 골목대장을 야단쳤다.

32 **debonair**★★
[dèbənέər]

adj. 멋지고 당당한

The groom, who had on a new tuxedo and bow tie, looked very **debonair**.
새 턱시도와 나비넥타이를 맨 그 신랑은 매우 멋지고 당당해 보였다.

33 **deprecate**★★
[déprikèit]

파 deprecation n. 비난, 반대
deprecating adj. 강력히 반대하는

v. 비난하다, 반대하다

The coach **deprecated** the opposing team's style of play. 그 코치는 상대팀의 경기 방식을 비난했다.

텝스 출제 포인트!

독해 deprecate 비난하다 → criticize 비난하다
deprecate가 유사한 의미의 다른 표현으로 바뀌어 출제된다.

34 **harass**★★
[hərǽs]

파 harassment n. 괴롭힘

v. 괴롭히다

If you are **harassed** by someone on the street, report it to the local police.
만약 길거리에서 누군가에게 괴롭힘을 당하면, 지역 경찰에 신고하세요.

텝스 출제 포인트!

어휘 harass : harness
harass와 형태가 비슷한 harness의 의미를 구별하여 함께 외워 두자.
┌ harass 괴롭히다
└ harness (자연력을) 이용하다, 동력화하다

35 **let on**★★

phr. (비밀을) 말하다, 털어놓다

John didn't **let on** to his friends that he had been ill for months.
John은 그가 몇 달 동안 아팠다는 것을 그의 친구들에게 말하지 않았다.

텝스 출제 포인트!

청해 let on to ~에게 비밀을 말하다

★★★ = 출제율 최상 ★★ = 출제율 상 ★ = 출제율 중

36 **nuptial**★★
[nʌ́pʃl]
n. 결혼식

adj. 결혼(식)의, 혼인의

The **nuptial** celebrations lasted late into the evening.
결혼 축하 행사는 늦은 저녁까지 계속되었다.

37 **repulsive**★★
[ripʌ́lsiv]
adj. 물리치는, 쫓아버리는

adj. 불쾌한, 역겨운

The uncollected trash in the alley is **repulsive** to look at. 골목길에 치워지지 않은 쓰레기는 보기에 불쾌하다.

텝스 출제 포인트!

독해 repulsive 불쾌한 → offensive 역겨운
repulsive가 유사한 의미의 다른 표현으로 바뀌어 출제된다.

38 **get back at**★★

phr. ~에게 복수하다, ~에게 앙갚음하다

Boys often **get back at** their siblings by playing tricks. 남자아이들은 종종 장난을 쳐서 형제들에게 복수한다.

39 **stick to**★★

phr. ~을 지키다, ~을 고수하다

Participants must **stick to** the schedule of events for the Independence Day celebration.
참가자들은 독립 기념일 축제의 행사 일정을 지켜야 한다.

40 **recall**★★
[rikɔ́:l]
v. 회수하다, 소환하다

v. 기억해 내다, 상기하다

Neither my coworker nor I can **recall** when our report is due.
동료와 나 둘 다 우리의 보고서 마감이 언제인지 기억해 낼 수 없다.

n. (불량품의) 회수

The product **recall** hurt the company's sales.
그 제품의 회수는 회사의 매출에 타격을 주었다.

41 **ring a bell**★★

phr. 들어본 적이 있는 것 같다

I can't remember James exactly, but his name **rings a bell**.
James를 정확히 기억할 수는 없지만, 그의 이름은 들어본 적이 있는 것 같아.

42 **accompany**★★

[əkʌ́mpəni]

파 accompaniment n. 부속물, 반주

v. (사람과) 동반하다 | (사물이) 따라가다, 수반하다 | 반주하다

Children must be **accompanied** by an adult while in the pool.

어린이들은 수영장에 있는 동안 어른과 동반해야 한다.

Every mobile phone purchased is **accompanied** by a one-year warranty.

구입하신 모든 휴대 전화에는 1년 품질 보증서가 딸려옵니다.

A pianist will **accompany** the singer during the performance.

가수의 공연 동안 피아니스트가 반주할 것이다.

 텝스 출제 포인트!

독해 be accompanied by ~를 동반하다, ~이 딸려오다

43 **sharp dresser**★

phr. 멋쟁이, 세련된 복장을 한 사람

Everyone at the party admired the **sharp dresser** in the dark suit.

파티에 있는 모든 사람들이 짙은색 정장의 멋쟁이를 감탄하며 바라봤다.

44 **pull one's leg**★

phr. ~를 놀리다

My brother never fails to **pull my leg** on April Fools' Day.

내 남동생은 만우절이면 어김없이 나를 놀린다.

45 **intimate**★

[íntəmət]

v. 암시하다 [íntəmèit]

파 intimacy n. 친밀함

adj. 친밀한, 친숙한

Students often develop **intimate** friendships with their classmates.

학생들은 종종 학급 친구들과 친밀한 우정을 발전시킨다.

46 **preteen**★

[priːtíːn]

adj. 사춘기 직전의

Youths should take part in volunteer efforts in their **preteen** years.

청소년들은 사춘기 직전에 자원봉사 활동에 참여해야 한다.

47 **avuncular***
[əvʌ́ŋkjulər]

adj. 아저씨 같은

Although usually serious, Gerry possesses a truly **avuncular** sense of humor.
Gerry는 보통 진지하지만, 그는 정말 아저씨 같은 유머 감각을 갖고 있다.

48 **come over***

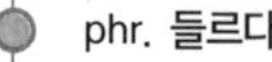

phr. 들르다

Some friends are **coming over** to the house for dinner tonight.
오늘 밤에 친구 몇 명이 저녁을 먹으러 집에 들를 것이다.

49 **begrudge***
[bigrʌ́dʒ]
v. 주기 아까워하다

v. 시기하다

Louise **begrudged** a friend for getting a high-paying job.
Louise는 높은 연봉을 받는 일자리를 구한 것 때문에 친구를 시기했다.

50 **bolt***
[boult]

v. 뛰어나가다

Everyone **bolted** from the room when someone shouted "Fire!".
어떤 사람이 '불이야!'라고 소리치자 모두가 방에서 뛰어나갔다.

51 **alumnus***
[əlʌ́mnəs]
pl. alumni [əlʌ́mnai]

n. 동창, 졸업생

High school **alumni** are organizing a class reunion after 10 years.
고등학교 동창들이 10주년 동창회를 준비하고 있다.

52 **fraternal***
[frətə́:rnl]

adj. 형제간의

Kevin and his brother have a strong **fraternal** bond.
Kevin과 그의 남동생은 강한 형제간의 유대가 있다.

53 **duplicitous***
[dju:plísətəs]

adj. 일구이언의, 식언의

Jack was unaware of the **duplicitous** actions of his business partner.
Jack은 그의 동업자의 일구이언의 행동을 모르고 있었다.

DAY 11 Daily Checkup

단어에 해당하는 뜻을 오른쪽에서 찾아 연결하세요.

01 disparage	ⓐ 야단치다
02 appreciation	ⓑ 형제간의
03 tell off	ⓒ 비하하다
04 fraternal	ⓓ 마음이 맞는
05 congenial	ⓔ 감사
	ⓕ ~를 놀리다

문맥에 맞는 단어를 보기에서 골라 빈칸에 넣으세요.

ⓐ introverted ⓑ repulsive ⓒ amenable ⓓ deprecated ⓔ coerce ⓕ courteous

06 John is a very ______ young man who is polite to everybody.

07 Residents complained about the ______ smell of rotting garbage.

08 Some ______ teenagers overcome their shyness as they grow older.

09 Since all members were ______ to the proposal, they voted in favor of it.

10 The use of stem cells in medicine was once ______ by critics for being unethical.

ⓐ come over ⓑ caterer ⓒ flaunt ⓓ condolence ⓔ peers ⓕ grudges

11 Kevin invited his closest friends to ______ for dinner.

12 Letters of ______ eased the family's grief after the death of their father.

13 The kind man never holds ______ against people who mistreat him.

14 A ______ has been hired to provide food for all the attendees of the conference.

15 Students compete with their ______ to get the highest grades in class.

Answer 01 ⓒ 02 ⓔ 03 ⓐ 04 ⓑ 05 ⓓ 06 ⓕ 07 ⓑ 08 ⓐ 09 ⓒ 10 ⓓ 11 ⓐ 12 ⓓ 13 ⓕ 14 ⓑ 15 ⓔ

➜ 무료 Daily Checkup 해석은 HackersIngang.com에서 제공됩니다.
무료 단어시험지 자동생성기와 무료 해커스 텝스 기출 보카 TEST는 HackersTEPS.com에서 제공됩니다.

텝스완성단어

350점 단어

- □ anniversary [ænəvə́:rsəri] n. 기념일
- □ apologize [əpɑ́lədʒàiz] v. 사과하다
- □ ask a favor of phr. ~에게 부탁을 하다
- □ blind date phr. (제삼자의 소개로) 모르는 남녀의 데이트, 소개팅
- □ break up with phr. ~와 결별하다
- □ chemistry [kéməstri] n. 사람들 간의 궁합
- □ envious of phr. ~을 부러워하는
- □ envy [énvi] v. 부러워하다 n. 부러움, 선망
- □ favor [féivər] v. 편애하다 | (신체의 일부를) 소중히 다루다 n. 호의, 부탁
- □ fiancé [fì:ɑ:nséi] n. 약혼자(남자)
- □ forget [fərgét] v. 잊어버리다
- □ grateful [gréitfəl] adj. 감사하는, 고마워하는
- □ greet [gri:t] v. 맞이하다, 인사하다
- □ greeting [grí:tiŋ] n. 인사 | (-s) 인사말
- □ insult n. 모욕, 무례 [ínsʌlt] v. 모욕하다 [insʌ́lt]
- □ It's been ages. phr. 진짜 오랜만이다.
- □ make an apology phr. 사과하다
- □ make an appointment phr. 만날 약속을 잡다 | 진료 예약을 하다
- □ married [mǽrid] adj. 결혼한, 기혼의
- □ parenting [pɛ́ərəntiŋ] n. 육아, 양육
- □ show up phr. 나타나다, 참석하다
- □ sociable [sóuʃəbl] adj. 사교적인
- □ socialize [sóuʃəlàiz] v. 어울리다
- □ sweetheart [swí:thɑ̀:rt] n. 연인, 애인
- □ terms [tə:rmz] n. (합의·계약 등의) 조건 | 학기
- □ throw a party phr. 파티를 열다
- □ word [wə:rd] n. 약속, 말

450점 단어

□	adorable [ədɔ́:rəbl]	adj. 사랑스러운
□	adore [ədɔ́:r]	v. 무척 좋아하다
□	amiable [éimiəbl]	adj. 상냥한, 호감을 주는
□	antisocial [æ̀ntisóuʃl]	adj. 비사교적인 | 반사회적인
□	ask out (for a date)	phr. 데이트 신청하다
□	bachelor [bǽtʃələr]	n. 미혼 남자, 독신 남자
□	belated [biléitid]	adj. 뒤늦은
□	bereaved [birí:vd]	adj. (가족 · 근친과) 사별한 n. (the ~) 유족
□	blithe [blaið]	adj. 태평스러운, 쾌활한
□	bump into	phr. ~를 우연히 만나다 | ~에 부딪히다
□	catch up	phr. (오랜만에 만나 소식 · 안부를) 이야기하다 | 따라잡다
□	cherish [tʃériʃ]	v. 소중히 하다, 간직하다
□	close-knit [klòusnít]	adj. 긴밀하게 맺어진
□	comely [kʌ́mli]	adj. 어여쁜, 고운
□	community [kəmjú:nəti]	n. 지역 사회 | 공동체
□	companion [kəmpǽnjən]	n. (남편 · 아내 등의) 동반자 adj. 쌍을 이루는
□	companionship [kəmpǽnjənʃip]	n. 교제
□	confide [kənfáid]	v. (비밀을) 털어놓다 | 신뢰하다
□	despise [dispáiz]	v. 경멸하다
□	detest [ditést]	v. 혐오하다, 몹시 싫어하다
□	down-to-earth [dàuntuə́:rθ]	adj. 현실적인, 실제적인
□	easygoing [ì:zigóuiŋ]	adj. 태평한, 느긋한
□	family background	phr. 집안 배경
□	Fancy meeting you here!	phr. 여기서 당신을 만나다니!
□	farewell party	phr. 송별회
□	feast [fi:st]	n. 축하연 | 축제
□	file for divorce	phr. 이혼 소송을 제기하다
□	flatter [flǽtər]	v. 아첨하다 | (칭찬으로) 기쁘게 하다
□	folk [fouk]	n. 사람들 | (-s) 양친, 가족
□	forthright [fɔ́:rθrait]	adj. 솔직한, 단도직입적인

□	give the cold shoulder	phr. 냉대하다, 쌀쌀맞게 대하다
□	gracious [gréiʃəs]	adj. 상냥한, 친절한
□	hang out with	phr. ~와 어울려 다니다
□	I already have plans.	phr. 난 선약이 있어.
□	interact with	phr. ~와 상호 교류하다
□	matchmaking [mǽtʃmèikiŋ]	n. 결혼 중매
□	memorial service	phr. 추도식
□	merciful [mə́:rsifəl]	adj. 인정 많은, 자비로운
□	mock [mɑ:k]	v. 놀리다, 조롱하다 adj. 가짜의
□	nurture [nə́:rtʃər]	v. 양육하다 | ~에 영양물을 공급하다
□	obedient [oubí:diənt]	adj. 순종하는
□	obey [oubéi]	v. 복종하다, 순종하다
□	opinionated [əpínjənèitid]	adj. 자기 의견을 고집하는
□	out of the blue	phr. 갑자기, 느닷없이
□	outgoing [áutgouiŋ]	adj. 사교적인, 외향적인
□	outreach [áutri:tʃ]	n. 봉사 활동
□	patch things up	phr. 화해하다
□	previous engagement	phr. 선약
□	reconcile [rékənsàil]	v. 화해시키다 | 조정하다
□	reconciliation [rèkənsìliéiʃən]	n. 화해 | 조정
□	reunion [rijú:njən]	n. 동창회
□	run into	phr. ~와 우연히 만나다
□	set A up with B	phr. A를 B에게 소개시켜 주다
□	shun [ʃʌn]	v. 피하다, 멀리하다
□	sibling [sībliŋ]	n. 형제, 자매
□	spinster [spínstər]	n. 미혼 여성, 노처녀
□	spouse [spaus]	n. 배우자
□	throw a fit	phr. 흥분하다, 발끈 화를 내다
□	turn down	phr. ~을 거절하다 | ~의 소리를 줄이다
□	vivacious [vaivéiʃəs]	adj. 활기 있는, 쾌활한
□	widower [wídouər]	n. 홀아비

500점 단어

□	antagonistic [æntæɡənístik]	adj. 적대적인, 대립하는
□	banter [bǽntər]	n. 정감 어린 농담
□	benevolent [bənévələnt]	adj. 자비로운, 인정 많은
□	bicker [bíkər]	v. (사소한 일로) 다투다
□	convivial [kənvíviəl]	adj. 유쾌한 | 연회를 좋아하는
□	dead ringer	phr. 꼭 닮은 사람
□	demeanor [dimí:nər]	n. 처신, 태도
□	facetious [fəsí:ʃəs]	adj. 경박한, 우스꽝스러운
□	feel out of place	phr. 그 자리에 어울리지 않는 위화감을 느끼다
□	gaffe [ɡæf]	n. (사교 모임에서 범하는) 실수
□	get into full swing	phr. 최고조에 달하다
□	go for it	phr. (목적을) 추진하다
□	gregarious [ɡriɡɛ́əriəs]	adj. 사교적인 | 떼 지어 사는
□	housewarming [háuswɔ̀:rmiŋ]	n. 집들이
□	in a huff	adj. 성 내는, 씩씩거리는
□	meddle [médl]	v. 참견하다, 간섭하다
□	nosy [nóuzi]	adj. 참견하기 좋아하는
□	pass on	phr. ~을 전하다, 넘겨주다
□	perfunctory [pərfʌ́ŋktəri]	adj. 내키지 않는, 마지못해 하는
□	pick on	phr. ~를 괴롭히다
□	provident [právədənt]	adj. 선견지명이 있는, 장래를 대비하는
□	put-down [pútdàun]	n. 비방, 헐뜯기
□	rapport [ræpɔ́:r]	n. 친목 관계, 신뢰 관계
□	reciprocate [risíprəkèit]	v. 보답하다, 답례하다
□	recoil [rikɔ́il]	v. 움찔하다, 움츠러들다
□	ruse [ru:z]	n. 계략, 책략
□	solidarity [sɑ̀lədǽrəti]	n. 결속, 단결
□	stand up	phr. ~를 바람맞히다
□	taciturn [tǽsətə̀:rn]	adj. 말없는, 과묵한
□	take sides	phr. 편을 들다

DAY 12

Hackers TEPS Vocabulary

▲ 무료 MP3 바로 듣기

왕관을 쓰자마자...

역사

요즘 역사 수업 시간에 medieval 시대에 대해 배우고 있다. 오늘은 알프레드 대왕의 reign 동안 영국이 바이킹의 consecutive한 attack에 시달렸지만, 결국 그들을 defeat하고 런던을 restore한 것과 교육을 flourish시켰던 것 등 흥미로운 사실들을 배웠다. 그런데 요사이 아르바이트를 늘린 유나가 졸다가 교수님께 딱 걸렸다. 교수님은 유나에게 알프레드 대왕이 왕위를 succeed한 후, 왕관을 쓰고 가장 처음으로 한 일이 무엇인가 물으셨다. 얼떨결에 유나가 대답했다. "왕관이 삐딱하지 않은지 확인하지 않았을까요?"

흠.. 왕관이
똑바르게 쓰였군.

01 **medieval**★

[mìːdiíːvəl]

adj. 중세의

The historic **medieval** castle was originally built as a form of military defense.

역사적으로 유명한 그 중세의 성은 본래 군사 방어의 한 방식으로 지어졌다.

02 **reign**★

[rein]

v. 통치하다, 다스리다

n. 지배, 통치(기간)

Many nations were once under the **reign** of dynasties.

많은 나라들은 한때 왕조의 지배하에 있었다.

텝스 출제 포인트!

[독해] reign over ~을 다스리다
under the reign of ~의 통치하에

03 **consecutive**★

[kənsékjutiv]

[파] consecutively adv. 연속적으로

adj. 연속적인, 계속되는

Droughts occurred in **consecutive** years in North America in the late 1920s.

가뭄은 1920년대 후반에 북아메리카에서 몇 년간 연속적으로 일어났다.

04 **attack**★

[ətǽk]

v. 공격하다, 습격하다

[파] attacker n. 공격자

n. 공격

An enemy **attack** had heavily damaged the fort, which forced the soldiers to retreat.

적의 공격은 그 요새에 크게 피해를 입혔고, 군인들이 후퇴하게 만들었다.

v. (병이 사람을) 침범하다

Blood cancer **attacks** the immune system of an individual.

혈액암은 사람의 면역 체계를 침범한다.

텝스 출제 포인트!

[어휘] enemy attack 적의 공격
enemy와 어울려 쓰이는 attack을 선택하는 문제가 출제된다.

[독해] come under attack 공격을 받다

★★★ = 출제율 최상 ★★ = 출제율 상 ★ = 출제율 중

05 **defeat**★

[difíːt]

n. 패배

동 beat 이기다, 패배시키다

v. 패배시키다, 쳐부수다

Using advanced weapons, the army **defeated** the enemy. 군대는 강화된 무기를 사용하여 적군을 패배시켰다.

텝스 출제 포인트!

어휘 defeat the enemy 적을 패배시키다
enemy와 어울려 쓰이는 defeat를 선택하는 문제가 출제된다.

06 **restore**★★★

[ristɔ́ːr]

파 restoration n. 회복, 복구

v. 회복하다, 복구하다

The people's revolution **restored** peace to the country. 민중 혁명은 그 나라에 평화를 회복시켰다.

07 **flourish**★★★

[fĺɔːriʃ]

v. 번창하다, 번영하다 | (동식물이) 잘 자라다

The development of agriculture allowed early civilizations to **flourish**.
농업의 발달은 초기 문명이 번창하게 했다.

Some species of plants can **flourish** in the desert.
어떤 식물 종들은 사막에서 잘 자랄 수 있다.

08 **succeed**★

[səksíːd]

v. 성공하다

파 succession n. 계승
successor n. 후계자, 후임자
successive adj. 연속적인

v. (지위·재산 등을) 계승하다, ~의 뒤를 잇다

The Prince will **succeed** to the throne upon the King's death. 왕이 서거하면 왕자가 왕위를 계승할 것이다.

텝스 출제 포인트!

어휘 succeed : inherit : enthrone
succeed와 의미가 비슷한 inherit, enthrone의 쓰임을 구별하여 답을 선택하는 문제가 출제된다.

- succeed (지위 · 재산 등을) 계승하다, ~의 뒤를 잇다
- inherit (재산 · 권리 · 체질 등을) 물려받다
- enthrone 왕위에 앉히다, 즉위시키다

09 **trace back to**★★★

phr. (유래 · 기원 등이) ~까지 거슬러 올라가다

The establishment of suburbs can be **traced back to** the European medieval walled cities.
교외 지역의 형성은 중세의 유럽 성벽 도시까지 거슬러 올라갈 수 있다.

10 **expand**★★★

[ikspǽnd]

파 expansion n. 확장, 팽창
expansive adj. 광대한
expandable adj. 확장할 수 있는

v. 확장하다, 넓히다

Many kingdoms **expanded** their territories by conquest.
많은 왕국들은 정복을 통해 그들의 영토를 확장했다.

텝스 출제 포인트!

어휘 expand : expend
expand와 형태가 비슷한 expend의 의미를 구별하여 함께 외워 두자.
┌ expand 확장하다, 넓히다
└ expend 소비하다, 쓰다

어휘 expand the territory 영토를 확장하다
territory와 어울려 쓰이는 expand를 선택하는 문제가 출제된다.

11 **abolish**★★★

[əbɑ́:liʃ]

파 abolition n. 폐지

v. 폐지하다

The British **abolished** slavery in the early 19th century. 영국인들은 19세기 초에 노예 제도를 폐지했다.

12 **occupy**★★★

[ɑ́:kjupài]

v. 차지하다

파 occupation n. 점령, 점거

v. 점령하다 | 전념시키다

The army **occupied** the opponent's territory for a period of time. 그 군대는 한동안 적의 영토를 점령했다.

Historians are **occupied** with obtaining new information from old manuscripts.
역사학자들은 오래된 필사본에서 새로운 정보를 얻는 데 전념하고 있다.

텝스 출제 포인트!

어휘 be occupied with ~에 전념하다, ~으로 바쁘다

13 **reclaim**★★★

[rikléim]

v. 되찾다

파 reclamation n. 간척, 개간

v. 간척하다, 개간하다

The land was **reclaimed** from the sea in the 20th century.
그 땅은 20세기에 바다를 간척하여 만들어졌다.

14 **colossal**★★★

[kəlɑ́:səl]

동 gigantic 거대한

adj. 거대한

Scholars have unearthed a **colossal** statue of an ancient Greek god.
학자들이 고대 그리스 신의 거대한 동상을 발굴했다.

15 **rebel**★★★

n. [rébəl]
v. [ribél]

파 rebellion n. 반란
rebellious adj. 반역하는

n. 반역자

Armed **rebels** took over the government buildings.
무장한 반역자들이 정부 건물들을 장악했다.

v. 반란을 일으키다

The people **rebelled** against their country's dictatorial power.
국민들은 나라의 독재 권력에 항거하여 반란을 일으켰다.

16 **credence**★★★

[kríːdəns]

n. 믿음, 신빙성

History experts give **credence** to the theory that Stonehenge was an early burial ground.
역사 전문가들은 스톤헨지가 옛날의 묘지였다는 이론을 믿는다.

텝스 출제 포인트!

어휘 give/lend + credence to ~을 믿다, ~에 신빙성을 부여하다

17 **belligerent**★★★

[bəlídʒərənt]

adj. 호전적인, 적대적인

Germany was an especially **belligerent** military power during the Second World War.
독일은 제2차 세계대전 동안 특히 호전적인 군사 강국이었다.

18 **pedigree**★★★

[pédəgrìː]
adj. 혈통이 분명한

n. 혈통, 가계

It was traditionally forbidden for aristocracy to marry those without a royal **pedigree**.
귀족이 왕가의 혈통이 아닌 사람과 결혼하는 것은 전통적으로 금지된 것이었다.

19 **vanquish**★★★

[vǽŋkwiʃ]

동 trounce 쳐부수다

v. 무찌르다, 쳐부수다

After Russian troops **vanquished** Napoleon's forces, the remaining French soldiers retreated.
러시아 군대가 나폴레옹의 군대를 무찌른 후, 남은 프랑스 군인들은 후퇴했다.

텝스 출제 포인트!

독해 vanquish 무찌르다 → defeat 무찌르다
vanquish가 유사한 의미의 다른 표현으로 바뀌어 출제된다.

20 **speculate**★★★

[spékjulèit]

파 speculation n. 추측, 투기
speculative adj. 추론적인, 투기적인

v. 추측하다, 짐작하다 | 투기하다

Historians **speculate** that the ancient civilization traded with its neighbors.
역사학자들은 그 고대 문명이 이웃 나라들과 무역을 했다고 추측한다.

Traders **speculate** on the stock market to make money.
증권 매매업자들은 돈을 벌기 위해 주식 시장에 투기한다.

21 **transition**★★★

[trænzíʃən]

파 transitional adj. 변천하는, 과도기의

n. 이행, 변천

The country's **transition** from monarchy to democracy happened recently.
그 국가의 군주제에서 민주주의로의 이행은 최근에 일어났다.

텝스 출제 포인트!

독해 transition from A to B A에서 B로의 이행
transition into ~으로의 변천

22 **lapse**★★★

[læps]

v. 멈추다
n. 실수, 과실

v. (어떤 상태에) 빠지다

The nation had a strong economy before it **lapsed** into poverty. 그 나라는 빈곤 상태에 빠지기 전에는 튼튼한 경제를 유지했다.

텝스 출제 포인트!

어휘 lapse into ~의 상태에 빠지다

23 **invade**★★★

[invéid]

파 invasion n. 침략, 침해
invader n. 침략자, 침입자
invasive adj. 침입하는, 침해하는

v. (남의 나라를) 침략하다 | (권리 등을) 침해하다

The army **invaded** when the opposition was unprepared.
그 군대는 상대편이 예상치 못했을 때 침략했다.

Neighbors sometimes **invade** the privacy of those who live nearby.
이웃들은 종종 근처에 사는 사람들의 사생활을 침해한다.

텝스 출제 포인트!

독해 invasion of privacy 사생활 침해

★★★ = 출제율 최상 ★★ = 출제율 상 ★ = 출제율 중

24 **strategy**★★

[strǽtədʒi]

파 strategic adj. 전략적인

n. 전략, 책략

Powerful armies often adopted offensive military **strategies.**

강력한 군대는 종종 공격적인 군사 전략을 채택했다.

텝스 출제 포인트!

어휘 military strategy 군사 전략
military와 어울려 쓰이는 strategy를 선택하는 문제가 출제된다.

청해 strategy 전략 → tactics 책략
strategy가 유사한 의미의 다른 표현으로 바뀌어 출제된다.

25 **reveal**★★

[riví:l]

파 revelation n. 폭로

동 disclose 폭로하다

v. 밝히다, 드러내다

Geological studies **revealed** the presence of an old village beneath the valley.

지질학 연구는 계곡 아래 오래된 마을의 존재를 밝혀냈다.

26 **excavation**★★

[èkskəvéiʃən]

파 excavate v. 발굴하다

n. 발굴

Archaeologists discovered mummified remains at the **excavation** site.

고고학자들은 발굴 현장에서 미라가 된 유해를 발견했다.

텝스 출제 포인트!

독해 excavation site 발굴 현장

27 **bestow**★★

[bistóu]

v. 수여하다

The Grameen Bank was **bestowed** the Nobel Peace Prize for fighting poverty.

Grameen 은행은 빈곤에 맞서 싸운 것에 대해 노벨 평화상을 받았다.

28 **emancipate**★★

[imǽnsəpèit]

파 emancipation n. 해방
emancipated adj. 해방된, 자주적인

v. 해방하다, 석방하다

Lincoln ended slavery in 1863, but black people were not fully **emancipated** till 1865.

링컨은 1863년에 노예제도를 폐지했지만, 흑인들은 1865년까지 완전히 해방되지 않았다.

29 **up in arms**★★

phr. 분개하여, 반기를 들어

At the end of the 18th century, the French were **up in arms** over their unfair treatment.

18세기 말에, 프랑스 사람들은 부당한 대우에 대해 분개했다.

 텝스 출제 포인트!

독해 up in arms + against/about/over ~에 분개하여

30 **primeval**★★

[praimíːvəl]

동 prehistoric 선사 시대의

adj. 원시 시대의, 태고의

Some artifacts in the history museum are tools from **primeval** societies.

역사 박물관에 있는 일부 공예품들은 원시 시대 사회의 도구들이다.

31 **posterity**★★

[pɑːstérəti]

n. 후대, 후세

Photographers have recorded historical images of politicians for **posterity**.

사진작가들은 후대를 위해 정치인들의 역사적 이미지를 기록해왔다.

32 **reprisal**★★

[ripráizəl]

n. 보복 행위, 앙갚음

The Geneva Conventions have made it unlawful to conduct **reprisals** against prisoners of war.

제네바 협정은 전쟁 포로들에게 보복 행위를 하는 것을 불법으로 만들었다.

33 **triumphant**★★

[traiʌ́mfənt]

adj. 의기양양한

adj. 승리를 거둔, 크게 성공한

Julius Caesar was **triumphant** in his conquest of Gaul, which is now modern France.

율리우스 카이사르는 현재의 프랑스 지역인 갈리아 정복에서 승리를 거두었다.

34 **grovel**★★

[grʌ́vəl]

v. 기다, 기어가다

v. 굽실거리다, 비굴하게 굴다

In medieval times, peasants had to **grovel** at the king's feet.

중세 시대에 소작농들은 왕의 발아래에 굽실거려야 했다.

35 **integral**★★
[íntigrəl]

adj. 필수적인, 없어서는 안 될 | 완전한

Trade was an **integral** part of the Roman economy.
무역은 로마 경제의 필수적인 부분이었다.

The exhibit will showcase the **integral** works of the artist.
그 전시는 그 예술가의 완전한 작품들을 보여줄 것이다.

36 **remain**★★
[riméin]
v. 남다, 존속하다

n. 잔해

Skeletal **remains** of dinosaurs were discovered in the building site.
공룡의 골격 잔해가 건축 부지에서 발견되었다.

v. 여전히 ~이다

The disappearance of the pirate ship's treasure **remains** a mystery.
그 해적선의 보물이 사라진 것은 여전히 수수께끼이다.

텝스 출제 포인트!

어휘 remains : remnant : leftover
'나머지'를 뜻하는 단어들의 의미를 구별하는 답을 선택하는 문제가 출제된다.
- remains (사람이나 동물의) 잔해, 유해
- remnant (큰 부분이 없어지고 남은) 나머지
- leftover (특히 음식 등의) 남은 것

문법 진행형으로 쓰지 않는 동사 remain
'여전히 ~이다'라는 의미의 '상태'를 나타내는 동사 remain은 진행형(be동사 + -ing)으로 쓰이지 않는다는 것을 묻는 문제가 출제된다.

37 **archaeologist**★★
[ὰ:rkiálədʒist]
파 archaeology n. 고고학
archaeological adj. 고고학의

n. 고고학자

The **archaeologist** discovered artifacts from a prehistoric settlement.
그 고고학자는 선사 시대 주거지에서 인공 유물들을 발견했다.

38 **legacy**★
[légəsi]
동 heritage 유산

n. 유산, 유물

His argument for forming a free and independent United States was the **legacy** of Thomas Paine.
자유롭고 독립적인 미국을 만들겠다는 그의 주장은 토머스 페인의 유산이었다.

39 **conflict***

[kənflíkt]

v. 충돌하다, 상충되다

n. 갈등, 충돌

Several countries were involved in a **conflict** over disputed territory.

여러 국가들이 분쟁 지역을 둘러싼 갈등에 말려들었다.

 텝스 출제 포인트!

독해 come into conflict with ~와 충돌하다, ~와 싸우다
conflict with ~와 충돌하다

40 **originate***

[ərídʒənèit]

파 origin n. 기원, 유래
origination n. 시작, 시초
originative adj. 독창적인

v. 비롯되다, 유래하다 | 발명하다

The conception of democracy is believed to have **originated** in Greece.

민주주의의 개념은 그리스에서 비롯되었다고 여겨진다.

Chinese scholars **originated** the use of gunpowder in rockets.

중국 학자들은 폭죽에 화약을 사용하는 법을 발명했다.

 텝스 출제 포인트!

독해 originate + from/in/with ~에서 유래하다

41 **found***

[faund]

파 foundation n. 설립, 기초, 근거
founder n. 설립자

v. (나라·회사를) 세우다, 설립하다

The British **founded** the original 13 colonies of the US.

영국인들은 미국의 최초 13개 식민지를 세웠다.

 텝스 출제 포인트!

독해 lay the foundation of ~의 기초를 쌓다

42 **civilization***

[sìvəlizéiʃən]

파 civilize v. 문명화하다

n. 문명

The earliest **civilizations** formed in the Middle East.

가장 초창기 문명들은 중동에서 형성되었다.

43 **counterpart***

[káuntərpɑ̀:rt]

n. 대응물, 상응하는 것

The harpsichord is the 16th century **counterpart** of the modern piano.

하프시코드는 현대 피아노의 16세기 대응물이다.

44 **colonial***

[kəlóuniəl]

파 colonize v. 식민지로 만들다
colony n. 식민지
colonization n. 식민지화

adj. 식민지의

Many areas of Asia were under Western **colonial** rule.
아시아의 많은 지역들이 서구의 식민지 통치하에 있었다.

텝스 출제 포인트!

청해 colonization 식민지화 → takeover (권위 · 지배 등의) 탈취
colonization이 유사한 의미의 다른 표현으로 바꾸어 출제된다.

45 **wipe out***

phr. 없애 버리다, 완전히 파괴하다

The Black Death **wiped out** nearly 60 percent of Europe's population in the 14th century.
흑사병은 14세기 유럽 인구의 거의 60퍼센트를 없애 버렸다.

46 **occasion***

[əkéiʒən]

n. 행사

파 occasional adj. 때때로의
occasionally adv. 가끔

n. 때, 경우

George Washington used the **occasion** of Christmas to take the foe by surprise.
조지 워싱턴은 불시에 적을 습격하려고 크리스마스 때를 이용했다.

v. 야기하다

The Great Depression was **occasioned** by the collapse of the stock market.
대공황은 주식 시장의 몰락으로 야기되었다.

텝스 출제 포인트!

청해 on occasion 가끔, 때때로
on rare occasion 드물게

DAY 12 Daily Checkup

단어에 해당하는 뜻을 오른쪽에서 찾아 연결하세요.

01 legacy
02 medieval
03 restore
04 lapse
05 abolish

ⓐ 회복하다
ⓑ 유산
ⓒ 빠지다
ⓓ 폐지하다
ⓔ 식민지의
ⓕ 중세의

문맥에 맞는 단어를 보기에서 골라 빈칸에 넣으세요.

ⓐ remain ⓑ traced back to ⓒ occupied ⓓ bestow ⓔ credence ⓕ speculates

06 It was customary for the king to ______ knighthoods on people who had made significant contributions to society.

07 France was ______ by Germany for most of World War II.

08 The media ______ that Nathan Collins may win the presidential election.

09 The ______ of his theory was challenged by new evidence.

10 The origins of baseball can be ______ the early 1800s.

ⓐ originated ⓑ reign ⓒ grovel ⓓ rebels ⓔ transition ⓕ vanquish

11 The ______ from old feudal forms of governance to new democratic systems was rarely peaceful.

12 The army took only four days to ______ the opposing forces.

13 Karate is a martial art that first ______ in Japan.

14 The ______ wanted to remove the current government and take power.

15 The British Empire expanded significantly under the ______ of Queen Victoria.

Answer 01 ⓑ 02 ⓕ 03 ⓐ 04 ⓒ 05 ⓓ 06 ⓓ 07 ⓒ 08 ⓕ 09 ⓔ 10 ⓑ 11 ⓔ 12 ⓕ 13 ⓐ 14 ⓓ 15 ⓑ

텝스 완성단어

350점 단어

- □ afterward [ǽftərwərd] adv. 후에, 나중에
- □ ancestor [ǽnsestər] n. 조상, 선조
- □ ancient [éinʃənt] adj. 고대의, 먼 옛날의
- □ betray [bitréi] v. 배반하다
- □ betrayal [bitréiəl] n. 배신, 배반
- □ bury [béri] v. 묻다, 매장하다
- □ conquer [kɑ́:ŋkər] v. 정복하다
- □ conquest [kɑ́:nkwest] n. 정복
- □ cruel [krú:əl] adj. 잔인한, 잔혹한
- □ historical site phr. 사적지
- □ legend [lédʒənd] n. 전설, 구전
- □ legendary [lédʒəndèri] adj. 전설적인, 아주 유명한
- □ liberate [líbərèit] v. 자유롭게 하다, 해방하다
- □ liberty [líbərti] n. 자유
- □ noble [nóubl] n. 귀족 adj. 고귀한, 고결한
- □ pioneer [pàiəníər] v. 개척하다 n. 개척자, 선구자
- □ prehistoric [prì:histɔ́:rik] adj. 선사 시대의
- □ primitive [prímətiv] adj. 원시의 | 미발달의
- □ progress n. 진보, 향상 | 진행 [prɑ́:grəs] v. 진보하다 | 진행하다 [prəgrés]
- □ prosper [prɑ́:spər] v. 번영하다, 번창하다
- □ prosperity [prɑ:spérəti] n. 번영, 번창
- □ result [rizʌ́lt] n. 결과
- □ revenge [rivéndʒ] n. 복수 v. 복수하다
- □ royal [rɔ́iəl] adj. 왕실의, 왕족의
- □ royalty [rɔ́iəlti] n. 왕족 | 저작권 사용료
- □ slavery [sléivəri] n. 노예 제도 | 노예의 신세
- □ territory [térətɔ̀:ri] n. 지역, 영토 | 영역

450점 단어

□	amass [əmǽs]	v. 모으다, 축적하다
□	antecedent [æntəsí:dnt]	adj. 앞서는, 선행하는
□	anthropology [ænθrəpάlədʒi]	n. 인류학
□	archive [ά:rkaiv]	n. 기록 보관소 | 공문서
□	aristocracy [ærəstά:krəsi]	n. 귀족 | 귀족 사회
□	aristocrat [ərístəkræt]	n. 귀족
□	astrology [əstrά:lədʒi]	n. 점성술
□	banish [bǽniʃ]	v. 추방하다
□	bemoan [bimóun]	v. 한탄하다
□	beset [bisét]	v. 에워싸다, 포위하다
□	brandish [brǽndiʃ]	v. (칼·창 등을) 휘두르다
□	break out	phr. (전쟁·폭동 등이) 발발하다
□	brutal [brú:tl]	adj. 야만적인, 잔혹한
□	brutality [bru:tǽləti]	n. 잔인성 | 잔혹 행위
□	bygone [báigɔ:n]	adj. 지나간, 과거의
□	captivating [kǽptəvèitiŋ]	adj. 매혹적인
□	captive [kǽptiv]	adj. 포로의, 사로잡힌 n. 포로
□	confederate [kənfédərèit]	v. 동맹하다, 연합하다
□	confer [kənfə́:r]	v. 수여하다, 주다
□	cradle [kréidl]	n. 요람 | 발상지
□	derive [diráiv]	v. 얻다, 끌어내다 | 유래하다
□	dethrone [di:θróun]	v. (왕을) 퇴위시키다
□	dictatorship [diktéitərʃìp]	n. 독재 정권
□	ebb and flow	phr. 성쇠를 되풀이하다
□	elevate [éləvèit]	v. (지위·등급 등을) 높이다 | (사물을) 들어올리다
□	enlightened [inláitnd]	adj. 계몽된, 개화된
□	enlist [inlíst]	v. (군에) 입대하다
□	enthrone [inθróun]	v. 왕위에 앉히다
□	era [íərə]	n. 시대, 연대
□	feudalism [fjú:dlìzm]	n. 봉건 제도

- ☐ **forerunner** [fɔ́:rʌnər] n. 선구자 | 전조
- ☐ **hierarchy** [háiərɑ̀:rki] n. 계급제, 계층제
- ☐ **imperialism** [impíəriəlìzm] n. 제국주의, 영토 확장 주의
- ☐ **in retrospect** phr. 돌이켜 생각해 보면
- ☐ **infamous** [ínfəməs] adj. 악명 높은
- ☐ **inscribe** [inskráib] v. 새기다
- ☐ **lineage** [láinidʒ] n. 혈통 | 자손
- ☐ **mercenary** [mə́:rsənèri] n. 용병
- ☐ **milestone** [máilstoun] n. 이정표 | 획기적인 사건
- ☐ **mint** [mint] v. (화폐를) 주조하다
- ☐ **monarch** [mɑ́:nərk] n. 군주
- ☐ **mummify** [mʌ́məfài] v. 미라로 만들다
- ☐ **onset** [ɑ́:nset] n. 시작, 발발
- ☐ **onward** [ɑ́:nwərd] adv. 앞으로, 나아가서 adj. 전진하는
- ☐ **oppressive** [əprésiv] adj. 압제적인, 가혹한
- ☐ **outset** [áutsèt] n. 착수, 시초
- ☐ **realm** [relm] n. 왕국 | 범위 | 분야
- ☐ **reap** [ri:p] v. 수확하다 | 보답을 받다
- ☐ **regime** [reiʒí:m] n. 정권, 체제
- ☐ **relic** [rélik] n. 유물, 유적
- ☐ **retaliate** [ritǽlièit] v. 보복하다, 앙갚음하다
- ☐ **revolt** [rivóult] n. 반란, 봉기
- ☐ **riot** [ráiət] v. 폭동을 일으키다
- ☐ **savage** [sǽvidʒ] adj. 야만적인, 미개의
- ☐ **seize** [si:z] v. 붙잡다 | 빼앗다
- ☐ **siege** [si:dʒ] n. 포위, 포위 기간
- ☐ **splendor** [spléndər] n. 화려함, 장관
- ☐ **succumb** [səkʌ́m] v. 굴복하다, 압도당하다 | (~ 때문에) 죽다
- ☐ **treaty** [trí:ti] n. 계약, 조약
- ☐ **unearth** [ʌnə́:rθ] v. 발굴하다
- ☐ **uprising** [ʌ́pràiziŋ] n. 반란, 폭동

500점 단어

□	**accede** [æksíːd]	v. (지위에) 오르다 I (제의 · 요구 등에) 동의하다
□	**atrocity** [ətráːsəti]	n. 악행, 잔혹 행위
□	**be descended from**	phr. ~의 자손이다
□	**beleaguer** [bilíːgər]	v. 포위하다
□	**bellicose** [bélikòus]	adj. 호전적인, 싸움을 좋아하는
□	**culminate** [kʌ́lmənèit]	v. 절정에 이르다 I (결과로서) ~으로 끝나다
□	**demise** [dimáiz]	n. 종말, 소멸 I 사망
□	**despotic** [dispátik]	adj. 독재적인 I 횡포한
□	**domineering** [dàməníəriŋ]	adj. 거만한 I 지배하려 드는
□	**emancipation** [imænsəpéiʃən]	n. (노예 등의) 해방
□	**enclave** [énkleiv]	n. 소수 민족 거주지
□	**encroach** [inkróutʃ]	v. 침입하다, 침략하다
□	**espouse** [ispáuz]	v. (사상 · 주의를) 신봉하다
□	**exhume** [igzjúːm]	v. (시체 · 무덤을) 발굴하다
□	**expunge** [ikspʌ́ndʒ]	v. 지우다, 삭제하다
□	**heirloom** [έərlùːm]	n. 집안의 가보
□	**hoard** [hɔːrd]	n. 저장, 저장물 v. 저장하다, 비축하다
□	**holdover** [hóuldouvər]	n. 잔존물, 유물
□	**ignominious** [ìgnəmíniəs]	adj. 불명예스러운, 면목 없는
□	**irreversible** [ìrivə́ːrsəbl]	adj. 회복 불가능한, 뒤집을 수 없는
□	**liquidate** [líkwidèit]	v. 죽이다, 제거하다 I (회사의 부채 · 자산을) 청산하다
□	**oust** [aust]	v. 내쫓다, 축출하다
□	**perpetuate** [pərpétʃuèit]	v. 영속시키다
□	**plunder** [plʌ́ndər]	v. 약탈하다, 강탈하다
□	**prescriptive** [priskríptiv]	adj. 지시하는, 권위적인
□	**quell** [kwel]	v. 진압하다 I (감정을) 억누르다
□	**rout** [raut]	v. 완패시키다 n. 완패
□	**subdue** [səbdjúː]	v. 정복하다 I 억제하다
□	**usurp** [juːsə́ːrp]	v. (왕위 · 권력을) 빼앗다
□	**wield** [wiːld]	v. (무기 · 도구를) 휘두르다 I (권력 · 권위를) 행사하다

DAY 13

Hackers TEPS Vocabulary

쇼핑 대란

쇼핑

크리스마스 시즌이 되어 선물을 purchase하러 쇼핑을 갔다. 연말 discount로 사람들이 무척 많았다. 일찍 가면 더 많은 selection이 있을 거라 생각해서 오픈 전에 갔는데, 이미 많은 사람들이 줄지어 서 있었다. Product를 exchange하거나 반품하러 온 사람들도 많았다. Queue가 긴데다 날씨가 추워서 사람들이 grumble하기 시작했는데, 그 와중에 새치기를 해서 맨 앞에 끼어드는 아저씨가 있기에 용기 있게 항의했다! 그런데 그 아저씨께서 말씀하셨다. "문 열어 드리러 왔는데요!"

01 **purchase**★★★
[pə́ːrtʃəs]
n. 구입, 구매

v. 구매하다

This is the last opportunity to **purchase** a laptop before prices go up.
이번이 노트북 컴퓨터 가격이 오르기 전에 구매하실 수 있는 마지막 기회입니다.

02 **discount**★
[dískaunt]
파 discounted adj. 할인된

n. 할인

The department store will offer a 15 percent **discount** on all items during the holidays.
그 백화점은 휴일 동안 모든 상품에 15퍼센트의 할인을 제공할 것이다.

텝스 출제 포인트!

청해 give a discount 할인해 주다
receive a discount 할인받다
discount price 할인 가격
discount voucher 할인권

03 **selection**★★
[silékʃən]
n. 선택, 선발
파 select v. 선택하다
selective adj. 선택적인

n. (상점의) 물품, 선택물

Several **selections** listed in the catalogue are currently unavailable.
카탈로그에 제시된 몇몇 물품들은 현재 구매하실 수 없습니다.

04 **product**★★★
[prádʌkt]
파 produce v. 생산하다
production n. 생산
productive adj. 생산적인

n. 상품, 제품

The **products** offered by the company are available in most stores.
그 회사에서 제공되는 상품들은 대부분의 상점에서 구매 가능하다.

텝스 출제 포인트!

독해 production costs 생산비

05 **exchange**★★
[ikstʃéindʒ]
n. 교환, 환전

v. 교환하다

The woman **exchanged** the blue jacket for a red one. 그 여자는 파란색 재킷을 빨간색 재킷으로 교환했다.

텝스 출제 포인트!

청해 exchange A for B A를 B로 교환하다
exchange rate 환율

★★★ = 출제율 최상 ★★ = 출제율 상 ★ = 출제율 중

06 **queue*****
[kjuː]
v. 줄을 서서 기다리다

n. (차례를 기다리는) 줄

The **queue** at the ice cream shop was so long that some people gave up and left.
아이스크림 가게 줄이 너무 길어서 몇몇 사람들은 포기하고 떠났다.

07 **grumble***
[grʌ́mbl]
동 complain 불평하다

v. 불평하다, 투덜거리다

The gentleman **grumbled** about the slow service at the electronics store.
그 신사는 전자제품 매장의 느린 서비스에 대해 불평했다.

텝스 출제 포인트!

어휘 grumble 투덜거리다 → complain 불평하다
grumble이 유사한 의미의 다른 표현으로 바뀌어 출제된다.

청해 grumble + about/at ~에 대해 투덜거리다

08 **churn out*****

phr. 대량 생산하다

The brand is renowned for **churning out** poor quality clothes.
그 브랜드는 형편없는 품질의 옷을 대량 생산하는 것으로 유명하다.

09 **complimentary*****
[kàmpləméntəri]
파 compliment v. 칭찬하다 n. 칭찬
complimentarily adv. 무료로, 찬사로

adj. 무료의 | 칭찬하는

A **complimentary** gift bag will be given to all purchasers.
모든 구매자들에게 무료 선물 가방이 증정될 것입니다.

The critics gave the actor **complimentary** remarks for his outstanding acting.
평론가들은 그 배우의 뛰어난 연기에 대해 칭찬하는 말을 했다.

10 **necessity*****
[nəsésəti]
n. 필요성
파 necessary adj. 필요한

n. 필수품, 필요 불가결한 것

Even basic **necessities** are expensive these days.
요즘에는 심지어 기본적인 필수품들도 비싸다.

11 **alter**★★★

[ɔ́:ltər]

파 alteration n. 변경, 개조

v. (옷을) 수선하다 | (모양·성질을) 변경하다, 바꾸다

I **altered** my dress to make it shorter.

나는 내 원피스를 짧게 만들기 위해 수선했다.

Pictures can be easily **altered** with computer software.

사진들은 컴퓨터 소프트웨어로 쉽게 변경될 수 있다.

12 **refund**★★★

[rí:fʌnd]

v. 환불하다

파 refundable adj. 환불 가능한

n. 환불(금)

Buyers must present proof of purchase to get a **refund**.

구매자들은 환불을 받으려면 반드시 구매에 대한 증거를 제시해야 한다.

텝스 출제 포인트!

청해 get a refund 환불받다
receive a full refund 전액 환불받다
ask for a refund 환불을 요구하다

13 **charge**★★★

[tʃɑ:rdʒ]

v. 충전하다

n. 요금, 청구 금액

v. (금액을) 청구하다 | 달아놓다 | 책임을 지우다

In America, a business **charges** a sales tax for goods purchased locally.

미국에서, 기업은 지역에서 구매되는 상품에 판매세를 청구한다.

Sally **charged** the bill for her haircut to her credit card account.

Sally는 이발 비용을 신용카드 계좌에 달아놓았다.

Coaches are **charged** with the safety of their athletes.

코치는 선수들의 안전에 대한 책임을 진다.

텝스 출제 포인트!

어휘 charge : credit
charge와 의미가 비슷한 credit의 쓰임을 구별하여 답을 선택하는 문제가 출제된다.
- charge 달아놓다, 외상으로 사다
- credit 외상으로 팔다

독해 be charged with ~에 대해 책임을 지다, ~을 맡고 있다
at no charge 무료로
excess baggage charge 추가 수하물 요금

14 **defective*****

[diféktiv]

파 defect n. 결함, 흠

adj. 결함이 있는

The buyer returned the **defective** stereo to the store.

그 구매자는 결함이 있는 음향 장치를 상점에 반품했다.

15 **range*****

[reindʒ]

v. (범위가) ~에 이르다

Delivery charges to island regions **range** from $4 to $20.

도서 지역으로의 배송료는 4달러에서 20달러에 이른다.

n. 범위

A wide **range** of issues will be discussed at the world summit.

광범위한 주제가 세계 정상 회담에서 논의될 것이다.

텝스 출제 포인트!

독해 range from A to B 범위가 A에서 B에 이르다
a wide range of 광범위한, 다양한
out of one's range 힘이 미치지 못하는, 능력 밖의

16 **credit*****

[krédit]

n. 신뢰, 공로

파 creditor n. 채권자

반 discredit 불신

n. 외상(판매), 신용 판매 | 학점

The manager allowed us to purchase the equipment on **credit**.

그 매니저는 우리가 그 장비를 외상으로 구매할 수 있도록 허락했다.

Medical students need at least 30 biology **credits** to graduate.

의대생들은 졸업하려면 적어도 생물학 30학점이 필요하다.

v. (~의 공로를) 인정하다, (~에게 공로를) 돌리다

The CEO was **credited** with increasing company profits.

그 최고 경영자는 회사 이익 증가로 공로를 인정받았다.

텝스 출제 포인트!

청해 on credit 외상으로
credit rating 신용 등급
be credited with ~으로 공로를 인정받다

17 **suit**★★★

[suːt]

n. 정장

v. 어울리다, ~에게 잘 맞다

You should buy those jeans because they **suit** you well. 그 청바지는 네게 잘 어울리므로 사는 것이 좋겠다.

텝스 출제 포인트!

[어휘] That suits me. 나로선 아주 좋다.

[문법] 상태를 나타내는 동사 suit

suit를 진행 시제가 아닌 단순 시제로 바르게 썼는지 묻는 문제가 출제된다. '상태'를 나타내는 동사이므로, 진행 시제로 쓸 수 없다는 것에 주의한다.

18 **exempt**★★★

[igzémpt]

v. 면제하다

파 exemption n. 면제, 공제

adj. 면제되는

Duty-free purchases are **exempt** from taxes.
면세 구매품에는 세금이 면제된다.

텝스 출제 포인트!

[어휘] goods exempt from taxes 면세품

19 **afford**★★★

[əfɔ́ːrd]

v. 주다, 제공하다

파 affordable adj. (가격이) 적당한

v. (경제적 · 시간적으로) 여유가 있다

As a student, I can't **afford** to buy an expensive mobile phone.
나는 학생이라서, 비싼 휴대 전화를 살 여유가 없다.

텝스 출제 포인트!

[독해] can afford to V ~할 여유가 있다
can't afford to V ~할 여유가 없다

20 **versatile**★★★

[və́ːrsətl]

파 versatility n. 다재, 다능

adj. 다용도의, 다재다능한

This **versatile** bag is convenient for people who travel often.
이 다용도 가방은 자주 여행하는 사람들에게 편리하다.

21 **shed**★★★

[ʃed]

v. 없애다, 버리다

v. (옷을) 벗다

The coat was so small that Tina had to **shed** her sweater before trying it on.
그 코트는 너무 작아서 Tina는 그것을 입어 보기 전에 스웨터를 벗어야 했다.

★★★ = 출제율 최상 ★★ = 출제율 상 ★ = 출제율 중

22 **peddle**★★★
[pédl]
v. (소문 등을) 퍼뜨리다

v. 팔러 다니다, 행상하다

My father used to **peddle** fresh vegetables from a truck.
내 아버지는 트럭으로 신선한 채소를 팔러 다니시곤 했다.

23 **trendy**★★
[tréndi]
n. 유행을 따르는 사람

adj. 최신 유행의

The clothes at a local boutique are **trendy** but expensive.
지역 부티크에 있는 옷들은 최신 유행하는 것들이지만 비싸다.

24 **tag**★★
[tæg]
v. 꼬리표를 붙이다

n. 가격표, 꼬리표

Please return clothing items with their **tags** still intact.
의류품은 가격표가 그대로 붙어있는 채로 반납해 주세요.

25 **glossy**★★
[glási]
adj. 그럴듯한, 겉만 번지르르한

adj. 윤이 나는, 광택이 나는

I bought a **glossy** leather handbag at the new store downtown.
나는 시내에 있는 새로운 상점에서 윤이 나는 가죽 핸드백을 샀다.

26 **depreciate**★★
[diprí:ʃièit]
v. 얕보다, 경시하다
파 depreciation n. 가치 하락, 가격의 저하

v. 가치가 떨어지다

Smart phones usually **depreciate** in value more quickly than cars.
스마트폰은 보통 자동차보다 가치가 더 빨리 떨어진다.

텝스 출제 포인트!

어휘 depreciate : deprecate
depreciate와 형태가 비슷한 deprecate의 의미를 구별하여 함께 외워두자.
- depreciate 가치가 떨어지다
- deprecate 비난하다, 반대하다

27 **wrinkle**★★
[ríŋkl]
n. 주름

v. 주름이 지다

The skirt **wrinkles** so easily that I have to constantly smooth it out.
그 치마는 주름이 너무 쉽게 져서 나는 계속해서 주름을 펴야 한다.

28 **spurious**★★

[spjúəriəs]

반 genuine 진짜의

adj. 가짜의, 위조의

The brand made a **spurious** claim that their products were healthy.
그 브랜드는 그들의 제품이 건강하다는 가짜 주장을 했다.

텝스 출제 포인트!

독해 spurious 가짜의 → not genuine 진짜가 아닌
spurious가 유사한 의미의 다른 표현으로 바뀌어 출제된다.

29 **over the moon**★★

phr. 너무나도 행복한

Simon is **over the moon** because he finally bought the camera he had wanted for months.
Simon은 그가 몇 달 동안 원했던 카메라를 드디어 사서 너무나도 행복해하고 있다.

30 **break in**★★

phr. (건물에) 침입하다

phr. ~을 길들이다

It took me nearly two weeks to **break in** my new shoes. 내 새 신발을 길들이는 데 거의 2주가 걸렸다.

31 **ransack**★★

[rǽnsæk]

v. 빼앗다, 약탈하다

v. 샅샅이 뒤지다, 찾아 헤매다

Kayla **ransacked** the entire house to look for her gloves. Kayla는 그녀의 장갑을 찾기 위해 온 집안을 샅샅이 뒤졌다.

32 **exclusive**★★

[iksklú:siv]

adj. 배타적인, 제외적인

파 exclusively adv. 독점적으로

adj. 독점적인, 전용의

The retail store is the **exclusive** distributor of our perfume brand.
그 소매점은 우리 향수 브랜드의 독점적인 판매처이다.

텝스 출제 포인트!

독해 exclusive 독점적인 → sole 도맡은
exclusive가 유사한 의미의 다른 표현으로 바뀌어 출제된다.

33 **take ~ back**★★

phr. (자기가 한 말을) 취소하다

phr. ~을 반품하다

The lock on the suitcase was defective, so Bill **took** it **back** to the store.
여행 가방의 자물쇠에 결함이 있어서, Bill은 그것을 가게에 반품했다.

34 **that being said**★★

phr. 그렇긴 해도

Shopping is fun; **that being said**, it can also be tiring. 쇼핑은 즐겁다. 그렇긴 해도, 피곤할 수도 있다.

35 **depend**★★

[dipénd]

v. 의존하다, 기대다

파 dependence n. 의존
dependent adj. 의존적인
dependable adj. 의존할 수 있는

v. ~에 따라 결정되다, ~에 달려 있다

Shipping fees **depend** on the destination and size of the order.

배송료는 목적지와 주문한 물건의 크기에 따라 결정됩니다.

텝스 출제 포인트!

독해 depend on ~에 의존하다
be dependent on ~에 의존하다

청해 It depends. 상황에 따라 달라요.

36 **bargain**★

[bá:rgən]

n. 매매 계약

v. 흥정하다

The man **bargained** with the salesman over the price of the car.

그 남자는 자동차 가격에 관해서 판매원과 흥정했다.

n. 특가품, 싸게 산 물건

The restaurant's five-course dinner was a **bargain** at only $20.

그 레스토랑의 다섯 코스 저녁 식사는 20달러밖에 하지 않는 특가품이었다.

37 **throng**★

[θrɔ:ŋ]

v. 모여들다

Consumers **thronged** the newly opened furniture warehouse.

소비자들이 새로 문을 연 가구 창고로 모여들었다.

38 **tattered**★

[tǽtərd]

adj. 다 망가진

adj. 너덜너덜한

The fashion for wearing **tattered** jeans is coming back in this year.

너덜너덜한 청바지를 입는 패션이 올해에 돌아올 것이다.

39 **genuine***

[dʒénjuin]

adj. 진실한

반 spurious 가짜의, 위조의

adj. 진짜의, 진품의

Only experts can distinguish a **genuine** diamond from a fake one.

전문가들만이 진짜 다이아몬드와 가짜를 구별할 수 있다.

텝스 출제 포인트!

독해 genuine 진짜의 → real 진품의

genuine이 유사한 의미의 다른 표현으로 바뀌어 출제된다.

40 **clad***

[klæd]

adj. 옷을 입은

The models at the fashion show were **clad** in the latest designs.

패션쇼의 모델들은 최신 디자인의 옷을 입고 있었다.

41 **reasonable***

[rí:zənəbl]

파 reasonably adv. 합리적으로

adj. 합리적인, 적당한

Our goal is to provide quality goods at **reasonable** prices.

저희의 목표는 질 좋은 제품을 합리적인 가격에 제공하는 것입니다.

텝스 출제 포인트!

청해 reasonable 합리적인 → not overpriced 가격이 과하지 않은

reasonable이 유사한 의미의 다른 표현으로 바뀌어 출제된다.

청해 reasonable offer 합리적인 제안

42 **dainty***

[déinti]

adj. 조심스러운, 얌전한

adj. (사람 혹은 물건이) 앙증맞은

I went shopping for silverware and picked up some **dainty** teacups as well.

나는 은제품을 사러 가서 앙증맞은 찻잔도 몇 개 사왔다.

43 **strew with***

phr. ~으로 뒤덮다

The store's fitting rooms were **strewn with** clothes.

가게 탈의실은 옷으로 뒤덮여 있었다.

44 **receipt***
[risíːt]
n. 수령

n. 영수증

This supermarket chain now requires all of their stores to issue **receipts**.
이 슈퍼마켓 체인점은 이제 그것의 모든 가게에서 영수증을 발행하도록 한다.

45 **guarantee***
[gæ̀rəntíː]
n. 보증, 보증서

v. 보장하다, 보증하다

We **guarantee** that all orders will be delivered within three days.
저희는 모든 주문 상품들이 3일 이내에 배송될 것을 보장합니다.

46 **stingy***
[stíndʒi]
adj. 적은, 부족한

adj. 인색한, 구두쇠의

Fred is **stingy** about electronics, only buying devices he wants when they're on sale.
Fred는 전자제품에 대해 인색해서, 원하는 제품이 세일할 때만 산다.

47 **expense***
[ikspéns]
파 expend v. 지출하다

n. 비용, 지출

The company raised product prices because of an increase in production **expenses**.
그 기업은 생산 비용의 증가로 인해 제품의 가격을 올렸다.

텝스 출제 포인트!

어휘 expense : budget
expense와 의미가 비슷한 budget의 쓰임을 구별하여 답을 선택하는 문제가 출제된다.
┌ expense 비용, 지출
└ budget (지출 예상) 비용, 예산

48 **negligible***
[néglidʒəbl]
동 trivial 사소한, 하찮은

adj. 무시해도 될 정도의

The cost of having a purchase gift-wrapped is usually **negligible**.
구입한 물건을 선물 포장하는 비용은 보통 무시해도 될 정도이다.

49 **remodel***
[rìːmáːdl]

v. 개조하다

The shop was **remodeled** to allow more stock to be displayed.
그 가게는 더 많은 재고품을 진열할 수 있도록 하기 위해 개조되었다.

DAY 13 Daily Checkup

단어에 해당하는 뜻을 오른쪽에서 찾아 연결하세요.

01 bargain
02 exclusive
03 versatile
04 selection
05 guarantee

ⓐ 물품
ⓑ 보장하다
ⓒ 흥정하다
ⓓ 교환하다
ⓔ 독점적인
ⓕ 다용도의

문맥에 맞는 단어를 보기에서 골라 빈칸에 넣으세요.

ⓐ spurious	ⓑ shed	ⓒ tag	ⓓ thronged	ⓔ refund	ⓕ peddle

06 Clearly write your name and contact information on your luggage ______.
07 Return the item in its original condition to receive a ______.
08 The health minister warned against people selling ______ medicines.
09 A crowd of people ______ the shopping center during the holiday sale.
10 There are a lot of street vendors who ______ cheap clothes in this area.

ⓐ queue	ⓑ defective	ⓒ genuine	ⓓ clad	ⓔ grumbled	ⓕ exempt

11 The man brought in a(n) ______ TV set to be repaired.
12 Many of the celebrities wore ______ diamonds to the awards show.
13 Some people have been waiting in the ______ at the bakery for 30 minutes.
14 The employees ______ about the new work schedule, which gave them shorter breaks.
15 The professor said I was ______ from taking the final exam because of my health problems.

Answer 01 ⓒ 02 ⓔ 03 ⓕ 04 ⓐ 05 ⓑ 06 ⓒ 07 ⓔ 08 ⓐ 09 ⓓ 10 ⓕ 11 ⓑ 12 ⓒ 13 ⓐ 14 ⓔ 15 ⓕ

➔ 무료 Daily Checkup 해석은 HackersIngang.com에서 제공됩니다.
무료 단어시험지 자동생성기와 무료 해커스 텝스 기출 보카 TEST는 HackersTEPS.com에서 제공됩니다.

텝스완성단어

350점 단어

- □ additional [ədíʃənl] adj. 추가의, 부가적인
- □ amount [əmáunt] n. 양, 액수 | 총액
- □ brand-new [brǽndnjúː] adj. 새로 나온, 신제품의
- □ carry [kǽri] v. (물품을) 팔다 | 운반하다 | 수반하다
- □ cash [kæʃ] v. 현금으로 바꾸다 n. 현금
- □ choose [tʃuːz] v. 선택하다, 고르다
- □ clerk [kləːrk] n. 점원, 사무원
- □ deal with phr. ~을 처리하다, ~을 다루다
- □ department store phr. 백화점
- □ faint [feint] adj. 희미한 v. 기절하다
- □ inexpensive [ìnikspénsiv] adj. 비싸지 않은
- □ item [áitəm] n. 품목
- □ limited [límitid] adj. 제한된 | 부족한
- □ limitless [límitlis] adj. 제한이 없는, 무한의
- □ luxurious [lʌgʒúəriəs] adj. 사치스러운, 호화로운
- □ luxury [lʌ́kʃəri] n. 사치품, 사치스러운 것
- □ on sale phr. 할인 중인 | 팔려고 내놓은
- □ outfit [áutfit] n. 의복 v. 공급하다
- □ plastic bag phr. 비닐 봉지
- □ priceless [práislis] adj. 매우 귀중한
- □ price range phr. 가격대
- □ price tag phr. 가격표
- □ return [ritə́ːrn] n. 반품 | 수익 v. 돌려주다, 반납하다
- □ secondhand [sékəndhǽnd] adj. 중고의 | 간접적인
- □ swipe [swaip] v. 카드를 읽히다 | 때리다
- □ tight [tait] adj. 몸에 꼭 끼는 | (예산 등이) 빠듯한
- □ used [juːzd] adj. 중고의

450점 단어

- □ aisle [ail] — n. (상점의) 통로 | 복도
- □ all-purpose [ɔ̀:lpə́:rpəs] — adj. 다용도의, 만능의
- □ assorted [əsɔ́:rtid] — adj. 여러 종류의, 다채로운
- □ assortment [əsɔ́:rtmənt] — n. 모음, 조합
- □ auction [ɔ́:kʃən] — n. 경매 v. 경매하다
- □ befit [bifít] — v. 적합하다, 어울리다
- □ bid [bid] — v. 가격을 부르다 n. 가격 제시
- □ boycott [bɔ́ikɑ:t] — n. 불매 운동 v. 참가를 거부하다
- □ breakage [bréikidʒ] — n. 파손 | 파손물
- □ brochure [brouʃúər] — n. 소책자, 안내 책자
- □ cash prize — phr. 상금
- □ choosy [tʃú:zi] — adj. 까다로운
- □ clearance sale — phr. 재고 정리 세일
- □ coax [kouks] — v. 구슬리다, 달래다
- □ come along — phr. 함께 가다 | 도착하다
- □ compact [kɑ́mpækt] — adj. 소형의, 작은
- □ convenience store — phr. 편의점
- □ cosmetic [kazmétik] — n. 화장품 adj. 표면적인
- □ custom-made [kʌ̀stəmméid] — adj. 주문 제작의
- □ delivery charge — phr. 배달료
- □ dissatisfied [dissǽtisfàid] — adj. 불만스러운
- □ don [dɑ:n] — v. (옷 등을) 입다, 쓰다
- □ expiration date — phr. 유통 기한
- □ extravagance [ikstrǽvəgəns] — n. 사치, 낭비
- □ extravagant [ikstrǽvəgənt] — adj. 사치스러운, 낭비하는 | 지나친
- □ fabric [fǽbrik] — n. 직물, 옷감 | 구조
- □ fabulous [fǽbjuləs] — adj. 아주 멋진
- □ flat rate — phr. 균일가, 정액 요금
- □ flea market — phr. 벼룩시장
- □ flippant [flípənt] — adj. 경솔한 | 건방진

□	free-of-charge [frìːəvtʃáːrdʒ]	adj. 공짜의, 무료의
□	free shipping	phr. 무료 배송
□	garage sale	phr. (자기 집 차고에서 하는) 중고품 염가 판매
□	garment [gáːrmənt]	n. 의복, 옷
□	get a good deal	phr. 좋은 조건에 잘 사다
□	gift certificate	phr. 상품권
□	giveaway [givə́wei]	n. 경품, 사은품
□	gorgeous [gɔ́ːrdʒəs]	adj. 화려한, 매우 멋진
□	gratitude [grǽtətjùːd]	n. 감사
□	hardware store	phr. 철물점
□	high-end [hàiénd]	adj. 최고급의 | 고성능의
□	in bulk	phr. 대량으로 | 포장하지 않고
□	inventory [ínvəntɔ̀ːri]	n. 재고품 | 재고 목록
□	invoice [ínvɔis]	n. 송장, 명세서 v. 송장을 작성하다
□	leather [léðər]	n. 가죽, 가죽 제품
□	merchandise [mə́ːrtʃəndàiz]	n. 상품, 제품
□	outrageous [autréidʒəs]	adj. (가격이) 엄청난 | 터무니없는, 괘씸한
□	packaging [pǽkidʒiŋ]	n. 포장, 포장재
□	pay the difference	phr. 차액을 지불하다
□	pricey [práisi]	adj. 값비싼
□	put on	phr. ~을 입다
□	regular price	phr. 정가
□	retail store	phr. 소매점 (= retailer)
□	shipping charge	phr. 배송료
□	shopping district	phr. 상점가
□	shoulder strap	phr. (가방·의복의) 어깨끈
□	specialize [spéʃəlàiz]	v. 전문으로 하다
□	vendor [véndər]	n. 노점상, 행상
□	voucher [váutʃər]	n. 상품권, 할인권
□	warehouse [wérhaus]	n. 창고 | 도매점
□	wholesale price	phr. 도매가

500점 단어

□	browse [brauz]	v. (상품을) 둘러보다 ǀ (정보를) 검색하다
□	crease [kri:s]	n. (옷이나 종이가 구겨져 생긴) 주름
□	crumple [krʌ́mpl]	v. 구기다 ǀ 구겨지다
□	disgruntled [disgrʌ́ntld]	adj. 불만을 품은 ǀ 시무룩한
□	exorbitant [igzɔ́:rbətənt]	adj. 엄청난, 터무니없는
□	fad [fæd]	n. 일시적 유행
□	gratuitous [grətjú:ətəs]	adj. 무료의 ǀ 불필요한
□	gullible [gʌ́ləbl]	adj. 잘 속는
□	haggle [hǽgl]	v. 값을 깎다 ǀ 말다툼하다
□	in conjunction with	phr. ~과 함께, ~과 관련하여
□	infatuate [infǽtʃuèit]	v. 홀리다, 열중하게 하다
□	innocuous [inákjuəs]	adj. 해가 없는 ǀ 악의 없는
□	keep abreast of	phr. (시대)에 뒤쳐지지 않다
□	pamper [pǽmpər]	v. 충분히 만족시키다 ǀ 애지중지하다
□	postulate [pástʃulèit]	v. 요구하다 ǀ 가정하다
□	preposterous [pripástərəs]	adj. 불합리한, 터무니없는
□	priced [praist]	adj. 가격이 책정된
□	prodigal [prá:digəl]	adj. 낭비하는 ǀ 풍부한
□	prosaic [prəzéiik]	adj. 평범한
□	rebate [rí:beit]	n. 할인 ǀ 환불
□	redirect [rì:dirékt]	v. ~의 방향을 바꾸다
□	shopping spree	phr. 물건을 마구 사들이기
□	sparingly [spέəriŋli]	adv. 절약하여, 부족하여
□	splurge [splə:rdʒ]	v. 돈을 흥청망청 쓰다
□	squander [skwándər]	v. (시간·돈을) 낭비하다
□	stampede [stæmpí:d]	n. 갑자기 모여들기, 쇄도
□	sumptuous [sʌ́mptʃuəs]	adj. 값비싼, 호화스러운
□	tout [taut]	v. 크게 선전하다 ǀ 강매하다
□	warranty [wɔ́:rənti]	n. 보증서, 보증
□	wheedle [hwí:dl]	v. 구슬리다, 꾀다

▲ 무료 MP3 바로 듣기

스팸 메일에 복수하는 방법

법·범죄

경품에 당첨되었다는 이메일을 받고 legitimate한 것인 줄 알고서 개인 정보를 입력했는데, fraudulent한 것임을 알게 되었다. 바로 경찰에 file a complaint했는데, 다행히 suspect가 apprehend되었다고 연락이 왔다. 그는 무죄라고 plead했지만 convict되었다고 한다. 나를 너무 쉽게 take for a ride해서 분했다. 그런데 같은 스팸 메일이 또 와 있길래 소심한 복수라도 해야 할 것 같아서 답장을 써 주었다. "메일 또 잘 받았습니다. 계속 열심히 fabricate하셔서 법원이 당신에게 무기 징역을 sentence하기 바랍니다."

01 **legitimate***
[lidʒítəmət]
파 legitimize v. 합법화하다
legitimately adv. 합법적으로

adj. 합법적인, 정당한

The lawyer assured investors that the business was **legitimate**.
그 변호사는 투자자들에게 그 사업이 합법적이었다는 것을 보증했다.

02 **fraudulent***
[frɔ́:dʒulənt]
파 fraud n. 사기
fraudulently adv. 속여서, 사기를 쳐서

adj. 사기의, 속이는

Insurance companies must be alert to **fraudulent** claims.
보험 회사들은 사기 보험금 청구를 조심해야 한다.

텝스 출제 포인트!

[어휘] fraudulent claim 거짓 주장
claim과 어울려 쓰이는 fraudulent를 선택하는 문제가 출제된다.

03 **file a complaint***

phr. 고소하다

The employee **filed a complaint** about discrimination in the workplace.
그 직원은 직장 내 차별에 대해 고소했다.

04 **suspect***
[sʌ́spekt]
v. 의심하다 [səspékt]
파 suspicion n. 혐의
suspicious adj. 의심스러운

n. 용의자

The patrolmen released the **suspect** after questioning him.
순찰 경관들은 용의자를 심문한 후 그를 풀어주었다.

텝스 출제 포인트!

[청해] prime suspect 유력한 용의자
be suspicious of ~를 의심하다

05 **apprehend*****
[æprihénd]
v. 두려워하다
파 apprehension n. 체포, 이해, 우려
apprehensive adj. 이해가 빠른, 불안한

v. 체포하다 | 파악하다, 이해하다

The fugitive was **apprehended** by the police during an extensive search.
그 탈주범은 광범위한 수색 중에 경찰에 체포되었다.

A good leader quickly **apprehends** a situation and acts decisively.
좋은 지도자는 상황을 빠르게 파악하고 결단력 있게 행동한다.

06 **plead**★
[pliːd]
v. 탄원하다, 간청하다
파 plea n. 항변, 탄원

v. 변론하다, 항변하다

The defendant on trial **pleaded** not guilty to the charge of robbery.
재판에서 그 피고인은 강도 혐의에 대해 무죄라고 변론했다.

텝스 출제 포인트!

어휘 plead guilty 유죄를 인정하다
plead not guilty 무죄를 주장하다
guilty와 어울려 쓰이는 plead를 선택하는 문제가 출제된다.

07 **convict**★★★
[kənvíkt]
n. 죄수
파 conviction n. 유죄 선고

v. 유죄를 선고하다

The man was **convicted** for fraud and sent to prison.
그 남자는 사기로 유죄를 선고받았고 수감되었다.

텝스 출제 포인트!

독해 convict A of B B에 대해 A에게 유죄를 선고하다

08 **take ~ for a ride**★

phr. ~를 속이다, 기만하다

Petty criminals often **take** unsuspecting tourists **for a ride**.
잡범들은 종종 아무것도 모르는 관광객들을 속인다.

09 **fabricate**★
[fǽbrikèit]
파 fabrication n. 거짓말, 위조

v. 지어내다, 위조하다

Detectives suspected that a bystander at the crime scene was **fabricating** his story.
형사들은 범죄 현장의 한 행인이 이야기를 지어내고 있다고 의심했다.

텝스 출제 포인트!

독해 fabricate a document 문서를 위조하다

10 **sentence**★★★
[séntəns]
n. 선고, 문장

v. (형을) 선고하다

After a lengthy trial, the politician was **sentenced** to ten years in prison for corruption.
긴 재판 끝에 그 정치인은 부정부패로 10년 형을 선고받았다.

텝스 출제 포인트!

어휘 sentence : penalize
sentence와 의미가 비슷한 penalize의 쓰임을 구별하여 답을 선택하는 문제가 출제된다.

- sentence 선고하다 (죄에 대한 처벌을 판결하여 선언하는 경우에 쓰인다)
- penalize 벌주다 (행위에 대하여 불리한 상황에 처하게 하거나 스포츠 등에서 벌칙을 주는 경우에 쓰인다)

독해 be sentenced to death 사형을 선고받다
life sentence 종신형

11 **take in**★★★

phr. 속이다 | 흡수하다, 섭취하다

Customers are often **taken in** by false advertising on the Internet.
고객들은 종종 인터넷의 허위 광고에 속는다.

Most plants **take in** water through their roots.
대부분의 식물들은 뿌리를 통해 물을 흡수한다.

12 **final ruling**★★★

phr. (법원의) 최종 판결

Everyone in the courtroom awaited the judge's **final ruling**.
법정 안의 모든 사람들은 그 판사의 최종 판결을 기다렸다.

13 **exonerate**★★★
[igzɑ́:nərèit]
동 exculpate 무죄를 입증하다

v. 혐의를 풀어주다

She was glad to be **exonerated** from the charges against her.
그녀는 혐의가 풀려 기뻤다.

텝스 출제 포인트!

어휘 exonerate A from B A를 B에 대한 혐의로부터 풀어주다

14 **breach**★★★
[bri:tʃ]
n. 위반, 침해, 균열

v. (법률·약속 등을) 위반하다

The record company sued the band because they **breached** their contract.
음반 회사는 그들이 계약을 위반했기 때문에 그 밴드를 고소했다.

텝스빈출단어 11 12 13 DAY 14 15 16 17 18 19 20 Hackers TEPS Vocabulary

15 **extenuate*****
[iksténjuèit]

v. (죄를) 가볍게 하다, 정상을 참작하다

The accused man gave a series of excuses to **extenuate** his crime.
그 피고인은 자신의 죄를 가볍게 하기 위해 잇따른 변명을 했다.

16 **allegation*****
[æ̀ligéiʃən]
파 allege v. 혐의를 제기하다

n. (충분한 증거가 없는) 혐의, 주장

The respondent denied **allegations** that he beat up the victim.
그 피항소인은 그가 피해자를 때렸다는 혐의를 부인했다.

텝스 출제 포인트!

독해 retract one's allegations 주장을 철회하다

17 **condone*****
[kəndóun]
파 condonation n. 용서, 묵과
condonable adj. 죄를 용서할 수 있는, 묵인할 수 있는

v. (죄를) 용서하다

Violence should not be **condoned** in any situation.
폭력은 어떠한 상황에서도 용서되어서는 안 된다.

18 **infringement*****
[infríndʒmənt]
파 infringe v. 침해하다, 위반하다
infringer n. 침해자, 위반자

n. 침해, 위반

Detaining people without just cause is an **infringement** of human rights.
정당한 이유 없이 사람들을 구금하는 것은 인권 침해이다.

텝스 출제 포인트!

독해 copyright infringement 저작권 침해

청해 infringe on/upon ~을 침해하다

19 **reiterate*****
[riːítəreit]
파 reiteration n. 반복

v. (말 등을) 반복하다

Police **reiterated** their earlier warning about a new telephone scam.
경찰은 신종 전화 사기에 대한 일전의 경고를 반복하여 말했다.

20 **retain**★★★
[ritéin]
파 retention n. 보유, 유지

v. 보유하다, 간직하다

The bank **retains** the right to ask for repayment of the loan.
은행은 대출금 상환을 요구할 권리를 보유한다.

21 **smuggle**★★★
[smʌ́gl]
파 smuggling n. 밀수
smuggler n. 밀수업자

v. 밀수하다

It is illegal to **smuggle** elephant tusks out of the country.
코끼리 상아를 국외로 밀수하는 것은 불법이다.

텝스 출제 포인트!

청해 smuggling 밀수 → illegal trade 불법 거래
smuggling이 유사한 의미의 다른 표현으로 바뀌어 출제된다.

독해 smuggle abroad 밀수출하다

22 **impartial**★★★
[impɑ́:rʃəl]
파 impartially adv. 공명정대하게, 편견 없이

adj. 공정한, 치우치지 않은

Judges should always be **impartial** in their decisions.
판사들은 항상 그들의 결정에 공정해야 한다.

23 **repeal**★★★
[ripí:l]
n. 폐지, 취소

v. (법률 등을) 폐지하다, 무효로 하다

The government **repealed** the law banning insider trading.
정부는 내부자 거래를 금지하는 법안을 폐지했다.

24 **exercise**★★★
[éksərsàiz]
v. 연습하다
파 exercisable adj. 행사할 수 있는

v. (권력 등을) 행사하다

Government leaders **exercised** their authority to dispatch police to stop the riot.
정부 지도자들은 폭동을 진압하기 위해 경찰을 급파하려고 그들의 권력을 행사했다.

텝스 출제 포인트!

독해 exercise one's rights 권리를 행사하다
exercise power 권력을 행사하다

25 **sequester**★★★

[sikwéstər]

v. 압수하다

v. 격리하다

The jurors were **sequestered** from the media throughout the trial.

배심원들은 재판 내내 대중 매체로부터 격리되었다.

26 **bribery**★★

[bráibəri]

파 bribe v. 뇌물을 주다 n. 뇌물

n. 뇌물 수수

Bribery among government employees continues to be widespread.

공무원들 사이의 뇌물 수수는 계속해서 널리 퍼진다.

27 **incarcerate**★★

[inkɑ́:rsərèit]

v. 감금하다, 투옥하다

Repeat offenders of traffic violations may be **incarcerated** for up to three months.

교통 위반 상습범들은 3개월까지 감금될 수도 있다.

28 **reprieve**★★

[riprí:v]

n. 집행 유예

v. (사형수의) 형 집행을 유예하다

The death sentence of a man with mental illness was **reprieved** at the last minute.

사형 선고를 받은 정신질환이 있는 남자는 마지막 순간에 형 집행이 유예되었다.

텝스 출제 포인트!

독해 receive a reprieve 집행 유예를 받다

29 **illicit**★★

[ilísit]

adj. 불법의

International police associations are targeting the **illicit** sale of drugs online.

국제 경찰 연합은 온라인 불법 마약 판매를 표적으로 삼고 있다.

텝스 출제 포인트!

독해 illicit drugs 불법 약물
illicit love 불의의 사랑

30 **jurisdiction**★★

[dʒùərisdíkʃən]

n. 관할 구역

n. 권한, 사법권

The courts have **jurisdiction** over censorship of the media. 법원은 대중 매체에 대한 검열 권한이 있다.

31 **deliberate**★★

v. [dilíbərèit]
adj. [dilíbərət]

파 deliberation n. 숙고
deliberately adv. 고의로

v. 숙고하다

Jury members are still **deliberating** the case.
배심원단은 여전히 그 사건에 대해 숙고하고 있다.

adj. 신중한 | 고의적인

Companies make **deliberate** marketing decisions based on careful research.
회사들은 철저한 조사에 근거하여 신중한 마케팅 결정을 내린다.

Turning your back on a speaker is a **deliberate** insult. 발표자에게 등을 돌리는 것은 고의적인 모욕이다.

텝스 출제 포인트!

청해 deliberate on ~에 대해 숙고하다

32 **proliferation**★★

[prəlìfəréiʃən]

파 proliferate v. 확산되다, 급증하다

n. 확산, 급증

Stricter laws may reduce the **proliferation** of fake products on the market.
더 엄격한 법률들은 시장에서 위조 제품의 확산을 억제할 수도 있을 것이다.

33 **sneak in**★★

phr. 몰래 들어가다

The robber **sneaked in**, but video surveillance caught his movements.
그 강도는 몰래 들어갔지만, 비디오 감시카메라가 그의 움직임을 포착했다.

34 **finagle**★★

[finéigl]

v. 속임수를 쓰다

Someone **finagled** Lynn into proofreading a manuscript for no pay.
누군가가 Lynn에게 수당 없이 원고 교정을 보도록 속임수를 썼다.

35 **infraction**★★

[infrǽkʃən]

파 infract v. 위반하다, 어기다

n. (법률 등의) 위반, 위배

I paid a 50-dollar fine for a minor traffic **infraction**.
나는 가벼운 교통 위반에 대해 50달러의 과태료를 지불했다.

36 **accomplice**★★

[əkɑ́:mplis]

n. 공범

The kidnapper admitted that he had an **accomplice**.
그 유괴범은 공범이 있었다는 것을 인정했다.

★★★ = 출제율 최상 ★★ = 출제율 상 ★ = 출제율 중

37 **withhold**★★
[wiðhóuld]

v. 보류하다, 주지 않다

The police **withheld** information about the accused from the media.
그 경찰은 언론에 피고에 대한 정보를 주는 것을 보류했다.

38 **resume**★★
[rizú:m]

파 resumable adj. 재개할 수 있는

v. 다시 시작하다, 재개하다

The trial **resumed** following a short break.
재판은 짧은 휴식 시간 후에 다시 시작되었다.

텝스 출제 포인트!

청해 resume 재개하다 → begin again 다시 시작하다
resume이 유사한 의미의 다른 표현으로 바뀌어 출제된다.

39 **reprimand**★★
[répr∂mæ̀nd]

v. 징계하다, 질책하다

A soccer player was severely **reprimanded** for using bad language against a referee.
축구 선수는 심판을 향해 욕설을 한 것에 대해 엄하게 징계를 받았다.

텝스 출제 포인트!

청해 be reprimanded for ~ 때문에 질책을 받다

40 **commit**★★
[k∂mít]

파 commitment n. 범행, 전념
committed adj. 전념하는

v. (죄를) 저지르다, 범하다 | 전념하다

The boy **committed** his first theft at the age of 12.
그 소년은 12살에 도둑질을 처음 저질렀다.

Management expects new employees to **commit** themselves to the job.
경영진은 신입 사원들이 그들의 일에 전념하기를 기대한다.

텝스 출제 포인트!

어휘 commit a theft 도둑질을 하다
theft와 어울려 쓰이는 commit를 선택하는 문제가 출제된다.

청해 be not committed 전념하지 않다 → be distracted 주의를 빼앗기다
be not committed가 유사한 의미의 다른 표현으로 바뀌어 출제된다.

독해 commit a crime 범죄를 저지르다
commit suicide 자살하다
commit oneself to ~에 전념하다

41 **violate**★

[váiəlèit]

파 violation n. 위반, 침해
violative adj. 침해하는

v. 위반하다

Prisoners must not **violate** any rules to be considered for early release.

죄수들은 조기 석방 대상으로 고려되길 원한다면 어떠한 규칙도 위반해서는 안 된다.

42 **rescind**★

[risínd]

v. (법률·제도 등을) 폐지하다, 무효로 하다

New Jersey was the first state to **rescind** capital punishment through legislative action.

뉴저지는 입법 조치를 통해 사형 제도를 폐지한 첫 번째 주였다.

텝스 출제 포인트!

어휘 rescind a contract 계약을 무효로 하다
contract와 어울려 쓰이는 rescind를 선택하는 문제가 출제된다.

43 **be saddled with**★

phr. (짐 등을) 지다

If Jack's business keeps losing money, he will **be saddled with** debt.

만약 Jack의 사업이 계속 돈을 잃는다면 그는 빚을 지게 될 것이다.

44 **clemency**★

[klémənsi]

n. 관대한 처분, 관용

A traveler who was tricked into transporting illegal goods received **clemency** in court.

속아서 불법적인 물품을 운송했던 여행자는 법정에서 관대한 처분을 받았다.

텝스 출제 포인트!

독해 show clemency 관용을 베풀다

45 **deter**★

[ditə́ːr]

파 deterrent n. 방해물 adj. 방해하는

v. 저지하다, 그만두게 하다

Surveillance cameras **deter** robbers from entering a store.

감시 카메라는 강도들이 가게에 들어오는 것을 저지한다.

텝스 출제 포인트!

독해 deter from ~하는 것을 저지하다

46 **evade***

[ivéid]

파 evasion n. 회피, 모면
evasive adj. 회피적인

v. 피하다, 모면하다

The man **evaded** the question of where he obtained the drugs.

그 남자는 어디에서 마약을 얻었는지에 대한 질문을 피했다.

47 **forge***

[fɔːrdʒ]

파 forgery n. 위조

v. 위조하다 | (친교 등을) 맺다, 구축하다

New security features make a passport hard to **forge**.

새로운 보안 기능은 여권을 위조하기 어렵게 만든다.

The two companies agreed to **forge** a mutually beneficial partnership.

두 회사는 상호간에 유익한 협력 관계를 맺기로 동의했다.

48 **legal***

[líːgəl]

파 legalize v. 합법화하다
legality n. 합법성

adj. 합법적인, 법의

The **legal** age for marriage in most countries is 18.

대부분의 나라에서 결혼할 수 있는 합법적인 연령은 18세이다.

49 **probe***

[proub]

v. 조사하다, 탐사하다

The police department is **probing** into the accident on Highway 64.

경찰서는 64번 고속도로의 사고를 조사하고 있다.

n. (철저한) 조사

The company faces a **probe** after being accused of spending funds illegally.

그 회사는 불법적으로 자금을 사용한 것으로 고소당한 후 철저한 조사에 직면해 있다.

텝스 출제 포인트!

독해 probe into ~을 조사하다

DAY 14 Daily Checkup

단어에 해당하는 뜻을 오른쪽에서 찾아 연결하세요.

01 incarcerate
02 retain
03 proliferation
04 commit
05 allegation

ⓐ 보유하다
ⓑ 급증
ⓒ 혐의
ⓓ 고소하다
ⓔ 감금하다
ⓕ (죄를) 저지르다

문맥에 맞는 단어를 보기에서 골라 빈칸에 넣으세요.

ⓐ breached ⓑ clemency ⓒ sequestered ⓓ fabricated ⓔ withheld ⓕ legitimate

06 The tenant ______ the rental contract by moving out too early.
07 There are a lot of scams so make sure that you deal only with ______ companies.
08 The hermit ______ himself in a cave on top of a mountain two years ago.
09 The manager ______ comment until she heard all the facts.
10 The criminal ______ his story but the police discovered he was lying.

ⓐ pleaded ⓑ accomplice ⓒ smuggle ⓓ condone ⓔ rescind ⓕ impartial

11 The guidelines forbid lateness and the managers will not ______ it.
12 People who ______ illegal drugs into the country will be arrested.
13 The judge's ______ decision resolved the lawsuit.
14 The accused ______ guilty to the bribery charge against him.
15 The police discovered that the robbers had a(n) ______ inside the bank.

Answer 01 ⓔ 02 ⓐ 03 ⓑ 04 ⓕ 05 ⓒ 06 ⓐ 07 ⓕ 08 ⓒ 09 ⓔ 10 ⓓ 11 ⓓ 12 ⓒ 13 ⓕ 14 ⓐ 15 ⓑ

텝스완성단어

350점 단어

□	abuse	n. 학대 ǀ 남용 [ǽbjuːs] v. 학대하다 [əbjúːz]
□	accuse [əkjúːz]	v. 고발하다 ǀ 비난하다
□	arrest [ərést]	v. 체포하다 ǀ 억제하다
□	attorney [ətə́ːrni]	n. 변호사
□	code [koud]	n. 암호 ǀ 법전 v. (프로그램을) 코드화하다
□	codify [kάːdəfài]	v. 성문화하다
□	court [kɔːrt]	n. 법정 ǀ 궁정
□	death penalty	phr. 사형
□	deceive [disíːv]	v. 속이다, 기만하다
□	deceptive [diséptiv]	adj. 속이는, 현혹시키는
□	defendant [diféndənt]	n. 피고
□	detective [ditéktiv]	n. 탐정, 형사 adj. 탐정의, 형사의
□	eyewitness [aiwítnis]	n. 목격자
□	fair [fɛər]	adj. 공정한, 공평한
□	federal government	phr. 연방 정부
□	forgive [fərgív]	v. 용서하다
□	gamble [gǽmbl]	v. 도박하다
□	imprison [imprízn]	v. 투옥하다, 수감하다
□	jury [dʒúəri]	n. 배심원단
□	justify [dʒʌ́stəfài]	v. 정당화하다
□	penalty [pénəlti]	n. 벌금, 위약금 ǀ 형벌
□	proof [pruːf]	n. 증거
□	Supreme Court	phr. 대법원
□	surrender [səréndər]	v. 항복하다 ǀ (경찰 등에) 자수하다 ǀ 포기하다
□	trial [tráiəl]	n. 재판, 공판 ǀ 시험, 시도 adj. 시험의
□	update [ʌ̀pdéit]	v. 최신의 것으로 만들다, 갱신하다 n. 최신 소식
□	witness [wítnis]	n. 목격자 v. 목격하다

450점 단어

- □ abduct [æbdʌ́kt] v. 유괴하다
- □ absolve [æbzɑ́:lv] v. 무죄임을 선언하다
- □ amend [əménd] v. 고치다, 개정하다
- □ amendment [əméndmənt] n. 개정 | (미국 헌법의) 수정 조항
- □ arbitrary [ɑ́:rbətrèri] adj. 임의의, 자의적인
- □ arbitration [ɑ̀:rbətréiʃən] n. 중재, 조정
- □ arson [ɑ́:rsn] n. 방화
- □ assault [əsɔ́:lt] n. 폭행 | 습격
- □ attest [ətést] v. 증명하다, 입증하다
- □ audacity [ɔ:dǽsəti] n. 뻔뻔함 | 대담함
- □ come clean phr. 실토하다
- □ condemn [kəndém] v. 비난하다 | 유죄로 판결하다
- □ custody [kʌ́stədi] n. (미성년자의) 보호, 감독
- □ detain [ditéin] v. 구금하다, 감금하다
- □ discrepancy [diskrépənsi] n. 불일치 | 모순
- □ disguise [disgáiz] v. 위장하다, 숨기다 n. 변장, 위장
- □ empower [impáuər] v. ~에게 권한을 부여하다
- □ fugitive [fjú:dʒətiv] n. 탈주범, 도망자
- □ get away with phr. 벌을 교묘히 모면하다
- □ guilty verdict phr. 유죄 판결
- □ homicide [hɑ́:məsàid] n. 살인
- □ identity theft phr. 신분 도용
- □ illegal substances phr. 불법 약물
- □ imperative [impérətiv] adj. 필수적인 n. 의무 사항
- □ implore [implɔ́:r] v. 탄원하다, 애원하다
- □ indict [indáit] v. 기소하다
- □ inexcusable [ìnikskjú:zəbl] adj. 용서할 수 없는
- □ infliction [inflíkʃən] n. 형벌, 고통, 시련
- □ inmate [ínmèit] n. 재소자, 수감자
- □ insufficient [ìnsəfíʃənt] adj. 불충분한

- □ **interrogation** [intèrəgéiʃən] n. 심문, 질문
- □ **lengthen** [léŋkθən] v. 길게 하다, 연장하다
- □ **lenient** [lí:niənt] adj. 너그러운, 관대한
- □ **litigation** [lìtəgéiʃən] n. 소송, 기소
- □ **lodge** [lɑ:dʒ] v. (반대 · 항의 등을) 제기하다
- □ **mediate** [mí:dièit] v. 중재하다, 조정하다
- □ **offender** [əféndər] n. 범죄자, 위반자
- □ **outlaw** [áutlɔ:] v. 불법화하다, 금지하다
- □ **overrule** [òuvərrú:l] v. 무효화하다, 기각하다
- □ **overturn** [òuvərtə́:rn] v. 뒤집다, 전복시키다
- □ **patrol** [pətróul] v. 순찰하다
- □ **penalize** [pí:nəlàiz] v. 벌주다 | 불리하게 하다
- □ **petition** [pətíʃən] v. 청원하다, 탄원하다 n. 청원, 탄원
- □ **pickpocket** [píkpɑ̀kit] n. 소매치기
- □ **plaintiff** [pléintif] n. 원고, 고소인
- □ **prank** [præŋk] n. 장난
- □ **premise** [prémis] n. (-s) 건물, 토지 | 전제
- □ **prosecute** [prɑ́:sikjù:t] v. 기소하다
- □ **raid** [reid] n. 급습 | (경찰의) 불시 단속 v. 급습하다 | 수색하다
- □ **reversal** [rivə́:rsəl] n. 번복, 취소
- □ **scam** [skæm] n. (신용) 사기
- □ **sexual harassment** phr. 성희롱
- □ **sift** [sift] v. 면밀히 조사하다
- □ **strangle** [strǽŋgl] v. 목 졸라 죽이다, 질식시키다
- □ **sue** [su:] v. 고소하다
- □ **summon** [sʌ́mən] v. (법원에) 출두시키다, 소환하다
- □ **swindle** [swíndl] v. 사기치다, 사취하다
- □ **testify** [téstəfài] v. 증언하다, 진술하다
- □ **testimony** [téstəmòuni] n. (선서) 증언
- □ **under the guise of** phr. ~을 가장하여, ~을 구실로
- □ **verdict** [və́:rdikt] n. 평결 | 판단, 의견

500점 단어

- □ abscond [æbskɑ́:nd] v. 도주하다
- □ amnesty [ǽmnəsti] n. 사면 | 자진 신고 기간
- □ annul [ənʌ́l] v. 무효로 하다, 취소하다
- □ avow [əváu] v. 공언하다 | 자백하다
- □ catch A red-handed phr. A를 현행범으로 붙잡다
- □ compliance [kəmpláiəns] n. (법률 · 협약의) 준수
- □ contraband [kɑ́ntrəbænd] adj. (수출입) 금지의 n. 밀수품
- □ contrite [kəntráit] adj. 죄를 깊이 뉘우치는
- □ culprit [kʌ́lprit] n. 범죄자, 범인
- □ decree [dikrí:] n. 법령 v. (법령으로) 포고하다
- □ defamation [dèfəméiʃən] n. 명예 훼손
- □ defraud [difrɔ́:d] v. 속이다, 사기 치다
- □ embezzle [imbézl] v. 횡령하다
- □ falsify [fɔ́:lsəfài] v. 위조하다
- □ felony [féləni] n. (살인 · 방화 등의) 중죄
- □ forensic [fərénsik] adj. 과학 수사의 | 법정의
- □ frisk [frisk] v. 몸수색을 하다
- □ heinous [héinəs] adj. 흉악한
- □ incriminate [inkrímənèit] v. (남에게) 죄를 씌우다
- □ intimidated [intímədèitid] adj. 겁을 내는
- □ larceny [lɑ́:rsəni] n. 절도(죄), 도둑질
- □ legislate [lédʒislèit] v. 법률을 제정하다, 입법하다
- □ on the loose phr. 탈주 중인, 잡히지 않은
- □ perjury [pə́:rdʒəri] n. 위증죄
- □ perpetrate [pə́:rpətrèit] v. (죄 · 잘못을) 저지르다
- □ rancorous [rǽŋkərəs] adj. 원한이 있는
- □ repentant [ripéntənt] adj. 후회하고 있는, 회개하는
- □ restitution [rèstətjú:ʃən] n. 배상, 보상
- □ stipulate [stípjulèit] v. (계약서 · 조항을) 규정하다
- □ vindicate [víndəkèit] v. 무죄를 입증하다

DAY 15

Hackers TEPS Vocabulary

한 달 안에 완벽한 몸 만들기

여가·스포츠

몇몇 운동을 dabble in하던 나는 새해를 맞아 get in shape할 결심을 하고 헬스 클럽에 갔다. 근육 운동을 attempt하기 전에 먼저 내 체력을 assess하고 트레이너의 지도에 따라 다치지 않도록 충분히 stretch도 했다. 오랜만에 제대로 된 운동을 하니 의욕에 넘쳐 gasping할 때까지 tough하게 work out했는데 정말 재미있고 적성에 fit했다. 이참에 보디빌딩 competition에서의 입상도 도전하고 싶어서 트레이너에게 조언을 구했는데 왠지 표정이 밝지 않았다.

01 **dabble in**★★★

phr. ~을 취미 삼아 해보다

The singer **dabbled in** painting as a college student. 그 가수는 대학생일 때 취미 삼아 그림을 그렸었다.

02 **get in shape**★

phr. 좋은 몸 상태를 유지하다

I'm currently trying to **get in shape** for an upcoming marathon.
나는 다가오는 마라톤을 위해 현재 좋은 몸 상태를 유지하려고 하는 중이다.

03 **attempt**★
[ətémpt]

v. 시도하다

The athlete will **attempt** to set a new Olympic record.
그 선수는 올림픽 신기록을 세우려고 시도할 것이다.

n. 시도, 기도

I passed the driving test on my first **attempt**.
나는 운전면허 시험을 첫 번째 시도에 통과했다.

텝스 출제 포인트!

문법 attempt to V ~하려고 시도하다
attempt 뒤에 to부정사를 쓰는 문제가 출제된다.

독해 suicide attempt 자살 기도

04 **assess**★
[əsés]
파 assessment n. 평가
동 evaluate 평가하다

v. 평가하다, 산정하다

The coach **assesses** the team's progress every day.
그 코치는 매일 팀의 향상을 평가한다.

텝스 출제 포인트!

청해 undergo assessment 평가를 받다

05 **stretch**★★★
[stretʃ]
파 stretching n. 스트레칭

v. 뻗다, 앞으로 내밀다 | (토지 등이) 펼쳐지다

In yoga you **stretch** your limbs in all sorts of ways.
요가에서는 팔다리를 다양한 방법으로 뻗는다.

The desert **stretches** on for miles from this point.
그 사막은 이 지점에서 수 마일 정도 펼쳐져 있다.

텝스 출제 포인트!

[어휘] stretch one's legs 다리를 뻗다

06 **gasping**★★

[gǽspiŋ]

[파] gasp v. 헐떡거리다 n. 숨참

adj. 헐떡거리는, 숨이 가쁜

The **gasping** rowers paddled with all their strength to reach the finish line.

헐떡거리는 뱃사공들은 결승점에 이르기 위해 전력을 다해 노를 저었다.

07 **tough**★

[tʌf]

adj. (일 · 문제가) 힘든, 곤란한 | 강인한, 굳센

Mountain climbers overcome many **tough** challenges to succeed.

등산가들은 성공하기 위해 많은 힘든 도전을 극복한다.

Chess players learn to develop **tough** minds.

체스 선수들은 강인한 정신력을 발달시키는 법을 배운다.

텝스 출제 포인트!

[어휘] tough : rigid : hardy

tough와 의미가 비슷한 rigid, hardy의 쓰임을 구별하여 답을 선택하는 문제가 출제된다.

- tough 힘든 (어떤 일이나 문제를 해결하기 어려운 경우에 쓰인다)
- rigid 엄격한 (방침 · 규칙 등이 엄격하게 적용되는 경우에 쓰인다)
- hardy 튼튼한 (사람 · 식물이 어려운 상황을 견딜 만큼 강건한 경우에 쓰인다)

08 **work out**★★

phr. 운동하다 | (일이) 잘 풀리다

The weight lifting team **works out** at the gym nearly every day.

역도팀은 거의 매일 체육관에서 운동한다.

Everything seems to be **working out** all right with our company.

우리 회사의 모든 일이 잘 풀리는 것처럼 보인다.

09 **fit**★★

[fit]

n. 적합, 몸에 맞는 옷

[파] fitted adj. 꼭 맞는, 적합한

v. ~에 맞다, ~에 적합하다

The new uniforms **fit** the basketball players perfectly.

새 유니폼이 농구 선수들에게 딱 맞는다.

adj. 건강한, 컨디션이 좋은

Jogging every day is a good way to stay **fit**.
매일 조깅하는 것은 건강을 유지하기 위한 좋은 방법이다.

텝스 출제 포인트!

청해 fit in ~에 꼭 맞다, ~에 적합하다
fit into ~에 적응하다, ~에 어울리다
perfect fit 몸에 꼭 맞는 옷

10 **competition**★★
[kὰ:mpətíʃən]

파 compete v. 경쟁하다
competitive adj. 경쟁의

n. 시합, 대회 | 경쟁

Enter the **competition** with full concentration.
완전히 집중하면서 시합에 참가해라.

Competition for scholarships is very intense.
장학금을 타기 위한 경쟁은 매우 치열하다.

텝스 출제 포인트!

독해 enter a competition 시합에 참가하다
compete for A with B A를 놓고 B와 경쟁하다

11 **dart**★★★
[da:rt]

v. 쏜살같이 달리다

The goalkeeper **darted** out of the penalty area to collect the ball.
그 골키퍼는 공을 잡기 위해 페널티 구역 밖으로 쏜살같이 달렸다.

n. (무기용·다트 놀이용) 화살

The teacher scolded the class for throwing paper **darts**.
선생님은 학급 학생들이 종이 화살을 던진 것에 대해 야단을 쳤다.

12 **spare**★★★
[spεər]
n. 여분

adj. 여가의, 여분의

What do you enjoy doing in your **spare** time?
여가 시간에 무엇을 하는 것을 좋아하세요?

v. (시간·돈 등을) 할애하다

Ms. Owens **spared** an hour of her time helping her neighbor move.
Ms. Owens는 이웃의 이사를 도와주는 것에 그녀의 한 시간을 할애했다.

13 **avid**★★★
[ǽvid]

adj. 열렬한, 열광적인

After going to a game with his friends, my brother has become an **avid** fan of ice hockey.
그의 친구들과 함께 경기에 다녀온 후, 내 남동생은 열렬한 아이스하키 팬이 되었다.

텝스 출제 포인트!

[어휘] avid fan 열렬한 팬
fan과 어울려 쓰이는 avid를 선택하는 문제가 출제된다.

14 **entertainment**★★★
[èntərtéinmənt]
파 entertain v. 즐겁게 하다

n. 오락

Children at the amusement park watch the clowns for **entertainment**.
놀이 공원에 간 아이들은 오락 삼아 광대를 구경한다.

15 **dull**★★★
[dʌl]
adj. 둔탁한, 흐린
v. (통증을) 완화시키다
동 boring, tedious 지루한, 따분한

adj. 지루한

The movie was so **dull** that I fell asleep halfway through it.
영화가 너무 지루해서 나는 중간쯤부터 잠들었다.

v. 흐리게 하다, 희미하게 하다

A heavy morning mist **dulled** our view of the scenery.
짙게 낀 아침 안개는 우리가 보는 경치를 흐리게 했다.

텝스 출제 포인트!

[청해] dull 지루한 → boring 재미없는
dull이 유사한 의미의 다른 표현으로 바뀌어 출제된다.

[어휘] dull the pain 고통을 완화시키다

16 **meticulous**★★★
[mətíkjuləs]
파 meticulously adv. 꼼꼼하게

adj. 세심한, 꼼꼼한

Needlework is a hobby requiring **meticulous** attention.
자수는 세심한 주의가 필요한 취미이다.

텝스 출제 포인트!

[독해] meticulously planned 꼼꼼하게 계획된

17 **contentious*****

[kənténʃəs]

adj. 논쟁을 불러일으키는

파 contentiously adv. 논쟁적으로

adj. 다투기 좋아하는

A **contentious** tennis player argued with a line judge for twenty minutes.

다투기 좋아하는 테니스 선수는 선심과 20분 동안 언쟁을 했다.

18 **feature*****

[fíːtʃər]

n. 특징, 특색

v. 특징으로 하다 | 특집으로 하다

The running shoes **feature** a waterproof exterior.

그 운동화는 방수 처리된 외면을 특징으로 한다.

The article **features** popular tourist attractions.

그 기사는 인기 관광 명소들을 특집으로 한다.

n. 특집 기사

The magazine has a special **feature** on legendary soccer stars.

그 잡지는 전설적인 축구 선수들에 대한 특집 기사를 싣고 있다.

텝스 출제 포인트!

독해 feature an article on ~에 대한 기사를 특집으로 하다
special feature 특집 기사, 특별한 특징

19 **dodge*****

[dɑːdʒ]

v. (부정한 방법으로) 회피하다

n. 책략

동 elude 교묘히 피하다

v. 재빨리 피하다

Boxers **dodge** punches by ducking or moving constantly.

권투 선수들은 머리를 휙 수그리거나 계속해서 움직이며 재빨리 펀치를 피한다.

20 **feeble****

[fíːbl]

adj. (몸이) 허약한

adj. (효과·의지 등이) 미미한, 약한

Dana made a **feeble** effort to do a push-up but gave up after trying.

Dana는 팔굽혀펴기를 하기 위해 미미한 노력을 했지만 시도한 후 포기했다.

21 **alacrity****

[əlǽkrəti]

n. 민첩, 민활

Patrick obeyed his coach's instructions with **alacrity**.

Patrick은 그의 코치의 지시에 민첩하게 따랐다.

22 **contest**★★

[kəntést]

n. 시합, 경쟁 [kɑ́ntest]

v. (승리 등을 위해) 겨루다, 다투다

The team **contested** first place with their rivals.

그 팀은 그들의 경쟁팀과 1위 자리를 놓고 겨루었다.

23 **keep up with**★★

phr. (뉴스·유행 등에 대해) 알다

phr. (유행을) 따르다, 뒤떨어지지 않다

I often go shopping to **keep up with** the latest fashion.

최신 유행을 따르기 위해 나는 자주 쇼핑을 간다.

텝스 출제 포인트!

독해 keep up with the Joneses 최신 유행을 좇다

24 **demoralize**★★

[dimɔ́ːrəlàiz]

v. 타락시키다

동 discourage 열의를 꺾다

v. 사기를 꺾다

The outstanding performance of the opposing team **demoralized** the players.

상대 팀의 뛰어난 경기는 선수들의 사기를 꺾었다.

25 **double over**★★

phr. (웃음·고통 등으로) 몸을 웅크리다

The baseball player was hit so hard that he **doubled over** in pain.

그 야구 선수는 너무 강하게 맞아서 고통으로 몸을 웅크렸다.

26 **outpace**★★

[àutpéis]

v. 앞지르다, 앞서다

Runners from Kenya consistently **outpaced** other athletes in the marathon.

케냐 출신 육상선수들은 마라톤에서 시종일관 다른 운동선수들을 앞질렀다.

27 **diverse**★★

[daivə́ːrs]

파 diversify v. 다양화하다
diversity n. 다양성

adj. 다양한

I have a **diverse** collection of detective novels at home. 나는 집에 다양한 종류의 탐정 소설이 있다.

텝스 출제 포인트!

독해 cultural diversity 문화적 다양성

28 **nimble**★★

[nímbl]

adj. 재치 있는, 영리한

파 nimbly adv. 재빠르게, 민첩하게

adj. (동작이) 재빠른, 날렵한

The audience watched as the pianist's **nimble** fingers glided across the keys.

피아니스트의 재빠른 손가락이 건반 위에 미끄러지듯이 움직이는 동안 청중들은 지켜보았다.

29 **fluke**★★

[fluːk]

n. 뜻밖의 행운, 요행

It was a **fluke** that we defeated the championship's best team.

우리가 선수권 대회 우승팀을 이긴 것은 뜻밖의 행운이었다.

30 **cup of tea**★★

phr. 기호에 맞는 것, 좋아하는 사람

Going to crowded places such as the beach is not my **cup of tea**.

해변과 같이 붐비는 곳에 가는 것은 내 기호에 맞는 것이 아니다.

31 **valid**★★

[vǽlid]

파 validity n. 타당성, 유효성

반 invalid 무효한, 타당하지 않은

adj. 유효한 | 타당한

Only those with **valid** tickets may enter the stadium.

유효한 입장권을 소지한 분들만이 경기장에 입장하실 수 있습니다.

The referee had a **valid** reason for sending off the player.

심판에게는 그 선수를 퇴장시킨 타당한 이유가 있었다.

 텝스 출제 포인트!

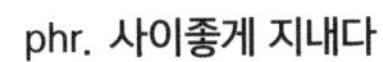

독해 a valid ticket 유효한 입장권

a valid ID 유효한 신분증

32 **get along**★★

phr. 사이좋게 지내다

Team sports encourage children to **get along** with each other.

팀 스포츠는 아이들이 서로 사이좋게 지내도록 장려한다.

 텝스 출제 포인트!

어휘 get along with ~와 사이좋게 지내다

33 **qualify**★★

[kwɑ́ːləfài]

파 qualification n. 자격, 자질
qualifiable adj. 자격이 주어지는

v. 자격이 있다, 자격을 주다

Preliminary matches will be played to determine which teams **qualify** for the World Cup.
어떤 팀이 월드컵에 출전할 자격이 있는지 결정하기 위해 예선 경기가 진행될 것이다.

34 **ultimate**★★

[ʌ́ltəmət]

파 ultimately adv. 궁극적으로, 결국

adj. 궁극적인, 최종의 | 근본적인

My **ultimate** goal is to run 100 meters in 14 seconds. 내 궁극적인 목표는 100미터를 14초에 뛰는 것이다.

Athletes' safety must be the **ultimate** concern of coaches. 선수의 안전이 코치의 근본적인 관심사여야 한다.

텝스 출제 포인트!

어휘 ultimate goal 궁극적인 목표
goal과 어울려 쓰이는 ultimate를 선택하는 문제가 출제된다.

35 **apparent**★

[əpǽrənt]

파 apparently adv. 명백히, 겉보기에는

동 discernible 보고 알 수 있는

adj. 명백한, 분명한 | 외관상의, 겉보기의

The skater's nervousness was **apparent** to everyone.
그 스케이트 선수의 긴장감은 모두가 보기에 명백했다.

An individual's **apparent** calm may be a mask for anxiety. 한 사람의 외관상의 침착함은 불안을 감추려는 가면일 수도 있다.

36 **match**★

[mætʃ]

n. 짝, 어울리는 사람

n. 경기, 시합

The boxing **match** ended with a knockout.
그 권투 경기는 녹아웃으로 끝났다.

v. ~에 어울리다 | ~에 필적하다

A silver necklace would **match** this black dress nicely.
은목걸이가 이 검은 드레스에 잘 어울릴 것이다.

The amateur athlete **matched** the professionals in skill.
그 아마추어 선수는 실력 면에서 프로 선수들에 필적했다.

텝스 출제 포인트!

청해 lose a match 시합에서 지다
play a match against ~와 시합을 하다

37 **rank**★
[ræŋk]
n. 지위, 계급

v. (특정한 계급·지위 등에) 자리 잡다, 위치하다

Roger Federer is **ranked** one of the best tennis players of all time.
로저 페더러는 역대 최고의 테니스 선수들 중 한 명으로 자리 잡고 있다.

38 **brisk pace**★

phr. 활발한 걸음

I walk around the park at a **brisk pace** every morning for exercise.
나는 운동 삼아 매일 아침 활발한 걸음으로 공원을 산책한다.

39 **coveted**★
[kʌ́vitid]
파 covet v. 탐내다, 갈망하다

adj. 탐내는

A gold medal is the most **coveted** prize among Olympic athletes.
금메달은 올림픽 운동선수들이 가장 탐내는 상이다.

40 **make it**★

phr. (간신히) 시간 맞춰 도착하다 | 성공하다

Our bus **made it** in time for the game despite the traffic.
교통량에도 불구하고 우리 버스는 경기 시간에 맞춰 도착했다.

The professor believes his students will **make it** as professional writers.
그 교수는 자신의 학생들이 전문 작가로 성공할 것이라고 믿는다.

41 **outdo**★
[àutdúː]

v. ~보다 뛰어나다

Natalie **outdid** many other contestants in the dance competition.
Natalie는 춤 경연 대회에서 다른 많은 참가자들보다 뛰어났다.

42 **participant**★
[pɑːrtísəpənt]
파 participate v. 참가하다

n. 참가자, 관계자

The **participants** nervously awaited the results of the competition.
참가자들은 초조하게 경기 결과를 기다렸다.

텝스 출제 포인트!

독해 participant 참가자 → attendee 참석자
participant가 유사한 의미의 다른 표현으로 바뀌어 출제된다.

43 **bar**★
[bɑ:r]
v. (길을) 막다, 방해하다

v. 금지하다

Two athletes were **barred** from the games for using prohibited substances.
두 명의 운동선수는 금지된 물질을 사용해서 시합 출전이 금지되었다.

44 **enthusiasm**★
[inθú:ziæzm]
파 enthusiast n. 열성적인 사람
enthusiastic adj. 열광적인

n. 열광, 열의

Fans cheered with **enthusiasm** for their favorite team. 팬들은 그들이 좋아하는 팀을 열광적으로 응원했다.

45 **liking**★
[láikiŋ]
동 penchant 기호, 애호

n. 좋아함, 애호

Some people have a **liking** for reading during their free time. 어떤 사람들은 여가 시간 동안 독서하는 것을 좋아한다.

텝스 출제 포인트!

청해 have a liking for ~을 좋아하다

46 **ascent**★
[əsént]
파 ascend v. 오르다, 올라가다

n. 등반, 오름

Nearly 4,500 people have succeeded in their **ascent** of Mount Everest.
거의 4,500명의 사람들이 에베레스트 산 등반에 성공했다.

47 **toss**★
[tɔ:s]

v. (가볍게) 던지다

Tom **tossed** the beach ball to Jane, but she missed it.
Tom은 Jane에게 비치볼을 던졌지만, 그녀는 그것을 놓쳤다.

48 **deft**★
[deft]

adj. 능숙한, 솜씨가 좋은

The **deft** movements of the ballet dancers were amazing.
그 발레 무용수의 능숙한 움직임은 놀라웠다.

DAY 15 Daily Checkup

단어에 해당하는 뜻을 오른쪽에서 찾아 연결하세요.

01 stretch	ⓐ ~에 맞다
02 dull	ⓑ 열렬한
03 ultimate	ⓒ 강인한
04 avid	ⓓ 뻗다
05 fit	ⓔ 지루한
	ⓕ 궁극적인

문맥에 맞는 단어를 보기에서 골라 빈칸에 넣으세요.

ⓐ meticulous ⓑ dodge ⓒ spare ⓓ worked out ⓔ assess ⓕ tough

06 My brother ______ to develop his muscles.

07 University was a ______ time for Jennifer, who had to support herself with two part-time jobs.

08 There's a ______ room in our house for guests to sleep in.

09 A good researcher is ______ in analyzing data.

10 The car swerved to ______ a squirrel in the middle of the road.

ⓐ diverse ⓑ dabble in ⓒ apparent ⓓ made it ⓔ valid ⓕ outdo

11 The group ______ to the airport in time for their flight.

12 Employees must provide a(n) ______ reason for absences, such as a doctor's appointment.

13 Lucy likes to ______ pottery when she has free time on the weekends.

14 The convention participants come from a(n) ______ set of industries.

15 Bob hopes to ______ his previous record in the last marathon.

Answer 01 ⓓ 02 ⓔ 03 ⓕ 04 ⓑ 05 ⓐ 06 ⓓ 07 ⓕ 08 ⓒ 09 ⓐ 10 ⓑ 11 ⓓ 12 ⓔ 13 ⓑ 14 ⓐ 15 ⓕ

텝스완성단어

350점 단어

- □ amusement park — phr. 놀이 공원, 유원지
- □ athlete [ǽθliːt] — n. 운동선수
- □ athletics [æθlétiks] — n. 운동 경기, 육상 경기
- □ beat [biːt] — v. 이기다, 패배시키다 | 때리다
- □ champion [tʃǽmpiən] — v. 옹호하다 n. 우승자
- □ championship [tʃǽmpiənʃìp] — n. 선수권 대회 | 우승
- □ cheer up — phr. 격려하다 | (C-) 힘내, 이겨라!
- □ collect [kəlékt] — v. 수집하다, 모으다
- □ compel [kəmpél] — v. 억지로 시키다
- □ disappointed [dìsəpɔ́intid] — adj. 실망한, 낙담한
- □ disappointing [dìsəpɔ́intiŋ] — adj. 실망스러운
- □ distinguish [distíŋgwiʃ] — v. 구별하다
- □ energetic [ènərdʒétik] — adj. 활동적인, 활기찬
- □ frightened [fráitnd] — adj. 깜짝 놀란, 겁이 난
- □ gardening [gɑ́ːrdniŋ] — n. 원예
- □ give it a try — phr. 시도하다, 한번 해보다
- □ gym [dʒim] — n. 체육관
- □ late fee — phr. 연체료
- □ parachute [pǽrəʃùːt] — n. 낙하산
- □ passionate [pǽʃənət] — adj. 열렬한, 열정적인
- □ rivalry [ráivəlri] — n. 경쟁, 대항
- □ rough [rʌf] — adj. 거칠거칠한 | 대충 틀만 잡은, 미완성의
- □ rule [ruːl] — n. 규정 v. 판결을 내리다
- □ spent [spent] — adj. 지쳐버린, 녹초가 된
- □ sporting event — phr. 스포츠 경기
- □ tie [tai] — v. 동점이 되다, 비기다 | 묶다
- □ time [taim] — v. 시간을 재다

450점 단어

- abstain from — phr. ~을 삼가다, 그만두다
- Achilles' heel — phr. (치명적인) 약점, 급소
- adversary [ǽdvərsèri] — n. 적수, 상대편
- archery [ɑ́:rtʃəri] — n. 궁술, 양궁
- be eager to — phr. 간절히 ~하고 싶어 하다
- boo [bu:] — v. 야유하다
- botanical garden — phr. 식물원
- bowling alley — phr. 볼링장
- bruise [bru:z] — n. 멍, 타박상 v. 멍이 들다
- camaraderie [kɑ̀:mərɑ́:dəri] — n. 우정, 동지애
- cave in — phr. 항복하다, 굴복하다
- challenge [tʃǽlindʒ] — v. 도전하다 | 이의를 제기하다 n. 과제, 난제
- challenging [tʃǽlindʒiŋ] — adj. 도전적인 | 흥미를 돋우는, 자극적인
- close game — phr. 아슬아슬한 승부, 접전
- clumsy [klʌ́mzi] — adj. 서투른 | 어색한
- convulsion [kənvʌ́lʃən] — n. 경련, 경기
- cooperate [kouɑ́:pərèit] — v. 협력하다, 협동하다
- cramp [kræmp] — n. 경련, 쥐 v. 진행을 방해하다
- dare [dɛər] — v. 감히 ~하다 | 도전하다
- daredevil [dɛ́ərdèvl] — n. 무모한 사람
- daring [dɛ́əriŋ] — adj. 대담한, 용감한
- Don't sweat it. — phr. 속 태우지 마.
- earnest [ə́:rnist] — adj. 진지한, 열심인
- excursion [ikskə́:rʒən] — n. 소풍, 유람 여행
- fanatic [fənǽtik] — n. 광신자 adj. 열광적인
- feat [fi:t] — n. 뛰어난 솜씨
- firecracker [fáiərkræ̀kər] — n. 폭죽
- fishing rod — phr. 낚싯대
- fondness [fɑ́ndnis] — n. 애정
- have second thoughts — phr. 다시 생각한 후 마음을 바꾸다

□	in a split second	phr. 눈 깜짝할 사이에
□	invigorate [invígərèit]	v. 기운 나게 하다, 고무하다
□	lame excuse	phr. 서투른 변명
□	leisure [líːʒər]	n. 여가
□	lift weights	phr. 역기를 들다
□	limp [limp]	adj. 기운이 없는 v. 절뚝거리다
□	lose track of time	phr. 시간 가는 것을 잊다
□	make a long face	phr. 우울한 얼굴을 하다
□	nudge [nʌdʒ]	v. (팔꿈치로) 슬쩍 찌르다
□	odds [ɑːdz]	n. 승산 | 가능성
□	partake [pɑːrtéik]	v. 참가하다 | 함께 하다
□	pastime [pǽstàim]	n. 취미, 기분 전환
□	referee [rèfəríː]	n. 심판 | 신원 보증인
□	rule of thumb	phr. 어림 계산 | 경험에 바탕을 둔 방법
□	score [skɔːr]	v. 득점하다 n. 점수, 성적
□	semifinal [sèmifáinl]	n. 준결승전 adj. 준결승의
□	spectator [spékteitər]	n. (특히 스포츠 행사의) 관객, 구경꾼
□	sprain one's ankle	phr. 발목을 삐다
□	stake [steik]	v. (돈·생명 등을) 걸다 n. 내기, 내기에 건 돈
□	strenuous [strénjuəs]	adj. 열심인, 격렬한 | 몹시 힘든
□	sunburn [sʌ́nbə̀ːrn]	n. 햇볕에 탐
□	take a rain check	phr. (약속·초대를) 다음으로 기약하다
□	take a stab at	phr. ~을 시도해 보다
□	take the cake	phr. 압권이다
□	take the plunge	phr. (오랜 고민 끝에) 단행하기로 하다
□	touch-and-go [tʌ̀tʃəngóu]	adj. 아슬아슬한, 위태로운
□	unyielding [ʌnjíːldiŋ]	adj. 고집이 센, 완고한 | 굳은, 단단한
□	venue [vénjuː]	n. (콘서트, 스포츠 경기, 회담 등의) 장소, 현장 | 개최지
□	yawn [jɔːn]	v. 하품하다
□	You bet.	phr. 물론이지.
□	zealously [zéləsli]	adv. 열심히, 열광적으로

500점 단어

- □ a long shot — phr. 거의 승산 없는 것
- □ ardent[á:rdnt] — adj. 열심인, 열렬한
- □ bail out — phr. 손을 떼다 | ~에 대한 보석금을 내다
- □ chubby[tʃʌ́bi] — adj. 통통한
- □ effortlessly[éfərtlisli] — adv. 쉽게, 노력하지 않고
- □ exhilarated[igzílərèitid] — adj. 기분이 들뜬, 명랑한
- □ fatigued[fətí:gd] — adj. 심신이 지친, 피로한
- □ fervid[fə́:rvid] — adj. 열렬한, 열정적인
- □ go for a stroll — phr. 산책하다
- □ hang in there — phr. 끗끗이 버티다
- □ hit one's stride — phr. 본래의 컨디션을 되찾다
- □ hydrate[háidreit] — v. 수화시키다
- □ idyllic[aidílik] — adj. 목가적인
- □ incessant[insésnt] — adj. 부단한, 끊임없는
- □ invincible[invínsəbl] — adj. 무적의, 천하무적의
- □ jubilant[dʒú:bələnt] — adj. 기쁨에 넘치는
- □ languid[lǽŋgwid] — adj. 힘없는, 느릿느릿한
- □ lukewarm[lù:kwɔ́:rm] — adj. 열의가 없는 | (액체가) 미지근한
- □ obtuse[əbtjú:s] — adj. 무딘, 둔한
- □ overshoot[òuvərʃú:t] — v. (목표 지점보다) 더 가다
- □ propensity[prəpénsəti] — n. 경향, 성향
- □ rousing[ráuziŋ] — adj. 열렬한
- □ sanguine[sǽŋgwin] — adj. 명랑한, 낙천적인
- □ smug[smʌg] — adj. 우쭐해 하는, 의기양양한
- □ sort out — phr. (문제를) 해결하다 | 구분하다, 정리하다
- □ stalwart[stɔ́:lwərt] — adj. 건장한, 튼튼한 | 신념이 굳은
- □ stay up — phr. (자지 않고) 깨어 있다
- □ surmount[sərmáunt] — v. (곤란·장애를) 극복하다 | 산을 오르다
- □ umbrage[ʌ́mbridʒ] — n. 불쾌 | 분개
- □ zealot[zélət] — n. (특히 종교·정치에) 열성적인 사람, 광신자

DAY 16

Hackers TEPS Vocabulary

▲ 무료 MP3 바로 듣기

내가 마신 신성한 물

종교·철학

일본에 여행을 와서 특별히 일본인들이 revere하는 신을 모셨다는 significant한 신사를 구경하기로 했다. Religious한 사람들이 pilgrimage로 오는 곳에 도착하니 입구의 커다란 물통 앞에 사람들이 congregate해 있었다. 이곳에도 산에서 약수를 마시는 convention이 있구나 생각하고 벌컥벌컥 물을 떠서 마셨는데, subsequently 사람들이 나를 이상하게 보는 것이다. 놀란 가이드가 "이 물은 신사에 들어가기 전에 secular한 세상에서 더러워진 손을 씻는 물이에요!"라고 말했다!

01 **revere**★

[rivíər]

파 reverence n. 숭배, 존경
reverent adj. 숭배하는

v. 숭배하다, 존경하다

Catholics around the world **revere** the Pope.
전 세계의 가톨릭교도들은 교황을 숭배한다.

02 **significant**★

[signífikənt]

파 significance n. 중요성, 의미
significantly adv. 중요하게, 상당히

adj. 중요한, 중대한 | 상당한

Hinduism has a **significant** influence on Indian culture.
힌두교는 인도 문화에 중요한 영향을 미친다.

On hot days, everyone needs a **significant** amount of water to stay hydrated.
더운 날에는 모든 사람들이 수분을 유지하기 위해 상당한 양의 물을 필요로 한다.

텝스 출제 포인트!

청해 significant 상당한 → big 큰
significant가 유사한 의미의 다른 표현으로 바뀌어 출제된다.

03 **religious**★

[rilídʒəs]

파 religion n. 종교
반 secular 비종교적인, 세속적인

adj. 종교의

About 14 percent of the world's population claim to hold no **religious** beliefs.
전 세계 인구의 약 14퍼센트가 종교적인 믿음을 갖고 있지 않다고 주장한다.

텝스 출제 포인트!

독해 religious institution 종교 단체
religious belief 종교적인 믿음, 신앙
state religion 국교

04 **pilgrimage**★

[pílgrəmidʒ]

파 pilgrim n. 순례자

n. 성지 순례

Muslims go on a **pilgrimage** to Mecca to show devotion to God.
이슬람교도들은 신에게 신앙심을 보이기 위해 메카로 성지 순례를 간다.

텝스 출제 포인트!

어휘 go on a pilgrimage 성지 순례를 가다

05 **congregate**★★
[káːŋgrigèit]
파 congregation n. 모임, 집회

v. 모이다

Thousands of worshippers **congregated** to observe Buddha's birthday.
수천 명의 신도들이 부처님 오신 날을 축하하기 위해 모였다.

텝스 출제 포인트!

어휘 congregate : conglomerate
congregate와 형태가 비슷한 conglomerate의 의미를 구별하여 함께 외워 두자.
- congregate (사람들이) 모이다
- conglomerate 둥글게 뭉치다, (회사 · 기업이) 합병하다

06 **convention**★
[kənvénʃən]
파 conventional adj. 관습적인, 집회의

n. 관습, 관행 | 집회

Puritans practice the **convention** of wearing simple clothing to show humility.
청교도들은 겸손함을 나타내기 위해 검소한 옷을 입는 관습을 준수한다.

The Democrats will hold a **convention** to elect their delegates.
민주당원들은 그들의 대표를 선출하는 집회를 열 것이다.

07 **subsequently**★
[sʌ́bsikwəntli]
파 subsequent adj. 그 이후의

adv. 그 후에, 이어서

Originating from Arabia, Islam **subsequently** spread throughout the Middle East.
아라비아에서 기원한 이슬람교는 그 후에 중동 전체에 퍼졌다.

08 **secular**★
[sékjulər]
반 religious 종교의

adj. 비종교적인, 세속적인

Ann has a **secular** outlook on life, having grown up not attending church.
Ann은 교회를 다니지 않고 자랐기 때문에 삶에 대해 비종교적인 관점을 갖고 있다.

09 **rigid**★★★
[rídʒid]
파 rigidity n. 엄격
rigidly adv. 엄격히, 완고하게

adj. 엄격한 | (생각 등이) 완고한

Monks must follow a **rigid** schedule of prayer.
수도사들은 엄격한 기도 일정을 따라야 한다.

People with **rigid** minds seldom change their opinions. 완고한 생각을 가진 사람들은 자신들의 의견을 거의 바꾸지 않는다.

10 **resolve**★★★

[rizɑ́:lv]

파 resolution n. 해결, 결의
resolved adj. 굳게 결심한

v. 해결하다 | 결심하다, 다짐하다

Buddhism encourages meditation to **resolve** problems. 불교는 문제를 해결하기 위해 명상을 권장한다.

The team has **resolved** to train hard for the next match. 그 팀은 다음 경기를 위해 열심히 훈련하기로 결심했다.

텝스 출제 포인트!

청해 resolve an issue 문제를 해결하다
resolve differences 이견을 해결하다
be resolved to V ~하기로 결심하다

11 **conform**★★★

[kənfɔ́:rm]

파 conformity n. 따름, 순응
동 comply 따르다

v. (규칙·관습 등에) 따르다, 순응하다

Many Muslim women **conform** to tradition by wearing a veil.
많은 이슬람 여성들은 베일을 착용함으로써 전통에 따른다.

텝스 출제 포인트!

어휘 conform : confirm
conform과 형태가 비슷한 confirm의 의미를 구별하여 함께 외워 두자.
┌ conform 따르다, 순응하다
└ confirm 확실하게 하다, 확증하다

독해 conform to ~에 따르다

12 **reject**★★★

[ridʒékt]

파 rejection n. 거부, 거절

v. 거부하다, 거절하다 | 불합격시키다

All religions **reject** war in principle, but very few actually apply that belief.
모든 종교가 원론적으로 전쟁을 거부하나, 극소수만이 실제로 그 신념을 적용한다.

The company **rejected** my application for the managerial position.
그 회사는 관리직에 지원한 내 지원서를 불합격시켰다.

13 **dwell on**★★★

phr. ~을 깊이 생각하다, 숙고하다

Philosophers often **dwell on** what distinguishes humans and animals.
철학자들은 종종 인간과 동물을 구별 짓는 것이 무엇인지 깊이 생각한다.

★★★ = 출제율 최상 ★★ = 출제율 상 ★ = 출제율 중

14 **insight**★★★

[ínsàit]

파 insightful adj. 통찰력 있는
insightfully adv. 통찰력 있게

n. 통찰(력), 간파

Many passages in the Bible convey a keen **insight** into human nature.

성경의 많은 구절은 인간의 본성에 대한 날카로운 통찰을 전달한다.

 텝스 출제 포인트!

어휘 keen insight 날카로운 통찰력
keen과 어울려 쓰이는 insight를 선택하는 문제가 출제된다.

15 **ground**★★★

[graund]

n. 땅

파 grounded adj. 근거 있는

n. (-s) 이유, 근거

Kant believed that there are rational **grounds** for all of our actions.

칸트는 우리의 모든 행동에는 합리적인 이유가 있다고 믿었다.

 텝스 출제 포인트!

청해 good grounds for ~에 대한 충분한 근거

16 **repel**★★★

[ripél]

파 repellent n. 방충제
adj. 역겨운

동 ward off 피하다, 물리치다

v. 물리치다, 격퇴하다 | (자석 · 전극 등이) 밀어내다

Objects such as crucifixes were traditionally thought to **repel** evil forces.

십자가 같은 물건은 전통적으로 악의 세력을 물리치는 것으로 생각되었다.

When the same poles of two magnets are close together, they **repel** each other.

두 자석의 같은 극이 가까이 있으면 서로를 밀어낸다.

 텝스 출제 포인트!

청해 repel the enemy 적을 물리치다

17 **devote**★★★

[divóut]

파 devotion n. 헌신
devotee n. 헌신하는 사람, 애호가
devoted adj. 헌신적인

v. (시간 · 노력 등을) 바치다, 쏟다

The nun **devoted** her life to caring for the poor.

그 수녀는 가난한 사람들을 돌보는 데 자신의 일생을 바쳤다.

 텝스 출제 포인트!

독해 be devoted to ~에 헌신하다, ~에 전념하다
devote oneself to ~에 전념하다

18 **leeway*****
[líːwei]

n. (사상·행동의) 자유, 재량

Some varieties of Judaism offer followers more religious **leeway**.
일부 유대교는 추종자들에게 종교적인 자유를 더 준다.

19 **ascetic*****
[əsétik]
n. 수도자, 금욕주의자
동 abstemious 자제하는

adj. 금욕적인

Monks adopt an **ascetic** lifestyle, avoiding all worldly pleasures.
수도승들은 금욕적인 생활 방식을 취하며, 모든 세속적 즐거움을 피한다.

20 **in the same vein*****

phr. 같은 맥락에서

Mythology follows **in the same vein** as religion in its contrast between good and evil.
신화는 선과 악의 대비에 있어 종교와 같은 맥락이다.

21 **sophisticated*****
[səfístəkèitid]
adj. 세련된
파 sophistication n. 정교, 세련

adj. 복잡한, 정교한 | 노련한, 약삭빠른

Sophisticated philosophical theories are difficult to grasp immediately.
복잡한 철학 이론들은 즉시 이해하기에 어렵다.

Politicians have **sophisticated** ways of hiding their mistakes. 정치인들은 그들의 실수를 감추는 노련한 방법이 있다.

22 **veracity****
[vərǽsəti]
파 veracious adj. 진실을 말하는
동 credibility 신뢰성

n. 진실

The **veracity** of some religious facts is often called into question.
일부 종교적 사실에 대한 진실은 종종 의문이 제기된다.

23 **transient****
[trǽnʃənt]
파 transience n. 덧없음, 무상

adj. 덧없는, 무상한

Many thinkers try to explain the **transient** nature of human life.
많은 사상가들이 인생의 덧없는 본질을 설명하려고 노력한다.

24 **monotheism****
[mɑ́ːnəθiːìzm]
파 monotheist n. 일신론자 adj. 일신교도의

n. 일신교, 유일신교

Monotheism replaced the belief that all things possessed spiritual characteristics.
일신교는 모든 것이 영적인 특성을 갖고 있다는 믿음을 바꾸어 놓았다.

25 **authorize****

[ɔ́:θəràiz]

파 authorization n. 허가
authorized adj. 허가를 받은, 권한을 부여받은

v. 허가하다, 인가하다

The Pope **authorized** the addition of 30 new cardinals.

교황은 30명의 새로운 추기경 증원을 허가했다.

26 **acceptance****

[ækséptəns]

n. 입학 허가

파 accept v. 받아들이다
accepted adj. 일반적으로 인정된
acceptable adj. 받아들일 수 있는

n. 수용, 받아들임

Baptism is a religious ceremony indicating **acceptance** into a religion.

세례는 종교로의 수용을 나타내는 종교 의식이다.

27 **separate****

v. [sépərèit]
adj. [sépərət]

파 separation n. 분리, 구분
separately adv. 따로따로

v. 분리하다, 떼어놓다

The US Constitution **separates** the church from the state.

미국 헌법은 교회를 국가로부터 분리한다.

adj. 서로 다른, 별개의

Evolutionists and creationists have **separate** views about how life began.

진화론자들과 창조론자들은 생명이 어떻게 시작되었는지에 대해 서로 다른 견해를 갖고 있다.

텝스 출제 포인트!

독해 separate A from B A를 B로부터 분리하다

28 **ignorant****

[ígnərənt]

파 ignore v. 무시하다
ignorance n. 무지함

adj. 무지한

Many people are **ignorant** about faiths that are not practiced widely.

많은 사람들은 널리 행해지지 않는 종교에 대해 무지하다.

29 **supplant****

[səplǽnt]

v. 대체하다, 대신하다

Christianity **supplanted** the pagan beliefs of Europe.

기독교는 유럽의 이교도 신앙을 대체했다.

30 **commemoration**★★

[kəmèməréiʃən]

파 commemorate v. 기념하다, 축하하다

n. 기념, 축하

Easter is a **commemoration** of the Messiah's resurrection.
부활절은 그리스도의 부활을 기념하는 것이다.

텝스 출제 포인트!

청해 commemorate an anniversary 기념일을 축하하다

31 **superficial**★★

[sù:pərfíʃəl]

파 superficiality n. 피상

adj. 피상적인

Some people today have a **superficial** faith in the religion they belong to.
오늘날 어떤 사람들은 그들이 속한 종교에 대해 피상적인 믿음을 갖고 있다.

32 **constitute**★★

[kɑ́:nstətjù:t]

파 constitution n. 구성, 헌법
constituent n. 구성 요소 adj. 구성하는

v. ~이 되다, ~에 해당하다 | 구성하다

A practice considered acceptable in one religion may **constitute** a taboo in another.
한 종교에서 용인되는 관습이 다른 종교에서는 금기가 될 수도 있다.

Eleven players **constitute** a soccer team.
열한 명의 선수들이 하나의 축구팀을 구성한다.

텝스 출제 포인트!

문법 진행형으로 쓰지 않는 동사 constitute
'~이 되다, 구성하다'라는 의미를 나타내는 동사 constitute는 진행형(be 동사 + -ing)으로 쓰이지 않는다는 것을 묻는 문제가 출제된다.

33 **enforce**★★

[infɔ́:rs]

파 enforcement n. (법률의) 집행

v. (법률 등을) 시행하다, 집행하다 | 강요하다

The government **enforced** a law to prevent religious discrimination.
정부는 종교적인 차별을 방지하기 위한 법을 시행했다.

Many Muslim countries **enforce** abstinence from alcohol. 많은 이슬람 국가들은 금주를 강요한다.

텝스 출제 포인트!

독해 enforce a law 법을 시행하다
law enforcement 법의 집행
traffic enforcement 교통 단속

34 lack**

[læk]

파 lacking adj. 부족한

n. 부족, 결핍

A **lack** of understanding of other faiths has resulted in disunity among people.

다른 종교에 대한 이해의 부족은 사람들 간의 분열을 가져왔다.

v. ~이 부족하다, ~이 없다

The woman **lacks** the confidence to sing in public.

그 여자는 대중 앞에서 노래하기에 자신감이 부족하다.

텝스 출제 포인트!

청해 lack of ~의 부족

35 argument**

[á:rgjumənt]

파 argue v. 논쟁하다
arguable adj. 논쟁의 여지가 있는
argumentative adj. 토론하기를 좋아하는, 논쟁적인

n. 주장, 논거 | 논쟁

Arguments against capital punishment are often based on moral principles.

사형 제도에 대한 반대 주장은 보통 도덕적인 원칙에 기반한다.

There is an ongoing **argument** over the safety of genetically modified food.

유전자 조작 식품의 안전성에 대한 논쟁이 진행되고 있다.

텝스 출제 포인트!

청해 argue about A with B B와 A에 대해 논쟁하다

36 uphold**

[ʌphóuld]

v. 지지하다, 시인하다

Aristotle **upheld** the belief that men and women are equal.

아리스토텔레스는 남자와 여자가 동등하다는 신념을 지지했다.

텝스 출제 포인트!

독해 uphold the law 법을 지지하다

37 celebrate*

[séləbrèit]

파 celebratory adj. 기념하는

동 commemorate 기념하다, 축하하다

v. 기념하다, 축하하다

Jews light candles for eight days to **celebrate** the winter festival, Hanukkah.

유대인들은 겨울 축제인 하누카를 기념하기 위해 8일 동안 촛불을 켠다.

38 **abstruse***

[æbstrúːs]

동 esoteric 난해한

adj. 난해한

Religious doctrine is often too **abstruse** for the ordinary person to understand.

종교 교리는 보통 일반인들이 이해하기에 너무 난해하다.

39 **ethical***

[éθikəl]

파 ethic n. 윤리
ethics n. 윤리학

반 unethical 비윤리적인

adj. 윤리적인, 도덕상의

Ethical behavior is required by many churches.

윤리적인 행동은 많은 교회에서 요구된다.

40 **undermine***

[ʌ̀ndərmáin]

v. (명성 등을) 몰래 손상시키다

v. 서서히 약화시키다

Society's changing values have **undermined** the church's hold on believers.

사회의 변화하는 가치들은 신도들에 대한 교회의 영향력을 서서히 약화시켰다.

41 **consistent***

[kənsístənt]

adj. 일치하는

파 consistency n. 일관성
consistently adv. 일관하여

반 inconsistent 모순된, 일관성 이 없는

adj. 일관된

A person's actions should be **consistent** with his ethical beliefs.

사람의 행동은 자신의 윤리관과 일관되어야 한다.

텝스 출제 포인트!

독해 consistent with ~과 일치하는
consistent in ~이 한결같은

42 **infallible***

[infǽləbl]

반 fallible 틀릴 수 있는

adj. 절대 오류가 없는

The Bible represents the word of God, who is believed to be **infallible**.

성경은 절대 오류가 없다고 믿어지는 신의 말씀을 대표한다.

43 **instill***

[instíl]

파 instillment n. 서서히 주입시키기

v. (사상·감정 등을) 주입하다, 서서히 가르치다

The concept of utilitarianism **instilled** in the students a sense of duty to society.

공리주의의 개념은 학생들에게 사회에 대한 의무감을 주입시켰다.

44 **regard***

[rigá:rd]

v. ~과 관련이 있다

n. 주의, 고려

파 regarding prep. ~에 관하여

v. ~으로 여기다, 간주하다

Cows are **regarded** as sacred animals according to Hindu doctrine.

힌두교 교리에 의하면 소는 신성한 동물로 여겨진다.

텝스 출제 포인트!

독해 regard A as B A를 B로 여기다
with regard to ~에 관해서는
in this regard 이 점에 있어서는

45 **adhere***

[ədhíər]

파 adherent n. 지지자
adherence n. 고수, 충성

v. (주의 · 신념을) 고수하다

Muslims **adhere** to the teachings of the Koran.

이슬람교도들은 코란의 가르침을 고수한다.

텝스 출제 포인트!

독해 adhere to ~을 고수하다

46 **martyr***

[má:rtər]

n. 순교자

Martyrs are people who die for their religious beliefs.

순교자들은 자신의 종교적 믿음 때문에 죽는 사람들이다.

DAY 16 Daily Checkup

단어에 해당하는 뜻을 오른쪽에서 찾아 연결하세요.

01	congregate	ⓐ 상당한
02	insight	ⓑ 따르다
03	conform	ⓒ 자유
04	leeway	ⓓ 엄격한
05	rigid	ⓔ 모이다
		ⓕ 통찰(력)

문맥에 맞는 단어를 보기에서 골라 빈칸에 넣으세요.

ⓐ instill ⓑ superficial ⓒ revered ⓓ grounds ⓔ adhere ⓕ supplanting

06 Habitual tardiness can be ______ for an employee's dismissal.

07 Soldiers ______ to a code of conduct even when it seems unnecessary.

08 Animals were highly ______ in primitive religions.

09 Web sites are ______ newspapers as the leading source of information.

10 A new book explores the celebrity's life beyond a(n) ______ level.

ⓐ undermined ⓑ veracity ⓒ celebrate ⓓ pilgrimage ⓔ authorized ⓕ transient

11 Some religious paintings are intended to remind people of the ______ nature of earthly pleasures.

12 The mayor ______ the police to arrest the demonstrators.

13 The recent attacks have ______ the government's claims of peace with rebels.

14 The faithful take a yearly ______ to the holy site.

15 Families across the world ______ Christmas by exchanging gifts.

Answer 01 ⓔ 02 ⓕ 03 ⓑ 04 ⓒ 05 ⓓ 06 ⓓ 07 ⓔ 08 ⓒ 09 ⓕ 10 ⓑ 11 ⓕ 12 ⓔ 13 ⓐ 14 ⓓ 15 ⓒ

텝스완성단어

350점 단어

□	abstract [æbstrǽkt]	adj. 추상적인
□	basis [béisis]	n. 기준 ǀ 근거, 이유
□	Buddhism [bú:dizm]	n. 불교
□	cathedral [kəθí:drəl]	n. 대성당
□	Christianity [krìstʃiǽnəti]	n. 기독교
□	Confucianism [kənfjú:ʃənìzm]	n. 유교
□	conscience [kɑ́:nʃəns]	n. 양심, 도의심
□	conscientious [kɑ̀:nʃiénʃəs]	adj. 양심적인, 성실한
□	faithful [féiθfəl]	adj. 충실한, 신의가 두터운
□	fundamental [fʌ̀ndəméntl]	adj. 근본적인, 기본적인 ǀ 중요한
□	holy [hóuli]	adj. 신성한 ǀ 경건한
□	icon [áikan]	n. 우상
□	immoral [imɔ́:rəl]	adj. 부도덕한
□	Jewish [dʒú:iʃ]	adj. 유대인의 ǀ 유대교의
□	Judaism [dʒú:diìzm]	n. 유대교 ǀ 유대주의
□	Muslim [mʌ́zlim]	n. 이슬람교도
□	philosophy [filɑ́:səfi]	n. 철학
□	principle [prínsəpl]	n. 원리, 원칙
□	Protestantism [prɑ́təstəntìzm]	n. 개신교
□	rational [rǽʃənl]	adj. 이성적인, 합리적인
□	relatively [rélətivli]	adv. 비교적, 상대적으로
□	sacrifice [sǽkrəfàis]	n. 희생 v. 희생하다 ǀ (제물로) 바치다
□	solemn [sɑ́:ləm]	adj. 엄숙한, 장엄한
□	temple [témpl]	n. 신전, 사찰
□	vice [vais]	n. 악덕 행위
□	virtue [və́:rtʃu:]	n. 덕, 미덕 ǀ 장점
□	worship [wə́:rʃip]	v. 숭배하다 n. 예배, 숭배

450점 단어

- □ afterlife [ǽftərlaif] n. 내세, 사후 세계
- □ atheist [éiθiist] n. 무신론자
- □ biblical [bíblikəl] adj. 성경의, 성경에 나온
- □ bishop [bíʃəp] n. 주교
- □ by definition phr. 당연히 | 정의에 의하면
- □ by nature phr. 본래
- □ cardinal [kɑ́:rdənl] n. 추기경 adj. 아주 중요한, 기본적인
- □ clarification [klærəfikéiʃən] n. 해명
- □ clarify [klǽrəfài] v. 명백히 하다
- □ coexistence [kòuigzístəns] n. 공존
- □ coexistent [kòuigzístənt] adj. 공존하는
- □ confess [kənfés] v. 고백하다, 자백하다
- □ creationism [kriéiʃənìzm] n. 천지창조설
- □ creed [kri:d] n. 신조, 신념
- □ cult [kʌlt] n. 신흥 종교 | 숭배
- □ deify [dí:əfài] v. 신격화하다, 신으로 섬기다
- □ deity [dí:əti] n. 신
- □ disciple [disáipl] n. 제자, 신봉자
- □ disillusion [dìsilú:ʒən] n. 환멸 v. 환상을 깨뜨리다
- □ divine [diváin] adj. 신의, 신성한
- □ doctrine [dɑ́ktrin] n. 교의, 교리
- □ dogmatic [dɔ:gmǽtik] adj. 교리상의 | 독단적인
- □ dualistic [djù:əlístik] adj. 이원적인, 이원론의
- □ empirical [impírikəl] adj. 경험적인, 경험에 근거를 둔
- □ enshrine [inʃráin] v. 신전에 모시다 | 소중히 간직하다
- □ eternity [itə́:rnəti] n. 영원
- □ godliness [gɑ́dlinis] n. 독실함, 신앙심 깊음
- □ guru [gúəru:] n. (종교적) 스승, 지도자 | 전문가
- □ humanitarian [hju:mænitέəriən] adj. 인도주의의, 박애의
- □ ideal [aidí:əl] adj. 이상적인, 최상의 n. 이상

□	**idealism** [aidíːəlìzm]	n. 이상주의
□	**ideological** [àidiəlɑ́dʒikəl]	adj. 사상적인, 이념적인
□	**integrity** [intégrəti]	n. 성실, 청렴 | 본래의 상태
□	**meditate** [médətèit]	v. 명상하다 | 꾀하다, 계획하다
□	**moral sense**	phr. 도덕 관념
□	**ordain** [ɔːrdéin]	v. ~에게 성직을 주다 | 정하다
□	**ordination** [ɔ̀ːrdənéiʃən]	n. 성직 임명
□	**pagan** [péigən]	adj. 이교도의 n. 이교도
□	**paradigm** [pǽrədàim]	n. 사고의 틀
□	**pejorative** [pidʒɔ́ːrətiv]	adj. 경멸적인 | 비난 투의
□	**persecution** [pə̀ːrsikjúːʃən]	n. (종교적인) 박해, 학대
□	**pope** [poup]	n. (가톨릭교의) 교황
□	**prophesy** [prɑ́ːfəsài]	v. 예언하다
□	**resurrect** [rèzərékt]	v. 부활하다
□	**revert** [rivə́ːrt]	v. 되돌아가다
□	**ritual** [rítʃuəl]	n. 종교 의식 adj. 의식의
□	**ritualize** [rítʃuəlàiz]	v. 의식화하다
□	**sacred** [séikrid]	adj. 성스러운, 종교적인
□	**salvation** [sælvéiʃən]	n. 구원 | 구제, 구조
□	**sermon** [sə́ːrmən]	n. 설교
□	**sinful** [sínfəl]	adj. 죄가 있는, 죄 많은
□	**skeptical** [sképtikəl]	adj. 회의적인, 의심 많은
□	**skepticism** [sképtəsìzm]	n. 회의, 의심
□	**spiritual** [spíritʃuəl]	adj. 정신적인 | 영적인
□	**supernatural** [sùːpərnǽtʃrəl]	adj. 초자연적인
□	**Taoism** [táuìzm]	n. 도교
□	**theologian** [θìːəlóudʒən]	n. 신학자
□	**transcend** [trænsénd]	v. 초월하다 | 능가하다
□	**void** [vɔid]	adj. 텅 빈, 헛된 | 무효의
□	**witchcraft** [wítʃkræft]	n. 마술, 마법
□	**worldly** [wə́ːrldli]	adj. 세속적인, 속세의

500점 단어

- □ antithetical [æntəθétikəl] adj. 정반대의, 대조적인
- □ apotheosis [əpὰθióusis] n. 이상화, 신격화
- □ archetypal [ɑ́:rkitàipəl] adj. 전형적인
- □ boil down to phr. ~으로 요약하다 | 결국 ~이 되다
- □ clairvoyant [klεərvɔ́iənt] adj. 천리안을 지닌, 예지력을 지닌
- □ consecrate [kɑ́:nsəkrèit] v. 신성하게 하다, 정화하다
- □ deference [défərəns] n. 복종 | 존경, 경의
- □ denomination [dinὰ:mənéiʃən] n. (기독교의) 교파
- □ desecration [dèsikréiʃən] n. 신성 모독
- □ heretic [hérətik] n. 이단자, 이교도
- □ holistic [hòulístik] adj. 전체론적인
- □ imbue [imbjú:] v. (사상 · 감정을) ~에게 불어넣다
- □ invocation [ìnvəkéiʃən] n. 기도, 기원 | 탄원, 간구
- □ libation [laibéiʃən] n. 헌주, 제주 (신에게 술을 바침)
- □ licentious [laisénʃəs] adj. 부도덕한
- □ miscreant [mískriənt] adj. 사악한
- □ occult [əkʌ́lt] adj. 초자연적인
- □ omnipotent [amnípətənt] adj. 전능한, 무엇이든 할 수 있는
- □ pious [páiəs] adj. 신앙심이 깊은, 독실한
- □ profanity [prəfǽnəti] n. 신성 모독 | 불경스러운 언행
- □ promulgate [prɑ́:məlgèit] v. (신조 등을) 세상에 퍼뜨리다
- □ providence [prɑ́:vədəns] n. (신의) 섭리
- □ reincarnation [rì:inkɑ:rnéiʃn] n. 환생, 화신
- □ retribution [rètrəbjú:ʃən] n. 응보, 천벌 | 보복
- □ sacrilege [sǽkrəlidʒ] n. 신성 모독
- □ staunch [stɔ:ntʃ] adj. 독실한, 철저한
- □ stigma [stígmə] n. 오명, 불명예
- □ tenet [ténit] n. 교리, 신조
- □ vacuous [vǽkjuəs] adj. 텅 빈, 공허한 | 멍청한, 얼빠진
- □ veracious [vəréiʃəs] adj. (사람이) 진실한, 정직한

DAY 17

Hackers TEPS Vocabulary

지루한 영화를 위한 에티켓

대중 매체

유나랑 유명 영화제에서 award를 받은 영화를 보러 갔다. 그런데 영화가 기대와 달리 absolutely 지루해서 unbearable한 것이다. 스토리도 compelling하지 않고 줄거리도 predictable해서, 개봉 전에 acclaim을 받았다는 걸 믿을 수 없었다. 결국 우린 심각한 장면에서 crack up하고 말았다. 그러자 뒤에서 누군가가 조용히 하라며 짜증을 냈다. 재미있게 영화를 보는 사람도 있는데 미안한 마음에 remorse를 느껴 사과하려고 뒤를 돌아봤더니 그 사람이 째려보며 이렇게 말했다. "전화가 잘 안 들리잖아요!"

01 **award**★★

[əwɔ́:rd]

파 awarder n. 수여자
awardable adj. 수여할 수 있는

n. 상

The columnist was given an **award** for his insightful writing.
그 칼럼니스트는 통찰력 있는 글로 상을 받았다.

v. 수여하다, 주다

Only three entrants out of hundreds were **awarded** for their essays.
수백 명 중에 단 세 명의 참가자만이 수필로 상을 받았다.

텝스 출제 포인트!

어휘 award : credit
award와 의미가 비슷한 credit의 쓰임을 구별하여 답을 선택하는 문제가 출제된다.
- award (상 · 장학금 등을) 수여하다, 주다
- credit (~에게 공로를) 돌리다

02 **absolutely**★

[æbsəlú:tli]

파 absolute adj. 완전한, 절대적인

adv. 정말로, 완전히

The critics were thrilled with the TV show's **absolutely** incredible special effects.
그 평론가들은 그 텔레비전 프로그램의 정말로 굉장한 특수 효과에 열광했다.

03 **unbearable**★

[ʌnbérəbl]

반 bearable 참을 만한

adj. 참을 수 없는

The movie was so violent that it was **unbearable** to watch.
그 영화는 너무 폭력적이어서 참고 볼 수가 없었다.

04 **compelling**★

[kəmpéliŋ]

adj. 강제적인, 설득력 있는

파 compel v. 억지로 시키다

adj. 주목하지 않을 수 없는

The documentary on weapons used in World War I was **compelling**.
제1차 세계대전에서 사용된 무기에 대한 그 다큐멘터리는 주목하지 않을 수 없었다.

텝스 출제 포인트!

어휘 compelling argument 설득력 있는 주장
argument와 어울려 쓰이는 compelling을 선택하는 문제가 출제된다.

05 **predictable**★
[pridíktəbl]
파 predict v. 예측하다
prediction n. 예측, 예언
반 unpredictable 예측할 수 없는

adj. 예측 가능한
The soap opera's **predictable** ending made it boring.
그 드라마의 예측 가능한 결말은 그것을 지루하게 만들었다.

06 **acclaim**★★
[əkléim]
파 acclamation n. 환호, 갈채
acclaimed adj. 호평을 받고 있는

v. 격찬하다, 갈채하며 인정하다
The publishing industry **acclaimed** the winner of the Nobel Prize for Literature.
출판계는 노벨 문학상 수상자를 격찬했다.

n. 호평, 찬사
The architect received **acclaim** for his contemporary building designs.
그 건축가는 그의 현대적 건물 디자인으로 호평을 받았다.

07 **crack up**★

phr. 웃음을 터뜨리다
Media people **cracked up** during the comedian's press conference.
언론인들은 그 코미디언의 기자 회견 내내 웃음을 터뜨렸다.

08 **remorse**★
[rimɔ́:rs]
파 remorseful adj. 후회하는

n. 양심의 가책, 후회
The reporter felt **remorse** about putting false information in his articles.
그 기자는 그의 기사에 허위 정보를 실은 것에 대해 양심의 가책을 느꼈다.

09 **red herring**★★★

phr. (중요한 것에서) 관심을 딴 데로 돌리는 것
Red herrings in the news detract from more important issues.
그 뉴스에서 관심을 딴 데로 돌리는 것들은 더욱 중요한 사안들의 가치를 떨어뜨린다.

10 **candor**★★★
[kǽndər]
파 candid adj. 솔직한
candidly adv. 솔직히, 숨김 없이

n. 솔직, 정직
Mr. Fields answered all of the interviewer's questions with **candor**.
Mr. Fields는 회견 기자의 모든 질문에 솔직하게 대답했다.

11 **initiative**★★★

[iníʃiətiv]

n. 계획, 기획
adj. 처음의

파 initiate v. 시작하다
initiation n. 개시, 가입

n. 솔선 | 발안, 발의권 | 독창성

A leading newspaper has taken the **initiative** in organizing an environmental campaign.
그 일류 신문사는 환경 보호 운동을 조직하는 데 솔선해 왔다.

The **initiative** was designed to improve communication between management and staff.
그 발안은 경영진과 직원 간의 의사소통을 증진시키기 위해 입안되었다.

Use your **initiative** instead of asking people for their opinions. 다른 사람들에게 의견을 묻는 대신 너의 독창성을 사용해라.

텝스 출제 포인트!

어휘 take the initiative 솔선해서 하다

12 **issue**★★★

[íʃuː]

n. 발행 부수, 문제
v. (명령 등을) 내리다

n. (출판물의) 호, 판

The first **issue** of the magazine sold out immediately.
그 잡지의 창간호는 즉각 매진되었다.

v. 발행하다

The embassy **issued** the businessman a visa for multiple entries.
대사관은 그 사업가에게 복수 입국이 가능한 비자를 발행했다.

텝스 출제 포인트!

어휘 issue : draw : launch : publish
issue와 의미가 비슷한 draw, launch, publish의 쓰임을 구별하여 답을 선택하는 문제가 출제된다.
- issue (간행물을) 발행하다
- draw (문서를) 작성하다, (어음을) 발행하다
- launch (신제품을) 출시하다
- publish (서적 등을) 출판하다

청해 issue a speeding ticket 과속 딱지를 끊다
issue + a credit card/a visa 신용카드/비자를 발행하다

독해 issue 발행 부수 → copy 한 부
issue가 유사한 의미의 다른 표현으로 바뀌어 출제된다.

13 **clout**★★★

[klaut]

n. 영향력, 힘

Mary spent years building up her **clout** through television appearances.
Mary는 텔레비전 출연을 통해 몇 년 동안 그녀의 영향력을 키워왔다.

14 **clam up**★★★

phr. **입을 꼭 다물다, 침묵하다**

The mayor **clammed up** when a journalist asked a difficult question.

그 시장은 기자가 곤란한 질문을 물어보자 입을 꼭 다물었다.

15 **attention**★★★

[ətén∫ən]

n. 주의, 주목

파 attentive adj. 주의 깊은, 경청하는

n. **관심, 흥미**

The company will select the advertisement that best draws the **attention** of consumers.

그 회사는 소비자들의 관심을 가장 잘 끄는 광고를 선택할 것이다.

16 **tepid**★★★

[tépid]

adj. **열의 없는, 미온적인**

The musical has received rather **tepid** reviews.

그 뮤지컬은 상당히 열의 없는 평가를 받았다.

텝스 출제 포인트!

어휘 **tepid : trepid : torpid**

tepid와 형태가 비슷한 trepid, torpid의 의미를 구별하여 함께 외워 두자.

- **tepid** 열의 없는, 미온적인
- **trepid** 소심한, 겁이 많은
- **torpid** 둔한, 움직이지 않는

17 **vilify**★★★

[víləfài]

v. 타락시키다

동 slander 중상하다

v. **비난하다, 비방하다**

Both candidates for state governor have been **vilified** in the press.

두 주지사 후보는 언론에서 비난을 받아 왔다.

18 **dearth**★★★

[dəːrθ]

동 deficiency 결핍

n. **부족, 결핍**

The article concerns the increasing **dearth** of affordable housing.

그 기사는 가격이 적당한 주택이 점점 부족해지는 것에 관한 것이다.

19 **trait**★★★

[treit]

n. **특징, 특성**

At a video conference, the speaker discussed the **traits** that make people good leaders.

화상 회의에서, 발표자는 사람을 좋은 리더로 만드는 특징에 대해 논의했다.

20 **bark up the wrong tree**★★

phr. 엉뚱한 사람을 비난하다, 잘못 짚다

The senator said reporters investigating corruption were **barking up the wrong tree**.
그 상원 의원은 부패에 대해 수사하고 있는 기자들이 엉뚱한 사람을 비난하고 있다고 말했다.

21 **conflate**★★
[kənfléit]

v. 혼합하다, 융합하다

Reporters should not **conflate** facts and opinions in their news articles.
기자들은 그들의 뉴스 기사에 사실과 의견을 혼합해서는 안 된다.

22 **slate**★★
[sleit]
v. 혹평하다

v. (일정을) 예정하다, 계획하다

A new cooking program is **slated** to be shown on TV in February.
새로운 요리 프로그램은 2월에 TV에서 방영되기로 예정되어 있다.

23 **facile**★★
[fǽsil]

adj. 술술 하는, 안이한

Thousands of people criticized the singer's **facile** remarks on social media.
수천 명의 사람들이 소셜 미디어에서 그 가수가 술술 하는 말을 비난했다.

24 **replete**★★
[ripliːt]
adj. 포식한

adj. 가득한, 충만한

The documentary film is **replete** with historical facts. 그 다큐멘터리 영화는 역사적 사실들로 가득하다.

텝스 출제 포인트!

어휘 replete with ~으로 가득한, ~으로 충만한

25 **relevant**★★
[réləvənt]
파 relevance n. 관련성, 적절성
반 irrelevant 관계없는

adj. 관련된

Periodicals print stories that are **relevant** to their target readers.
정기 간행물은 그들의 대상 독자들과 관련된 이야기들을 발행한다.

텝스 출제 포인트!

독해 relevant to ~과 관련된

★★★ = 출제율 최상 ★★ = 출제율 상 ★ = 출제율 중

26 **drag on**★★

phr. (오랫동안) 질질 끌다

The winner's acceptance speech **dragged on** longer than necessary.

그 수상자의 수상 연설은 필요 이상으로 질질 끌었다.

27 **hoodwink**★★

[húdwiŋk]

파 hoodwinker n. 남을 기만하는 사람

v. 속이다, 기만하다

The news service has **hoodwinked** the public by providing misleading information.

그 통신사는 오해의 소지가 있는 정보를 제공하여 대중을 속였다.

28 **scorn**★★

[skɔːrn]

n. 경멸, 깔봄

v. 비웃다, 경멸하다

Newspapers **scorned** the new government for its bad decisions.

신문은 새로운 정부의 현명하지 못한 결정을 비웃었다.

29 **criticism**★★

[krítəsìzm]

파 criticize v. 비판하다
critic n. 비평가, 평론가
critical adj. 비판적인

n. 비판, 비평

Criticism of the animation has not stopped people from watching it.

그 만화 영화에 대한 비판은 사람들이 그것을 보는 것을 막지 못했다.

30 **inform**★★

[infɔ́ːrm]

파 information n. 정보
informative adj. 정보를 주는, 유익한

v. 알리다, 통지하다

The forecaster **informed** the public of the coming storm.

그 기상 예보관은 대중에게 다가오는 폭풍에 대해 알렸다.

텝스 출제 포인트!

독해 inform A of B A에게 B를 알리다

31 **pirate**★★

[páiərət]

n. 해적, 저작권 침해자

파 piracy n. 저작권 침해, 불법 복제

v. 저작권을 침해하다

Media companies must check whether their works are being **pirated**.

대중 매체 회사들은 그들의 작업물의 저작권이 침해되고 있는지 확인해야 한다.

32 **indiscreet**★★
[ìndiskríːt]
동 careless 부주의한
반 discreet 신중한, 조심스러운

adj. 경솔한, 조심성 없는

The president was criticized for the **indiscreet** comments he made about his past.
그 대통령은 자신의 과거에 대한 경솔한 언급으로 비난을 받았다.

33 **inane**★★
[inéin]
동 absurd 어리석은

adj. 무의미한, 어리석은

The movie's **inane** jokes made it unpopular with audiences.
그 영화의 무의미한 농담은 관객들에게 그것의 평판이 좋지 못하게 만들었다.

34 **limelight**★★
[láimlait]

n. 각광, 주목의 대상

Jillian is in the **limelight** again for winning another acting prize.
Jillian은 또 하나의 연기상을 수상한 것에 대해 또다시 각광을 받고 있다.

35 **cite**★★
[sait]
파 citation n. 인용, 소환

v. 인용하다, 예로 들다 | (법정으로) 소환하다

The announcer **cited** comments the congressman made about the growing crime rate.
아나운서는 증가하는 범죄율에 대해 그 국회의원이 했던 말을 인용했다.

The senator was **cited** for driving while intoxicated.
그 상원 의원은 술에 취한 채 운전을 한 혐의로 소환되었다.

텝스 출제 포인트!

독해 cite one's sources 출처를 인용하다

36 **turn out**★★

phr. ~임이 밝혀지다

The news report on the UFO's appearance in Las Vegas **turned out** to be false.
라스베이거스에서 UFO가 출현했다는 그 뉴스 보도는 거짓임이 밝혀졌다.

37 **take a call**★★

phr. 전화를 받다

The radio host **took a call** from one of her regular listeners.
그 라디오 진행자는 그녀의 고정 청취자 중 한 명으로부터 온 전화를 받았다.

38 **subscription**★★

[səbskrípʃən]

파 subscribe v. 구독하다
subscriber n. 구독자

n. (정기 간행물의) 예약 구독

Readers of *Music Weekly* were reminded to renew their **subscriptions** before they expired.
*Music Weekly*의 독자들은 예약 구독이 만료되기 전에 갱신하도록 상기되었다.

텝스 출제 포인트!

어휘 subscription : registration : membership
subscription과 의미가 비슷한 registration, membership의 쓰임을 구별하여 답을 선택하는 문제가 출제된다.
- subscription (정기 간행물의) 예약 구독
- registration (단체 등의 회원이 되기 위한) 등록
- membership (단체 등의) 회원 자격

39 **raise**★★

[reiz]

v. 모금하다, 조달하다

v. (문제 · 의문 등을) 제기하다 | 들다, 올리다

Journalists have **raised** issues with the healthcare reform bill. 기자들은 의료 개혁 법안에 대해 문제를 제기했다.

I **raised** my hand to ask the lecturer a question.
나는 강연자에게 질문을 하기 위해 손을 들었다.

n. (물가 · 임금의) 인상

The CEO announced that the staff would be receiving a 5 percent **raise**.
그 최고 경영자는 직원들이 월급을 5퍼센트 인상 받을 것이라고 발표했다.

텝스 출제 포인트!

청해 raise 올리다 → increase 인상하다
raise가 유사한 의미의 다른 표현으로 바뀌어 출제된다.

청해 raise a point 문제를 제기하다
ask for a pay raise 임금 인상을 요구하다
raise cash 현금을 조달하다

40 **pique**★

[piːk]

v. (흥미를) 불러일으키다 | 화나게 하다

Featured articles are written to **pique** a reader's interest. 특집 기사들은 독자의 흥미를 불러일으키도록 쓰여진다.

My anger was **piqued** by a coworker who lost an important file.
나는 중요한 파일을 잃어버린 동료 때문에 화가 났다.

41 **press**★
[pres]
n. 기자
파 pressure n. 압력, 압박

n. 언론, 보도 기관

The **press** attended the summit for world peace.
언론은 세계 평화를 위한 정상 회담에 참여했다.

v. 압박하다

Citizens **pressed** the corrupt government leader to resign. 시민들은 그 부패한 정부 지도자가 사임하도록 압박했다.

텝스 출제 포인트!

어휘 press credential 기자 출입증
credential과 어울려 쓰이는 press를 선택하는 문제가 출제된다.

독해 press conference 기자 회견

42 **ornery**★
[ɔ́:rnəri]

adj. 심술궂은, 성질이 고약한

The actor was renowned for his **ornery**, hostile behavior.
그 배우는 그의 심술궂고, 적대적인 행동으로 유명했다.

43 **refuse**★
[rifjú:z]
파 refusal n. 거절

v. 거절하다

The tennis champion **refused** to give interviews to the press.
그 테니스 우승자는 언론과 인터뷰를 하는 것을 거절했다.

텝스 출제 포인트!

청해 refuse to V ~하는 것을 거절하다

44 **pervasive**★
[pərvéisiv]
파 pervasiveness n. 충만함
pervasively adv. 넘쳐, 충만하게

adj. 퍼지는, 만연하는

The influence of media is **pervasive** in contemporary society.
대중 매체의 영향은 현대 사회에 퍼져 있다.

텝스 출제 포인트!

독해 pervasive 만연하는 → widespread 널리 퍼진
pervasive가 유사한 의미의 다른 표현으로 바뀌어 출제된다.

45 **aspire**★

[əspáiər]

파 aspiration n. 염원, 열망
aspiring adj. 포부가 있는

v. 열망하다

Many journalists **aspire** to be the ones who break the big news stories.

많은 기자들은 자신이 큰 뉴스를 터트리는 사람이 되기를 열망한다.

텝스 출제 포인트!

어휘 aspire to V ~하기를 열망하다

46 **appropriate**★

[əpróupriət]

파 appropriately adv. 적절하게

반 inappropriate 부적절한

adj. 적절한, 적합한

Only **appropriate** materials are allowed on children's Web sites.

적절한 자료만이 어린이들의 웹사이트에 허용된다.

텝스 출제 포인트!

독해 appropriately 적절하게 → properly 제대로
appropriately가 유사한 의미의 다른 표현으로 바뀌어 출제된다.

47 **recreate**★

[rékrièit]

v. 휴양하다, 기분 전환을 하다

v. (과거에 있던 일을) 재현하다

The weekly TV show **recreates** film scenes from classic Hollywood movies.

주간 TV 프로그램은 고전 할리우드 영화의 장면을 재현한다.

48 **celebrity**★

[səlébrəti]

n. 유명 인사

The magazine mostly features interviews with **celebrities**.

그 잡지는 주로 유명 인사들과의 인터뷰를 다룬다.

49 **preview**★

[prí:vjù:]

v. 시사를 보다

n. 시사회

The theater's VIP members were invited to a **preview** of the upcoming movie.

그 영화관의 우수 회원들은 곧 상영될 영화의 시사회에 초대되었다.

DAY 17 Daily Checkup

단어에 해당하는 뜻을 오른쪽에서 찾아 연결하세요.

01	acclaim	ⓐ 미온적인
02	initiative	ⓑ 비난하다
03	tepid	ⓒ 솔선
04	vilify	ⓓ 가득한
05	crack up	ⓔ 격찬하다
		ⓕ 웃음을 터뜨리다

문맥에 맞는 단어를 보기에서 골라 빈칸에 넣으세요.

ⓐ celebrities ⓑ unbearable ⓒ slated ⓓ aspire ⓔ remorse ⓕ raised

06 Many young people look up to the ______ they see on TV as role models.

07 Ted O'Brien is ______ to play in the championship game tomorrow.

08 On live television, the politician expressed ______ and asked to be forgiven for his misconduct.

09 Someone ______ the issue of climate change during the presidential debate.

10 Most people endure the ______ heat of summer by staying indoors.

ⓐ candor ⓑ subscription  ⓒ relevant ⓓ pirates ⓔ clout ⓕ inform

11 Anyone who ______ music is hurting the recording industry.

12 A bank officer will ______ you when the loan has been approved.

13 James spoke with ______ when he apologized and admitted his mistakes.

14 The politician used his ______ to get many donations for charity.

15 Make sure you highlight your ______ work experience on your résumé.

Answer 01 ⓔ 02 ⓒ 03 ⓐ 04 ⓑ 05 ⓕ 06 ⓐ 07 ⓒ 08 ⓔ 09 ⓕ 10 ⓑ 11 ⓓ 12 ⓕ 13 ⓐ 14 ⓔ 15 ⓒ

➔ 무료 Daily Checkup 해석은 HackersIngang.com에서 제공됩니다.
무료 단어시험지 자동생성기와 무료 해커스 텝스 기출 보카 TEST는 HackersTEPS.com에서 제공됩니다.

텝스완성단어

350점 단어

□	announce [ənáuns]	v. 알리다, 발표하다
□	article [á:rtikl]	n. (신문·잡지의) 기사, 논문 | 품목
□	box office	phr. 매표소 | 흥행 수익
□	broadcast [brɔ́:dkæ̀st]	n. 방송 v. 방송하다
□	childish [tʃáildiʃ]	adj. 유치한, 어린애 같은
□	context [ká:ntekst]	n. 문맥 | (사건의) 정황, 배경
□	draw [drɔ:]	v. 끌어들이다
□	filmmaking [fílmmèikiŋ]	n. 영화 제작
□	frank [fræŋk]	adj. 솔직한
□	gain popularity	phr. 인기를 얻다
□	generalization [dʒènərəlizéiʃən]	n. 일반화
□	increase	n. 증가 [íŋkri:s] v. 증가하다, 늘다 [inkrí:s]
□	inquire [inkwáiər]	v. 묻다, 알아보다
□	journalism [dʒə́:rnəlìzm]	n. 언론 | 신문 방송학
□	medium [mí:diəm]	n. 매체, (전달의) 수단 adj. 중간의
□	mislead [mìslí:d]	v. 오도하다, 잘못 인도하다
□	misleading [mìslí:diŋ]	adj. 오해하게 만드는, 허위의
□	obvious [á:bviəs]	adj. 명백한
□	obviously [á:bviəsli]	adv. 명백하게
□	pop culture	phr. 대중문화
□	script [skript]	n. 대본, 각본 | 문자
□	silly [síli]	adj. 어리석은 | 시시한
□	touching [tʌ́tʃiŋ]	adj. 감동적인
□	unrealistic [ʌ̀nri:əlístik]	adj. 비현실적인
□	visually [víʒuəli]	adv. 시각적으로
□	without a doubt	phr. 의심할 여지없이
□	wonder [wʌ́ndər]	v. 궁금해하다 | 이상하게 여기다

450점 단어

□	air [ɛər]	v. 방송하다
□	baseless [béislis]	adj. 근거 없는 | 사실무근의
□	biweekly [baiwí:kli]	adj. 2주일에 한 번의
□	caption [kǽpʃən]	n. 자막 | 표제, 제목
□	cast [kæst]	n. 배역, 출연자 전원 | 깁스붕대
□	censor [sénsər]	v. 검열하다
□	censorship [sénsərʃìp]	n. 검열
□	come to light	phr. 밝혀지다, 드러나다 | (사람들에게) 알려지다
□	commentary [kámәntèri]	n. 논평, 해설
□	concise [kənsáis]	adj. (말 · 문체가) 간결한
□	demystify [di:místəfài]	v. 이해하기 쉽게 하다
□	diminish [dimíniʃ]	v. 감소하다, 줄어들다
□	distort [distɔ́:rt]	v. (사실을) 왜곡하다
□	distortion [distɔ́:rʃən]	n. 왜곡
□	dub [dʌb]	v. ~이라고 부르다
□	dubious [djú:biəs]	adj. 의심스러운 | 모호한
□	editorial [èdətɔ́:riəl]	n. (신문 · 잡지의) 사설 adj. 편집의
□	entice [intáis]	v. 꾀다, 유혹하다
□	explicit [iksplísit]	adj. 명백한, 뚜렷한
□	giggle [gígl]	v. 낄낄 웃다
□	hilarious [hilɛ́əriəs]	adj. 유쾌한, 즐거운
□	humiliating [hju:mílièitiŋ]	adj. 굴욕적인
□	hypocrisy [hipá:krəsi]	n. 위선, 위선 행위
□	hypocritical [hìpəkrítikəl]	adj. 위선적인
□	incoherent [ìnkouhíərənt]	adj. 일관성이 없는
□	in-depth [índepθ]	adj. 면밀한, 상세한
□	inglorious [inglɔ́:riəs]	adj. 불명예스러운, 수치스러운
□	malicious [məlíʃəs]	adj. 악의 있는
□	memorandum [mèmərǽndəm]	n. 비망록 | 기록
□	mode [moud]	n. 방법, 방식

□	**mournful** [mɔ́:rnfəl]	adj. 슬픔에 잠긴, 애처로운
□	**obsess** [əbsés]	v. 사로잡다
□	**outspoken** [àutspóukən]	adj. 솔직한, 거리낌 없이 말하는
□	**overrate** [òuvəréit]	v. 과대평가하다
□	**participate** [pɑ:rtísəpèit]	v. 참여하다
□	**periodical** [pìəriɑ́:dikəl]	n. 잡지 | 정기 간행물
□	**pinpoint** [pínpɔ̀int]	v. 정확히 지적하다
□	**predominant** [pridɑ́:mənənt]	adj. 두드러진, 우세한
□	**predominantly** [pridɑ́:mənəntli]	adv. 주로
□	**preeminence** [priémənəns]	n. 탁월, 걸출
□	**preeminent** [priémənənt]	adj. 탁월한
□	**premiere** [primíər]	n. 시사회, 초연 v. (연극·영화 등을) 처음으로 선보이다
□	**reportedly** [ripɔ́:rtidli]	adv. 들리는 바에 의하면, 보도에 따르면
□	**revolve** [rivɑ́:lv]	v. 중심 내용으로 삼다 | 회전하다, 돌다
□	**screen** [skri:n]	v. 상영하다 | 가려내다, 심사하다
□	**screenwriter** [skrí:nràitər]	n. 영화 각본 작가
□	**seemingly** [sí:miŋli]	adv. 겉으로는, 겉으로 보기에
□	**sensation** [senséiʃən]	n. 세상을 떠들썩하게 하는 것 | 느낌
□	**sentiment** [séntəmənt]	n. 감정, 정서 | 감상
□	**sentimental** [sèntəméntl]	adj. 감상적인
□	**soap opera**	phr. 연속극
□	**star** [stɑ:r]	v. 주연을 시키다, 주연하다
□	**synchronize** [síŋkrənàiz]	v. 동시에 일어나다
□	**syndicate** [síndikət]	n. 연합체, 기업 조합
□	**take A by surprise**	phr. A를 깜짝 놀라게 하다
□	**terrific** [tərífik]	adj. 대단한, 아주 멋진
□	**trailer** [tréilər]	n. 영화 예고편
□	**uncover** [ʌnkʌ́vər]	v. 폭로하다
□	**undeserved** [ʌ̀ndizə́:rvd]	adj. 부당한, 과분한
□	**villain** [vílən]	n. 악역 | 범죄자
□	**would-be** [wúdbi]	adj. ~을 지망하는

500점 단어

- □ censure [sénʃər] — v. 비난하다, 책망하다 n. 비난
- □ debunk [dìːbʌ́ŋk] — v. 정체를 폭로하다, 틀렸음을 밝히다
- □ deplore [diplɔ́ːr] — v. 비판하다 | 몹시 한탄하다
- □ derivative [dirívətiv] — adj. 모방한
- □ divulge [divʌ́ldʒ] — v. 누설하다, 폭로하다
- □ fall out of favor — phr. 인기를 잃다
- □ frivolous [frívələs] — adj. 사소한, 하찮은 | 천박한
- □ hoax [houks] — n. 날조, 조작 | 짓궂은 장난
- □ implausible [implɔ́ːzəbl] — adj. 믿기 어려운
- □ indoctrinate [indάːktrənèit] — v. 주입하다, 가르치다
- □ inkling [íŋkliŋ] — n. 암시, 넌지시 비춤
- □ insinuate [insínjuèit] — v. 넌지시 비치다, 둘러서 말하다
- □ interim [íntərəm] — adj. 임시의, 일시적인 n. 잠정 조치
- □ inure [injúər] — v. 단련하다
- □ keep an eye on — phr. ~에 유의하다, ~을 감시하다
- □ lampoon [læmpúːn] — v. 글로 풍자하다
- □ laudatory [lɔ́ːdətɔ̀ːri] — adj. 칭찬의
- □ lionize [láiənàiz] — v. 떠받들다
- □ malign [məláin] — v. 헐뜯다, 비방하다 adj. 해로운 | 악성의
- □ maudlin [mɔ́ːdlin] — adj. 감상적인 | (특히 술에 취해) 넋두리를 하는
- □ misinformed [mìsinfɔ́ːrmd] — adj. 잘못된 정보를 받은
- □ on behalf of — phr. ~을 대신하여
- □ poignant [pɔ́injənt] — adj. 신랄한 | 가슴에 사무치는
- □ pseudonym [súːdənim] — n. 가명 | 필명
- □ rave review — phr. 호평
- □ skew [skjuː] — v. 왜곡하다 | 비스듬하게 하다 n. 곁눈질
- □ slander [slǽndər] — v. 중상하다, ~의 명예를 훼손하다
- □ tirade [táireid] — n. 장황한 비난
- □ vicariously [vaikɛ́əriəsli] — adv. 대리로서, 대리로
- □ viewership [vjúːərʃìp] — n. 시청자 수 | 시청률

▲ 무료 MP3 바로 듣기

엄마의 안목은 작가 수준

예술

Contemporary 미술 작품의 전시회를 보러 모처럼 엄마와 함께 외출했다. Accomplished한 화가의 그림과 돌로 sculpt된 작품들이 깊은 impression을 주었다. 우리를 usher해 준 큐레이터는 이번 전시된 화가의 작품들은 주로 작가 자신의 주변 인물들을 represent한 것들이며, 작품 대상을 고르는 안목에 있어 talented하다고 소개했다. 작품들 중 화가의 남편을 depict한 그림을 보시던 엄마가 고개를 끄덕이며 말씀하셨다. "내 취향과 비슷한 걸 보니 안목이 뛰어난 거 맞네!"

01 **contemporary**★★

[kəntémpərèri]

n. 동시대 사람

동 modern 현대의

반 archaic 구식인

adj. 현대의 | 동시대의

Contemporary art is more popular than its classical counterpart.

현대 미술은 고전 미술보다 더 대중적이다.

Bach was influenced by many **contemporary** eighteenth-century composers.

바흐는 많은 동시대 18세기 작곡가들로부터 영향을 받았다.

텝스 출제 포인트!

독해 contemporary art 현대 미술

02 **accomplished**★★★

[əkɑ́:mpliʃt]

파 accomplish v. 성취하다
accomplishment n. 성취, 업적

adj. 뛰어난

The orchestra conductor is also known as an **accomplished** cellist.

그 오케스트라의 지휘자는 뛰어난 첼로 연주자로도 알려져 있다.

텝스 출제 포인트!

독해 accomplishment 성취 → success 성공
accomplishment가 유사한 의미의 다른 표현으로 바뀌어 출제된다.

03 **sculpt**★

[skʌlpt]

파 sculptor n. 조각가
sculpture v. 조각하다 n. 조각품

v. 조각하다, 새기다

The statue, which was **sculpted** in stone, is one of the marvels of the Renaissance.

돌로 조각된 그 조각상은 르네상스의 경이로운 업적 중 하나이다.

텝스 출제 포인트!

어휘 sculpt : imprint
sculpt와 의미가 비슷한 imprint의 쓰임을 구별하여 답을 선택하는 문제가 출제된다.
┌ sculpt 조각하다
└ imprint (도장 등을) 찍다, 각인하다

04 **impression**★★

[impréʃən]

파 impress v. 깊은 인상을 주다
impressive adj. 인상적인
impressed adj. 감동을 받은

n. 인상, 느낌

The musical's initial song made a good first **impression** on the audience.

그 뮤지컬의 첫 곡은 관객들에게 좋은 첫인상을 남겼다.

텝스 출제 포인트!

독해 first impression 첫인상
give the impression that ~이라는 인상을 주다
be impressed with ~에 감동을 받다

05 **usher**★
[ʌ́ʃər]
n. 안내원

v. 안내하다

The curator **ushered** the visitors into the gallery.
그 큐레이터는 방문객들을 미술관 안으로 안내했다.

06 **represent**★
[rèprizént]
파 representation n. 표현, 설명
representative n. 대표자 adj. 대표하는

v. 나타내다, 표현하다 | 대표하다

The artist's work **represents** his optimistic views on life.
그 예술가의 작품은 삶에 대한 그의 긍정적인 시각을 나타낸다.

The candidate **represented** the labor party in the recent election.
그 후보는 최근 선거에서 노동당을 대표했다.

07 **talented**★
[tǽləntid]
파 talent n. 재능, 소질

adj. 재능이 있는, 소질 있는

Many of the street painters are exceptionally **talented** in doing landscape art.
많은 거리 화가들은 풍경화를 그리는 데 매우 재능이 있다.

08 **depict**★★
[dipíkt]
파 depiction n. 묘사, 서술
depictive adj. 묘사적인

v. 묘사하다, 그리다

The movie **depicts** artists such as Michelangelo as philosophers and geniuses.
그 영화는 미켈란젤로와 같은 예술가들을 철학자이자 천재로 묘사한다.

텝스 출제 포인트!

청해 depict A as B A를 B로 묘사하다

09 **put in one's two cents**★★★

phr. 자기 의견을 말하다

The art critic was eager to **put in his two cents**.
그 예술 비평가는 자기 의견을 몹시 말하고 싶어 했다.

10 **perspective**★★★
[pərspéktiv]

n. 원근법 | 관점, 시각

Most paintings appear flat without the proper use of **perspective**.
대부분의 그림은 원근법을 제대로 사용하지 않으면 평면으로 보인다.

Science and religion have different **perspectives** on the creation of the universe.
과학과 종교는 우주의 창조에 대해 다른 관점을 가지고 있다.

11 **vandalism**★★★
[vǽndəlìzm]

파 vandalize v. 고의적으로 파괴하다
vandal n. 공공 기물 파손자

n. (예술·문화·공공 시설의) 고의적 파괴

The portraits were encased in unbreakable glass to prevent **vandalism**.
그 초상화들은 고의적 파괴를 막기 위해 깨지지 않는 유리로 둘러싸여 있었다.

텝스 출제 포인트!

독해 act of vandalism 고의적 파괴 행위

12 **adroit**★★★
[ədrɔ́it]

adj. 능숙한, 솜씨 있는

The **adroit** artist swiftly drew a caricature of the customer.
능숙한 그 예술가는 손님의 캐리커처를 재빨리 그렸다.

13 **embrace**★★★
[imbréis]
v. 포옹하다

v. 받아들이다, 채택하다

Artists today **embrace** the Internet as a means to advertise their work.
오늘날의 예술가들은 인터넷을 자신의 작품을 광고하는 수단으로 받아들인다.

14 **inscrutable**★★★
[inskrú:təbl]

동 enigmatic 수수께끼 같은

adj. 수수께끼 같은

It is difficult to fully appreciate an **inscrutable** work of abstract art.
수수께끼 같은 추상 미술 작품을 완전히 이해하는 것은 어려운 일이다.

15 **purport**★★★
[pərpɔ́:rt]
v. 의미하다

v. 주장하다, 칭하다

The painting was **purported** to be an authentic Picasso.
그 그림은 진짜 피카소의 그림이라고 주장되었다.

16 **predilection** ★★★

[prèdəlékʃən]

동 penchant 애호, 기호

n. 매우 좋아함, 편애

Ann developed a **predilection** for oil paintings while majoring in art history.

Ann은 미술사를 전공하는 동안 유화를 매우 좋아하게 되었다.

텝스 출제 포인트!

청해 predilection for ~에 대한 편애

17 **patron** ★★★

[péitrən]

파 patronize v. 후원하다, (상점 등을) 애용하다
patronage n. 후원, 단골

n. 후원자 | 단골 손님, 고객

Several wealthy **patrons** were invited to the gallery opening.

몇몇 부유한 후원자들이 미술관 개관식에 초대되었다.

Most of the restaurant's **patrons** are college students.

그 식당의 대부분의 단골 손님들은 대학생들이다.

18 **display** ★★★

[displéi]

v. 전시하다, 진열하다

n. 전시, 진열

A **display** of antique pottery was held at the town hall. 골동품 도자기 전시가 시청에서 열렸다.

v. 드러내다, 나타내다

Parents should **display** confidence in their children's abilities. 부모들은 자녀의 능력에 대한 신뢰를 드러내야 한다.

텝스 출제 포인트!

어휘 on display 진열된

19 **applaud** ★★

[əplɔ́:d]

파 applause n. 박수갈채

v. 박수갈채를 보내다, 성원하다

The audience **applauded** enthusiastically at the end of the ballet performance.

관객들은 그 발레 공연의 마지막에 열광적으로 박수갈채를 보냈다.

20 **esoteric** ★★

[èsətérik]

동 abstruse 난해한

adj. 난해한, 심원한

Vivian's paintings are so **esoteric** that few people understand them.

Vivian의 그림들은 너무 난해해서 그것들을 이해하는 사람은 거의 없다.

21 **array**★★

[əréi]

v. 배열하다, 열거하다

n. 죽 늘어선 것

At the gallery, an **array** of black and white photographs covered the walls.
미술관에서, 죽 늘어선 흑백 사진들이 벽을 덮었다.

텝스 출제 포인트!

[독해] a wide array of 다수의 ~

22 **impromptu**★★

[imprɑ́:mptju:]

[동] improvised 즉흥의

adj. 즉흥적인, 즉석의

The audience admired the actor's **impromptu** performance. 청중들은 그 배우의 즉흥적인 연기에 감탄했다.

텝스 출제 포인트!

[청해] make an impromptu speech 즉석연설하다

[독해] impromptu 즉석의 → spontaneous 즉흥적인
impromptu가 유사한 의미의 다른 표현으로 바뀌어 출제된다.

23 **intermission**★★

[ìntərmíʃn]

n. 중지, 중단

n. (연극·영화 등의) 휴식 시간

During the **intermission**, the spectators talked about the opera excitedly.
휴식 시간 동안, 관객들은 그 오페라에 대해 흥분하여 이야기했다.

24 **dupe**★★

[dju:p]

n. 잘 속는 사람

[동] deceive 속이다

v. 속이다, 사기를 치다

An art collector was **duped** by a dealer who sold her a forged masterpiece.
한 미술품 수집가는 그녀에게 위조된 명작을 판 중개인에게 속았다.

25 **spray**★★

[sprei]

n. 물보라, 분무(기)

v. (분무기 등으로) 뿌리다

Graffiti artists **spray** paint on walls to produce art in public places.
낙서 예술가들은 공공장소에 예술 작품을 만들기 위해 벽에 페인트를 뿌린다.

26 **steal the show**★★

phr. 관심을 독차지하다

In the play, a minor actor's performance **stole the show**. 그 연극에서 조연 배우의 연기가 관심을 독차지했다.

★★★ = 출제율 최상 ★★ = 출제율 상 ★ = 출제율 중

27 **doodle**★★

[dúːdl]

n. 낙서

v. (딴 생각을 하며) 낙서를 끄적거리다

Some great artists **doodle**, and the results sell for millions.

일부 뛰어난 예술가들은 낙서를 끄적거리고, 그 결과물은 수백만 달러에 팔린다.

28 **phony**★★

[fóuni]

adj. 위조의

동 fake 위조품

n. 위조품, 가짜

The art world was shocked to discover that a famous painting was a **phony**.

예술계는 유명한 그림이 위조품이었다는 것을 알고는 충격을 받았다.

29 **play down**★★

phr. 강조하지 않다, 경시하다

The musician **played down** his royal background to appear more ordinary.

그 음악가는 더 평범한 사람으로 보이기 위해 그의 왕실 혈통을 강조하지 않았다.

30 **improvise**★★

[ímprəvàiz]

파 improvisation n. 즉석에서 하기

v. (연주·공연 등을) 즉흥적으로 하다

The dancer **improvised** a routine on the stage.

그 무용수는 무대에서 즉흥적으로 연기했다.

31 **performance**★★

[pərfɔ́ːrməns]

n. 수행, 이행

파 perform v. 공연하다
performer n. 연기자, 연주자

n. 공연, 연기 | 성과, 성적

The theater group held a benefit **performance** last night.

그 극단은 어젯밤에 자선 공연을 열었다.

Management will evaluate employees' **performances** quarterly.

경영진은 직원들의 성과를 분기별로 평가할 것이다.

텝스 출제 포인트!

독해 academic performance 학업 성적
high-performance 고성능의
performing arts 공연 예술

32 **adorn**★★

[ədɔ́ːrn]

파 adornment n. 장식

v. 장식하다, 꾸미다

The building's lobby is **adorned** with marble sculptures. 그 건물의 로비는 대리석 조각상들로 장식되어 있다.

독해 adorn with ~으로 장식하다

33 **volume**★★

[vά:lju:m]

n. 양, 부피

n. 음량, 볼륨 | 권, 책

Musicians adjusted the **volume** of their instruments for the large concert hall.

연주자들은 넓은 콘서트홀에 맞춰 악기의 음량을 조절했다.

The Art Education series consists of seven **volumes**.

그 예술 교육 시리즈는 일곱 권으로 구성되어 있다.

adj. 대량 판매의

Order a minimum of 500 pieces to receive a **volume** discount.

대량 판매 할인을 받으시려면 최소 500개를 주문하세요.

텝스 출제 포인트!

독해 sales volume 판매량
sheer volume 엄청난 양
a volume of 다량의
volume discount 대량 판매 할인

34 **lavish**★★

[lǽviʃ]

파 lavishly adv. 사치스럽게, 낭비적으로

adj. 호화로운, 사치스러운

The singers in the musical wore **lavish** costumes decorated with beads.

그 뮤지컬에서 가수들은 구슬로 장식된 호화로운 의상을 입었다.

텝스 출제 포인트!

어휘 spend money lavishly 돈을 낭비적으로 쓰다

35 **realize**★★

[rí:əlàiz]

파 realization n. 깨달음, 실현

v. 깨닫다 | (희망·계획 등을) 실현하다

I **realized** my passion for music at an early age.

나는 어린 나이에 음악에 대한 열정을 깨달았다.

The UN has struggled to **realize** mankind's dream of world peace.

UN은 세계 평화라는 인류의 꿈을 실현하기 위해 노력해왔다.

★★★ = 출제율 최상 ★★ = 출제율 상 ★ = 출제율 중

36 **capture**★★
[kǽptʃər]
n. 체포, 포획

v. 표현하다, 포착하다 | 포획하다, 붙잡다

Medieval artwork truly **captures** life during that time. 중세 예술 작품은 그 시대의 삶을 정확하게 표현한다.

International law has made it illegal to **capture** blue whales. 국제법은 흰긴수염고래를 포획하는 것을 불법화했다.

37 **compose**★★
[kəmpóuz]
v. (시·글을) 짓다

파 composition n. 구성, 작곡
composer n. 작곡가
composed adj. ~으로 구성된

v. 작곡하다 | 구성하다

The pianist **composed** hundreds of songs throughout his career.
그 피아니스트는 일생 동안 수백여 곡을 작곡했다.

Each class must be **composed** of no more than 30 students. 각 학급은 30명 미만의 학생들로 구성되어야 한다.

텝스 출제 포인트!

독해 be composed of ~으로 구성되어 있다

38 **belittle**★
[bilítl]

v. 경시하다, 얕보다

The Ashcan school artists were **belittled** for producing paintings about daily life.
애시캔파 예술가들은 일상생활에 대한 그림을 그린 것으로 경시 받았다.

텝스 출제 포인트!

독해 belittle 얕보다 → play down 경시하다
belittle이 유사한 의미의 다른 표현으로 바뀌어 출제된다.

39 **lead**★
[li:d]
n. 선두, 우세
v. 인도하다, 안내하다

파 leading adj. 이끄는, 선도하는

n. 주연 배우

John will play the **lead** in the school play.
John은 학교 연극에서 주연 배우를 맡을 것이다.

v. (어떤 결과에) 이르다

Contaminated food can **lead** to a serious, even fatal, infection. 오염된 음식물은 심각한, 심지어 치명적인 감염에 이르게 할 수 있다.

텝스 출제 포인트!

청해 lead role 주연
lead to ~에 이르다, ~을 야기하다

40 in the mood*

phr. ~할 기분인

This song always puts me **in the mood** for singing.
이 노래는 언제나 나를 노래할 기분으로 만든다.

텝스 출제 포인트!

청해 be in the mood for ~할 기분이다

41 craft*

[kræft]

v. 정교하게 만들다

파 craftsman n. 장인

n. (수)공예 | 우주선, 비행기

The handmade **crafts** being sold on the street are skillfully made. 길에서 팔리는 수공예품은 솜씨 있게 만들어진다.

The unmanned **craft** is presently orbiting the Moon.
그 무인 우주선은 현재 달 주위를 돌고 있다.

42 contrast*

n. [kɑ́:ntræst]
v. [kəntrǽst]

n. 대조, 대비

The black object was in sharp **contrast** with the white background. 그 검은 물체는 하얀 바탕과 뚜렷한 대조를 이루었다.

v. 대조를 이루다

The photographer's series of city photos **contrasts** with his countryside work.
그 사진작가의 일련의 도시 사진들은 그의 시골 작품과 대조를 이룬다.

텝스 출제 포인트!

어휘 sharp contrast 뚜렷한 대조
sharp와 어울려 쓰이는 contrast를 선택하는 문제가 출제된다.

독해 in contrast to ~과 대조적으로

43 dedicate*

[dédikèit]

파 dedication n. 헌신
dedicated adj. 헌신적인

v. (작품을) 헌정하다 | (노력·시간을) 바치다

The author **dedicated** his book to all of his grandchildren. 그 작가는 자신의 책을 손자들 모두에게 헌정했다.

Winning athletes **dedicate** their time to training.
우승하는 선수들은 그들의 시간을 연습하는 데 바친다.

텝스 출제 포인트!

청해 dedicate A to B A를 B에 바치다
be dedicated to ~에 전념하다, ~에 헌신하다

44 portrayal*
[pɔːrtréiəl]
파 portray v. 그리다, 묘사하다

n. 묘사

The fresco's accurate **portrayal** of Roman life gives it historical value.
그 프레스코화의 정확한 고대 로마 생활 묘사는 그림에 역사적 가치를 부여한다.

45 aesthetic*
[esθétik]
파 aesthetics n. 미학
aesthetically adv. 미학적으로

adj. 심미적인, 미의

The art collector has an **aesthetic** appreciation for fine paintings.
그 미술품 수집가는 훌륭한 그림에 대한 심미안을 지니고 있다.

독해 aesthetic appreciation 심미안

46 artifact*
[áːrtəfækt]

n. 공예품, 인공 유물

The museum houses a large collection of **artifacts** from the ancient Middle East.
그 박물관은 고대 중동의 많은 공예품들을 소장하고 있다.

47 original*
[ərídʒənl]
파 originality n. 독창성
originally adv. 원래
반 unoriginal 독창적이 아닌

adj. 원래의, 본래의 | 독창적인

The **original** author is unknown, but the book is still a bestseller.
원작자는 알려지지 않았지만, 그 책은 여전히 베스트셀러이다.

Food critics praised the chef for his highly **original** dishes.
음식 평론가들은 요리사의 매우 독창적인 요리를 칭찬했다.

n. 원작, 원형

The sequel is just as good as the **original**.
그 속편은 원작만큼이나 훌륭하다.

DAY 18 Daily Checkup

단어에 해당하는 뜻을 오른쪽에서 찾아 연결하세요.

01 predilection
02 contemporary
03 perspective
04 purport
05 adroit

ⓐ 관점
ⓑ 현대의
ⓒ 주장하다
ⓓ 능숙한
ⓔ 단골 손님
ⓕ 편애

문맥에 맞는 단어를 보기에서 골라 빈칸에 넣으세요.

ⓐ realized ⓑ lavish ⓒ represent ⓓ embraced ⓔ adorns ⓕ applaud

06 An enormous crystal chandelier ______ the hotel lobby's ceiling.
07 The actress is known for throwing ______ and luxurious parties at her mansion.
08 The swimmer's dream of winning an Olympic medal was ______ in Sydney.
09 The white stars on the American flag ______ its fifty states.
10 Mark unreservedly ______ the opportunity to teach in a foreign country.

ⓐ impromptu ⓑ accomplished ⓒ volume ⓓ artifacts ⓔ inscrutable ⓕ depicted

11 Most graffiti is ______ but some of it has a clear meaning.
12 Witches are often ______ wearing pointed hats and riding broomsticks.
13 The archaeologist uncovered many ______ from the excavation site.
14 At the request of the owner, the singer did a(n) ______ performance in the record store.
15 Cornelia is a(n) ______ writer with over 150 published books.

Answer 01 ⓕ 02 ⓑ 03 ⓐ 04 ⓒ 05 ⓓ 06 ⓔ 07 ⓑ 08 ⓐ 09 ⓒ 10 ⓓ 11 ⓔ 12 ⓕ 13 ⓓ 14 ⓐ 15 ⓑ

텝스 완성단어

350점 단어

- □ a variety of — phr. 여러 가지의, 다양한
- □ actually [ǽktʃuəli] — adv. 정말로, 실제로
- □ antique [æntíːk] — n. 골동품 adj. 골동품의
- □ architect [áːrkətèkt] — n. 건축가 | 설계사, 기획자
- □ architecture [áːrkitèktʃər] — n. 건축, 건축학(술)
- □ audience [ɔ́ːdiəns] — n. (연극·음악회·강연 등의) 청중 | 관객
- □ carve [kaːrv] — v. 새기다, 조각하다
- □ celebrated [séləbrèitid] — adj. 유명한, 저명한
- □ consider [kənsídər] — v. 고려하다 | 숙고하다 | ~이라고 간주하다
- □ costume [káːstjuːm] — n. (특정 시대나 지역의) 의상, 복장
- □ domain [douméin] — n. (지식·활동의) 영역 | (학문·활동 등의) 범위
- □ dye [dai] — n. 염색제 v. 염색하다
- □ elaborate — adj. 정교한 [ilǽbərət] v. 자세히 설명하다 [ilǽbərèit]
- □ exhibit [igzíbit] — v. 전시하다 | (감정·관심 등을) 나타내다 n. 전시회
- □ exhibition [èksəbíʃən] — n. 전시(회), 전람회
- □ house [haus] — v. 수용하다 | 살 곳을 제공하다 | 소장하다
- □ imitate [ímətèit] — v. 흉내내다, 모방하다
- □ imitation [ìmətéiʃən] — n. 모방 | 모조품
- □ masterpiece [mǽstərpìːs] — n. 걸작, 명작
- □ ordinary [ɔ́ːrdənèri] — adj. 보통의, 평범한
- □ pottery [páːtəri] — n. 도자기, 도기류
- □ reflect [riflékt] — v. 반영하다, 나타내다 | (빛·열 등을) 반사하다 | 숙고하다
- □ sensibility [sènsəbíləti] — n. 감각 | 감수성
- □ statue [stǽtʃuː] — n. 조각상
- □ tasteful [téistfl] — adj. 취미가 고상한, 멋을 아는
- □ tasteless [téistlis] — adj. 무미건조한 | 맛없는
- □ vivid [vívid] — adj. (기억·묘사 등이) 생생한 | (색·빛 등이) 선명한

450점 단어

□	a fly in the ointment	phr. 옥에 티
□	acoustics [əkú:stiks]	n. 음향 효과 | 음향 시설
□	apprentice [əpréntis]	n. 도제, 견습생
□	apprenticeship [əpréntisʃip]	n. 도제 기간, 수습 제도
□	auditorium [ɔ̀:ditɔ́:riəm]	n. 강당 | 청중석
□	avant-garde [əvɑ̀:ntgɑ́:rd]	n. (예술의) 전위파 adj. 전위적인
□	azure [ǽʒər]	adj. 하늘색의
□	bizarre [bizɑ́:r]	adj. 별난, 기묘한
□	bloom [blu:m]	v. 번영하다 | 꽃이 피다
□	broaden [brɔ́:dn]	v. 넓히다
□	come into the spotlight	phr. 세상의 주목을 받다
□	considerable [kənsídərəbl]	adj. 상당한, 많은 | 중요한
□	considerate [kənsídərət]	adj. 친절한 | 사려 깊은, 신중한
□	copycat [kɑ́:pikæ̀t]	n. 모방자
□	criterion [kraitíəriən]	n. 기준, 표준
□	curator [kjuəréitər]	n. 박물관 전시 책임자
□	dab [dæb]	n. 가볍게 두드림 | 소량
□	dazzle [dǽzl]	v. (아름다움·화려함이) 현혹시키다, 압도하다
□	dazzlingly [dǽzliŋli]	adv. 눈부시게
□	deem [di:m]	v. ~으로 여기다, 생각하다
□	dexterity [dekstérəti]	n. 솜씨, 손재주
□	dress rehearsal	phr. 최종 무대 연습, 총 연습
□	eccentric [ikséntrik]	adj. 별난, 기이한
□	embody [imbɑ́:di]	v. 구체화하다
□	enchanting [intʃǽntiŋ]	adj. 매혹적인, 황홀한
□	engrave [ingréiv]	v. 새기다
□	evocative [ivɑ́:kətiv]	adj. (감정·기억을) 불러일으키는
□	evoke [ivóuk]	v. (감정·기억을) 불러일으키다, 환기시키다
□	flair [flɛər]	n. (타고난) 재능
□	fusion [fjú:ʒən]	n. 융합, 통합

□	**hue** [hjuː]	n. 색조, 빛깔
□	**immortal** [imɔ́ːrtl]	adj. 불멸의, 영원한
□	**immortality** [ìmɔːrtǽləti]	n. 불멸, 영원
□	**incise** [insáiz]	v. 새기다, 조각하다
□	**inept** [inépt]	adj. 서투른 | 부적당한
□	**interweave** [ìntərwíːv]	v. 짜 넣다, 섞어 짜다
□	**irreplaceable** [ìripléisəbl]	adj. 대체할 수 없는
□	**knack** [næk]	n. 재주 | 요령 | ~하는 버릇
□	**lyric** [lírik]	n. (-s) 노래 가사 | 서정시 adj. 서정시의
□	**mainstream** [méinstrìːm]	adj. 주류의 v. 주류에 편입시키다
□	**mastery** [mǽstəri]	n. 전문적 지식, 숙련
□	**noteworthy** [nóutwə̀ːrði]	adj. 주목할만한 | 두드러진
□	**off the cuff**	phr. 즉석에서, 즉흥적으로
□	**outstanding** [àutstǽndiŋ]	adj. 눈에 띄는, 우수한 | 미결제의
□	**over the top**	phr. 과장된, 지나친
□	**phonograph** [fóunəgræf]	n. 축음기
□	**playwright** [pléirait]	n. 극작가
□	**prelude** [préljuːd]	n. 서곡 | 서막
□	**profound** [prəfáund]	adj. (지식·이해 등이) 심오한, 깊은 | (영향 등이) 엄청난
□	**profoundly** [prəfáundli]	adv. 깊이 | 완전히
□	**radical** [rǽdikəl]	adj. 급진적인 | 근본적인, 기초의
□	**render** [réndər]	v. (어떤 상태가 되게) 만들다 | (글·그림으로) 표현하다
□	**rendition** [rendíʃən]	n. (극·음악의) 해석, 연출, 연주
□	**subtle** [sʌ́tl]	adj. 미묘한 | 섬세한
□	**superbly** [supə́ːrbli]	adv. 아주 훌륭하게
□	**thorough** [θə́ːrou]	adj. 철저한, 완전한
□	**thoroughly** [θə́ːrouli]	adv. 철저히, 완전히
□	**tragedy** [trǽdʒədi]	n. 비극
□	**up-and-coming** [ʌ̀pənkʌ́miŋ]	phr. 유망한 | 정력적인
□	**well-received** [welrisíːvd]	phr. 호평을 받는 | 잘 받아들여지는
□	**workmanship** [wə́ːrkmənʃìp]	n. 솜씨, 기량

500점 단어

- □ chisel [tʃízəl] v. (끌로) 조각하다 | 속이다
- □ chivalrous [ʃívəlrəs] adj. 기사도의 | 용감한
- □ choreography [kɔ̀:riágrəfi] n. 안무, 무용술
- □ come up with phr. (해결책 등을) 찾아내다, 제안하다
- □ decadence [dékədəns] n. 타락, 퇴폐
- □ delineate [dilínièit] v. ~의 윤곽을 그리다 | 묘사하다, 서술하다
- □ ephemeral [ifémərəl] adj. 순식간의, 덧없는 | 수명이 짧은
- □ extol [ikstóul] v. 크게 칭찬하다, 격찬하다
- □ extravaganza [ikstræ̀vəgǽnzə] n. 희가극, 화려한 쇼
- □ flamboyance [flæmbɔ́iəns] n. 화려함, 눈부심
- □ incongruity [ìnkəŋgrú:əti] n. 부조화, 부적합
- □ inimitable [inímətəbl] adj. 독특한, 흉내 낼 수 없는
- □ invoke [invóuk] v. 기원하다 | (법에) 호소하다
- □ iridescent [ìrədésnt] adj. 보는 각도에 따라 색이 변하는
- □ jocular [dʒá:kjulər] adj. 익살맞은, 우스꽝스러운
- □ lay claim to phr. ~에 대한 권리를 주장하다
- □ mawkish [mɔ́:kiʃ] adj. 감상적인 | 역겨운
- □ moribund [mɔ́:rəbʌ̀nd] adj. 죽어가는, 소멸해 가는
- □ muted [mjú:tid] adj. 밝지 않은 | 소리를 죽인 | (색이) 부드러운
- □ offhand [ɔ̀:fhǽnd] adj. 즉석의 adv. 즉석에서
- □ poised [pɔizd] adj. 침착한 | 균형이 잡힌
- □ provenance [prá:vənəns] n. 기원, 출처
- □ scathing [skéiðiŋ] adj. (비평 등이) 냉혹한, 신랄한
- □ standing ovation phr. 기립 박수
- □ sublimate [sʌ́bləmèit] v. 승화시키다
- □ sublime [səbláim] adj. 장엄한, 숭고한
- □ venerable [vénərəbl] adj. (토지·건물 등이) 유서 깊은 | 존경할 만한
- □ virtuoso [və̀:rtʃuóusou] n. 대가, 거장
- □ voluptuous [vəlʌ́ptʃuəs] adj. 관능적인, 육감적인
- □ whimsical [wímzikəl] adj. 엉뚱한 | 기발한

DAY 19

Hackers TEPS Vocabulary

▲ 무료 MP3 바로 듣기

싱가포르의 또 다른 이름

여행

지루한 routine에서 get away하기 위해 유나와 함께 여행을 떠났다. Spectacular한 해변에도 가고 유명한 landmark를 admire하기도 했다. Itinerary의 마지막에는 싱가포르의 scenic한 resort에서 휴식을 취하기로 했는데 비행기가 postpone되었다. 도착하니 너무 피곤한 나머지 우린 택시 안에서 사소한 걸로 end up 다투게 되었다. '싱가폴'이 맞는지 '싱가포르'가 맞는지 regarding해서 말이다. 결국 택시 기사님에게 여기가 정확히 어딘지 여쭤봤더니, 기사님이 대답하셨다. "택시잖아요."

01 routine★
[ruːtíːn]
파 routinely adv. 일상적으로

n. 일상, 일과

Taking a vacation is an excellent way to escape your **routine.** 휴가를 가는 것은 일상을 탈출하기 위한 훌륭한 방법이다.

adj. 정기적인, 일상의

See your dentist once a year for a **routine** checkup.
정기적인 검진을 위해 일 년에 한 번씩 치과에 가세요.

02 get away★
파 getaway n. 휴가, 휴양지

phr. (일상 생활에서) 벗어나다, 떠나다 | 도망치다

The woman drove to the countryside to **get away** from the city.
그 여자는 도시에서 벗어나기 위해 교외로 차를 몰았다.

The bank robbers **got away** in a stolen van.
그 은행 강도들은 훔친 승합차를 타고 도망쳤다.

03 spectacular★★
[spektǽkjulər]
파 spectacle n. 장관, 구경거리

adj. (경치가) 장관인, 멋있는

Passengers watched a **spectacular** sunset from the deck of the boat. 승객들은 배의 갑판에서 장관인 일몰을 구경했다.

텝스 출제 포인트!

어휘 spectacular : speculative
spectacular와 형태가 비슷한 speculative의 의미를 구별하여 함께 외워두자.
- spectacular (경치가) 장관인
- speculative 추론적인, 투기적인

04 landmark★★
[lǽndmɑ̀ːrk]
n. (역사상의) 획기적인 사건

n. 역사적 건축물

The war memorial is a well-known **landmark** in the city. 전쟁 기념비는 그 도시에서 유명한 역사적 건축물이다.

05 admire★
[ædmáiər]
v. 칭찬하다
파 admiration n. 감탄

v. 감탄하다, 탄복하다

Climbers **admired** the view from the mountaintop.
등산객들은 산꼭대기에서 경치에 감탄했다.

텝스 출제 포인트!

청해 admire the scenery 경치에 감탄하다

★★★ = 출제율 최상 ★★ = 출제율 상 ★ = 출제율 중

06 **itinerary***
[aitínərèri]

n. 여행 일정, 여행 계획

Our **itinerary** includes a visit to the National Art Gallery.
저희 여행 일정은 국립 미술관 방문을 포함합니다.

07 **scenic*****
[síːnik]
파 scene n. 풍경, 광경

adj. 아름다운, 경치가 좋은

The inn offers a **scenic** view of the surrounding landscape.
그 여관은 주변 풍경의 아름다운 전망을 제공한다.

08 **resort****
[rizɔ́ːrt]

n. 휴양지 | 수단, 방책

The promotion includes a weekend stay at a beach **resort**.
그 판촉 상품은 해변 휴양지에서의 주말을 포함한다.

The president may use military force as a last **resort**.
대통령은 최후의 수단으로 군사력을 사용할 수 있다.

v. 의지하다

Gandhi encouraged people not to **resort** to violence during protests.
간디는 사람들에게 투쟁하는 동안 폭력에 의지하지 말라고 장려했다.

텝스 출제 포인트!

어휘 resort : retort
resort와 형태가 비슷한 retort의 의미를 구별하여 함께 외워 두자.
resort 휴양지, 수단
retort 반박, 말대꾸

청해 as a last resort 최후의 수단으로
resort to ~에 의지하다

09 **postpone****
[poustpóun]
동 put off, delay 늦추다

v. 연기하다, 늦추다

An emergency at home forced the man to **postpone** his trip.
집의 응급 상황은 그가 여행을 연기하게 했다.

텝스 출제 포인트!

청해 postpone 연기하다 → put off 늦추다
postpone이 유사한 의미의 다른 표현으로 바뀌어 출제된다.

10 **end up**★

phr. 결국 ~하게 되다

Matthew **ended up** going to a shopping mall because the museum was closed.
박물관이 닫혀 있었기 때문에 Matthew는 결국 쇼핑몰에 가게 되었다.

11 **regarding**★
[rigɑ́:rdiŋ]

prep. ~에 관해서

I'd like to speak to the hotel manager **regarding** my room.
제 방에 관해서 호텔 지배인과 이야기하고 싶습니다.

12 **rock the boat**★★★

phr. 소란을 일으키다

John didn't want to **rock the boat** by complaining about the hotel.
John은 그 호텔에 대해 불평함으로써 소란을 일으키고 싶지 않았다.

13 **compromise**★★★
[kɑ́:mprəmàiz]
n. 타협, 절충안

v. 타협하다, 화해하다 | (명성·평판을) 위태롭게 하다

The agent agreed to **compromise** on the group tour fee.
그 직원은 단체 여행 경비에 대해 타협하기로 동의했다.

Delayed flights can **compromise** an airline's reputation. 항공편 지연은 항공사의 평판을 위태롭게 할 수 있다.

텝스 출제 포인트!

청해 compromise 위태롭게 하다 → jeopardize 위험에 빠뜨리다
compromise가 유사한 의미의 다른 표현으로 바뀌어 출제된다.

14 **count on**★★★

phr. ~을 기대하다

You can **count on** good service at a five-star hotel.
5성급 호텔에서는 훌륭한 서비스를 기대할 수 있습니다.

15 **round off** ★★★

phr. ~을 마무리 짓다, 완료하다

Diane **rounded off** her trip with a bike tour of the countryside.
Diane은 시골 지역을 자전거로 여행하면서 그녀의 여행을 마무리 지었다.

16 **sojourn** ★★★

[sóudʒə:rn]

v. 체류하다

파 sojourner n. 일시 체류자

n. 체류

The CEO went on a brief **sojourn** in the countryside after his business trip.
그 최고 경영자는 출장 후에 교외에서 잠시 체류했다.

텝스 출제 포인트!

어휘 brief sojourn 짧은 체류
brief와 어울려 쓰이는 sojourn을 선택하는 문제가 출제된다.

17 **explore** ★★★

[ikspl5:r]

파 exploration n. 탐험

v. 탐험하다, 탐사하다

Some people prefer to **explore** a region themselves rather than going on a package tour.
어떤 사람들은 패키지여행을 하는 것보다 그들끼리 지역을 탐험하는 것을 선호한다.

18 **maroon** ★★★

[mərú:n]

동 strand 발을 묶다

v. (섬 등에) 고립시키다

The storm **marooned** Peter and his friends on a small island. 태풍은 Peter와 그의 친구들을 작은 섬에 고립시켰다.

19 **inspire** ★★★

[inspáiər]

파 inspiration n. 고무, 영감
inspirational adj. 고무적인
inspiring adj. 영감을 주는

v. 자극하다, 고무하다 | 불어넣다

The beautiful scenery **inspired** the artist to paint the countryside.
아름다운 풍경은 그 화가가 시골을 그리도록 자극했다.

The lecturer **inspired** the students with passion for the subject. 강사는 학생들에게 그 과목에 대한 열정을 불어넣었다.

20 **confirm** ★★★

[kənfə́:rm]

파 confirmation n. 확정, 확인

v. 확인하다, 확증하다

Customers may **confirm** their ticket reservations online.
고객들은 그들의 티켓 예약을 온라인으로 확인할 수 있다.

21 **facility*****
[fəsíləti]
n. 재능
파 facilitate v. 용이하게 하다

n. 시설, 설비
Our hotel provides recreational **facilities** to meet the guests' needs.
저희 호텔은 손님들의 필요를 충족시켜 드리기 위해 오락 시설을 제공합니다.

22 **sympathize*****
[símpəθàiz]
v. 동정하다
파 sympathy n. 공감, 동정심
sympathetic adj. 동정적인
sympathetically adv. 동정하여, 호의적으로

v. 공감하다, 동감하다
Having lost my luggage while traveling, I can **sympathize** with this tourist.
여행 중에 짐을 잃어버린 적이 있어서, 나는 이 여행자에게 공감할 수 있다.

텝스 출제 포인트!

어휘 sympathize : synthesize : synchronize
sympathize와 형태가 비슷한 synthesize, synchronize의 의미를 구별하여 함께 외워 두자.
- sympathize 공감하다, 동감하다
- synthesize 종합하다, 합성하다
- synchronize 동시에 일어나다

독해 sympathize with ~에 공감하다, ~에 동정을 갖다
have sympathy for ~를 동정하다
sympathetic ear (남의 이야기에) 귀 기울여 주는 사람

23 **look back on****

phr. (과거를) 되돌아보다
Teresa **looked back on** her trip to Spain with longing. Teresa는 그리워하면서 그녀의 스페인 여행을 되돌아봤다.

24 **offer****
[ɔ́:fər]
n. 할인
파 offering n. 제물, 선물

n. 제안, 제의
We declined an **offer** of a jet ski trip.
우리는 제트 스키 여행 제안을 거절했다.

v. (물건·원조 등을) 제공하다 | (의견 등을) 제안하다
The restaurant **offers** a variety of pasta dishes.
그 레스토랑은 다양한 파스타 요리를 제공한다.
Kelly **offered** to put us up for the holidays.
Kelly는 휴일 동안 우리를 재워주는 것을 제안했다.

텝스 출제 포인트!

청해 job offer 일자리 제의
make an offer 제안하다

25 **plan**★★
[plæn]
v. 계획하다

n. 계획
Lesley's holiday travel **plans** were ruined by bad weather.
Lesley의 휴일 여행 계획이 악천후로 인해 엉망이 되었다.

26 **run up against**★★

phr. ~에 맞닥뜨리다
Mr. Johnson **ran up against** a passport problem at the immigration counter.
Mr. Johnson은 출입국 관리소에서 여권 문제에 맞닥뜨렸다.

27 **in a pinch**★★

phr. 위기를 맞은
After leaving his wallet in his hotel room, Jeff found himself **in a pinch**.
호텔 방에 지갑을 놓고 온 후, Jeff는 위기를 맞았다.

28 **play it by ear**★★

phr. 그때그때 봐서 처리하다
I like to **play it by ear** when I travel, so I don't make definite plans.
나는 여행할 때 그때그때 봐서 처리하는 것을 좋아해서 확실한 계획을 세우지 않는다.

29 **rejuvenate**★★
[ridʒúːvənèit]
파 rejuvenation n. 회춘

v. 원기를 회복시키다
A massage and an aroma therapy session **rejuvenated** us after a long walk.
긴 산책 후 마사지와 방향 요법은 우리의 원기를 회복시켰다.

30 **punctual**★★
[pʌ́ŋktʃuəl]
파 punctuality n. 시간 엄수
punctually adv. 시간을 엄수하여

adj. 시간을 잘 지키는
Please be **punctual** to avoid missing your train.
기차를 놓치지 않으려면 시간을 잘 지키세요.

텝스 출제 포인트!

청해 punctual 시간을 잘 지키는 → on time 시간에 맞추어
punctual이 유사한 의미의 다른 표현으로 바뀌어 출제된다.

31 **anticipate**★★
[æntísəpèit]
파 anticipation n. 기대, 예상
anticipated adj. 기대하던

v. 기대하다, 예상하다

The children **anticipated** an enjoyable day at the amusement park. 아이들은 놀이공원에서 즐거운 날을 기대했다.

텝스 출제 포인트!

청해 highly anticipated 매우 기대되는

32 **stick with**★★
phr. (일을) 계속하다

phr. ~와 함께 있다

You should **stick with** the tour guide as he knows the city's hidden corners.
그 여행 가이드가 도시의 잘 알려지지 않은 지역들을 알기 때문에 그와 함께 있어야 합니다.

33 **allure**★★
[əlúər]

n. 매력, 유혹

Travelers cannot resist the **allure** of unspoiled waterfalls. 여행자들은 훼손되지 않은 폭포의 매력을 거부할 수 없다.

v. 끌어들이다, 꾀다

Management hopes to **allure** guests by renovating the hotel. 경영진은 호텔을 개조하여 손님들을 끌어들이기를 기대한다.

텝스 출제 포인트!

독해 allure A into -ing A가 -하도록 꾀다

34 **mingle**★★
[míŋgl]
파 mingler n. 교제하는 사람

v. 어울리다, 교제하다 | 섞이다

Youth hostel guests often **mingle** with each other in the dining hall.
유스호스텔 이용객들은 종종 식당에서 서로 어울린다.

The smell of roasted fish **mingled** with the ocean breeze. 구운 생선의 냄새가 바닷바람과 섞였다.

텝스 출제 포인트!

청해 mingle 섞이다 → blend 혼합되다
mingle이 유사한 의미의 다른 표현으로 바뀌어 출제된다.

독해 mingle with ~와 어울리다, ~과 섞이다

35 **pack**★★

[pæk]

v. 가득 채우다

반 unpack (짐을) 풀다

v. (짐 등을) 꾸리다, 싸다

I've already **packed** my clothes for tomorrow's camping trip.

나는 내일 갈 야영 여행을 위해 벌써 옷가지를 꾸렸다.

36 **intrigue**★★

[intríːg]

v. 음모를 꾸미다

파 intriguing adj. 아주 흥미로운

v. ~의 흥미를 돋우다

The castle's history as a royal residence **intrigued** visitors.

왕궁이었던 그 성의 역사는 관광객들의 흥미를 돋웠다.

n. 음모

The newspaper article exposed political **intrigue** in the mayor's office.

그 신문 기사는 시장의 집무실에서의 정치적 음모를 밝혔다.

텝스 출제 포인트!

독해 intrigue against ~에 대해 음모를 꾸미다
political intrigue 정치적 음모

37 **comprehensive**★★

[kɑ́ːmprihénsiv]

adj. 이해력이 있는

파 comprehend v. 이해하다, 포함하다
comprehension n. 이해, 포함
comprehensively adv. 완전히, 철저히

adj. 종합적인, 포괄적인

The travel agent prepared a **comprehensive** plan for our journey.

그 여행사 직원은 우리의 여행을 위한 종합적인 계획을 준비했다.

텝스 출제 포인트!

독해 comprehensive knowledge 종합적인 지식
comprehensive study 포괄적인 연구

38 **encounter**★★

[inkáuntər]

n. (뜻밖의) 만남, 조우

v. (우연히) 마주치다, 만나다 | (위험·곤란 등에) 직면하다

The travelers **encountered** villagers from a local tribe.

그 여행자들은 지역 부족의 마을 사람들과 우연히 마주쳤다.

The clerk **encountered** a problem with the machine while reproducing a document.

그 점원은 문서를 복사하다가 기계상의 문제에 직면했다.

텝스 출제 포인트!

[청해] **close encounter** (낯선 사람끼리) 직접 만남,
(비행 중 다른 천체 · 물체로의) 근접

[독해] **encounter with** ~와의 만남

39 **rely on**★★

phr. ~에 의존하다, 기대다

Hikers may **rely on** this map to find the trail.
도보 여행자들은 길을 찾기 위해 이 지도에 의존할 수도 있다.

40 **adventure**★
[ædvéntʃər]

파 adventurous adj. 모험심이 강한

n. 모험

It was an **adventure** to travel around the world alone.
혼자서 세계 일주를 하는 것은 모험이었다.

41 **typical**★
[típikəl]

파 typically adv. 전형적으로

adj. 대표적인, 전형적인

Coconut milk is a **typical** ingredient in Southeast Asian dishes.
코코넛 과즙은 동남아시아 음식의 대표적인 재료이다.

42 **experience**★
[ikspíəriəns]

동 undergo 경험하다

n. 경험

The agency's tour escorts are locals to the area and have ample **experience**.
그 회사의 여행 인솔자들은 그 지역의 현지인이고 경험이 풍부하다.

v. 경험하다

Mike has **experienced** swimming among hundreds of dolphins in the New Zealand waters.
Mike는 뉴질랜드 바다에서 수백 마리의 돌고래들에 둘러싸여 수영을 하는 경험을 했다.

텝스 출제 포인트!

[어휘] **previous experience** 이전의 경험

43 **overtake***
[òuvərtéik]

v. 따라잡다, 추월하다

This year's round-trip ticket sales have **overtaken** the previous year's record.
올해의 왕복 티켓 판매량은 전년도 기록을 따라잡았다.

44 **narrow***
[nǽrou]
v. 좁히다

adj. 좁은

It's easy to get lost while riding through the **narrow** canals of Venice.
베니스의 좁은 운하 사이를 지나는 동안에는 길을 잃기 쉽다.

45 **hail from***

phr. ~ 출신이다, ~에서 태어났다

Many of the young travelers at the hostel **hailed from** Britain.
호스텔의 많은 젊은 여행객들은 영국 출신이었다.

46 **quaint***
[kweint]
adj. 예스러운

adj. 색다른, 진기한

The backpackers enjoyed tasting **quaint** dishes wherever they went.
그 배낭여행객들은 가는 곳마다 색다른 음식을 먹는 것을 즐겼다.

47 **misgiving***
[misgíviŋ]
동 anxiety 불안

n. 불안, 의심

Some in our tour group had **misgivings** about riding in a hot air balloon.
우리 단체 여행팀 중 일부 사람들은 열기구를 타는 것을 불안해했다.

텝스 출제 포인트!

독해 have a misgiving about ~에 불안해하다

48 **native***
[néitiv]
adj. 토착민의, 출생지의

n. 토박이, 원주민

Harry made friends with some **natives** while visiting Canada for vacation.
Harry는 휴가로 캐나다를 방문하는 동안에 몇 명의 토박이들과 친구가 되었다.

DAY 19 Daily Checkup

단어에 해당하는 뜻을 오른쪽에서 찾아 연결하세요.

01	postpone	ⓐ 고립시키다
02	allure	ⓑ 일상
03	maroon	ⓒ 음모
04	routine	ⓓ 끌어들이다
05	intrigue	ⓔ 전형적인
		ⓕ 연기하다

문맥에 맞는 단어를 보기에서 골라 빈칸에 넣으세요.

ⓐ anticipating	ⓑ sojourn	ⓒ encounter	ⓓ offer	ⓔ compromise	ⓕ comprehensive

06 I felt very relaxed after my three-month ______ in the country.

07 This ______ math book will tell you everything you need to know.

08 We will make every effort to resolve any problems that our customers may ______.

09 Millions of teenagers are ______ the launch of the new video game.

10 The manufacturer refused to ______ on quality by using cheaper materials.

ⓐ ended up	ⓑ explore	ⓒ itinerary	ⓓ resort	ⓔ confirmed	ⓕ quaint

11 The company survived the economic crisis and did not have to ______ to layoffs.

12 Our ______ included a tour of the Palace of Versailles.

13 Our hotel room had a view of some ______ cottages with very unusual designs.

14 Travelers can sign up for a tour to ______ the island.

15 Allison ______ buying two blouses instead of one.

Answer 01 ⓕ 02 ⓓ 03 ⓐ 04 ⓑ 05 ⓒ 06 ⓑ 07 ⓕ 08 ⓒ 09 ⓐ 10 ⓔ 11 ⓓ 12 ⓒ 13 ⓕ 14 ⓑ 15 ⓐ

텝스완성단어

350점 단어

□	abroad [əbrɔ́:d]	adv. 해외로, 외국에
□	attract [ətrǽkt]	v. (주의 · 흥미를) 끌다, 매혹하다
□	attractive [ətrǽktiv]	adj. 사람의 마음을 끄는, 매력적인
□	big deal	phr. 대단한 일, 큰일
□	candid [kǽndid]	adj. 솔직한, 숨김 없는
□	detail [dí:teil]	n. 세부 사항, 항목 v. 자세히 설명하다
□	energize [énərdʒàiz]	v. 활기를 북돋우다
□	fascinated [fǽsəneitid]	adj. 매료된, 마음을 다 빼앗긴
□	fascinating [fǽsənèitiŋ]	adj. 매혹적인, 굉장히 재미있는
□	fatigue [fətí:g]	n. 피로, 피곤
□	fork [fɔ:rk]	v. 갈라지다, 나뉘다
□	idle [áidl]	adj. 한가한 | 게으른, 나태한
□	in advance	phr. 미리, 사전에
□	isolated [áisəlèitid]	adj. 고립된 | 격리된, 외딴
□	isolation [àisəléiʃən]	n. 고립, 격리
□	package [pǽkidʒ]	n. 패키지 여행 | 소포
□	particular [pərtíkjulər]	adj. 특정한 | 특별한
□	peak season	phr. 성수기
□	room [ru:m]	n. 여유, 여지
□	round trip	phr. 왕복 여행
□	shade [ʃeid]	n. 그늘, 음영 | 색조
□	sightseeing [sáitsì:iŋ]	n. 관광, 구경
□	sooner or later	phr. 조만간, 이내
□	souvenir [sù:vəníər]	n. 기념품
□	take A for granted	phr. A를 당연시하다
□	unforgettable [ʌ̀nfərgétəbl]	adj. 잊을 수 없는
□	You can say that again.	phr. 네 말이 맞아, 동감이야.

450점 단어

□	ahead of time	phr. 예정보다 의외로 빨리
□	all-inclusive [ɔ̀:linklú:siv]	adj. 모두 포함한, 포괄적인
□	amenity [əménəti]	n. (-ies) 생활 편의 시설
□	aside from	phr. ~ 이외에
□	awe-inspiring [ɔ́:inspàiəriŋ]	adj. 경외심을 불러일으키는, 장엄한
□	awesome [ɔ́:səm]	adj. 굉장한, 아주 멋진
□	barring [bá:riŋ]	prep. ~을 제외하고는
□	be apprised of	phr. ~을 통지받다, 알려지다
□	be keen to V	phr. ~하고 싶어 하다
□	beckon [békən]	v. (손짓으로) 부르다 | 유혹하다
□	brash [bræʃ]	adj. 성급한, 경솔한 | 자신만만한
□	breathtaking [bréθtèikiŋ]	adj. (너무 아름답거나 놀라워서) 숨이 턱 막히는 | 아슬아슬한
□	bustle [bʌ́sl]	n. 야단법석, 혼잡 v. 북적거리다 | 부산하게 움직이다
□	call for	phr. 요구하다, 필요로 하다 | 큰 소리로 부르다
□	credulous [krédʒuləs]	adj. 잘 믿는 | 속기 쉬운
□	daydream [déidrì:m]	n. 공상 v. 공상에 잠기다
□	drowsy [dráuzi]	adj. 졸리는 | 나른한
□	expedition [èkspədíʃən]	n. 원정, 탐험
□	gaiety [géiəti]	n. 유쾌함, 명랑함
□	get a glimpse of	phr. ~을 힐끗 보다
□	have no choice but to V	phr. ~하지 않을 수 없다
□	haven [héivn]	n. 피난처, 안식처
□	hit the road	phr. 출발하다 | 여행을 떠나다
□	hot spring	phr. 온천
□	humble [hʌ́mbl]	adj. 겸손한 | 천한
□	keepsake [kí:psèik]	n. 기념품, 유품
□	kick up one's heels	phr. 들떠서 날뛰다
□	laid-back [lèidbǽk]	adj. 한가롭고 평온한, 느긋한
□	loiter [lɔ́itər]	v. 어슬렁어슬렁 걷다
□	lousy [láuzi]	adj. 형편없는 | 불결한 | 비열한

- [ ] magnificent [mægnífəsnt] adj. 장대한, 웅장한
- [ ] marvel [má:rvəl] n. 놀라운 일 v. 놀라다, 경탄하다
- [ ] memorable [mémərəbl] adj. 기억할 만한
- [ ] memorial [məmɔ́:riəl] n. 기념비, 기념물
- [ ] mesmerize [mézməràiz] v. 최면술을 걸다 | 매혹하다
- [ ] monotonous [məná:tənəs] adj. (지루할 정도로) 단조로운
- [ ] No harm done. phr. 괜찮아요.
- [ ] oddball [á:dbɔ:l] adj. 괴짜의 n. 괴짜
- [ ] off-limits [ɔ̀:flímits] adj. 출입금지의
- [ ] overwhelming [òuvərhwélmiŋ] adj. 압도적인 | 굉장한
- [ ] pass the buck phr. 남에게 책임을 전가하다
- [ ] perch [pə:rtʃ] v. 자리잡다, 앉다 n. 높은 자리(위치)
- [ ] picturesque [pìktʃərésk] adj. 그림 같은, 아름다운
- [ ] pinnacle [pínəkl] n. 절정, 정점 | 산봉우리
- [ ] ponderous [pándərəs] adj. 대단히 무거운 | (글이) 너무 신중한
- [ ] remnant [rémnənt] n. 나머지, 잔여 adj. 나머지의
- [ ] requisite [rékwəzit] n. 필수품 adj. 필수의, 없어서는 안 될
- [ ] retreat [ritrí:t] v. 물러나다, 후퇴하다 n. 후퇴, 퇴각
- [ ] road trip phr. 장거리 자동차 여행
- [ ] serene [sərí:n] adj. 잔잔한, 조용한
- [ ] solitary [sá:lətèri] adj. 혼자의 | 외로운
- [ ] solitude [sá:lətjù:d] n. 고독, 쓸쓸함
- [ ] stressed-out [strestáut] adj. 스트레스로 지친
- [ ] stump [stʌmp] v. 난처하게 하다
- [ ] tourist attraction phr. 관광 명소
- [ ] trail [treil] n. 자국, 흔적 | 오솔길, 산길
- [ ] traveler's check phr. 여행자 수표
- [ ] traverse [trǽvə:rs] v. 가로지르다, 횡단하다
- [ ] unwind [ʌ̀nwáind] v. 긴장을 풀다 | (감겨 있는 것을) 풀다
- [ ] vacation spot phr. 휴양지
- [ ] whine [wain] v. 징징거리다, 불평하다

500점 단어

- □ backfire [bǽkfáiər] v. 기대에 어긋나다, 실패하다
- □ belongings [bilɔ́:ŋiŋz] n. 재산, 소유물
- □ bemuse [bimjú:z] v. 멍하게 만들다 | 생각에 잠기게 하다
- □ bombastic [bɑmbǽstik] adj. 과장된, 허풍 떠는
- □ chip in phr. 각자 돈을 내다, 제 몫을 내다
- □ exhilarating [igzílərèitiŋ] adj. 기분을 돋우는, 유쾌한
- □ exotic plants phr. 외래 식물
- □ fickleness [fíklnis] n. 변덕스러움
- □ flock [flɑ:k] v. 모이다 | 떼 지어 가다 n. 떼, 무리
- □ flout [flaut] v. 경멸하다, 업신여기다 | 법을 어기다
- □ gloss over phr. 둘러대다, 속이다
- □ hefty [héfti] adj. 무거운, 묵직한 | 크고 튼튼한
- □ humdrum [hʌ́mdrʌ̀m] adj. 지루한, 단조로운
- □ insidious [insídiəs] adj. 교활한, 음흉한 | (병이) 잠행성의
- □ jaunt [dʒɔ:nt] n. 소풍, 들놀이
- □ jumble [dʒʌ́mbl] v. (마구) 뒤섞다
- □ lackluster [lǽklʌ̀stər] adj. 활기 없는 | 흐릿한
- □ look forward to phr. ~을 기대하다
- □ map out phr. 계획하다, 준비하다
- □ marginally [mɑ́:rdʒinəli] adv. 아주 조금, 미미하게
- □ miss out on phr. ~을 놓치다
- □ opulent [ɑ́:pjulənt] adj. 부유한 | 풍부한 | 화려한
- □ paltry [pɔ́:ltri] adj. (금액·수치가) 얼마 되지 않는 | 하찮은
- □ pesky [péski] adj. 성가신, 귀찮은
- □ pristine [prísti:n] adj. 자연 그대로의, 원시 시대의 | 소박한
- □ profligate [prɑ́:fligət] adj. 품행이 나쁜, 방탕한 | 낭비하는
- □ quandary [kwɑ́ndəri] n. 당황, 곤경
- □ respite [réspit] n. 일시적 중단 | 유예
- □ scamper [skǽmpər] v. 재빨리 달리다, 날쌔게 움직이다
- □ sought-after [sɔ́:tæ̀ftər] adj. 수요가 많은 | 인기 있는

DAY 20

Hackers TEPS Vocabulary

무엇에 쓰는 기계라고?

공학·기술

공대에 다니는 유나는 요즘 듣고 있는 수업에서 remote로 작동할 수 있는 equipment를 설계하는 complicated한 과제를 하고 있다. Feasible한 기계를 만드는 건 정말 어려운데 특히 device의 mechanical한 부분을 고안하는 것이 무척 힘들다고 했다. 난 electrical한 부분에 대해서는 전혀 모르니 assistance를 줄 수도 없었다. 아무리 봐도 이해할 수 없는 그 복잡한 설계도를 한참 구경하다가 문득 무엇에 쓰는 기계인지 궁금해져서 유나에게 물어봤다. 그랬더니 아침에 잘 못 일어나는 나를 침대에서 hoist하는 기계라고 한다!!!

01 **remote**★★

[rimóut]

파 remotely adv. 멀리서

n. 리모컨 (= remote control)

The automatic garage doors are controlled by a **remote**. 차고의 자동문은 리모컨에 의해 제어된다.

adj. 외딴, 멀리 떨어진

Traveling to **remote** areas can be difficult due to the lack of roads.
외딴 지역으로 여행 가는 것은 도로가 없기 때문에 어려울 수 있다.

텝스 출제 포인트!

독해 be remote from ~로부터 멀리 떨어져 있다

02 **equipment**★★

[ikwípmənt]

파 equip v. (장비·능력 등을) 갖추다

n. 장비, 설비

The hospital bought new **equipment** for state-of-the-art care. 그 병원은 최첨단 치료를 위해 새로운 장비를 구입했다.

텝스 출제 포인트!

문법 불가산명사 equipment
equipment를 관사 없이 단수형으로 바르게 썼는지 묻는 문제가 출제된다. 불가산명사이므로 부정관사를 붙이거나(an equipment) 복수형(equipments)으로 쓰지 못한다는 것에 주의한다.

청해 be equipped with ~을 갖추고 있다

03 **complicated**★

[kɑ́ːmpləkèitid]

파 complicate v. 복잡하게 하다 adj. 복잡한
complication n. 복잡한 상태

adj. 복잡한

The robots used in manufacturing are becoming more **complicated**.
제조업에 사용되는 로봇들은 점점 더 복잡해지고 있다.

텝스 출제 포인트!

독해 complicated 복잡한 → complex 뒤얽힌
complicated가 유사한 의미의 다른 표현으로 바뀌어 출제된다.

04 **feasible**★★★

[fíːzəbl]

파 feasibility n. 실행 가능성
반 unfeasible 실행할 수 없는

adj. 실행 가능한, 실현 가능한

The research has made obtaining energy from ocean water **feasible**.
그 연구는 바닷물에서 에너지를 얻는 것을 실행 가능하게 만들었다.

텝스 출제 포인트!

어휘 feasible : flexible

feasible과 형태가 비슷한 flexible의 의미를 구별하여 함께 외워 두자.

- feasible 실행 가능한
- flexible 융통성이 있는, 유연한

05 **device***

[diváis]

n. 기기, 장치

This **device** is used for translating Chinese words into English. 이 기기는 중국어 단어를 영어로 번역하는 데 사용된다.

텝스 출제 포인트!

청해 electronic device 전자 기기, 전자 장치
flotation device 부양 장치

06 **mechanical***

[məkǽnikəl]

파 mechanize v. 기계화하다
mechanically adv. 기계적으로

adj. 기계상의

Keeping your motorbike oiled will reduce **mechanical** problems.
오토바이에 기름칠을 해두는 것은 기계상의 문제를 줄여줄 것이다.

텝스 출제 포인트!

어휘 mechanical problem 기계상의 문제

07 **electrical***

[iléktrikəl]

파 electricity n. 전기
electric adj. 전기의

adj. 전기의

Improperly used appliances can cause **electrical** problems. 잘못 사용된 가전제품은 전기 문제를 발생시킬 수 있다.

08 **assistance*****

[əsístəns]

파 assist v. 돕다

n. 지원, 원조

Call this number if you need technical **assistance**.
기술 지원이 필요하시면 이 번호로 전화하세요.

텝스 출제 포인트!

독해 technical assistance 기술 지원
assist A with B A가 B하는 것을 돕다

09 **hoist**★★★
[hɔist]
v. (돛·기 등을) 게양하다

v. 들어 올리다

A crane can be used to **hoist** heavy objects.
기중기는 무거운 물체를 들어 올리는 데 사용될 수 있다.

텝스 출제 포인트!

어휘 **hoist a sail** 돛을 올리다
sail과 어울려 쓰이는 hoist를 선택하는 문제가 출제된다.

10 **capacity**★★★
[kəpǽsəti]

n. 용량, 수용력 | 능력, 재능

Hard drives have the **capacity** to hold large amounts of information.
하드 드라이브는 많은 양의 정보를 보관할 수 있는 용량을 지닌다.

Children begin developing the **capacity** to count before they start schooling.
아이들은 학교에 들어가기 전에 숫자를 세는 능력을 발달시키기 시작한다.

11 **potent**★★★
[póutnt]
파 potency n. 힘, 효능
potently adv. 강력하게

adj. 강력한

Nuclear missiles today are both **potent** and accurate.
오늘날의 핵미사일은 강력하기도 하고 정확하기도 하다.

12 **act up**★★★

phr. (기계가) 제대로 작동하지 않다

My office computer is **acting up** again!
내 사무실 컴퓨터가 다시 제대로 작동하지 않고 있어!

13 **insert**★★★
[insə́ːrt]
파 insertion n. 삽입, 끼워 넣기

v. 삽입하다, 끼워 넣다

You should **insert** the memory card before you turn on the video camera.
비디오카메라를 켜기 전에 메모리 카드를 삽입해야 합니다.

14 **displace**★★★
[displéis]
v. 쫓아내다

v. 대체하다, 대신하다

Robots are beginning to **displace** humans in many fields.
로봇은 많은 분야에서 인간을 대체하기 시작하고 있다.

★★★ = 출제율 최상 ★★ = 출제율 상 ★ = 출제율 중

15 **enable*****
[inéibl]

v. 가능하게 하다

Modern technology **enables** people to communicate speedily. 현대 기술은 사람들이 빠르게 의사소통하는 것을 가능하게 한다.

텝스 출제 포인트!

문법 enable + 목적어 + to V ~가 -하는 것을 가능하게 하다
enable의 목적보어로 to부정사를 쓰는 문제가 출제된다.

16 **emblazon*****
[imbléizn]

v. (문장으로) 장식하다, 꾸미다

The new laptop model was **emblazoned** with the company logo.
새 노트북 컴퓨터 모델은 회사 로고로 장식되었다.

17 **inspection*****
[inspékʃən]
파 inspect v. 점검하다

n. 점검, 검사

Regular **inspections** are conducted to ensure that the assembly machines are working properly.
정기 점검은 조립 기계들이 올바르게 작동하는지 확실히 하기 위해 시행된다.

18 **gear*****
[giər]
n. 장비, 도구

v. (계획·요구 등에) 맞게 조정하다

The company has **geared** the wages of its engineers to the complexity of their projects.
그 회사는 기술자들의 임금을 프로젝트의 복잡성에 맞게 조정하였다.

19 **obviate*****
[á:bvièit]

v. (필요성·문제 등을) 없애다, 제거하다

The device's internal memory is large and **obviates** the need for external storage.
그 기기의 내장 메모리는 용량이 커서 외부 기억 장치의 필요성을 없앤다.

20 **breakthrough****
[bréikθrù:]
n. (난관의) 돌파구

n. 획기적인 발전

Scientists made a **breakthrough** in genetics when they learned to clone cells.
과학자들은 세포를 복제하는 법을 배웠을 때 유전학에서의 획기적인 발전을 했다.

텝스 출제 포인트!

독해 make a breakthrough 돌파구를 마련하다

21 **work the system**★★

phr. (자신에게 유리한 방향으로) 체제·체계를 작동하게 하다

Online businesses should learn how to **work the system** to their advantage.
온라인 사업체들은 어떻게 그들에게 유리하도록 체제를 작동하게 할지 배워야 한다.

22 **advance**★★
[ædvǽns]

파 advancement n. 진보, 발달
advanced adj. 진보한, 고급의

n. 진보, 향상

Technological **advances** have helped many industries progress.
기술의 진보는 많은 산업들이 발전하도록 도와왔다.

v. 나아가다, 전진하다

The army **advanced** steadily through the desert.
그 부대는 사막을 통과하여 꾸준히 나아갔다.

텝스 출제 포인트!

청해 make an advance 진보하다
technological advance 기술 발전
advanced country 선진국

23 **immaculate**★★
[imǽkjulət]

adj. 완벽한, 흠 없는

The antique typewriters on exhibit have been kept in **immaculate** condition.
전시된 그 오래된 타자기는 완벽한 상태로 보존되어 왔다.

24 **viable**★★
[váiəbl]

반 unviable 실행 불가능한

adj. 실행 가능한, 실용적인

Cars that run on electricity have become **viable**.
전기로 달리는 자동차들이 실행 가능해졌다.

텝스 출제 포인트!

청해 viable solution 실행 가능한 해결책
viable alternative 실행 가능한 대안

25 **dud**★★
[dʌd]
adj. 못 쓰는

n. 제대로 작동하지 않는 것, 실패작

The battery for the camera was a **dud** so I took it back to the store.
그 카메라의 배터리는 제대로 작동하지 않는 것이어서 나는 그것을 상점에 반품했다.

★★★ = 출제율 최상 ★★ = 출제율 상 ★ = 출제율 중

26 **align**★★
[əláin]

v. (기계 부품을) 정밀하게 조정하다

Hundreds of components in handmade watches are **aligned** very precisely.
수제 시계의 수많은 구성품들은 아주 정밀하게 조정된다.

27 **recline**★★
[rikláin]

v. 눕다, 기대다

Our newest armchair is designed to be adjustable so that you can **recline** comfortably.
저희 최신식 안락의자는 편안하게 누울 수 있게 조절 가능하도록 설계되었습니다.

28 **ubiquitous**★★
[ju:bíkwətəs]
동 pervasive 만연하는

adj. 흔한, 어디에나 있는

MP3 players are no longer **ubiquitous** now that people today use smartphones.
MP3 플레이어는 오늘날 사람들이 스마트폰을 이용하기 때문에 더 이상 흔하지 않다.

29 **on one's last legs**★★

phr. 거의 망가진, 다 죽어가는

The car lasted nearly 15 years but is now **on its last legs.** 그 차는 거의 15년 동안 견뎠지만 이제는 거의 망가졌다.

30 **controversial**★★
[kὰ:ntrəvə́:rʃəl]
파 controversy n. 논쟁, 논란

adj. 논란의 여지가 있는

Electronic voting is a **controversial** issue due to faulty technology problems.
전자 투표는 불완전한 기술적인 문제 때문에 논란의 여지가 있는 사안이다.

31 **compile**★★
[kəmpáil]
파 compilation n. 모음집, 편집
compilatory adj. 편집의

v. (자료 등을) 수집하다

Large online stores **compile** information about their customers. 대규모 온라인 상점들은 고객들에 관한 정보를 수집한다.

텝스 출제 포인트!

어휘 compile : assemble : accumulate
'모으다'를 뜻하는 단어들의 쓰임을 구별하여 답을 선택하는 문제가 출제된다.
- compile 수집하다 (자료를 수집하거나 책을 편집하는 것을 의미한다)
- assemble 모으다, 조립하다 (사람들을 모으거나 기계를 조립하는 것을 의미한다)
- accumulate 모으다, 축적하다 (돈이나 정보를 장기간에 걸쳐 조금씩 모으는 것을 의미한다)

32 **boon**★★
[buːn]
동 benefit 혜택

n. 요긴한 것, 혜택

The simplest inventions, such as the light bulb, are a **boon** to people everywhere.
전구와 같이 아주 간단한 발명품들은 세상 어디에서나 사람들에게 요긴한 것이다.

33 **strive**★★
[straiv]
v. 싸우다

v. 노력하다, 애쓰다

Scientists **strive** to make people's lives better through technological research.
과학자들은 기술 연구를 통해 사람들의 삶을 더 낫게 하기 위해 노력한다.

텝스 출제 포인트!

독해 strive to V ~하기 위해 노력하다

34 **plug away at**★★

phr. (일·공부 등을) 꾸준히 하다

Charles Hull **plugged away at** creating 3D printing until it became a reality.
찰스 훌은 3D 인쇄술이 실현될 때까지 그것을 꾸준히 만들었다.

35 **secure**★★
[sikjúər]
v. 안전하게 하다

파 security n. 안전, 보장, 보증
securely adv. 안전하게
반 insecure 불안한

adj. 안전한

CCTVs are used to make the building **secure**.
CCTV는 건물을 안전하게 하기 위해 사용된다.

v. 확보하다, 얻어 내다

The employee worked hard to **secure** a higher position.
그 직원은 더 높은 직위를 확보하기 위해 열심히 일했다.

텝스 출제 포인트!

청해 job security 고용 보장
security deposit 보증금

36 **priority**★★
[praiɔ́ːrəti]

파 prioritize v. 우선순위를 매기다

n. 우선 사항, 우선순위

Security technology is a top **priority** for network companies.
보안 기술은 네트워크 회사의 최고 우선 사항이다.

텝스빈출단어 11 12 13 14 15 16 17 18 19 DAY 20 Hackers TEPS Vocabulary

37 **durable**★★

[djúərəbl]

파 durability n. 내구성

adj. 내구성이 있는, 오래 견디는

Our company's products are made of **durable** materials.

저희 회사의 제품들은 내구성이 있는 재료들로 만들어집니다.

38 **access**★★

[ǽkses]

파 accessibility n. 접근 가능성
accessible adj. 접근 가능한

n. 접속, 접근

Korea has greater **access** to the Internet compared to other countries.

한국은 다른 나라들과 비교해서 인터넷 접속이 훌륭하다.

v. ~에 접근하다

The road can be easily **accessed** from the highway.

그 도로는 고속도로에서 쉽게 접근할 수 있다.

텝스 출제 포인트!

청해 have access to ~에 접근할 수 있다
Internet access 인터넷 접속

39 **play a role**★

phr. 역할을 하다, 역할을 맡다

Emoticons **play a role** in facilitating communication among Internet users.

이모티콘은 인터넷 사용자들 사이에서 의사소통을 용이하게 하는 역할을 한다.

텝스 출제 포인트!

문법 play a role + in -ing -하는 데 역할을 하다
play a role 다음에 오는 전치사 in 뒤에 동명사(-ing)를 쓰는 문제가 출제된다.

40 **generate**★

[dʒénərèit]

v. (생각·감정 등을) 일으키다

파 generation n. 발생, 세대
generative adj. 발생의

v. (전기·열 등을) 발생시키다

Fossil fuels have been used to **generate** electricity for more than a century.

화석 연료는 전기를 발생시키기 위해 100년 이상 사용되어 왔다.

텝스 출제 포인트!

청해 generate electricity 발전하다, 전기를 발생시키다
generate energy 에너지를 생산하다

41 **erect***

[irékt]

파 erection n. 건설, 설립

v. 건설하다, 세우다

Using the newest construction technology, the Burj Khalifa was **erected** in just five years.

최신식 건축 기술을 사용하여, 부르즈 칼리파는 5년 만에 건설되었다.

42 **mission***

[míʃən]

파 missionary n. 선교사
adj. 선교의

n. 우주 비행(임무) | 임무

Several moon **missions** took place during the 20th century.

20세기 동안 몇 번의 달 착륙 우주 비행 임무가 있었다.

The CEO is going to China, where her **mission** is to finalize the merger.

그 최고 경영자는 중국에 갈 예정인데, 그곳에서 그녀의 임무는 합병을 마무리 짓는 것이다.

텝스 출제 포인트!

청해 secret mission 비밀 임무

43 **reliability***

[rilàiəbíləti]

파 reliable adj. 믿을 수 있는
reliably adv. 믿음직하게

n. 신뢰성

Reliability is crucial in software designed for bank services.

신뢰성은 은행 업무를 위해 개발된 소프트웨어에 있어 필수적이다.

텝스 출제 포인트!

청해 reliable 믿을 수 있는 → can count on 믿을 수 있다
reliable이 유사한 의미의 다른 표현으로 바뀌어 출제된다.

44 **utility***

[juːtíləti]

n. 유용성

파 utilize v. 이용하다
utilization n. 이용

n. 공공시설, 공익사업

Utilities such as electricity and transportation are becoming more expensive.

전기와 대중교통과 같은 공공시설이 더 비싸지고 있다.

텝스 출제 포인트!

독해 utility bills 공공요금, 공과금

청해 utilize 이용하다 → use 사용하다
utilize가 유사한 의미의 다른 표현으로 바뀌어 출제된다.

45 **infrastructure*** [ínfrəstrʌ̀ktʃər]

n. 기반 시설

Roads are vital **infrastructure** for helping an economy grow.
도로는 경제 성장을 돕는 데 있어 중요한 기반 시설이다.

46 **handy*** [hǽndi]

adj. 솜씨 좋은

파 handiness n. 편리함, 솜씨 있음

adj. 유용한, 편리한

Every year, a tech magazine reviews **handy** gadgets that make life easier.
기술 잡지는 매년 삶을 더 편리하게 만드는 유용한 기계들에 대해 논평한다.

텝스 출제 포인트!

청해 come in handy 쓸모가 있다
have something handy ~을 쓸 수 있게 준비해두다

독해 handy 유용한 → convenient 편리한
handy가 유사한 의미의 다른 표현으로 바뀌어 출제된다.

47 **intuitive*** [intjú:ətiv]

파 intuition n. 직관력, 직감
intuitively adv. 직감적으로

adj. 직관적인

The tablet computers at our hotel boast an **intuitive** design.
저희 호텔의 태블릿 컴퓨터는 직관적인 디자인을 자랑합니다.

48 **concentrate*** [kɑ́:nsəntrèit]

파 concentration n. 집중
concentrative adj. 집중적인

v. 집중하다

Mobile developers are **concentrating** on producing more educational applications.
휴대 전화 개발자들은 더 교육적인 애플리케이션을 생산하는 것에 집중하고 있다.

텝스 출제 포인트!

청해 concentrate on ~에 집중하다

DAY 20 Daily Checkup

단어에 해당하는 뜻을 오른쪽에서 찾아 연결하세요.

01 capacity
02 viable
03 access
04 priority
05 secure

ⓐ 실행 가능한
ⓑ 기반 시설
ⓒ 안전한
ⓓ 용량
ⓔ 우선순위
ⓕ 접속

문맥에 맞는 단어를 보기에서 골라 빈칸에 넣으세요.

ⓐ insert	ⓑ feasible	ⓒ displace	ⓓ mechanical	ⓔ immaculate	ⓕ generate

06 It's not ______ to move the company's whole operation to China.
07 Solar technology is an alternative way to ______ energy.
08 ______ the disk into the computer to start the application.
09 The plane made an emergency landing due to a(n) ______ failure.
10 The supervisor from headquarters will temporarily ______ the regional manager.

ⓐ breakthrough	ⓑ remote	ⓒ potent	ⓓ enable	ⓔ intuitive	ⓕ hoist

11 The fire services had to ______ the car out of the ditch.
12 The medicine recommended by the doctor tastes bad but is ______.
13 A new screening device is a major ______ in detecting skin cancer.
14 The new flexible working hours ______ me to work at my own pace.
15 Antarctica is extremely ______ from all major towns and cities.

Answer 01 ⓓ 02 ⓐ 03 ⓕ 04 ⓔ 05 ⓒ 06 ⓑ 07 ⓕ 08 ⓐ 09 ⓓ 10 ⓒ 11 ⓕ 12 ⓒ 13 ⓐ 14 ⓓ 15 ⓑ

텝스완성단어

350점 단어

□	**achieve** [ətʃíːv]	v. 이루다, 성취하다
□	**attach** [ətǽtʃ]	v. 첨부하다, 붙이다
□	**automated** [ɔ́ːtəmèitid]	adj. 자동화된, 자동의
□	**automatically** [ɔ̀ːtəmǽtikəli]	adv. 자동적으로
□	**built-in** [bìltín]	adj. (기계가) 내장된 | 붙박이의
□	**engineering** [èndʒiníəriŋ]	n. 공학 기술
□	**install** [instɔ́ːl]	v. (기기·장비·기구를) 설치하다
□	**installation** [ìnstəléiʃən]	n. (기기·장비·기구의) 설치, 설비
□	**lightweight** [láitwèit]	adj. 경량의, 가벼운
□	**logical** [lɑ́ːdʒikəl]	adj. 논리적인
□	**machinery** [məʃíːnəri]	n. 기계 장치, 기계류
□	**maintain** [meintéin]	v. 보수하다, 유지하다 | 주장하다
□	**maintenance** [méintənəns]	n. 보수, 유지 | 주장
□	**make sense**	phr. 말이 되다 | 타당하다
□	**manual** [mǽnjuəl]	n. (사용) 안내서, 지도서
□	**out of order**	phr. 고장 난
□	**outdated** [àutdéitid]	adj. 구식의, 시대에 뒤진
□	**practical** [prǽktikəl]	adj. 실용적인, 현실적인
□	**proper** [prɑ́ːpər]	adj. 알맞은, 적절한
□	**revolution** [rèvəlúːʃən]	n. 혁명 | 개혁, 대변혁
□	**revolutionize** [rèvəlúːʃənàiz]	v. ~에 혁명을 일으키다 | 근본적으로 바꾸다
□	**seek** [siːk]	v. 찾다, 구하다 | 추구하다
□	**supply** [səplái]	v. 공급하다 n. 공급 | (-ies) 비품, 용품
□	**take action**	phr. ~에 대해 조치를 취하다
□	**transform** [trænsfɔ́ːrm]	v. 바꾸다, 변형시키다
□	**up-to-date** [ʌ̀ptədéit]	adj. 최신의 | 최신식의
□	**user-friendly** [jùːzərfréndli]	adj. (컴퓨터·시스템이) 사용하기 쉬운

450점 단어

□	aircraft [érkræft]	n. 항공기
□	around the clock	phr. 24시간 내내
□	boundless [báundlis]	adj. 무한한, 끝없는
□	brainchild [bréintʃàild]	n. (독창적인) 아이디어
□	calculate [kǽlkjulèit]	v. 계산하다 | 예측하다
□	calculation [kælkjuléiʃən]	n. 계산 | 예측
□	circuit [sə́:rkit]	n. 회로 | 순환
□	customization feature	phr. 사용자 설정 기능
□	customize [kʌ́stəmàiz]	v. 주문 제작하다
□	disable [diséibl]	v. 무능하게 하다 | 손상시키다
□	drawback [drɔ́:bæ̀k]	n. 결점 | 장애
□	duplicate [djú:pləkèit]	v. 복제하다
□	encrypt [inkrípt]	v. 암호화하다
□	flawed [flɔ:d]	adj. 결함이 있는
□	flawless [flɔ́:lis]	adj. 흠 없는 | 완벽한, 완전한
□	forefront [fɔ́:rfrʌ̀nt]	n. 맨 앞, 선두
□	foresee [fɔ:rsí:]	v. 예견하다
□	foresight [fɔ́:rsàit]	n. 선견지명
□	gadget [gǽdʒit]	n. 간단한 기계 장치, 도구
□	geometrical [dʒì:əmétrikəl]	adj. 기하학적인
□	give a green light	phr. 허가하다
□	give rise to	phr. 낳다 | 일으키다
□	groundbreaking [gráundbrèikiŋ]	adj. 혁신적인
□	handheld [hǽndhéld]	adj. 소형의, 휴대용의
□	hydroelectric dam	phr. 수력 발전 댐
□	imprecise [ìmprisáis]	adj. 부정확한
□	incalculable [inkǽlkjuləbl]	adj. 헤아릴 수 없는, 무수한
□	ingenious [indʒí:njəs]	adj. 독창적인
□	ingenuity [ìndʒənjú:əti]	n. 독창성 | 정교함
□	mock up	phr. 실물 크기의 모형을 만들다

□	**obstacle** [ɑ́:bstəkl]	n. 장애(물)
□	**optimal** [ɑ́ptəməl]	adj. 최상의, 최적의
□	**optimize** [ɑ́:ptəmàiz]	v. 최고로 활용하다 | 최적화하다
□	**outside line**	phr. (전화의) 외선, 외부 전화
□	**overhaul** [òuvərhɔ́:l]	n. (기계 · 시스템의) 점검, 정비
□	**pivot** [pívət]	v. 회전하다 n. 추축
□	**pivotal** [pívətl]	adj. 중추적인, 중요한
□	**pop-up ad**	phr. 팝업 광고
□	**power station**	phr. 발전소
□	**precise** [prisáis]	adj. 정확한, 명확한
□	**precision** [prisíʒən]	n. 정확(성)
□	**preclude** [priklú:d]	v. 방해하다, 막다
□	**problematic** [prɑ̀:bləmǽtik]	adj. 문제가 있는
□	**semiconductor** [sèmikəndʌ́ktər]	n. 반도체
□	**sizable** [sáizəbl]	adj. 상당한 크기의, 꽤 큰
□	**state-of-the-art** [stèitəvðiɑ́:rt]	adj. 최신식의, 최첨단의
□	**streamline** [strí:mlàin]	v. 유선형으로 만들다 | (일을) 능률적으로 하다
□	**stunning** [stʌ́niŋ]	adj. 굉장히 멋진 | 깜짝 놀랄만한
□	**supplier** [səpláiər]	n. 공급자, 공급 회사
□	**supreme** [səprí:m]	adj. 최고의, 최상의
□	**systematic** [sìstəmǽtik]	adj. 체계적인
□	**technician** [tekníʃən]	n. 기술자
□	**three-dimensional** [θrì:diménʃənl]	adj. 삼차원의 | 입체의
□	**tilt** [tilt]	v. 기울다, 경사지게 하다 n. 경사, 기울기
□	**triangular** [traiǽŋgjulər]	adj. 삼각형의
□	**ultrasonic** [ʌ̀ltrəsɑ́:nik]	a. 초음파의 n. 초음파
□	**unmatched** [ʌnmǽtʃt]	adj. 뛰어난, 비할 데 없는
□	**up and running**	phr. (컴퓨터 · 네트워크가) 작동 중인
□	**utilitarian** [jù:tìlətέəriən]	adj. 실용적인, 실리적인
□	**virtually** [vɔ́:rtʃuəli]	adv. 사실상, 실질적으로
□	**virtual reality**	phr. 가상현실

500점 단어

	단어	뜻
□	ancillary [ǽnsəlèri]	adj. 보조적인, 부수적인
□	bilateral [bailǽtərəl]	adj. 좌우 양측의 ㅣ 쌍방의
□	buttress [bʌ́tris]	v. 뒷받침하다 n. 버팀목
□	carry out	phr. 수행하다
□	circumscribe [sə́:rkəmskràib]	v. 선으로 둘러싸다 ㅣ 제한하다
□	come across	phr. ~을 우연히 발견하다
□	contraption [kəntrǽpʃən]	n. (기묘한) 장치, 기계
□	contrive [kəntráiv]	v. 고안하다 ㅣ 꾸미다
□	cumbersome [kʌ́mbərsəm]	adj. 크고 무거운, 다루기 힘든
□	cutting-edge [kʌ̀tiŋédʒ]	adj. 최첨단의
□	dehumanize [di:hjú:mənàiz]	v. ~의 인간성을 빼앗다, (사람을) 기계적으로 만들다
□	diminutive [dimínjutiv]	adj. 소형의, 작은
□	ductile [dʌ́ktail]	adj. (금속이) 연성이 있는, 유연한
□	elongate [ilɔ́:ŋgeit]	v. 연장하다, 늘이다
□	entrench [intréntʃ]	v. 견고히 하다, 확립하다
□	fleet [fli:t]	n. 함대 ㅣ 집단
□	glitch [glitʃ]	n. (기계의) 갑작스런 고장 adj. 결함이 있는
□	guideline [gáidlàin]	n. 지침, 정책
□	infiltrate [infíltrèit]	v. 스며들다, 침투하다 ㅣ 잠입하다
□	intricate [íntrikət]	adj. 복잡한, 난해한
□	multifaceted [mʌ̀ltifǽsitid]	adj. 다방면에 걸친
□	obsolete [ɑ̀:bsəlí:t]	adj. 쓸모없게 된, 안 쓰이는 ㅣ 진부한
□	perforated [pə́:rfərèitid]	adj. 구멍이 난
□	propulsion [prəpʌ́lʃən]	n. 추진, 추진력
□	quantify [kwɑ́:ntəfài]	v. 수량화하다
□	resistant [rizístənt]	adj. 저항력이 있는
□	semblance [sémbləns]	n. 유사성 ㅣ 외관
□	swivel [swívəl]	n. 회전 고리 v. 회전시키다
□	tractable [trǽktəbl]	adj. 다루기 쉬운
□	weld [weld]	v. 용접하다

실전 TEST 2

Part 1 Questions 01~10
Choose the best answer for the blank.

01 A: Did you win your court case?
B: I don't know yet. The judge hasn't revealed his final ________.

(a) legacy
(b) wording
(c) ruling
(d) offer

02 A: Hi. How much do you ________ for a pair of pants?
B: Six dollars for dry-cleaning, ironing included.

(a) lease
(b) rent
(c) total
(d) charge

03 A: You'll ________ failing the class if you keep missing it.
B: I'm sorry. I'll make sure to attend the next one.

(a) let on
(b) work out
(c) end up
(d) get along

04 A: I didn't know that you and Tom were friends.
B: We aren't. He's merely a(n) ________.

(a) stranger
(b) opponent
(c) acquaintance
(d) companion

05 A: How do you feel about your new job?
B: I'm ________ about it. It's so much better than my old job.

(a) over the moon
(b) up in arms
(c) around the clock
(d) in a pinch

06 A: Do you think you can beat Michael in the race?
B: Yes, I'm sure I can ________ him.

(a) outpace
(b) stretch
(c) partake
(d) mingle

07 A: What did you think of Professor Eliot's lecture?
B: It was a bit complex. I didn't really ________ what he was talking about.

(a) apprehend
(b) reciprocate
(c) squander
(d) congregate

08 A: I'm going to cut my initials into this bench.
B: Hey, don't do that. That's ________.

(a) infrastructure
(b) pastime
(c) vandalism
(d) counterpart

09 A: John has improved so much in his violin playing since his lessons started.
B: I know. He's become very ________ with the instrument.

(a) facile
(b) dull
(c) deft
(d) tepid

10 A: Sharon is always dressed very nicely.
B: She likes to ________ her expensive clothes.

(a) grasp
(b) flaunt
(c) hoist
(d) coerce

Part 2 Questions 11~30
Choose the best answer for the blank.

11 One obstacle to solving our enrollment ratios problem is that the university ________ the funds required to accommodate students with various needs.

(a) shows
(b) composes
(c) founds
(d) lacks

12 The British army was very powerful during the 19th century and would easily ________ its main rivals when they engaged in battle.

(a) defeat
(b) surrender
(c) challenge
(d) explore

13 Contrary to a range of negative forecasts, ShellCorp continued to ________ in the last quarter.

(a) expend
(b) extract
(c) expand
(d) extort

14 The new marketing strategy was aimed at making the brand appear ________ to younger shoppers.

(a) trendy
(b) rigid
(c) fraudulent
(d) controversial

15 Mother Theresa ________ her life to helping neglected children and the sick in Calcutta.

(a) enforced
(b) devoted
(c) revealed
(d) resorted

16 As the universal symbol of Paris, the Eiffel Tower is possibly the most famous ________ in the world.

(a) pedigree
(b) limelight
(c) landmark
(d) pilgrimage

17 The patient was instructed to ________ on the bed before his health inspection.

(a) recline
(b) retreat
(c) surpass
(d) deflate

18 Each species of orchid requires particular conditions to ________, which makes growing them a considerable challenge.

(a) fit
(b) match
(c) flourish
(d) generate

19 Researchers are developing extremely ________ systems of artificial intelligence that are capable of mastering complex skills.

(a) sophisticated
(b) introverted
(c) unsubstantiated
(d) underestimated

20 Instead of criticizing their students for every mistake, teachers should try to ________ confidence in them.

(a) erect
(b) possess
(c) instill
(d) require

21 It is the fourth ________ Grand Slam title for Rafael Nadal, making him the only man in history to beat a player with 12 major championship wins.

(a) consistent
(b) concurrent
(c) consecutive
(d) continuous

22 Religious communities complain that modern technology has undermined spirituality and led to a(n) ________ society.

(a) ordinary
(b) rational
(c) domestic
(d) secular

23 The new computer system has the ________ to more than double the amount of data the company processes in a day.

(a) posterity
(b) capacity
(c) amenity
(d) propensity

24 Jack Goldman's reputation as a very ________ young man meant he was well liked throughout the village.

(a) inscrutable
(b) impertinent
(c) courteous
(d) obtuse

25 While paperwork can be a ________, it is necessary for maintaining accurate records.

(a) condolence
(b) hassle
(c) clemency
(d) predilection

26 Rather than boosting people's productivity, smartphones have offered them a million different ways to ________.

(a) fabricate
(b) exonerate
(c) reiterate
(d) procrastinate

27 Although skeptics ________ his ideas when he was alive, Mendel's genetic theories were ultimately proven correct.

(a) repealed
(b) revered
(c) disparaged
(d) verified

28 Samuel put a great deal of effort into his housework, so the kitchen was ________.

(a) quaint
(b) obsolete
(c) immaculate
(d) illicit

29 People with chronic health problems tend to be more ________ to experimental treatments.

(a) avuncular
(b) debonair
(c) amenable
(d) ornery

30 In this week's issue of our journal, you will find reports that will definitely ________ your interest.

(a) insert
(b) pique
(c) frisk
(d) usher

정답 및 해석 p.518

DAY 21

Hackers TEPS Vocabulary

▲ 무료 MP3 바로 듣기

아빠의 편안한 거실 만들기

주거 생활

우리 집은 construct된 지 오래되어 낡았지만 방들은 잘 furnished된 편이다. 다만 항상 거실이 너무 mess여서 엄마의 eyesore였다. 어느 날 아빠가 거실을 직접 renovate하시겠다고 했다. 가구부터 벽까지 모두 말이다. 색깔을 잘 못 고르시는 아빠께 엄마는 comfort를 주는 색으로 꾸며달라고 부탁하셨다. 낡은 가구는 remove하고, 선반도 assemble하고 전등도 repair하셨다. 여기까지는 아주 좋았는데, 벽에 갑자기 검은색을 칠하시는 것이었다. "우리 집에서 제일 편한 소파가 검은색이니까"라고 하시면서 말이다.

뭐니뭐니해도
가장 편한 색은
우리 집 소파색,
검은색이지!

01 **construct**★★

[kənstrʌ́kt]

파 construction n. 건설, 공사
constructive adj. 건설적인

v. 세우다, 건설하다

A new mansion will be **constructed** on the vacant lot.

새로운 저택이 공터에 세워질 것이다.

텝스 출제 포인트!

어휘 construct : establish

construct와 의미가 비슷한 establish의 쓰임을 구별하여 답을 선택하는 문제가 출제된다.

- construct (건물을) 세우다, 건설하다
- establish (기업·학교 등을) 설립하다

독해 construction site 공사장

under construction 공사 중인

02 **furnished**★

[fə́ːrniʃt]

파 furnish v. (가구를) 비치하다
furnishing n. 가구, 가구의 설치

adj. 가구가 비치된

Fully **furnished** apartments are available for rent in the city.

도시에서는 가구가 완비된 아파트를 빌릴 수 있다.

텝스 출제 포인트!

어휘 fully furnished 가구가 완비된

fully와 어울려 쓰이는 furnished를 선택하는 문제가 출제된다.

03 **mess**★

[mes]

v. 망쳐 놓다

파 messy adj. 어질러진

n. 엉망진창, 어수선함

Sam made a **mess** in the kitchen while preparing dinner.

Sam은 저녁을 준비하는 동안 부엌을 엉망진창으로 만들었다.

텝스 출제 포인트!

청해 make a mess 어지르다

mess up 다 망치다

04 **eyesore**★

[áisɔ̀ːr]

n. 눈엣가시, 눈에 거슬리는 것

The abandoned home on our street has become an **eyesore**.

우리 거리에 있는 그 폐가는 눈엣가시가 되었다.

★★★ = 출제율 최상 ★★ = 출제율 상 ★ = 출제율 중

05 **renovate**★

[rénəvèit]

파 renovation n. 수리, 개조

v. 수리하다, 개조하다

My neighbor **renovated** his old house before selling it.

내 이웃은 그의 오래된 집을 팔기 전에 수리했다.

06 **comfort**★

[kʌ́mfərt]

n. 위로, 위안

파 comfortable adj. 편안한
comforting adj. 위안이 되는

동 reassure 안심시키다

n. 안락함, 편안함

People can shop in the **comfort** of their homes with the Internet.

사람들은 집의 안락함 속에서 인터넷으로 쇼핑을 할 수 있다.

v. 위로하다, 위안하다

Friends **comforted** Nathan for failing to get on the school basketball team.

친구들은 학교 농구팀에 들어가는 데 실패한 Nathan을 위로했다.

텝스 출제 포인트!

어휘 comfort of home 집의 안락함

07 **remove**★★★

[rimú:v]

파 removal n. 제거, 이동
removable adj. 제거할 수 있는

v. 없애다, 제거하다 | 옮기다, 이동시키다

Use an air freshener to **remove** the odor of pets in the house.

집안의 애완동물 냄새를 없애려면 방향제를 사용하세요.

The girl carefully **removed** the cake from the baking pan.

그 소녀는 빵을 굽는 팬에서 케이크를 조심스럽게 옮겼다.

08 **assemble**★

[əsémbl]

v. (사람을) 모으다

파 assembly n. 조립, 집회

반 disassemble 해체하다

v. 조립하다

You will need a screwdriver to **assemble** this desk.

이 책상을 조립하려면 드라이버가 필요할 거예요.

텝스 출제 포인트!

어휘 assemble : joint : knot

assemble과 의미가 비슷한 joint, knot의 쓰임을 구별하여 답을 선택하는 문제가 출제된다.

- assemble 조립하다 (여러 부품을 모아 하나의 구조물을 만드는 경우에 쓰인다)
- joint 접합하다 (두 개를 한 데 이어 붙이는 경우에 쓰인다)
- knot 매듭짓다 (끈·줄이 풀어지지 않도록 매듭을 짓는 경우에 쓰인다)

09 **repair**★
[ripέər]

파 repairable adj. 수리할 수 있는

v. 수리하다, 수선하다

An electrician will **repair** the broken TV this afternoon.
전기 기사가 오늘 오후에 고장 난 텔레비전을 수리할 것이다.

n. 수리, 수선

The insurance company paid for the **repair** of the damaged roof.
그 보험 회사는 파손된 지붕의 수리 비용을 부담했다.

텝스 출제 포인트!

청해 repair shop 수리점

10 **revamp**★★★
[rì:vǽmp]

v. 개조하다, 수리하다

The new owners decided to **revamp** the dated décor within the house.
새로운 집주인들은 구식 실내 장식을 개조하기로 결정했다.

11 **wrap**★★★
[ræp]

v. 감싸다, 포장하다 | (일·회의 등을) 끝내다

Wrap your furniture in blankets to protect it during the move.
이사하는 동안 가구를 보호하려면 담요로 감싸세요.

The team **wrapped** up the project after six months of hard work.
그 팀은 6개월 간의 노고 끝에 프로젝트를 끝냈다.

텝스 출제 포인트!

청해 wrap up ~을 끝내다

12 **rummage**★★★
[rʌ́midʒ]

v. 샅샅이 뒤지다

Mandy **rummaged** through the drawers looking for a missing ring.
Mandy는 사라진 반지를 찾기 위해 서랍을 샅샅이 뒤졌다.

텝스 출제 포인트!

어휘 rummage through ~을 샅샅이 뒤지다

★★★ = 출제율 최상 ★★ = 출제율 상 ★ = 출제율 중

13 **stuffy**★★★
[stʌ́fi]

adj. 숨 막히는, 답답한

Open the windows to air out this **stuffy** room.
이 숨 막히는 방을 환기시키게 창문 좀 열어 주세요.

14 **vacate**★★★
[véikeit]

파 vacancy n. 빈방, 공석
vacant adj. 비어 있는

v. (집·건물 등을) 비우다

A fire forced residents to **vacate** the building.
화재는 주민들이 건물을 비우게 했다.

15 **austere**★★★
[ɔːstíər]

adj. 엄격한

파 austerity n. 검소함

adj. 소박한, 꾸밈없는

The church in my neighborhood is **austere**, but beautiful nonetheless.
우리 지역에 있는 그 교회는 소박하긴 하지만 아름답다.

16 **replace**★★★
[ripléis]

파 replacement n. 대체, 교체
replaceable adj. 대신할 수 있는

v. 바꾸다, 대체하다

The landlord **replaced** the old light bulbs with new ones.
그 집주인은 낡은 전구들을 새것들로 바꾸었다.

 텝스 출제 포인트!

어휘 replace A with B A를 B로 바꾸다

17 **evict**★★★
[ivíkt]

파 eviction n. 쫓아냄, 퇴거

v. 쫓아내다, 퇴거시키다

The leaseholder was **evicted** for deliberately damaging the property.
그 임차인은 고의로 기물을 파손하여 쫓겨났다.

18 **embed**★★★
[imbéd]

v. 박아 넣다 | 깊이 새겨두다

Patricia **embedded** nails in the wall to hang some paintings.
Patricia는 그림 몇 점을 걸기 위해 벽에 못을 박아 넣었다.

Images of Lucy's childhood home are still **embedded** in her memory.
Lucy의 유년 시절 집의 모습은 그녀의 기억 속에 여전히 깊이 새겨져 있다.

19 **shuffle**★★★

[ʃʌ́fl]

v. 발을 끌며 걷다

v. (위치나 순서를) 이리저리 바꾸다

Jenny and Adam **shuffled** around the furniture until they were satisfied with the layout.

Jenny와 Adam은 배치가 만족스러울 때까지 가구들을 이리저리 바꾸었다.

20 **clear**★★★

[kliər]

adj. 맑은

파 clearly adv. 명확히

반 unclear adj. 불확실한

v. 치우다, 깨끗하게 하다

It took us two hours to **clear** all the snow from our front yard.

우리 앞마당의 눈을 다 치우는 데 두 시간이 걸렸다.

adj. 분명한, 명확한

It was **clear** that some employees would be laid off before the merger.

일부 직원들이 합병 전에 해고당할 것은 분명했다.

21 **tenant**★★★

[ténənt]

n. 세입자, 임차인

The **tenant** signed a contract to rent the studio apartment for one year.

세입자는 그 원룸을 1년 동안 임차하기 위해 계약을 맺었다.

텝스 출제 포인트!

어휘 **tenant : landlord**

주택 임대와 관련된 단어들의 의미를 구별하여 답을 선택하는 문제가 출제된다.

- tenant 세입자
- landlord 집주인

22 **stark**★★

[stɑːrk]

adj. 삭막한, 황량한 | 냉혹한 | (차이가) 극명한

The apartment is **stark** and bare with simple decoration.

그 아파트는 단순한 장식만 있어 삭막하고 텅 비었다.

Management has a **stark** choice to make; fire staff or cut services.

경영진은 직원을 해고하거나 서비스를 줄이는 것 중에서 냉혹한 선택을 해야 한다.

The park's lush foliage was a **stark** contrast to the surrounding city.

그 공원의 무성한 나뭇잎은 주위의 도시와는 극명한 대조를 이루었다.

23 **tinker**★★

[tíŋkər]

n. 서투른 수선

v. 어설프게 고치다

Mike **tinkered** with the broken radio but eventually had to take it to a repair shop.

Mike는 고장 난 라디오를 어설프게 고쳤지만 결국 그것을 수리점에 가져가야 했다.

24 **undo**★★

[ʌndúː]

v. (매듭 등을) 풀다

Dog owners may **undo** the leash on their dogs when inside the park.

개 주인들은 공원 안에 있을 때 개들의 목줄을 풀어놓아도 된다.

25 **hit the hay**★★

phr. 자다, 잠자리에 들다

After dinner and a little television, Gayle was ready to **hit the hay**.

저녁을 먹고 TV를 잠깐 본 후, Gayle은 잘 준비가 되었다.

26 **incineration**★★

[insìnəréiʃən]

파 incinerate v. 소각하다

n. 소각

Many people do not want the **incineration** plant to be built near the town.

많은 사람들은 마을 근처에 쓰레기 소각장이 지어지는 것을 원하지 않는다.

27 **groom**★★

[gruːm]

v. 몸단장을 하다

n. 신랑

파 grooming n. (동물의) 털 손질, 몸단장

v. (동물·잔디 등을) 손질하다

Pets should be **groomed** in the interest of their health.

애완동물은 건강을 위해 손질되어야 한다.

텝스 출제 포인트!

어휘 groom : gloom : gleam

groom과 형태가 비슷한 gloom, gleam의 의미를 구별하여 함께 외워 두자.

- groom (동물·잔디 등을) 손질하다
- gloom 어두워지다, 우울하게 하다
- gleam 희미하게 빛나다

28 **adequate**★★

[ǽdikwət]

파 adequately adv. 충분히

반 inadequate 불충분한

adj. 충분한, 적당한

Rooms should have **adequate** ventilation to allow air to circulate.

방에는 공기가 순환할 수 있도록 충분한 환기 시설이 있어야 한다.

29 **settle**★★

[sétl]

v. 결정하다

파 settlement n. 정착, 해결
settler n. 정착민
settled adj. 정착한

v. 정착하다, 자리 잡다 | 해결하다, 처리하다

My family **settled** in this neighborhood over 20 years ago.
우리 가족은 20년도 더 전에 이 지역에 정착했다.

Management met with the employees to **settle** the issue of compensation.
경영진은 보수 문제를 해결하기 위해 직원들과 만났다.

텝스 출제 포인트!

청해 settle down 자리 잡다, 진정되다
settle into ~에 정착하다, ~에 자리 잡다
settle on ~을 결정하다

30 **adjust**★★

[ədʒʌ́st]

파 adjustment n. 조정, 적응
adjustable adj. 조절할 수 있는
adjusted adj. 조절된, 적응한

v. 조절하다, 조정하다 | 적응하다

The technician **adjusted** the TV antenna to improve the reception.
그 기술자는 수신 상태를 개선하기 위해 TV 안테나를 조절했다.

Neighbors helped the new family **adjust** quickly to the community.
이웃들은 새로운 가족이 지역 사회에 빨리 적응할 수 있도록 도와주었다.

텝스 출제 포인트!

청해 adjust 적응하다 → get used to 익숙해지다
adjust가 유사한 의미의 다른 표현으로 바뀌어 출제된다.

독해 adjust to ~에 적응하다

31 **inhabitant**★★

[inhǽbətənt]

파 inhabit v. 거주하다

n. 거주자, 주민

The former **inhabitants** of the house moved out years ago. 그 집의 이전 거주자는 몇 년 전에 이사 갔다.

텝스 출제 포인트!

어휘 inhabitant : tenant
'주민'을 뜻하는 단어들의 쓰임을 구별하여 답을 선택하는 문제가 출제된다.
┌ inhabitant (특정 지역에 장기적으로 거주하는) 주민
└ tenant (남의 집에 세를 들어 사는) 주민

어휘 original inhabitant 원주민
original과 어울려 쓰이는 inhabitant를 선택하는 문제가 출제된다.

32 **enhance**★★

[inhǽns]

파 enhancement n. 상승, 향상
enhancer n. 강화 물질

v. 향상시키다, 높이다

The arrangement of a living room's furniture can **enhance** the quality of its acoustics.
거실의 가구 배치는 음향의 질을 향상시킬 수 있다.

 텝스 출제 포인트!

청해 enhance 향상시키다 → improve 개선하다
enhance가 유사한 의미의 다른 표현으로 바뀌어 출제된다.

33 **rent**★★

[rent]

v. 빌려주다

파 renter n. 임차인, 세입자
rental n. 임대료 adj. 임대의

n. 집세, 임차료

The tenant paid two months' **rent** in advance.
그 세입자는 두 달치 집세를 미리 냈다.

v. 빌리다, 임차하다

Our family is **renting** a beach dwelling for the holidays.
우리 가족은 휴가 동안 해변의 주택을 빌릴 것이다.

 텝스 출제 포인트!

어휘 rent : lend
rent와 의미가 비슷한 lend의 쓰임을 구별하여 답을 선택하는 문제가 출제된다.
- rent 빌리다, 빌려주다 (일정 기간 돈을 내고 빌리는 것 또는 돈을 받고 빌려주는 것을 의미한다)
- lend 빌려주다 (일정 기간 다른 사람에게 무엇을 빌려주는 것을 의미한다)

청해 pay rent 집세를 내다
rent a car 차를 빌리다
rental car 임대 자동차

34 **resident**★★

[rézədnt]

n. 레지던트, 수련의

파 reside v. 거주하다
residence n. 거주, 주택
residential adj. 주거의, 주택의

n. 주민, 거주자

With 300 **residents** living here, this district is the largest in the town.
300명의 주민이 사는 이 지역은 도시에서 가장 크다.

 텝스 출제 포인트!

독해 reside in ~에 거주하다
residence hall 기숙사

35 **convert**★★

[kənvə́ːrt]

파 conversion n. 전환, 개종

v. 개조하다, 바꾸다 | 개종하다

We **converted** the dining area into a bedroom.
우리는 식당을 침실로 개조했다.

The man **converted** to his wife's religion before getting married.
그 남자는 결혼하기 전에 아내의 종교로 개종했다.

텝스 출제 포인트!

청해 convert A into B A를 B로 바꾸다

36 **move**★★

[muːv]

n. 조치, 행동, 이동

파 movement n. 이동, 움직임
moving adj. 움직이는

v. 이사하다, 이동하다 | 제안하다

The family **moved** out of a small apartment into a bigger house.
그 가족은 작은 아파트에서 더 큰 집으로 이사했다.

A board member **moved** that the meeting be postponed.
한 이사회 임원이 회의를 미루자고 제안했다.

텝스 출제 포인트!

문법 move that + 주어 + (should) 동사원형
'제안'을 나타내는 동사 move 뒤에 오는 that절에 '(should) 동사원형'을 쓰는 문제가 출제된다.

청해 move on (to) (다음 화제로) 넘어가다, 이동하다
move out of ~에서 이사 나가다
on the move 옮겨 다니는

37 **foreclosure**★

[fɔːrklóuʒər]

n. 압류, 담보권 행사

A notice of **foreclosure** was issued because the client failed to make house payments.
그 고객이 집세를 내지 못했기 때문에 압류 통지가 발행되었다.

38 **sublet**★

[sʌ̀blét]

v. 전대하다

Regulations allow leaseholders to **sublet** their rooms.
규정은 임차인이 자신의 방을 전대할 수 있게 한다.

39 **renewal***

[rinjú:əl]

파 renew v. 재개하다, 갱신하다
renewable adj. 재생 가능한

n. 재개발, 재개 | 갱신

The urban **renewal** program will rebuild old sections of the city.
도시 재개발 계획은 구시가지를 재건축할 것이다.

You can send your passport **renewal** form by post.
여권 갱신 서류는 우편으로 보내실 수 있습니다.

텝스 출제 포인트!

청해 renew + a license/lease/contract 면허/임대차 계약/계약을 갱신하다
renewable energy sources 재생 가능 에너지원

40 **temporary***

[témpərèri]

파 temporarily adv. 일시적으로

반 permanent 영구적인

adj. 임시의, 일시적인

We will stay in a **temporary** residence while our house is under repair.
우리는 집이 보수되는 동안 임시 거주지에 머물 것이다.

텝스 출제 포인트!

청해 temporarily 일시적으로 → for the time being 당분간
temporarily가 유사한 의미의 다른 표현으로 바뀌어 출제된다.

41 **fix***

[fiks]

v. 정하다

v. 수리하다, 고치다

I finally **fixed** the doorknob that's been broken for weeks.
나는 몇 주 동안 고장 나 있던 손잡이를 드디어 수리했다.

텝스 출제 포인트!

청해 fix up ~을 수리하다

DAY 21 Daily Checkup

단어에 해당하는 뜻을 오른쪽에서 찾아 연결하세요.

01	tenant	ⓐ 전대하다
02	embed	ⓑ 이리저리 바꾸다
03	renewal	ⓒ 임시의
04	shuffle	ⓓ 갱신
05	sublet	ⓔ 박아 넣다
		ⓕ 세입자

문맥에 맞는 단어를 보기에서 골라 빈칸에 넣으세요.

ⓐ settle ⓑ vacated ⓒ adjust ⓓ undo ⓔ converted ⓕ moved

06 People ______ the building after the bomb threat.

07 Jenny, who was a Catholic, ______ to Judaism after her marriage.

08 Pete tried to ______ the knot on his shoelace, but it was too tight.

09 The chairperson ______ that they bring the release date of their new product forward.

10 ______ the brightness of the monitor to reduce eyestrain.

ⓐ replaced ⓑ austere ⓒ assembled ⓓ adequate ⓔ comforted ⓕ evicted

11 Nathan likes to keep his apartment ______ and simple.

12 The gardener ______ the dying sunflowers with new rose bushes.

13 The doctor ______ the patient's family after he passed away.

14 The boy ______ the model airplane with glue.

15 The landlord said that the tenants would be ______ if they didn't pay the rent.

Answer 01 ⓕ 02 ⓔ 03 ⓓ 04 ⓑ 05 ⓐ 06 ⓑ 07 ⓔ 08 ⓓ 09 ⓕ 10 ⓒ 11 ⓑ 12 ⓐ 13 ⓔ 14 ⓒ 15 ⓕ

텝스완성단어

350점 단어

- □ **allow** [əláu] — v. 허가하다, 허락하다
- □ **babysit** [béibisìt] — v. 아이를 봐주다
- □ **babysitter** [béibisìtər] — n. (부모가 없는 동안에 고용되어) 아이를 봐주는 사람
- □ **clean up** — phr. 청소하다
- □ **closet** [klɑ́:zət] — n. 벽장, 옷장 adj. 비밀의, 은밀한
- □ **decorate** [dékərèit] — v. 장식하다, 꾸미다
- □ **decoration** [dèkəréiʃən] — n. 장식 | (-s) 장식품
- □ **drip** [drip] — v. (물방울이) 뚝뚝 떨어지다
- □ **economical** [èkənɑ́:mikəl] — adj. 알뜰한, 경제적인
- □ **fault** [fɔ:lt] — n. 잘못, 과실
- □ **fountain** [fáuntən] — n. 분수 | 근원, 원천
- □ **landlord** [lǽndlɔ̀:rd] — n. 집주인 | (여관·하숙집의) 주인
- □ **living conditions** — phr. 생활 환경
- □ **local** [lóukəl] — adj. 현지의, 지역의 n. 지역 주민
- □ **place** [pleis] — v. 두다, 놓다
- □ **real estate** — phr. 부동산, 토지
- □ **stain** [stein] — v. 얼룩지게 하다 n. 얼룩, 때
- □ **stair** [stɛər] — n. 계단
- □ **sweep** [swi:p] — v. 쓸다, 청소하다
- □ **tidy** [táidi] — adj. 단정한, 정돈된 v. 정돈하다
- □ **toothpaste** [tú:θpèist] — n. 치약
- □ **trash can** — phr. 쓰레기통
- □ **turn off** — phr. (수도·가스를) 잠그다 | (전기·TV 등을) 끄다
- □ **urban** [ə́:rbən] — adj. 도시의
- □ **vacuum cleaner** — phr. 진공 청소기
- □ **wardrobe** [wɔ́:rdroub] — n. 옷장
- □ **wash the dishes** — phr. 설거지를 하다

450점 단어

- □ adjoining [ədʒɔ́iniŋ] adj. 서로 접한, 인접한
- □ allowance [əláuəns] n. 용돈 | 허가, 허용
- □ appliance [əpláiəns] n. 전기 제품 | (가정용) 기구
- □ attic [ǽtik] n. 다락(방)
- □ blackout [blǽkàut] n. 정전
- □ bleach [bli:tʃ] n. 표백제 v. 표백하다
- □ bug [bʌg] v. 괴롭히다, 방해하다
- □ cellar [sélər] n. (식료품 · 포도주의) 지하 저장실
- □ central heating phr. 중앙난방
- □ clutter [klʌ́tər] v. 어지르다 n. 어질러진 물건
- □ corridor [kɔ́:ridər] n. 복도, 통로
- □ cost of living phr. 생활비
- □ cozy [kóuzi] adj. 안락한, 편안한
- □ day-care center phr. 탁아소
- □ demolish [dimɑ́:liʃ] v. (건물을) 허물다, 파괴하다
- □ dependent [dipéndənt] adj. ~에 달려 있는, 좌우되는
- □ detergent [ditə́:rdʒənt] n. 세제
- □ diaper [dáiəpər] n. 기저귀
- □ dim [dim] adj. 어둑한 | 흐릿한 v. 흐리게 하다 | 어둡게 하다
- □ dingy [díndʒi] adj. 우중충한, 거무칙칙한
- □ disinfect [dìsinfékt] v. 소독하다
- □ dispensable [dispénsəbl] adj. 없어도 되는, 불필요한
- □ dwell [dwel] v. 살다, 거주하다
- □ dwelling [dwéliŋ] n. 주거, 주택
- □ errand [érənd] n. 심부름, 일
- □ faucet [fɔ́:sit] n. 수도꼭지
- □ forsake [fərséik] v. (친한 사람 등을) 저버리다 | (습관 따위를) 버리다
- □ housekeeping [háuskì:piŋ] n. 살림살이 | (호텔의) 청소
- □ inconvenience [ìnkənví:njəns] n. 불편, 폐 v. 불편을 느끼게 하다
- □ indispensable [ìndispénsəbl] adj. 없어서는 안 되는, 필수의

- □ intrude [intrúːd] v. 침입하다 | 방해하다, 참견하다
- □ junk [dʒʌŋk] n. 폐물, 쓰레기
- □ leak [liːk] v. (물 · 가스 등이) 새다, 누출하다
- □ lease [liːs] n. 임대, 임대차 계약 v. 임대하다
- □ light bulb phr. 백열 전구
- □ mop [mɑːp] v. 자루걸레로 닦다 n. 자루걸레
- □ nag [næg] v. 성가시게 잔소리하다, 들볶다
- □ nail clippers phr. 손톱깎이
- □ ornament [ɔ́ːrnəmənt] n. 장식품 | 꾸밈, 장식
- □ ornate [ɔːrnéit] adj. 화려하게 장식된
- □ plumber [plʌ́mər] n. 배관공
- □ refurbish [riːfə́ːrbiʃ] v. 개조하다, 새단장하다
- □ rub [rʌb] v. 비비다, 문질러 바르다
- □ rust [rʌst] v. 녹슬다 n. 녹
- □ rusty [rʌ́sti] adj. 녹슨 | 쓸모 없게 된
- □ spacious [spéiʃəs] adj. 넓은
- □ spotless [spɑ́tlis] adj. 티끌 하나 없는
- □ sprinkle [spríŋkl] v. 뿌리다, 끼얹다 n. 잘게 뿌려진 초콜릿 · 설탕
- □ stink [stiŋk] v. 악취를 풍기다 | 불쾌하다
- □ suburb [sʌ́bəːrb] n. 교외, 근교
- □ superintendent [sùːpərinténdənt] n. (어떤 일 · 장소의) 관리인, 감독자
- □ tear down phr. ~을 파괴하다
- □ trespass [tréspəs] v. (무단으로) 침입하다 n. 불법 침해
- □ trim [trim] v. (깎아) 다듬다, 잘라내다 n. 손질
- □ unclog [ʌ̀nklɑ́g] v. ~에서 장애를 없애다
- □ unsightly [ʌ̀nsáitli] adj. 보기 흉한
- □ upkeep [ʌ́pkìːp] n. 유지, 보존 | 유지비, 보존비
- □ ventilation [vèntəléiʃən] n. 환기, 통풍
- □ vintage [víntidʒ] adj. 오래된, 구식의
- □ wall electrical outlet phr. 벽 전기 콘센트
- □ weave [wiːv] v. (실 · 천 등을) 짜다 | 구성하다

500점 단어

- □ accretion [əkríːʃən] n. 부착물 | 자연적 증식
- □ adjacent [ədʒéisnt] adj. 인접한, 가까이 있는
- □ blatant [bléitənt] adj. 뻔뻔스러운, 주제넘은 | 떠들썩한
- □ break into phr. (건물에) 침입하다
- □ brittle [brítl] adj. 깨지기 쉬운, 약한
- □ cache [kæʃ] v. 저장하다, 은닉하다 n. 은닉처
- □ cogent [kóudʒənt] adj. 사람을 납득시키는 | 적절한
- □ dexterous [dékstərəs] adj. 손재주가 좋은
- □ dilapidated [dilǽpədèitid] adj. 황폐한, 낡아빠진
- □ dismantle [dismǽntl] v. (기계·구조물을) 분해하다, 해체하다
- □ ensconce [inskɑ́ːns] v. 안락하게 자리를 잡다
- □ haunt [hɔːnt] v. (유령이) 출몰하다 | 계속해서 괴롭히다
- □ instigate [ínstəgèit] v. 부추기다, 선동하다
- □ insulate [ínsəlèit] v. 단열하다
- □ lawn mower phr. 잔디 깎는 기계
- □ look after phr. ~을 보살펴 주다
- □ make a living phr. 생계를 꾸리다
- □ misplace [mìspléis] v. 제자리에 두지 않다, 잘못 두다
- □ override [òuvərráid] v. ~보다 우위에 서다 | 무효화하다 n. 기각, 무효
- □ refrain [rifréin] v. 삼가다, 자제하다
- □ relinquish [rilíŋkwiʃ] v. 포기하다, 단념하다
- □ repellent [ripélənt] n. 방충제 adj. 불쾌한
- □ rotund [routʌ́nd] adj. 둥근 모양의 | 살찐
- □ scour [skauər] v. 샅샅이 살피다 | 문질러 닦다
- □ smear [smiər] n. 얼룩 v. 바르다, 칠하다 | 더럽히다
- □ suffocate [sʌ́fəkèit] v. 질식사하다 | (날씨가) 숨이 막히다
- □ tarnish [tɑ́ːrniʃ] v. 변색시키다 | 더럽히다
- □ tenuous [ténjuəs] adj. 미약한, 보잘 것 없는
- □ tumultuous [tjuːmʌ́ltʃuəs] adj. 시끄러운, 소란스러운
- □ vicinity [visínəti] n. 가까운 곳, 근처

DAY 22

Hackers TEPS Vocabulary

▲ 무료 MP3 바로 듣기

꼬마의 사려 깊은 행동?!

심리

오늘은 옆집 꼬마가 distraught한 얼굴로 금붕어가 죽었다며 울고 있었다. 꼬마를 console해 주었더니 금붕어의 장례식을 같이 해달라고 했다. 어려서 아직 sensitive한 것 같아 슬픔을 assuage해주려고 장례식을 같이 하고 금붕어에게 eulogize하기까지 했다. 꼬마는 그제야 울음을 그치고 무덤을 파는데, 금붕어 크기에 비해 너무 크게 파는 거다. 아이의 행동이 uneasy하다고 생각했지만, soothing한 목소리로 왜 그러는지 묻자 꼬마는 천진난만하게 말했다. "금붕어 혼자 심심할 테니 내 곰인형이랑 게임기도 같이 묻어 주려고!"

01 **distraught**★★
[distrɔ́:t]

adj. 완전히 제정신이 아닌

The driver was **distraught** that he had caused a major accident on the highway.
그 운전자는 그가 고속도로에서 큰 사고를 일으켰다는 것에 완전히 제정신이 아니었다.

02 **console**★★★
v. [kənsóul]
n. [kɑ́:nsoul]

파 consolation n. 위로
consolable adj. 위안이 되는

v. 위로하다

Friends and family **consoled** the grieving widow.
친구들과 가족들은 몹시 슬퍼하는 미망인을 위로했다.

n. 제어 장치

The technician adjusted the broadcast volume at the **console**.
그 기술자는 제어 장치에서 그 방송의 음량을 조절했다.

03 **sensitive**★
[sénsətiv]

파 sensitivity n. 감수성, 민감
반 insensitive 무신경한, 둔감한

adj. 감수성이 강한 | 민감한, 예민한

Martin showed his **sensitive** side when he cried while watching the movie.
Martin은 영화를 보다가 울었을 때 감수성이 강한 면모를 보여 주었다.

The actor is **sensitive** to criticism about his work.
그 배우는 자신의 작품에 대한 비판에 민감하다.

텝스 출제 포인트!

독해 be sensitive to ~에 민감하다
be sensitive about ~에 대해 예민하다

04 **assuage**★★★
[əswéidʒ]

v. (불쾌한 감정을) 누그러뜨리다 | (식욕 등을) 채우다

Patrick apologized several times to **assuage** Jean's anger.
Patrick은 Jean의 화를 누그러뜨리려고 여러 번 사과했다.

The snack was enough to **assuage** Jane's hunger for the time being.
그 간식은 당분간 Jane의 배고픔을 채우기에 충분했다.

텝스 출제 포인트!

어휘 assuage anger 화를 누그러뜨리다
anger와 어울려 쓰이는 assuage를 선택하는 문제가 출제된다.

★★★ = 출제율 최상 ★★ = 출제율 상 ★ = 출제율 중

05 **eulogize*****

[júːlədʒàiz]

파 eulogy n. 찬사

v. 찬사를 보내다, 칭송하다

Supporters **eulogized** the late mayor at his funeral.

지지자들은 고인이 된 시장의 장례식에서 그에게 찬사를 보냈다.

06 **uneasy****

[ʌníːzi]

파 unease n. 불안(감), 우려
uneasily adv. 불안 속에, 걱정하여

adj. 불안한, 걱정되는

Being on crowded trains makes me feel **uneasy**.

북적거리는 기차에 타고 있는 것은 나를 불안하게 한다.

07 **soothing****

[súːðiŋ]

파 soothe v. 진정시키다

adj. (고통·마음을) 달래는, 진정시키는

The mother spoke in a **soothing** voice to her crying baby. 어머니는 우는 아기에게 달래는 목소리로 이야기했다.

텝스 출제 포인트!

어휘 soothing : seething

soothing과 형태가 비슷한 seething의 의미를 구별하여 함께 외워 두자.

- soothing (고통·마음을) 달래는
- seething (물이) 펄펄 끓는, (화·흥분으로) 들끓는

08 **capricious*****

[kəpríʃəs]

adj. 변덕스러운

The therapist said that Mary's **capricious** behavior was due to anxiety.

치료사는 Mary의 변덕스러운 행동이 불안감 때문이라고 말했다.

09 **hostile*****

[hɑ́ːstl]

파 hostility n. 적의, 적대감

adj. 적대적인 | (기후·환경이) 적합하지 않은

Psychologists have noted that some social groups are **hostile** to strangers.

심리학자들은 일부 사회 집단들이 외부인들에게 적대적이라는 점에 주목해 왔다.

A freezing climate is **hostile** to most living organisms. 몹시 추운 기후는 살아있는 대부분의 생물들에게 적합하지 않다.

텝스 출제 포인트!

어휘 be hostile to ~에게 적대적이다

독해 hostile 적대적인 → aggressive 공격적인

hostile이 유사한 의미의 다른 표현으로 바뀌어 출제된다.

10 **long for**★★★

phr. 바라다

Beset by financial worries, Julia **longed for** a return to her childhood.
재정적인 걱정거리에 시달린 Julia는 그녀의 어린 시절로 돌아가기를 바랐다.

11 **compliment**★★★
n. [ká:mpləmənt]
v. [ká:mpləment]

파 complimentary adj. 칭찬하는, 무료의

n. 칭찬

A sincere **compliment** can boost a person's self-esteem. 진심 어린 칭찬은 개인의 자존감을 북돋울 수 있다.

v. 칭찬하다

The manager **complimented** the employee on her accomplishments.
관리자는 그 직원의 성과에 대해 칭찬했다.

텝스 출제 포인트!

청해 compliment 칭찬하다 → praise 칭찬하다
compliment가 유사한 의미의 다른 표현으로 바뀌어 출제된다.

12 **confidence**★★★
[ká:nfədəns]

파 confide v. 신뢰하다
confident adj. 자신감 있는, 확신하는

n. 신뢰 | 자신(감), 확신

Having **confidence** in one's team members is important for a project's success.
팀원들을 신뢰하는 것은 프로젝트의 성공을 위해 중요하다.

Encouraging children helps them to develop **confidence**.
아이들을 격려하는 것은 그들이 자신감을 기를 수 있도록 도와준다.

텝스 출제 포인트!

청해 have confidence in ~를 신뢰하다
be confident about ~에 대해 확신하다

13 **indulge**★★★
[indʌ́ldʒ]
v. 제멋대로 하게 하다

파 indulgence n. 빠짐, 탐닉
indulgent adj. 멋대로 하게 하는

v. 빠지다, 탐닉하다

Some people **indulge** in chocolate when they get downhearted. 어떤 사람들은 우울해지면 초콜릿에 빠진다.

텝스 출제 포인트!

독해 indulge in ~에 빠지다

14 **stubborn*****

[stʌ́bərn]

adj. 다루기 힘든

adj. 고집이 센, 완고한 | 없애기 힘든

Proud people are often too **stubborn** to admit their own mistakes.

오만한 사람들은 보통 너무 고집이 세서 자신의 실수를 인정하지 않는다.

Stubborn stains on a shirt can be removed with this soap.

셔츠에 있는 없애기 힘든 얼룩은 이 비누로 제거될 수 있다.

텝스 출제 포인트!

청해 stubborn 다루기 힘든 → difficult 다루기 힘든
stubborn이 유사한 의미의 다른 표현으로 바뀌어 출제된다.

15 **blow up*****

phr. 폭파하다

phr. 화내다

The old man **blew up** at the children for being noisy.

그 노인은 아이들에게 시끄럽다고 화를 냈다.

16 **penchant*****

[péntʃənt]

n. 매우 좋아함, 기호

Adventurous people have a **penchant** for exotic travel.

모험심이 강한 사람들은 이국적인 여행을 매우 좋아한다.

텝스 출제 포인트!

독해 have a penchant for ~을 매우 좋아하다

17 **simmer down*****

phr. (화 등을) 가라앉히다, 차츰 진정하다

Some people find that meditation helps them to **simmer down** when they are upset.

어떤 사람들은 화가 났을 때 명상이 화를 가라앉히도록 도와주는 것을 느낀다.

18 **contemplate*****

[kɑ́:ntəmplèit]

파 contemplation n. 숙고, 명상

v. 숙고하다, 생각하다

Humankind has long **contemplated** the reasons for existence.

인류는 오랫동안 존재의 이유를 숙고해 왔다.

19 **unabashed**★★★

[ʌ̀nəbǽʃt]

파 unabashedly adv. 염치없이

adj. 부끄러운 줄 모르는, 뻔뻔한

The comedian continued to perform, **unabashed** by the crowd's unresponsiveness.

그 코미디언은 관객들의 무반응에도 부끄러운 줄 모르고 계속해서 연기했다.

20 **indifferent**★★★

[indífərənt]

파 indifference n. 무관심

adj. 무관심한, 냉담한

Depressed people often feel **indifferent** about the things that they once enjoyed.

우울증을 앓는 사람들은 그들이 한때 즐겼던 일들에 대해 종종 무관심하다.

텝스 출제 포인트!

[독해] indifferent to ~에게 무관심한

21 **yearn**★★★

[jəːrn]

동 desire 바라다

v. 갈망하다, 열망하다

Feeling nostalgic, Mr. Andrews **yearned** to revisit the town where he grew up.

향수에 젖어서, Mr. Andrews는 그가 성장했던 마을에 다시 방문하기를 갈망했다.

텝스 출제 포인트!

[청해] yearn 갈망하다 → desire 바라다
yearn이 유사한 의미의 다른 표현으로 바뀌어 출제된다.

[청해] yearn for ~을 갈망하다

22 **qualm**★★★

[kwɑːm]

n. 거리낌, 양심의 가책

Some passengers have no **qualms** about letting old people stand on buses and trains.

어떤 승객들은 노인들을 버스와 기차에서 서 있게 하는 것에 대해 거리낌이 없다.

텝스 출제 포인트!

[독해] have no qualms about ~에 대해 거리낌이 없다

23 **engender**★★★

[indʒéndər]

파 engenderment n. 초래, 야기

v. (감정·상태를) 불러일으키다, 낳다

Enclosed spaces can **engender** feelings of anxiety in some people.

폐쇄된 공간이 어떤 사람들에게는 불안감을 불러일으킬 수 있다.

24 **set off**★★

phr. (경보 장치를) 울리다

phr. 화나게 하다

The rudeness of the sales clerk **set off** the customer.
점원의 무례함은 그 고객을 화나게 했다.

25 **dejected**★★

[didʒéktid]

파 deject v. 낙담시키다
동 crestfallen 풀이 죽은

adj. 낙담한, 기가 죽은

Jane looked **dejected** after she failed to receive a scholarship.
Jane은 장학금을 받는 데 실패한 후 낙담한 것처럼 보였다.

26 **aloof**★★

[əlú:f]

adj. 냉담한

Mitchell always keeps to himself, so he seems **aloof** to those around him.
Mitchell은 항상 혼자 있어서, 그의 주변에 있는 사람들에게 냉담해 보인다.

27 **wayward**★★

[wéiwərd]

adj. 말을 안 듣는

Ms. Miller finds it hard to deal with her **wayward** children.
Ms. Miller는 말을 안 듣는 그녀의 아이들을 상대하는 데 어려움을 느낀다.

28 **prudence**★★

[prú:dns]

n. 알뜰함

파 prudent adj. 신중한
prudential adj. 신중한
prudently adv. 사려 깊게, 신중하게

n. 신중, 사려 분별

People with **prudence** usually think for a long time before they act.
신중한 사람들은 보통 행동하기 전에 오랫동안 생각한다.

29 **bristle**★★

[brísl]

v. 발끈하다, 성내다

John **bristled** when he was accused of slowing down work at the office.
John은 직장에서 일을 더디게 만든다는 비난을 받자 발끈했다.

30 **droopy**★★

[drú:pi]

adj. 의기소침한

After my psychological treatment I don't feel so **droopy** or down anymore.
심리 치료 이후, 나는 더 이상 많이 의기소침하거나 울적하지 않다.

31 **glower**★★
[gláuər]

v. 노려보다

Mr. Stevens **glowered** at a man who had been staring at him.
Mr. Stevens는 그를 빤히 쳐다보던 남자를 노려보았다.

텝스 출제 포인트!

[청해] glower at ~를 노려보다

32 **incensed**★★
[insénst]
파 incense v. 몹시 화나게 하다

adj. 몹시 화난, 분개한

Jenny was **incensed** when she found out that her best friend had lied to her.
Jenny는 그녀의 가장 친한 친구가 그녀에게 거짓말을 한 것을 알았을 때 몹시 화를 냈다.

33 **a load off one's mind**★★

phr. 마음의 짐을 더는

The reassuring phone call from Tom took **a load off my mind**.
안심시키는 Tom의 전화는 내 마음의 짐을 덜어주었다.

텝스 출제 포인트!

[청해] take a load off my mind 내 마음의 짐을 덜다

34 **vacillate**★★
[vǽsəlèit]
파 vacillation n. 망설임

v. 망설이다, 주저하다

The manager **vacillated** between the two proposals.
그 관리자는 두 가지 제안 사이에서 망설였다.

텝스 출제 포인트!

[어휘] vacillate between ~ 사이에서 망설이다

35 **perturb**★★
[pərtə́:rb]

v. (마음을) 동요하게 하다, 혼란시키다

The recent robberies in the neighborhood **perturbed** residents.
인근에서 있었던 최근의 강도 사건들은 주민들을 동요하게 했다.

★★★ = 출제율 최상 ★★ = 출제율 상 ★ = 출제율 중

36 **boast****

[boust]

파 boastful adj. 자랑하는

v. 자랑하다, 뽐내다

Most parents like to **boast** about their children's achievements.

대부분의 부모들은 자식들의 성공에 대해 자랑하는 것을 좋아한다.

텝스 출제 포인트!

청해 boast about ~에 대해 자랑하다

37 **temper****

[témpər]

파 temperamental adj. 신경질적인

n. 성질, 성미

Steve often gets into fights because of his quick **temper**.

Steve는 급한 성질 때문에 종종 싸움에 말려든다.

v. 누그러뜨리다, 완화하다

The parents' frustration with their son was **tempered** by sympathy.

그들의 아들에 대한 부모의 불만은 연민으로 누그러졌다.

텝스 출제 포인트!

어휘 temper : tamper

temper와 형태가 비슷한 tamper의 의미를 구별하여 함께 외워 두자.

- temper 누그러뜨리다, 완화하다
- tamper 간섭하다, 함부로 변경하다

어휘 have a quick temper 성질이 급하다

lose one's temper 화를 내다

38 **conceal****

[kənsíːl]

파 concealment n. 은폐, 숨김

v. 감추다, 숨기다

Many people smile to **conceal** their embarrassment, while others pretend to be indifferent.

많은 사람들이 당혹감을 감추려고 미소를 짓는 반면 다른 이들은 무관심한 척을 한다.

39 **irksome****

[ə́ːrksəm]

adj. 짜증 나는

Hearing the same song on the radio multiple times can be **irksome**.

라디오에서 계속해서 같은 음악을 듣는 것은 짜증 날 수 있다.

40 **consultation***

[kɑ́:nsəltéiʃən]

파 consult v. 상담하다
consultant n. 상담가

n. 상담, 상의

Guidance counselors are available for **consultations** with the students. 지도 교사들은 학생들과 상담이 가능하다.

텝스 출제 포인트!

청해 consult A about B A에게 B에 대해 상담하다

41 **refractory***

[rifrǽktəri]

adj. 고집 센, 다루기 힘든

Refractory children are difficult to discipline.
고집 센 아이들은 훈육하기 어렵다.

42 **cantankerous***

[kæntǽŋkərəs]

adj. 심술궂은, 성미가 고약한

Cecilia's **cantankerous** nature is causing people to stay away from her.
Cecilia의 심술궂은 성격은 사람들이 그녀로부터 거리를 두게 한다.

43 **grin***

[grin]

n. 활짝 웃음

v. (이를 드러내고) 활짝 웃다

Karen **grinned** when she won the national mathematics contest.
Karen은 전국 수학 대회에서 우승하자 활짝 웃었다.

44 **impertinent***

[impə́:rtənənt]

adj. 무례한, 버릇없는

Many children become increasingly **impertinent** as they reach their teenage years.
많은 아이들이 십 대에 이르면서 점점 더 무례해진다.

45 **sneer***

[sniər]

n. 비웃음, 경멸

동 scoff 비웃다
deride 조롱하다

v. 비웃다, 조롱하다

The candidate **sneered** at his opponents after winning the election.
그 후보자는 당선된 후 그의 상대 후보들을 비웃었다.

46 **relieved***

[rilí:vd]

파 relieve v. 안심시키다
relief n. 안심

adj. 안도한, 안심한

The patient was **relieved** to hear that her condition had improved.
그 환자는 자신의 상태가 나아졌다는 것을 듣고 안도했다.

47 **pessimistic***
[pèsəmístik]
파 pessimism n. 비관주의
pessimist n. 비관주의자
반 optimistic 낙관적인

adj. 비관적인

Pessimistic people are easily discouraged by minor problems.
비관적인 사람들은 사소한 문제로 쉽게 낙담한다.

48 **budge***
[bʌdʒ]
v. 조금 움직이다, 양보하다

v. (의견을) 바꾸다

The seller will not **budge** on the price of the apartment.
그 판매자는 아파트 가격에 대한 의견을 바꾸지 않을 것이다.

텝스 출제 포인트!

어휘 budge와 형태가 비슷한 dodge의 의미를 구별하여 함께 외워 두자.
- budge (의견을) 바꾸다
- dodge 재빨리 피하다

49 **secluded***
[siklúːdid]
adj. (장소가) 외딴
파 seclude v. 은둔하다
seclusion n. 은둔, 격리

adj. 은둔한, 남의 눈에 안 띄는

The old man lives **secluded** in a cottage in the woods.
그 노인은 숲속에 있는 오두막집에 은둔하여 산다.

50 **thunderstruck***
[θʌ́ndərstrʌ̀k]

adj. 깜짝 놀란, 기겁한

The family was **thunderstruck** to hear of my brother's sudden marriage.
가족들은 내 남동생의 갑작스러운 결혼 소식을 듣고 깜짝 놀랐다.

51 **scowl***
[skaul]

v. 얼굴을 찌푸리다

The customer **scowled** at the slow waiter.
그 손님은 느린 웨이터에게 얼굴을 찌푸렸다.

DAY 22 Daily Checkup

단어에 해당하는 뜻을 오른쪽에서 찾아 연결하세요.

01 console	ⓐ 화내다
02 aloof	ⓑ 짜증 나는
03 grin	ⓒ 위로하다
04 blow up	ⓓ 활짝 웃다
05 irksome	ⓔ 고집이 센
	ⓕ 냉담한

문맥에 맞는 단어를 보기에서 골라 빈칸에 넣으세요.

ⓐ wayward ⓑ engendered ⓒ uneasy ⓓ soothing ⓔ scowl ⓕ vacillated

06 They were a little tired so the couple ______ between staying in and going out.

07 Jennifer felt a little ______ about visiting the hospital.

08 The ______ pupil was sent to the principal's office.

09 The novel ______ a feeling of sadness in the reader.

10 Whenever I feel nervous, ______ music helps me relax.

ⓐ hostile ⓑ incensed ⓒ assuage ⓓ eulogized ⓔ droopy ⓕ penchant

11 Emma's ______ appearance made it clear that she had been suffering from depression.

12 Critics ______ the author for a magnificent novel.

13 His boss was ______ when John was late for the third day running.

14 Nothing can ______ the grief of parents who have lost their children.

15 The desert is a(n) ______ environment for most plants.

Answer 01 ⓒ 02 ⓕ 03 ⓓ 04 ⓐ 05 ⓑ 06 ⓕ 07 ⓒ 08 ⓐ 09 ⓑ 10 ⓓ 11 ⓔ 12 ⓓ 13 ⓑ 14 ⓒ 15 ⓐ

➔ 무료 Daily Checkup 해석은 HackersIngang.com에서 제공됩니다.
무료 단어시험지 자동생성기와 무료 해커스 텝스 기출 보카 TEST는 HackersTEPS.com에서 제공됩니다.

텝스완성단어

350점 단어

□	annoy [ənɔ́i]	v. 괴롭히다 | 짜증 나게 하다
□	annoying [ənɔ́iiŋ]	adj. 성가신, 귀찮은
□	anxiety [æŋzáiəti]	n. 걱정, 불안(감)
□	anxious [ǽŋkʃəs]	adj. 걱정하는 | 몹시 ~하고 싶어 하는
□	counselor [káunsələr]	n. 상담사, 상담 교사
□	curious [kjúəriəs]	adj. 궁금한
□	despair [dispέər]	v. 절망하다 n. 절망 | 자포자기
□	down [daun]	adj. 우울한, 의기소침한 adv. 아래로
□	heartwarming [há:rtwɔ̀:rmiŋ]	adj. 마음이 따스해지는
□	hesitate [hézətèit]	v. 주저하다, 망설이다
□	homesick [hóumsìk]	adj. 향수에 잠긴
□	jealous [dʒéləs]	adj. 질투하는 | 시샘하는
□	mental [méntl]	adj. 정신의, 마음의 | 지능의
□	narcissistically [nɑ̀:rsəsístikəli]	adv. 자기 도취되어
□	narrow-minded [nǽroumaíndid]	adj. 속이 좁은, 옹졸한
□	painful [péinfəl]	adj. (정신적으로) 고통스러운, 괴로운
□	personality [pə̀:rsənǽləti]	n. 개성, 성격 | 유명인사
□	pretend [priténd]	v. ~인 체하다, 가장하다
□	pretentious [priténʃəs]	adj. 자만하는 | 건방진
□	relax [rilǽks]	v. 긴장을 풀다
□	self-control [sèlfkəntróul]	n. 자제력 | 자기 관리
□	self-esteem [sèlfistí:m]	n. 자존심 | 자부심
□	suspicion [səspíʃən]	n. 의심, 불신
□	tendency [téndənsi]	n. 경향, 추세
□	terrified [térəfàid]	adj. 겁먹은, 깜짝 놀란
□	terrifying [térəfàiŋ]	adj. 무섭게 하는, 놀라게 하는
□	upset	adj. 화가 난, 속상한 [ʌ̀psét] v. 속상하게 하다 [ʌpsét]

450점 단어

- □ amnesia [æmní:ʒə] — n. 기억 상실(증), 건망증
- □ anguish [ǽŋgwiʃ] — n. (극심한) 고통, 고뇌
- □ antianxiety drug — phr. 항불안제
- □ apathetic [æpəθétik] — adj. 냉담한, 무관심한
- □ apathy [ǽpəθi] — n. 냉담함, 무관심
- □ appall [əpɔ́:l] — v. 소름 끼치게 하다
- □ arrogant [ǽrəgənt] — adj. 거만한, 건방진
- □ astonished at — phr. ~에 놀란
- □ astounding [əstáundiŋ] — adj. 몹시 놀라게 하는, 믿기 어려운
- □ balk [bɔ:k] — v. 망설이다, 난색을 보이다
- □ bashful [bǽʃfəl] — adj. 부끄럼 타는, 수줍어하는
- □ be inclined to V — phr. ~하고 싶어 하다 | ~하는 경향이 있다
- □ bereft [biréft] — adj. (사람이) 상실감에 빠진
- □ cognition [kɑ:gníʃən] — n. 인지 | 인식
- □ compassion [kəmpǽʃən] — n. 연민, 동정
- □ compassionate [kəmpǽʃənət] — adj. 인정 많은, 동정심 있는
- □ creepy [krí:pi] — adj. 오싹한, 기분이 나쁜
- □ delude [dilú:d] — v. 속이다, 기만하다
- □ delusion [dilú:ʒən] — n. 망상, 착각
- □ depression [dipréʃən] — n. 우울증 | 불경기
- □ distress [distrés] — v. 괴롭히다, 슬프게 하다 n. (정신적) 고통, 괴로움
- □ downhearted [dàunhɑ́:rtid] — adj. 낙담한, 기가 죽은
- □ fiery [fáiəri] — adj. (성격이) 불같은, 거센
- □ fixation [fikséiʃən] — n. (심리적) 집착 | 고정
- □ fly off the handle — phr. 버럭 화를 내다
- □ fret [fret] — v. 초조하게 하다, 안달하게 하다
- □ gratification [grӕtəfikéiʃən] — n. 만족(감)
- □ hallucinate [həlú:sənèit] — v. 환각을 일으키게 하다
- □ heartburn [hɑ́:rtbə̀:rn] — n. 가슴앓이 | 질투, 시기
- □ hesitant [hézətənt] — adj. 주저하는

□	illusion [ilú:ʒən]	n. (사람 · 상황에 대한) 오해 | 환각, 환상
□	impulsive [impʌ́lsiv]	adj. 충동적인
□	inclination [ìnklənéiʃən]	n. 경향, 성향 | 기호
□	indignation [ìndignéiʃən]	n. 분개, 분노
□	infuriate [infjúərièit]	v. 극도로 화나게 만들다
□	insane [inséin]	adj. 제정신이 아닌, 미친
□	intuition [ìntju:íʃən]	n. 직관, 직감
□	moody [mú:di]	adj. 변덕스러운 | 침울한, 뚱한
□	morbid [mɔ́:rbid]	adj. (정신 · 사상이) 병적인
□	mortify [mɔ́:rtəfài]	v. 굴욕을 느끼게 하다 | (정욕 · 감정 등을) 억제하다
□	obstinate [ɑ́:bstənət]	adj. 고집 센, 완고한
□	painstakingly [péinztèikiŋli]	adv. 힘들여 | 공들여
□	paranoid [pǽrənɔ̀id]	adj. 편집증의 | 피해망상적인 n. 편집증 환자
□	perplex [pərpléks]	v. 당황하게 하다, 난처하게 하다
□	psychiatric [sikiǽtrik]	adj. 정신과의 | 정신 의학의
□	psychiatrist [sikáiətrist]	n. 정신과 의사
□	psychological [sàikəlɑ́:dʒikəl]	adj. 심리적인 | 심리학의
□	psychosis [saikóusis]	n. 정신병
□	rage [reidʒ]	v. 격노하다 n. 격노, 분노
□	reluctance [rilʌ́ktəns]	n. 꺼림, 마지못해 함
□	reluctant [rilʌ́ktənt]	adj. 꺼리는, 마지못해 하는
□	repress [riprés]	v. (감정을) 참다, 억제하다
□	repression [ripréʃən]	n. (감정의) 억압, 억제
□	snap [snæp]	v. (감정 등이) 갑자기 폭발하다
□	snap out of	phr. (어떤 기분에서) 재빨리 벗어나다 | 기운을 차리다
□	spontaneous [spantéiniəs]	adj. 자발적인 | 충동적인 행동을 하는
□	sullen [sʌ́lən]	adj. 뚱한, 시무룩한 | (날씨가) 음산한
□	timid [tímid]	adj. 겁 많은, 소심한
□	torment	v. 고통을 주다 [tɔ:rmént] n. 고통, 고뇌 [tɔ́:rment]
□	trauma [tráumə]	n. (정신적) 외상, 충격
□	wrath [ræθ]	n. 격노, 분노

500점 단어

- abhor [æbhɔ́:r] v. 몹시 싫어하다, 혐오하다
- abominate [əbɑ́mənèit] v. 혐오하다, 증오하다
- appease [əpí:z] v. 달래다, 진정시키다
- audacious [ɔ:déiʃəs] adj. 대담한 | 거만한
- autism [ɔ́:tizm] n. 자폐증
- aversion [əvə́:rʒən] n. 혐오, 반감
- baffle [bǽfl] v. 당황하게 하다 | (계획·노력 등을) 좌절시키다
- be taken aback phr. ~에 깜짝 놀라다
- complacent [kəmpléisnt] adj. 만족해하는, 자기만족의
- crestfallen [kréstfɔ:lən] adj. 풀이 죽은, 의기소침한
- distracted [distrǽktid] adj. 주의가 산만한
- downcast [dáunkæst] adj. (눈을) 내리뜬 | 풀이 죽은
- empathetic [èmpəθétik] adj. 감정 이입의
- exasperate [igzǽspərèit] v. 성나게 하다, 격분시키다
- excruciating [ikskrú:ʃièitiŋ] adj. 극심한 고통을 주는
- exuberant [igzú:bərənt] adj. 활기 넘치는
- hit the roof phr. 발끈 화를 내다
- hyperactivity [hàipəræktíviti] n. 과잉 행동
- livid [lívid] adj. 몹시 화가 난, 격노한
- loathing [lóuðiŋ] n. 혐오
- malleable [mǽliəbl] adj. 융통성이 있는 | 유순한
- mounting anxiety phr. 늘어가는 근심
- nostalgia [nɑ:stǽldʒə] n. 향수, 고향을 그리워하는 마음
- overjoyed [òuvərdʒɔ́id] adj. 매우 기뻐하는
- placate [pléikeit] v. (화를) 달래다, 진정시키다
- reassuring [rì:əʃúəriŋ] adj. 안심시키는, 걱정을 없애 주는
- ruminate [rú:mənèit] v. 심사숙고하다
- scrupulous [skrú:pjuləs] adj. 양심적인 | 꼼꼼한
- tantrum [tǽntrəm] n. 화, 짜증
- trepidation [trèpədéiʃən] n. 전율, 공포 | 당황

DAY 23

Hackers TEPS Vocabulary

▲ 무료 MP3 바로 듣기

전공선택은 신중하게!

학교·교육

미래에 대해 고민이 많은 나는 degree를 받을 전공 결정이 너무 어려웠다. 그래서 교양 과목만 enroll하고 여러 과목을 audit하여 다양한 instruction을 받고 많은 분야에 knowledgeable해진 후에 전공을 선택하기로 했는데, 오늘은 정치학이 어떨까 하는 생각이 들었다. 결정하기 전에 지도 교수님께 approve 받기 위해 찾아뵈었더니 그 discipline을 택한 이유를 물으셨다. 어지러운 세상을 정리하고 싶어서라고 말씀 드렸더니, 벌써 일곱 번째 변덕이라면서, "어지러운 네 생각부터 정리하는 게 어떻겠니?"라고 하셨다!!!

01 **degree**★
[digríː]
n. (각도·온도 등의) 도

n. 학위 | 정도

The institute offers **degree** programs in a wide range of subjects.
그 대학은 다양한 학과에 대한 학위 프로그램을 제공한다.

Individuals experiencing a high **degree** of stress are prone to health problems.
높은 정도의 스트레스를 받는 사람들은 건강상 문제가 생기기 쉽다.

 텝스 출제 포인트!

독해 degree program 학위 프로그램
bachelor's/master's/doctor's + degree 학사/석사/박사 학위

02 **enroll**★★★
[inróul]
파 enrollment n. 등록, 입학

v. 등록하다, 입학시키다

The freshman **enrolled** in a biology course on the school's Web site. 그 신입생은 학교 웹사이트에서 생물 강좌에 등록했다.

 텝스 출제 포인트!

어휘 enroll in a course 강좌에 등록하다, 수강 신청을 하다

03 **audit**★
[ɔ́ːdit]

v. (수업을) 청강하다 | (회계를) 감사하다

Many colleges allow undergraduates to **audit** classes related to their majors.
많은 대학들은 학부생들이 전공과 관련된 수업을 청강할 수 있도록 허가한다.

An accountant will **audit** the company's financial records. 한 회계사가 그 회사의 재무 기록을 감사할 것이다.

 텝스 출제 포인트!

청해 audit a class 수업을 청강하다

04 **instruction**★★
[instrʌ́kʃən]
파 instruct v. 가르치다, 지시하다
instructor n. 교사
instructional adj. 교육용의

n. 교육 | (-s) 사용 설명서, 지시

English teachers should provide intensive grammar **instruction**.
영어 교사들은 집중적인 문법 교육을 제공해야 한다.

Workers must follow **instructions** when operating the machinery.
직원들은 기계를 조작할 때 사용 설명서를 따라야 한다.

텝스 출제 포인트!

청해 follow instructions 지시에 따르다

05 **knowledgeable**★★

[nά:lidʒəbl]

파 knowledge n. 지식

adj. 아는 것이 많은, 정통한

You should read the textbook to become **knowledgeable** about the subject.

그 과목에 대해 아는 것이 많아지려면 교과서를 읽어야 한다.

텝스 출제 포인트!

문법 불가산명사 knowledge

knowledge를 관사 없이 단수형으로 바르게 썼는지 묻는 문제가 출제된다. 불가산명사이므로 부정관사를 붙이거나(a knowledge) 복수형(knowledges)으로 쓰지 못한다는 것에 주의한다.

어휘 become knowledgeable about ~에 대해 아는 것이 많아지다

06 **approve**★

[əprúːv]

파 approval n. 승인

v. 승인하다, 허가하다

An extended leave of absence must be **approved** by school officials.

장기 결석은 학교 관계자들에게 승인받아야 한다.

텝스 출제 포인트!

청해 approve of ~을 승인하다, ~을 찬성하다

07 **discipline**★

[dísəplin]

n. 훈련, 규율

파 disciplined adj. 훈련받은

n. 학문 분야, 학과 | 징계, 징벌

Philosophy is a **discipline** dating back to ancient times.

철학은 고대까지 거슬러 올라가는 학문 분야이다.

Parents use various forms of **discipline** to control their children.

부모들은 자녀를 통제하기 위해 다양한 형태의 징계를 사용한다.

v. 단련하다, 훈련하다

People must **discipline** themselves to exercise regularly.

사람들은 규칙적으로 운동하도록 스스로를 단련해야 한다.

텝스 출제 포인트!

독해 mental discipline 정신 수양
develop self-discipline 자기 수양하다

08 **stir up** ★★★

phr. ~를 고무하다, 각성시키다 | (감정·논쟁·문제 등을) 일으키다

The powerful graduation speech **stirred up** the students.
그 강력한 졸업 연설은 학생들을 고무했다.

The article was intended to **stir up** anti-immigrant sentiment among the population.
그 기사는 사람들 사이에 반이민자 정서를 일으키기 위해 의도되었다.

09 **admit** ★★★
[ædmít]

파 admission n. 입학, 입장
admittance n. 입장 허가

v. 입학을 허락하다 | 인정하다

High grades can improve your chances of being **admitted** to a good college.
높은 성적은 좋은 대학에 입학이 허락될 가능성을 높일 수 있다.

The former governor **admitted** that he accepted bribes during his term.
전 주지사는 그의 임기 동안 뇌물을 수수했음을 인정했다.

 텝스 출제 포인트!

문법 admit to + -ing ~한 것을 인정하다
admit의 전치사 to 뒤에 동명사를 쓰는 문제가 출제된다.

10 **spoil** ★★★
[spɔil]
v. (음식이) 상하다, (식욕 등을) 깨다

파 spoilage n. 손상, 부패
spoiled adj. 버릇없이 자란

v. 버릇없게 만들다 | 망치다

Giving a child too high an allowance will only **spoil** him.
아이에게 너무 많은 용돈을 주는 것은 그를 버릇없게 만들 뿐이다.

The sudden rain **spoiled** the family's picnic.
갑자기 내린 비는 가족의 소풍을 망쳤다.

 텝스 출제 포인트!

청해 spoiled kid 버릇없는 아이
spoil one's appetite 식욕을 떨어뜨리다

11 **salient**★★★
[séiliənt]
파 salience n. 중요점

adj. 중요한, 두드러진

Make sure to take notes on only the **salient** points of the lecture.
강의의 중요한 점만 필기하도록 하세요.

텝스 출제 포인트!

어휘 salient point 중요한 점, 요점
point와 어울려 쓰이는 salient를 선택하는 문제가 출제된다.

12 **tardy**★★★
[tá:rdi]
파 tardiness n. 지각, 느림

adj. 지각한, 늦은

Being **tardy** three times will add up to one absence.
세 번 지각하는 것은 결국 한 번의 결석이 될 것이다.

13 **drop**★★★
[drɑ:p]
v. 푹 쓰러지다
n. 하락, 감소

v. 떨어지다

Students are advised to speak to a counselor if their grades start to **drop**.
학생들은 학점이 떨어지기 시작하면 지도 교사와 이야기하도록 권고를 받는다.

14 **accolade**★★★
[ǽkəlèid]

n. 칭찬, 찬사

The institute regularly receives **accolades** for its innovative educational approach.
그 학회는 혁신적인 교육 접근법으로 정기적으로 칭찬을 받는다.

15 **grant**★★★
[grænt]
v. 승인하다, 허락하다

n. 보조금

The graduate student received a research **grant** to study semiconductors.
그 대학원생은 반도체 연구를 위한 연구 보조금을 받았다.

v. (정식으로) 주다, 수여하다

A business license has been **granted** to the company.
그 회사에 사업 허가증이 주어졌다.

텝스 출제 포인트!

청해 research grant 연구 보조기금
grant one's wish ~의 소원을 들어주다

16 **bother**★★★

[bɑ́:ðər]

n. 성가신 일

파 bothersome adj. 귀찮은

v. 신경 쓰이게 하다, 괴롭히다

Talking loudly in the library **bothers** patrons who are studying for their midterms.

도서관에서 큰 소리로 말하는 것은 중간고사 공부를 하는 이용자들을 신경 쓰이게 한다.

텝스 출제 포인트!

청해 can't be bothered to V ~할 마음이 들지 않는다

17 **suspend**★★★

[səspénd]

v. 매달다

파 suspension n. 정학, 중지

v. 정학시키다 | (일시) 중지하다

Those who pass off someone else's ideas as their own may be **suspended**.

다른 사람의 생각을 자기 것처럼 속인 사람은 정학당할 수 있다.

Renovations were **suspended** while the building was undergoing a safety inspection.

그 건물이 안전 점검을 받는 동안 보수 공사는 중지되었다.

텝스 출제 포인트!

독해 suspend 정학시키다 → debar 제외시키다

suspend가 유사한 의미의 다른 표현으로 바뀌어 출제된다.

18 **revise**★★

[riváiz]

파 revision n. 수정, 개정

revisory adj. 교정의

v. 수정하다, 개정하다

When you **revise** your essay, remember to include more sources.

에세이를 수정할 때, 더 많은 자료를 넣는 것을 기억하세요.

19 **inculcate**★★

[inkʌ́lkeit]

v. (사상 등을) 심어 주다

Teachers strive to **inculcate** students with a love of learning.

교사들은 학생들에게 학습의 즐거움을 심어 주기 위해 노력한다.

20 **jot down**★★

phr. 적다, 쓰다

Melissa **jotted down** the due date of an assignment in her notebook. Melissa는 공책에 과제 제출일을 적었다.

21 **precocious****
[prikóuʃəs]

adj. (지적 · 신체적으로) 발달이 빠른

A **precocious** child in class began reading at the age of three.
학급에서 발달이 빠른 한 아이는 3살에 읽기를 시작했다.

22 **tick****
[tik]

v. 체크 표시를 하다

The teacher **ticked** off each student's name on her attendance list.
선생님은 출석부에 있는 각 학생들의 이름에 체크 표시를 했다.

23 **paragon****
[pǽrəgɑ̀:n]
v. 모범으로 삼다

n. 귀감, 모범

James is a **paragon** of talent and intelligence for his classmates.
James는 반 친구들에게 재능과 지성의 귀감이다.

24 **present****
[prizént]

v. 제출하다, 건네주다

The details of a proposal will be **presented** to the school board in August.
제안서의 세부 사항은 8월에 교육 위원회에 제출될 것이다.

25 **spell out****

phr. ~을 분명히 설명하다

The classroom rules had to be **spelled out** for certain misbehaving students.
학급 규칙은 일부 버릇없는 학생들을 위해 분명히 설명되어야 했다.

26 **turn ~ away****

phr. ~를 돌려보내다

The professor **turned** some students **away** because the class was full.
그 교수는 강의 인원이 꽉 찼기 때문에 몇몇 학생들을 돌려보냈다.

27 **wet behind the ears****

phr. 미숙한, 풋내기의

Being **wet behind the ears**, the new teachers were given additional training.
미숙하기 때문에 새로 온 교사들은 추가 교육을 받았다.

28 **rudimentary**★★
[rù:dəméntəri]
파 rudiment n. (-s) 기본, 원리

adj. 기본적인, 기초적인

The introductory course provides a **rudimentary** knowledge of physics.
그 입문 수업은 기본적인 물리학 지식을 제공한다.

텝스 출제 포인트!

청해 rudimentary knowledge 기본적인 지식

독해 rudimentary 기본적인 → basic 기초의
rudimentary가 유사한 의미의 다른 표현으로 바뀌어 출제된다.

29 **in hindsight** ★★

phr. 지나고 나서 보니

In hindsight, I should have checked the course requirements before signing up.
지나고 나서 보니, 나는 수강 신청을 하기 전에 강의 이수 규정을 확인했어야 했다.

30 **chastise**★★
[tʃæstáiz]
동 upbraid 질책하다

v. 벌하다, 혼내 주다

Arnold was **chastised** for not taking the assignment seriously. Arnold는 그 과제를 진지하게 여기지 않아서 벌을 받았다.

31 **institute**★★
[ínstətjù:t]
파 institutionalize v. 제도화하다
institution n. 기관, 협회

v. (규칙·제도 등을) 제정하다

The principal wanted to **institute** a new way of teaching in the school.
그 교장 선생님은 학교에 새로운 수업 방법을 제정하고 싶었다.

n. 연구소, 협회

The nonprofit foundation established an **institute** for cancer research.
그 비영리 단체는 암 연구를 위한 연구소를 설립했다.

32 **cumulative**★★
[kjú:mjulətiv]
파 cumulate v. 쌓아 올리다
cumulation n. 축적

adj. 누적되는

Students will receive a **cumulative** grade based on all of their assignments.
학생들은 모든 과제를 기반으로 누적되는 성적을 받을 것이다.

텝스 출제 포인트!

독해 cumulative effect 누적 효과

33 **due**★★
[djuː]

adj. ~하기로 되어 있는 | 지불 기일이 된

The teacher has been unwell but he is **due** back soon.
선생님은 몸이 편찮으시지만 곧 돌아오시기로 되어 있다.

The car tax is **due** at the beginning of the year.
자동차세는 연초가 지불 기일이다.

텝스 출제 포인트!

어휘 due date 마감일, 만기일
in due course 때가 되면

34 **assign**★★
[əsáin]
파 assignment n. 할당, 숙제

v. (일·사물을) 할당하다, 배정하다

Mr. Reed **assigned** the students a project on plant growth.
Mr. Reed는 학생들에게 식물의 성장에 대한 과제를 할당했다.

텝스 출제 포인트!

어휘 assign : allot
'할당하다'를 뜻하는 단어들의 의미를 구별하여 답을 선택하는 문제가 출제된다.
- assign 할당하다 (업무·임무를 할당하는 것을 의미한다)
- allot 배정하다 (업무·시간·돈 등을 특정한 몫을 나누어 분배하는 것을 의미한다)

독해 homework assignment 숙제

35 **turn in**★★

phr. ~을 제출하다 | 잠자리에 들다

Please **turn in** your paper with a complete bibliography.
완전한 참고 문헌 목록을 포함하여 보고서를 제출하세요.

After a long and hard day of work, I **turned in** early for the night.
길고 힘든 근무 후, 나는 그만 일찍 잠자리에 들었다.

텝스 출제 포인트!

청해 turn in for the night 그만 잠자리에 들다

36 **catch on**★★

phr. 인기를 얻다

동 understand 이해하다

phr. 이해하다, 파악하다

The instructor tried to explain it, but the pupils didn't **catch on**.

그 강사는 그것을 설명하려고 했지만, 학생들은 이해하지 못했다.

텝스 출제 포인트!

청해 catch on to ~을 이해하다

37 **be done with**★

phr. ~을 끝내다, 다 처리하다

I will **be done with** writing my thesis by next Thursday.

나는 다음 주 목요일까지 논문 작성을 끝낼 것이다.

38 **call out**★

phr. ~를 부르다

The dean **called out** the graduating students' names.

학과장은 졸업하는 학생들의 이름을 불렀다.

39 **run over**★

phr. ~을 재빨리 훑어보다

Mr. Hans **ran over** the fire drill procedure before teaching it to the class.

Mr. Hans는 반 학생들에게 소방 훈련 절차를 가르치기 전 그것을 재빨리 훑어보았다.

40 **faculty**★

[fǽkəlti]

n. 교수진 | 기능, 능력

The primary role of the **faculty** is to provide learners with quality instruction.

그 교수진의 주된 역할은 학습자들에게 양질의 교육을 제공하는 것이다.

Exposure to loud noise can affect a person's auditory **faculties**.

시끄러운 소음에 노출되는 것은 사람의 청각 기능에 영향을 미칠 수 있다.

텝스 출제 포인트!

독해 faculty 능력 → skill 역량

faculty가 유사한 의미의 다른 표현으로 바뀌어 출제된다.

41 **show ~ the ropes***

phr. ~에게 요령을 가르쳐 주다

One student made an effort to **show** her new classmate **the ropes**.
한 학생이 새로 온 반 친구에게 요령을 가르쳐 주려고 노력했다.

42 **prestigious***
[prestídʒəs]
파 prestige n. 명성

adj. 일류의, 이름난

Young people around the world aspire to study in a **prestigious** educational institution.
전 세계의 젊은이들은 일류의 교육 기관에서 공부하기를 열망한다.

43 **statistics***
[stətístiks]
파 statistical adj. 통계상의

n. 통계, 통계 자료 | 통계학

According to recent **statistics**, university enrollment has increased throughout the country.
최근 통계에 따르면, 전국적으로 대학 등록자 수가 증가했다.

Statistics is a discipline concerned with the analysis of data and its application.
통계학은 자료의 분석과 그것의 응용에 관한 학문이다.

텝스 출제 포인트!

문법 의미에 따라 수가 결정되는 statistics
statistics가 '통계학'이라는 의미일 때 단수 동사가 오는 것을 묻는 문제가 출제된다. statistics가 '통계, 통계 자료'라는 의미일 때는 복수로, '통계학'이라는 의미일 때는 단수로 취급하는 것에 유의해야 한다.

44 **lesson***
[lésn]

n. 교훈

The accident taught pupils a vital **lesson** about the importance of safety.
그 사고는 학생들에게 안전의 중요성에 대해 중대한 교훈을 가르쳐 주었다.

45 **prospective***
[prəspéktiv]
파 prospect n. 전망, 가능성

adj. 예비의, 장래의

Prospective students should visit the university's website for a list of compulsory courses.
예비 학생들은 필수 과목 목록을 보려면 대학 웹사이트를 방문해야 한다.

텝스 출제 포인트!

어휘 prospective student 예비 학생
student와 어울려 쓰이는 prospective를 선택하는 문제가 출제된다.

DAY 23 Daily Checkup

단어에 해당하는 뜻을 오른쪽에서 찾아 연결하세요.

01 audit	ⓐ 할당하다
02 tardy	ⓑ 교훈
03 assign	ⓒ 청강하다
04 lesson	ⓓ 교수진
05 discipline	ⓔ 징계
	ⓕ 늦은

문맥에 맞는 단어를 보기에서 골라 빈칸에 넣으세요.

ⓐ catch on ⓑ chastise ⓒ rudimentary ⓓ spoiled ⓔ admit ⓕ due

06 If you ______ to committing a crime you will receive a shorter sentence.

07 Our anniversary dinner was ______ by a very rude waiter.

08 The teacher stopped to ______ two students who kept talking during class.

09 Our new colleague managed to ______ to what we were working on very quickly.

10 Astronomers have only a(n) ______ knowledge of black holes.

ⓐ turn in ⓑ cumulative ⓒ accolades ⓓ enroll ⓔ grant ⓕ salient

11 The doctor's research was funded with a(n) ______ from the government.

12 This document only contains the ______ points but the full report is available online.

13 The ______ sales of the new television last year were well over a million.

14 The singer received ______ from fans and critics alike for her incredible new album.

15 ______ your assignment by Wednesday.

Answer 01 ⓒ 02 ⓕ 03 ⓐ 04 ⓑ 05 ⓔ 06 ⓔ 07 ⓓ 08 ⓑ 09 ⓐ 10 ⓒ 11 ⓔ 12 ⓕ 13 ⓑ 14 ⓒ 15 ⓐ

➔ 무료 Daily Checkup 해석은 HackersIngang.com에서 제공됩니다.
무료 단어시험지 자동생성기와 무료 해커스 텝스 기출 보카 TEST는 HackersTEPS.com에서 제공됩니다.

텝스완성단어

350점 단어

- ☐ absence [ǽbsəns] — n. 결석 | 부재 | 결핍
- ☐ absent [ǽbsənt] — adj. 결석한 | 없는, 결여된
- ☐ acquire [əkwáiər] — v. 습득하다
- ☐ advice [ædváis] — n. 조언, 충고
- ☐ attend a class — phr. 수업에 출석하다
- ☐ attendance [əténdəns] — n. 출석, 참석
- ☐ brilliant [bríljənt] — adj. 명석한 | 훌륭한, 멋진
- ☐ bring up — phr. (아이를) 양육하다 | (화제를) 꺼내다
- ☐ cheat [tʃi:t] — v. 속이다 | (시험에서) 커닝하다 n. 속임수, 편법
- ☐ endeavor [indévər] — n. 노력 v. 노력하다
- ☐ extracurricular activity — phr. 과외 활동
- ☐ further [fə́:rðər] — adj. 그 이상의 adv. 더 나아가서 v. (일·계획 등을) 진행시키다
- ☐ graduate school — phr. 대학원
- ☐ kindergarten [kíndərgɑ̀:rtn] — n. 유치원
- ☐ lecture [léktʃər] — v. 강의하다 n. 강의, 강연
- ☐ major in — phr. ~을 전공하다
- ☐ midterm [mìdtə́:rm] — n. 중간고사 adj. (학기·임기 등의) 중간의
- ☐ preschool [prí:sku:l] — n. 유치원 adj. 취학 전의
- ☐ primary [práimeri] — adj. 주요한
- ☐ private school — phr. 사립 학교
- ☐ public school — phr. 공립 학교
- ☐ restrain [ristréin] — v. 억제하다, 억누르다 | 제지하다
- ☐ scholarship [skɑ́:lərʃìp] — n. 장학금 | 학식
- ☐ semester [siméstər] — n. 한 학기
- ☐ take notes — phr. 필기하다
- ☐ term paper — phr. 학기말 리포트
- ☐ undergraduate [ʌ̀ndərgrǽdʒuət] — n. (대학) 학부생

450점 단어

□	absent-minded [æbsəntmáindid]	adj. 넋 놓은, 멍한
□	academia [əkədí:miə]	n. 학계
□	algebra [ǽldʒəbrə]	n. 대수학
□	aptitude [ǽptətjù:d]	n. 적성, 소질
□	arithmetic [əríθmətik]	n. 산수, 연산
□	Beats me.	phr. 나는 전혀 모르겠어.
□	bully [búli]	v. 못살게 굴다 n. 약자를 괴롭히는 사람
□	burn the midnight oil	phr. (공부나 일을 하느라) 밤늦게까지 불을 밝히다
□	come to the fore	phr. 표면화되다
□	competence [kámpətəns]	n. 능력
□	corporal punishment	phr. 체벌
□	counsel [káunsəl]	v. 조언하다 n. 조언
□	cram [kræm]	v. 벼락공부를 하다 | 밀어넣다
□	cultivate [kʌ́ltəvèit]	v. 재배하다 | (재능·품성을) 기르다
□	dean [di:n]	n. (대학의) 학장
□	diploma [diplóumə]	n. 졸업장, 학위 증서
□	discerning [disə́:rniŋ]	adj. 통찰력 있는, 분별 있는
□	divert [divə́:rt]	v. (관심을) 다른 데로 돌리다 | 전환시키다
□	drop out	phr. 중퇴하다
□	dropout [drá:pàut]	n. 중퇴자
□	evaluate [ivǽljuèit]	v. 평가하다
□	excel [iksél]	v. 능가하다, 뛰어나다
□	exemplary [igzémpləri]	adj. 모범적인 | 훌륭한
□	exertion [igzə́:rʃən]	n. 노력, 분투
□	expel [ikspél]	v. 내쫓다 | 퇴학시키다
□	field trip	phr. 현장 학습, 견학
□	get the hang of	phr. ~을 이해하다
□	graduate with honors	phr. 우등으로 졸업하다
□	half-hearted [hæfhá:rtid]	adj. 성의가 없는
□	hammer ~ home	phr. (충분히 이해되도록) 강조하다

□	**intellectual** [ìntəléktʃuəl]	adj. 지적인 n. 지식인
□	**internalize** [intə́:rnəlàiz]	v. 내면화하다
□	**liberal arts**	phr. 교양 과목
□	**live up to one's expectations**	phr. 기대에 부응하다
□	**mentor** [méntɔ:r]	n. 스승 | 조언자
□	**mischief** [místʃif]	n. 장난
□	**modest** [mádist]	adj. 겸손한 | 알맞은, 적당한
□	**motivate** [móutəvèit]	v. 동기를 부여하다
□	**partial** [pá:rʃəl]	adj. 부분적인 | 불공평한
□	**pathetic** [pəθétik]	adj. 측은한, 불쌍한
□	**principal** [prínsəpəl]	n. 교장 adj. 주요한
□	**prodigy** [prá:dədʒi]	n. 천재, 신동
□	**proficient** [prəfíʃənt]	adj. 숙달한, 능숙한
□	**recess** [risés]	n. 쉬는 시간, 휴식 시간
□	**reckon** [rékən]	v. 계산하다 | 간주하다, 생각하다
□	**scold** [skould]	v. 야단치다, 꾸짖다
□	**self-taught** [sèlftɔ́:t]	adj. 독학의
□	**student body**	phr. 전교생
□	**subtract** [səbtrǽkt]	v. 빼다
□	**subtraction** [səbtrǽkʃən]	n. 뺄셈 | 공제
□	**syllabus** [síləbəs]	n. 강의 요강
□	**tedious** [tí:diəs]	adj. 지루한, 따분한
□	**thesis** [θí:sis]	n. 논문 | 논지, 논제
□	**to some extent**	phr. 어느 정도까지, 다소
□	**transcript** [trǽnskript]	n. 성적 증명서
□	**tricky** [tríki]	adj. 까다로운 | (문제가) 다루기 힘든
□	**tuition fees**	phr. 수업료
□	**tutor** [tjú:tər]	n. 개인 교사 v. 개인 지도하다
□	**unruly** [ʌnrú:li]	adj. 고분고분하지 않은, 다루기 힘든
□	**upbringing** [ʌ́pbrìŋiŋ]	n. (가정) 교육, 양육
□	**well-rounded** [wèlráundid]	adj. 균형 잡힌, 다방면의

500점 단어

- □ a piece of cake — phr. 식은 죽 먹기
- □ adamant [ǽdəmənt] — adj. 확고한, 단호한
- □ admonish [ædmáːniʃ] — v. 훈계하다 | 충고하다
- □ dawn on — phr. ~을 깨닫게 되다
- □ delve [delv] — v. 탐구하다, 깊이 파고들다
- □ digress [daigrés] — v. (이야기가) 벗어나다
- □ dish out — phr. 나누다, 분배하다
- □ doctoral dissertation — phr. 박사학위 논문
- □ dyslexia [disléksiə] — n. 난독증
- □ elated [iléitid] — adj. 의기양양한, 우쭐대는
- □ erudite [érjudàit] — adj. 박식한
- □ escapade [éskəpèid] — n. 무모한 장난
- □ flunk [flʌŋk] — v. (시험에) 낙제하다
- □ get across — phr. 이해시키다
- □ go out on a limb — phr. 불리한 입장에 처하다
- □ grounds [graundz] — n. 구내
- □ hone [houn] — v. (특히 기술을) 연마하다
- □ judicious [dʒuːdíʃəs] — adj. 현명한, 판단력이 있는
- □ meritorious [mèritɔ́ːriəs] — adj. 칭찬할 만한, 가치 있는
- □ naughty [nɔ́ːti] — adj. 개구쟁이의, 장난이 심한
- □ pedantic [pədǽntik] — adj. 현학적인, 아는 체하는
- □ pertinacity [pə̀ːrtənǽsəti] — n. 악착스러움
- □ peruse [pərúːz] — v. 정독하다, 숙독하다
- □ probation [proubéiʃən] — n. 수습 기간 | 집행 유예
- □ reproach [ripróutʃ] — v. 꾸짖다
- □ sign up — phr. 신청하다, 등록하다
- □ stern [stəːrn] — adj. 근엄한
- □ tenacious [tənéiʃəs] — adj. 집요한, 완강한
- □ tenure [ténjər] — n. (대학 교수의) 종신 재직권 | 보유, 유지
- □ turn over a new leaf — phr. 새사람이 되다

DAY 24 Hackers TEPS Vocabulary

▲ 무료 MP3 바로 듣기

내 몸에 이상한 박테리아가?

생물

생물 시간에 사람의 손이 많은 박테리아의 habitat이 된다는 걸 배웠다. 현미경으로 손을 관찰하여 박테리아들을 spot하는 실습도 했다. 그런데 내 손을 관찰하자 이상한 것이 appear했다. Stem을 가진 나무 모양이고 색깔도 abnormal한 초록색이었다. 교과서에서 배운 내용으로는 그게 무엇인지 classify할 수도 없었다. 내 몸에 이상한 박테리아가 breed하고 있다는 게 걱정이 되어 교수님께 보여드렸다. 그러자 교수님께서 껄껄 웃으며 말씀하셨다. "너 점심에 브로콜리 먹었구나?"

01 **habitat**★
[hǽbitæt]
파 habitable adj. 거주할 수 있는

n. (동식물의) 서식지

Animals and plants are threatened by the destruction of their natural **habitats**.
동식물은 자연 서식지의 파괴로 인해 위협받고 있다.

텝스 출제 포인트!

어휘 natural habitat 자연 서식지
natural과 어울려 쓰이는 habitat을 선택하는 문제가 출제된다.

02 **spot**★★★
[spɑːt]

v. 찾아내다, 발견하다

An eagle can easily **spot** its prey from great distances.
독수리는 꽤 먼 거리에서도 먹이를 쉽게 찾아낼 수 있다.

n. 구역, 장소

These parking **spots** are reserved for employees only.
이 주차 구역들은 직원들만 사용하도록 지정되어 있다.

텝스 출제 포인트!

청해 on the spot 즉석에서, 당장
tourist spot 관광 명소
parking spot 주차 구역
vacation spot 휴양지

03 **appear**★★★
[əpíər]
파 appearance n. 출연, 외모
반 disappear 사라지다, 실종되다

v. 나타나다 | (연극 등에) 출연하다

Humans first **appeared** in Africa about 200,000 years ago.
인류는 약 20만 년 전에 아프리카에서 처음 나타났다.

The actor has **appeared** in several movies this year.
그 배우는 올해 여러 편의 영화에 출연했다.

텝스 출제 포인트!

청해 appear on TV TV에 출연하다
make an appearance 나타나다, 출연하다

★★★ = 출제율 최상 ★★ = 출제율 상 ★ = 출제율 중

04 **stem**★
[stem]

n. (식물의) 줄기

Water travels through a plant's **stem** to transport nutrients.
물은 영양분을 나르기 위해 식물의 줄기를 돌아다닌다.

v. 비롯되다, 유래하다

The athlete's victory **stemmed** from months of training.
그 운동선수의 우승은 몇 개월간의 훈련에서 비롯되었다.

 텝스 출제 포인트!

독해 stem from ~에서 비롯되다, ~에서 유래하다

05 **abnormal**★
[æbnɔ́:rməl]
반 normal 정상적인, 보통의
동 deviant 비정상적인

adj. 비정상적인, 이상한

It is **abnormal** for polar bears to migrate to warmer regions.
북극곰들이 더 따뜻한 지역으로 이주하는 것은 비정상적이다.

06 **classify**★
[klǽsəfài]
파 classification n. 분류

v. 분류하다

Scientists **classify** animals according to their shared physical characteristics.
과학자들은 동물들을 그들의 공통된 신체적 특징에 따라 분류한다.

 텝스 출제 포인트!

독해 classify A as B A를 B로 분류하다

07 **breed**★
[bri:d]
n. 품종, 종류
파 breeding n. 번식

v. 새끼를 낳다, 번식하다

Salmon always return to freshwater to **breed**.
연어는 새끼를 낳기 위해 항상 민물로 돌아온다.

 텝스 출제 포인트!

어휘 breed : hatch : bloom
생물의 번식과 관련된 단어들의 의미를 구별하여 답을 선택하는 문제가 출제된다.
- breed 새끼를 낳다
- hatch (알이) 부화하다
- bloom 꽃이 피다

08 **contribute**★★★

[kəntríbjuːt]

파 contribution n. 기여, 공헌
contributor n. 공헌자

v. 기여하다, 공헌하다

Natural selection **contributes** to the evolution of new species.
자연 선택은 새로운 종의 진화에 기여한다.

텝스 출제 포인트!

어휘 contribute to ~에 기여하다, ~에 공헌하다
make a contribution to ~에 공헌하다

09 **inherit**★★★

[inhérit]

파 inheritance n. 유전, 유산

v. 물려받다, 유전하다

Children **inherit** their genetic traits from their parents.
자녀들은 부모로부터 유전적 특징을 물려받는다.

텝스 출제 포인트!

독해 inherit from ~로부터 물려받다

10 **stunt**★★★

[stʌnt]

파 stunted adj. 성장을 저해 당한

v. (성장·발전 등을) 저해하다

High temperatures are known to **stunt** the growth of rainforests.
높은 온도는 우림의 성장을 저해하는 것으로 알려져 있다.

텝스 출제 포인트!

어휘 stunt + growth/development 성장/발달을 저해하다

11 **indigenous**★★★

[indídʒənəs]

파 indigenously adv. 토착하여

adj. 원산의, 토착의

Tobacco is **indigenous** to Central and South America. 담배는 중앙아메리카와 남아메리카가 원산이다.

텝스 출제 포인트!

어휘 indigenous : innate : intrinsic
indigenous와 의미가 비슷한 innate, intrinsic의 쓰임을 구별하여 답을 선택하는 문제가 출제된다.
- indigenous 원산의, 토착의
- innate 타고난, 선천적인
- intrinsic 고유의, 본질적인

12 **alert**★★★

[əlɚ́:rt]

파 alertness n. 빈틈없음

adj. 기민한

Nocturnal mammals, such as badgers or bats, are most **alert** at night.

오소리 또는 박쥐와 같은 야행성 포유동물들은 밤에 가장 기민하다.

v. 경고하다, 경계시키다

Animals in a herd **alert** one another of danger.

무리 지어 다니는 동물들은 서로에게 위험을 경고한다.

텝스 출제 포인트!

어휘 stay alert 경계를 게을리하지 않다

13 **eradicate**★★★

[irǽdəkèit]

파 eradication n. 박멸, 근절

v. 박멸하다, 근절하다

Farmers use pesticides to **eradicate** harmful insects.

농부들은 해로운 곤충을 박멸하기 위해 살충제를 사용한다.

텝스 출제 포인트!

어휘 eradicate parasites 기생충을 박멸하다
eradicate crime 범죄를 근절하다
parasite, crime과 어울려 쓰이는 eradicate를 선택하는 문제가 출제된다.

14 **regulate**★★★

[régjulèit]

v. 규제하다

파 regulation n. 조절, 규정

v. 조절하다

As with most mammal species, humans sweat to **regulate** their body temperature.

대부분의 포유류와 같이 인간은 체온을 조절하기 위해 땀을 흘린다.

15 **docile**★★★

[dɑ́:səl]

파 docility n. 온순

동 obedient 순종적인

adj. 온순한, 유순한

Domesticated cats are far more **docile** than untamed cats.

길들인 고양이들은 길들이지 않은 고양이들보다 한결 더 온순하다.

텝스 출제 포인트!

독해 docile 온순한 → unresisting 저항하지 않는
docile이 유사한 의미의 다른 표현으로 바뀌어 출제된다.

16 **innate**★★★
[inéit]
동 inborn 선천적인
반 acquired 후천적인

adj. 타고난, 선천적인

Swimming is an **innate** ability of fish.
수영은 물고기의 타고난 능력이다.

텝스 출제 포인트!

독해 innate desire 선천적인 욕구

17 **perish**★★★
[périʃ]

v. 소멸하다, 죽다

Indigenous plants **perish** when their habitat is overrun by non-native plant species.
토착 식물들은 토종이 아닌 종들이 그들의 서식지에 급속히 퍼지면 소멸한다.

18 **tether**★★★
[téðər]
n. 한계, 범위

v. (밧줄로) 매어 놓다

The man **tethered** his dog to a pole while he went in to buy a coffee.
그 남자는 커피를 사러 들어간 사이에 그의 개를 기둥에 매어 놓았다.

19 **modify**★★★
[mɑ́:dəfài]
파 modification n. 변형, 변경

v. 변형하다, 변경하다

Scientists have tried to genetically **modify** soybeans to reduce growing costs.
과학자들은 재배 비용을 줄이기 위해 콩을 유전적으로 변형하는 것을 시도했다.

텝스 출제 포인트!

청해 modify 변형하다 → amend 수정하다
modify가 유사한 의미의 다른 표현으로 바뀌어 출제된다.

20 **extraneous**★★
[ikstréiniəs]
adj. 관계없는
파 extraneously adv. 외부적으로

adj. 외부에서 발생한, 외래의

Extraneous factors can affect the outcome in experiments involving animals.
외부에서 발생한 요인들은 동물로 하는 실험 결과에 영향을 미칠 수 있다.

21 **shrivel**★★
[ʃrívəl]
동 wither 시들다

v. 시들다, 쭈그러들다

Plants **shrivel** and die when exposed to continual drought conditions.
식물들은 계속되는 가뭄 상태에 노출되면 시들고 죽는다.

★★★ = 출제율 최상 ★★ = 출제율 상 ★ = 출제율 중

22 **forage**★★
[fɔ́ːridʒ]

v. (식량을) 찾아다니다

Young penguins usually **forage** for food in groups.
어린 펭귄들은 보통 떼를 지어 식량을 찾아다닌다.

 텝스 출제 포인트!

[청해] forage for ~을 찾아다니다

23 **interested**★★
[íntərəstid]
[반] uninterested 무관심한

adj. 관심 있는

Biologists are **interested** in preserving the ecosystem.
생물학자들은 생태계를 보존하는 데 관심이 있다.

 텝스 출제 포인트!

[청해] be interested in ~에 관심이 있다

24 **decoy**★★
[díːkɔi]
v. 유인하다, 유혹하다

n. 미끼, 유인하는 장치

Hunters often lure ducks with realistic-looking **decoys**.
사냥꾼들은 종종 진짜처럼 보이는 미끼로 오리를 유인한다.

25 **flap**★★
[flæp]

v. (새가 날개를) 퍼덕거리다

Hummingbirds **flap** their wings approximately 50 times a second.
벌새는 1초에 대략 50번 날개를 퍼덕거린다.

26 **withstand**★★
[wiðstǽnd]

v. 견뎌내다, 버티다

Seals can **withstand** extremely cold temperatures.
바다표범은 매우 추운 기온을 견뎌낼 수 있다.

27 **gill**★★
[gil]

n. 아가미

The **gills** help fish extract oxygen from water.
아가미는 물고기가 물에서 산소를 얻도록 돕는다.

28 **ingest**★★

[indʒést]

파 ingestion n. 섭취
ingestive adj. 음식 섭취의

v. 섭취하다

Many marine animals **ingest** plastics and get sick.
많은 해양 동물들은 플라스틱을 섭취하고 병든다.

29 **attribute**★★

[ətríbjuːt]

n. 속성

파 attribution n. 귀속, 속성
attributable adj. ~의 탓인

v. ~의 탓으로 하다

The extinction of the dodo bird is **attributed** to excessive hunting.
도도새의 멸종은 과도한 사냥 탓이다.

텝스 출제 포인트!

청해 be attributed to ~의 탓이다
attribute A to B A를 B의 덕분으로 보다

30 **factor**★★

[fǽktər]

n. 요소, 요인

Oxygen is an essential **factor** for the survival of mammals. 산소는 포유류의 생존에 필수적인 요소이다.

v. 고려하다, 계산에 넣다

Employers must **factor** in holidays when preparing work schedules.
고용주들은 업무 일정을 준비할 때 휴일을 고려해야 한다.

텝스 출제 포인트!

청해 factor in ~을 고려하다, ~을 계산에 넣다

31 **adapt**★★

[ədǽpt]

파 adaptation n. 적응, 각색
adaptability n. 적응성
adapted adj. 개조된
adaptable adj. 적응할 수 있는

v. 적응하다 | 각색하다

Animals must **adapt** to their habitats to survive.
동물들은 살아남기 위해 서식지에 적응해야 한다.

Several of Shakespeare's plays have been **adapted** into movies.
셰익스피어의 희곡 중 몇 개는 영화로 각색되었다.

텝스 출제 포인트!

독해 adapt to ~에 적응하다

★★★ = 출제율 최상 ★★ = 출제율 상 ★ = 출제율 중

32 **lure**★★

[luər]

파 luring adj. 유인하는

v. 유인하다, 유혹하다

Although it is rare, some animals do use scent to **lure** their prey.

드물긴 하지만, 어떤 동물들은 먹이를 유인하기 위해 냄새를 이용하기도 한다.

33 **sprout**★★

[spraut]

v. 싹이 나다

A tomato seed **sprouts** about a week after being planted.

토마토 씨앗은 심긴 후 약 일주일 뒤에 싹이 난다.

34 **evolve**★★

[ivɑ́ːlv]

파 evolution n. 진화, 발전
evolutionary adj. 진화의

v. 진화하다, 발전하다

Darwin believed that humans **evolved** from primates.

다윈은 인간이 영장류에서 진화했다고 믿었다.

텝스 출제 포인트!

독해 evolve into ~으로 진화하다

35 **confront**★

[kənfrʌ́nt]

파 confrontation n. 직면, 대립
confrontational adj. 대립의

v. 직면하다, 맞서다

Most small animals will flee when **confronted** with danger.

대부분의 작은 동물들은 위험에 직면하면 도망칠 것이다.

36 **susceptible**★

[səséptəbl]

adj. 민감한, 예민한

파 susceptibility n. 감염되기 쉬움, 감수성

adj. 감염되기 쉬운, 영향을 받기 쉬운

People with a weak immune system are **susceptible** to infections.

약한 면역 체계를 지닌 사람은 감염되기 쉽다.

텝스 출제 포인트!

독해 susceptible to ~에 영향을 받기 쉬운

37 **genetic**★

[dʒənétik]

파 genetics n. 유전학
genetically adv. 유전적으로

adj. 유전적인, 유전상의

A sample of an organism's blood can provide **genetic** information.

생물의 혈액 샘플은 유전적인 정보를 제공할 수 있다.

텝스 출제 포인트!

청해 genetic diversity 유전적 다양성
genetic makeup 유전자 구성

38 **instinct***
[ínstiŋkt]

파 instinctive adj. 본능적인
instinctively adv. 본능적으로

n. 본능

All creatures possess an **instinct** for survival.
모든 생물들은 생존을 위한 본능을 지니고 있다.

텝스 출제 포인트!

청해 follow one's instinct ~의 본능을 따르다

39 **predator***
[prédətər]

파 predation n. 포식, 약탈

n. 포식자, 포식 동물

Tigers are one of the world's most dangerous **predators.**
호랑이는 세상에서 가장 위험한 포식자 중 하나이다.

40 **correlation***
[kɔ̀:rəléiʃən]

파 correlate v. 서로 관련시키다

n. 상관관계, 연관성

Scientific research suggests a **correlation** between the number of cell divisions and aging.
과학 연구는 세포 분열 횟수와 노화 사이의 상관관계를 시사한다.

텝스 출제 포인트!

독해 correlation between A and B A와 B의 상관관계
correlate with ~과 관련시키다

41 **permanent***
[pə́:rmənənt]

파 permanence n. 영구, 불변
permanently adv. 영원히
반 temporary 일시적인

adj. 영구적인

Global warming can cause **permanent** damage to the health of coral reefs.
지구 온난화는 산호초의 상태에 영구적인 피해를 줄 수 있다.

텝스 출제 포인트!

청해 permanent teeth 영구치
permanent damage 영구적인 피해, 영구적인 손상

42 **mature***

[mətjúər]

파 maturity n. 원숙함
maturation n. 성숙, 익음

반 immature 미숙한

adj. 다 자란, 성숙한

A **mature** horse may weigh as much as 1,000 kilograms.

다 자란 말은 무게가 1,000킬로그램까지 나갈 수 있다.

v. 성숙하다

People **mature** emotionally as they enter adulthood.

사람들은 성인이 되면서 정서적으로 성숙한다.

43 **dominant***

[dá:mənənt]

파 dominate v. 지배하다
domination n. 지배, 통치

adj. 지배적인, 우세한

The spruce is the **dominant** evergreen tree in northern Canada.

전나무는 캐나다 북부에서 지배적인 상록수이다.

 텝스 출제 포인트!

독해 global domination 전 세계적인 지배

44 **magnify***

[mǽgnəfài]

파 magnification n. 확대

v. 확대하다

A microscope can **magnify** very tiny specimens such as cellular organisms.

현미경은 세포 생물과 같이 아주 작은 표본도 확대할 수 있다.

45 **beneficial***

[bènəfíʃəl]

파 beneficially adv. 유익하게

adj. 이로운, 유익한

Certain types of bacteria are **beneficial** to the human body.

특정 종류의 박테리아는 인체에 이롭다.

DAY 24 Daily Checkup

단어에 해당하는 뜻을 오른쪽에서 찾아 연결하세요.

01 inherit	ⓐ 상관관계
02 correlation	ⓑ 싹이 나다
03 stunt	ⓒ 견뎌내다
04 withstand	ⓓ 저해하다
05 sprout	ⓔ 물려받다
	ⓕ 유인하다

문맥에 맞는 단어를 보기에서 골라 빈칸에 넣으세요.

ⓐ forage	ⓑ docile	ⓒ stems	ⓓ decoy	ⓔ susceptible	ⓕ confront

06 The child is very ______ so she does whatever she's told.

07 The plant's ______ grew long and straight out of the ground.

08 Animals ______ for food to store before the winter comes.

09 It's better to ______ your problems rather than letting them build up.

10 People with lung ailments are more ______ to the flu virus.

ⓐ modify	ⓑ predators	ⓒ breed	ⓓ alerted	ⓔ regulate	ⓕ contributed

11 Each member ______ $10 to buy food for the event.

12 We will have to ______ the design of the bridge because of the new safety regulations.

13 The tiger shark is known among sea ______ for eating almost anything.

14 Stoplights are used to ______ the flow of traffic.

15 The captain ______ his crew to prepare for the storm.

Answer 01 ⓔ 02 ⓐ 03 ⓓ 04 ⓒ 05 ⓑ 06 ⓑ 07 ⓒ 08 ⓐ 09 ⓕ 10 ⓔ 11 ⓕ 12 ⓐ 13 ⓑ 14 ⓔ 15 ⓓ

➔ 무료 Daily Checkup 해석은 HackersIngang.com에서 제공됩니다.
무료 단어시험지 자동생성기와 무료 해커스 텝스 기출 보카 TEST는 HackersTEPS.com에서 제공됩니다.

텝스완성단어

350점 단어

- □ **aggressive** [əgrésiv] adj. 공격적인
- □ **bark** [bɑ:rk] v. 짖다 n. 짖는 소리 | 나무껍질
- □ **biology** [baiɑ́:lədʒi] n. 생물학 | 생명 작용
- □ **bodily organ** phr. 신체 기관
- □ **body temperature** phr. 체온
- □ **bough** [bau] n. (나무의 큰) 가지
- □ **breath** [breθ] n. 숨, 호흡
- □ **breathe** [bri:ð] v. 숨 쉬다, 호흡하다
- □ **bush** [buʃ] n. 관목, 덤불
- □ **categorize** [kǽtəgəràiz] v. 분류하다
- □ **characteristic** [kæriktərístik] n. 특징, 특성 adj. 특유의
- □ **characterize** [kǽriktəràiz] v. 특징이 되다
- □ **cold-blooded** [kòuldblʌ́did] adj. 냉혈의 | 냉혹한
- □ **existence** [igzístəns] n. 존재 | 생존
- □ **food chain** phr. 먹이 사슬
- □ **give birth to** phr. (아이를) 낳다 | ~의 원인이 되다
- □ **hatch** [hætʃ] v. (알이) 부화하다
- □ **hide** [haid] n. 짐승의 가죽
- □ **lay an egg** phr. 알을 낳다
- □ **life span** phr. 수명
- □ **majority** [mədʒɔ́:rəti] n. 대부분, 대다수
- □ **mammal** [mǽməl] n. 포유동물
- □ **meadow** [médou] n. 목초지, 초원
- □ **microscopic** [màikrəskɑ́:pik] adj. 현미경의 | 미세한
- □ **prey** [prei] n. 먹이, 사냥감 v. 먹이로 삼다
- □ **stalk** [stɔ:k] n. (식물의) 줄기 v. (몰래) 뒤를 밟다
- □ **warm-blooded** [wɔ̀:rmblʌ́did] adj. 온혈의 | 열정적인

450점 단어

□	a host of	phr. 다수의
□	algae [ǽldʒiː]	n. 조류
□	amphibian [æmfíbiən]	n. 양서류
□	anatomy [ənǽtəmi]	n. 해부학, 해부
□	animal cruelty	phr. 동물 학대
□	annihilation [ənàiəléiʃən]	n. 멸종, 전멸
□	biodiversity [bàioudivə́ːrsəti]	n. 생물의 다양성
□	burrow [bə́ːrou]	v. 굴을 파다　n. 굴
□	camouflage [kǽməflɑ́ːʒ]	v. 위장하다　n. 위장
□	coral reef	phr. 산호초
□	exterminate [ikstə́ːrmənèit]	v. 멸종시키다 | 근절하다
□	feed on	phr. ~을 먹고 살다
□	fend off	phr. ~을 막다
□	flee [fliː]	v. 달아나다, 벗어나다
□	germ [dʒəːrm]	n. 세균
□	graze [greiz]	v. 풀을 뜯다, 방목하다
□	herd [həːrd]	n. 가축의 떼　v. (가축이) 무리를 지어 가다
□	hibernation [hàibərnéiʃən]	n. 동면, 겨울잠
□	incisor [insáizər]	n. 앞니
□	infest [infést]	v. 들끓다, 만연하다
□	lurk [ləːrk]	v. 숨다 | 잠복하다
□	lush [lʌʃ]	adj. 무성한, 우거진
□	metabolism [mətǽbəlìzm]	n. 신진대사, 물질대사
□	microbe [máikroub]	n. 미생물, 세균
□	microbiology [màikroubaiɑ́ːlədʒi]	n. 미생물학, 세균학
□	microorganism [màikrouɔ́ːrgənìzm]	n. 미생물
□	mimic [mímik]	v. 흉내 내다, 모방하다
□	multiple [mʌ́ltəpl]	adj. 복합적인, 다양한 | 많은, 다수의
□	multiply [mʌ́ltəplài]	v. 증가시키다 | 번식시키다
□	mutual [mjúːtʃuəl]	adj. 상호의, 서로의

□	natural selection	phr. 자연 선택, 자연도태
□	odor [óudər]	n. 냄새 ǀ 악취
□	offspring [ɔ́:fsprìŋ]	n. 자식, 새끼
□	paralyzed [pǽrəlàizd]	adj. 마비된
□	parasite [pǽrəsàit]	n. 기생충, 기생 동물
□	physiology [fìziɑ́:lədʒi]	n. 생리학 ǀ 생리 기능
□	pollen [pɑ́:lən]	n. 꽃가루
□	predisposition [prì:dispəzíʃn]	n. (병 등에 걸리기 쉬운) 소질 ǀ 경향, 성향
□	protrude [proutrú:d]	v. 돌출되다
□	purebred [pjuərbréd]	n. 순종 adj. 순종의
□	reproduce [rì:prədú:s]	v. 번식하다 ǀ 재생하다 ǀ 복제하다
□	reproduction [rì:prədʌ́kʃn]	n. 번식 ǀ 재생 ǀ 복제
□	reptile [réptail]	n. 파충류
□	roam [roum]	v. 돌아다니다, 방랑하다
□	saliva [səláivə]	n. 침, 타액
□	secretion [sikrí:ʃən]	n. 분비 ǀ 분비물
□	sequence [sí:kwəns]	v. 차례로 나열하다 n. 연속
□	slaughter [slɔ́:tər]	n. 도살 ǀ 학살 v. 도살하다 ǀ 학살하다
□	swiftly [swíftli]	adv. 신속하게
□	swine [swain]	n. (가축으로서의) 돼지
□	taxonomy [tæksɑ́:nəmi]	n. 분류, 분류학
□	teem with	phr. ~이 풍부하다
□	termite [tə́:rmait]	n. 흰개미
□	terrestrial [təréstriəl]	adj. 육지에 사는 ǀ 지구의
□	territorial [tèrətɔ́:riəl]	adj. 텃세의 ǀ 영토의
□	tissue [tíʃu:]	n. (세포 등의) 조직
□	twitter [twítər]	v. (새가) 지저귀다
□	vegetation [vèdʒətéiʃən]	n. 식물, 초목
□	venom [vénəm]	n. (독사·전갈·뱀의) 독
□	weed [wi:d]	n. 잡초
□	wilt [wilt]	v. 시들다

500점 단어

- □ aberrance [æbérəns] n. 변종, 돌연변이
- □ aberration [æbəréiʃən] n. 변형, 변이 | 일탈
- □ adhesive [ædhíːsiv] adj. 끈적한, 접착성의 n. 접착제
- □ agile [ǽdʒəl] adj. 민첩한, 재빠른
- □ blight [blait] n. (식물의) 마름병 | 황폐
- □ bovine [bóuvain] adj. 솟과의 n. 솟과의 동물
- □ canine [kéinain] adj. 갯과의 n. 갯과의 동물
- □ carnivore [káːrnəvɔ̀ːr] n. 육식 동물
- □ chlorophyll [klɔ́ːrəfìl] n. 엽록소
- □ chromosome [króuməsòum] n. 염색체
- □ degenerate v. 퇴보하다, 퇴화하다 [didʒénərèit] n. 퇴화한 동물 [didʒénərət]
- □ diurnal [daiə́ːrnl] adj. 낮의, 주간에 활동하는 | 매일의
- □ excrement [ékskrəmənt] n. 배설물, 대변
- □ excrete [ikskríːt] v. (노폐물을) 배설하다
- □ fauna [fɔ́ːnə] n. 동물군, 동물상
- □ flora [flɔ́ːrə] n. 식물군, 식물상
- □ florescent [flɔːrésnt] adj. 꽃이 핀
- □ herbivore [ə́ːrbəvɔ̀ːr] n. 초식 동물
- □ medicinal [mədísənl] adj. 약효가 있는
- □ metamorphosis [mètəmɔ́ːrfəsis] n. 변태, 변형
- □ molt [moult] v. (파충류 · 곤충이) 허물 벗다 | 털갈이하다
- □ nocturnal [nɑːktə́ːrnl] adj. (동물이) 야행성의 | 밤의
- □ omnivore [ɑ́ːmnivɔ̀ːr] n. 잡식성 동물
- □ rabies [réibiːz] n. 광견병
- □ ramification [ræməfikéiʃən] n. 결과
- □ rodent [róudnt] n. 설치류
- □ shamble [ʃǽmbl] v. 어기적거리다
- □ symbiosis [sìmbióusis] n. 공생
- □ tactile [tǽktil] adj. 촉각의 | 촉각으로 알 수 있는
- □ vertebrate [və́ːrtəbrət] n. 척추동물

'부서진 자전거' 판매광고

비즈니스

아빠는 운동 기구를 manufacture하는 회사를 운영하신다. 최근엔 Roto-Bike라는 신상품을 launch해서 superior한 점들을 광고하고 외국과의 판매 계약도 negotiate하셨다. 지난 quarter에 높은 revenue를 올렸는데, 유독 멕시코에서만 손해라고 하셨다. 직원들이 판매에 committed했는데도 효과가 전혀 없다며 걱정하셨다. 그런데 어릴 적 멕시코에서 살았던 유나가 집에 놀러 와서는 아빠 enterprise의 포스터를 보더니 깔깔 웃으며 "Roto는 스페인어로 부서졌다는 뜻이야"라고 말했다.

01 **manufacture**★

[mæ̀njufǽktʃər]

파 manufacturer n. 제조회사, 제조업자
manufacturing n. 제조업 adj. 제조업의

v. 제조하다

The factory **manufactures** leather wallets for French buyers.
그 공장은 프랑스 구매자들을 위한 가죽 지갑을 제조한다.

텝스 출제 포인트!

어휘 manufacture : produce
manufacture와 의미가 비슷한 produce의 쓰임을 구별하여 답을 선택하는 문제가 출제된다.
- manufacture (제품을) 제조하다
- produce (곡물·상품을) 생산하다

02 **launch**★★

[lɔːntʃ]

v. 시작하다, 착수하다
n. 출시, 발사

v. (신제품을) 출시하다 | 발사하다

The fashion designer **launched** a new line of clothing for autumn.
그 패션 디자이너는 새로운 가을 의류 라인을 출시했다.

A crowd flocked to witness NASA **launch** a rocket.
군중들이 NASA가 로켓을 발사하는 것을 보기 위해 모여들었다.

03 **superior**★

[səpíəriər]

adj. 우위의, 상위의

파 superiority n. 우월, 우세
반 inferior 열등한

adj. 뛰어난

Our speakers' sound quality is **superior** to that of other brands.
저희 스피커의 음질은 다른 브랜드의 것보다 뛰어납니다.

n. 상사, 상관

Greg is my immediate **superior** at work.
Greg는 회사에서 내 직속 상사이다.

텝스 출제 포인트!

독해 be superior to ~보다 뛰어나다

04 **negotiate**★★★

[nigóuʃièit]

파 negotiation n. 협상
negotiator n. 교섭자
negotiable adj. 교섭할 수 있는

v. 협상하다, 교섭하다

Management is **negotiating** a better deal with the suppliers.
경영진은 공급업체들과 더 나은 거래를 협상하고 있다.

★★★ = 출제율 최상 ★★ = 출제율 상 ★ = 출제율 중

05 **quarter***

[kwɔ́ːrtər]

파 quarterly adj. 연 4회의

n. 1분기 | 4분의 1 | 지역, 지구

The company made huge profits in the first **quarter** of the year.
그 회사는 올해 1분기에 큰 이익을 냈다.

Each of the four workers received a **quarter** of the compensation given for the paint job.
네 명의 일꾼은 각자 페인트칠에 주어진 보수의 4분의 1씩을 받았다.

Most residents in this **quarter** of the city are immigrants. 이 도시 지역 거주자의 대부분은 이민자들이다.

06 **revenue***

[révənjùː]

n. 수익

Increased commodity sales have generated additional **revenues** for the businessman.
상품 판매 증가는 그 사업가에게 추가 수익을 창출해 주었다.

텝스 출제 포인트!

독해 generate revenue 수익을 창출하다
gain revenue 수익을 얻다
sales revenue 판매 수익

07 **committed***

[kəmítid]

파 commit v. 전념하다, (범죄를) 저지르다
commitment n. 전념

adj. 전념하는, 헌신적인

Our entire staff is **committed** to providing excellent customer service.
저희 전 직원은 훌륭한 고객 서비스를 제공하는 데 전념하고 있습니다.

텝스 출제 포인트!

청해 be committed to ~에 전념하다

08 **enterprise***

[éntərpràiz]

파 enterpriser n. 기업가

n. 기업 | 모험, 모험적 계획

The government offers tax incentives to foreign **enterprises**. 정부는 외국 기업에 세금 혜택을 제공한다.

Sailing in stormy weather is a dangerous **enterprise**.
폭풍우가 치는 날씨에 항해하는 것은 위험한 모험이다.

텝스 출제 포인트!

독해 private enterprise 민간 기업

09 **underpin**★★★
[ʌ̀ndərpín]

v. 뒷받침하다, 근거를 대다

The theory of marginal gains **underpins** the company's growth strategy.
한계이익의 이론은 그 회사의 성장 전략을 뒷받침한다.

10 **preempt**★★★
[priémpt]

v. 선매권에 의하여 획득하다 | (예상되는 사태를) 예방하다, 피하다

The CEO **preempted** a takeover by buying up a majority of shares in the company.
그 최고 경영자는 회사 주식의 과반수를 매수함으로써 경영 인수권을 선매권에 의하여 획득했다.

The police are focused on **preempting** criminal activity through increased surveillance.
경찰은 늘어난 감시를 통해 범죄 활동을 예방하는 것에 초점을 둔다.

11 **initiate**★★★
[iníʃièit]

파 initiation n. 시작, 개시
initiative n. 개시 adj. 처음의
initial adj. 초기의, 처음의
initially adv. 처음에

v. 시작하다, ~에 착수하다

The ice cream shop **initiated** an advertising campaign to promote its products.
그 아이스크림 가게는 제품을 홍보하기 위한 광고 캠페인을 시작했다.

텝스 출제 포인트!

청해 initial projection 초기 예상치, 예상액

독해 initiate 착수하다 → begin 시작하다
initiate가 유사한 의미의 다른 표현으로 바뀌어 출제된다.

12 **strike**★★★
[straik]
v. 치다, 공격하다

파 striker n. 동맹 파업자
striking adj. 파업 중인, 인상적인

n. 파업, 쟁의

Workers at the factory held a **strike** to protest against low pay. 공장의 직원들은 낮은 임금에 항의하기 위해 파업했다.

텝스 출제 포인트!

청해 go (out) on strike 파업에 들어가다
on strike 파업 중인

13 **influx**★★★
[ínflʌ̀ks]

n. 유입

The **influx** of foreign investment boosted the country's growth rate.
해외 투자의 유입은 그 나라의 성장률을 촉진시켰다.

★★★ = 출제율 최상 ★★ = 출제율 상 ★ = 출제율 중

14 **endorse** ★★★

[indɔ́:rs]

v. (어음 등에) 배서하다

파 endorsement n. 지지, 보증

v. 지지하다

Everyone on our team **endorsed** Eric's proposal.

우리 팀에 있는 모든 사람들은 Eric의 제안을 지지했다.

15 **renowned** ★★★

[rináund]

파 renown n. 명성

adj. 유명한

Keynote speakers at the seminar include **renowned** business leaders.

그 세미나의 기조연설자들은 유명한 기업주들을 포함한다.

텝스 출제 포인트!

독해 be renowned for ~으로 유명하다

16 **estimate** ★★★

v. [éstəmèit]

n. [éstəmət]

파 estimation n. 견적, 평가

v. 추정하다, 견적하다 | (능력 등을) 평가하다

Managers **estimate** the cost of completing the project to be around $500,000.

관리자들은 그 사업을 완료하는 데 드는 비용을 약 50만 달러로 추정한다.

Interviewers must **estimate** how well the job applicant will perform.

면접관들은 구직자들이 얼마나 일을 잘할 것인지 평가해야 한다.

n. 견적, 추정

I'd like an **estimate** for repairing my watch.

제 시계를 수리하는 데 드는 견적을 알고 싶어요.

17 **pragmatic** ★★★

[prægmǽtik]

파 pragmatically adv. 실용적으로

adj. 실용적인

We should take a **pragmatic** approach to solving the company's financial problem.

우리는 회사의 재정 문제를 해결하기 위해 실용적인 접근을 해야 한다.

18 **renege** ★★★

[riní:g]

v. (약속·합의 등을) 어기다

Once the contract is signed, the parties cannot **renege** on their arrangement.

일단 계약서에 서명이 되면, 당사자들은 협정을 어길 수 없다.

텝스 출제 포인트!

독해 renege on a contract 계약을 어기다

19 **stammer** ★★★
[stǽmər]

v. 말을 더듬다

The factory supervisors **stammered** when asked about defective appliances.
그 공장 감독자들은 결함이 있는 기기에 대해 질문을 받자 말을 더듬었다.

20 **pull off** ★★★

phr. (힘든 것을) 성사시키다, 해내다

The phone manufacturer **pulled off** a marketing campaign that brought in huge sales.
그 전화기 제조회사는 막대한 매출을 가져온 마케팅 전략을 성사시켰다.

21 **establish** ★★★
[istǽbliʃ]
v. (법률을) 제정하다

파 establishment n. 설립, 시설
established adj. 확립된

v. (기업·학교 등을) 설립하다

Banks provide loans to help entrepreneurs **establish** a business.
은행들은 기업가들이 사업체를 설립하는 것을 돕기 위해 대출을 제공한다.

텝스 출제 포인트!

어휘 establish a law 법률을 제정하다
law와 어울려 쓰이는 establish를 선택하는 문제가 출제된다.

22 **transaction** ★★★
[trænsǽkʃən]

파 transact v. 거래하다
transactional adj. 거래의

n. 거래, 매매

Many people remain hesitant to do money **transactions** over the Internet.
많은 사람들은 여전히 인터넷을 통해 금전 거래를 하는 것을 망설인다.

텝스 출제 포인트!

독해 financial transaction 금융 거래

23 **indication** ★★★
[ìndikéiʃən]

파 indicate v. 나타내다
indicator n. 지표

n. 징조, 조짐

The financial report is a clear **indication** that business is improving.
그 재정 보고서는 경기가 나아지고 있다는 명확한 징조이다.

24 **portion** ★★
[pɔ́:rʃən]
n. (음식의) 1인분, 몫

n. 부분, 일부

A modest **portion** of the budget will be used for office expenses. 예산의 많지 않은 부분이 사무실 경비로 쓰일 것이다.

25 **crucial**★★

[krúːʃəl]

파 crucially adv. 결정적으로

adj. 중대한, 결정적인

Ensuring that supply meets demand is a **crucial** aspect of our strategy.

공급이 수요를 충족시키도록 하는 것이 우리 전략의 중대한 측면이다.

텝스 출제 포인트!

청해 crucial 중대한 → vital 긴요한
crucial이 유사한 의미의 다른 표현으로 바뀌어 출제된다.

독해 be crucial for ~에 중대하다

26 **daunt**★★

[dɔːnt]

파 daunting adj. 두려운, 벅찬

v. 기세를 꺾다, 기죽게 하다

The numerous regulations did not **daunt** foreign investors.

수많은 규제들은 외국인 투자자들의 기세를 꺾지 못했다.

텝스 출제 포인트!

청해 daunt 기세를 꺾다 → discourage 낙담시키다
daunt가 유사한 의미의 다른 표현으로 출제된다.

독해 daunting task 벅찬 업무

27 **shrewd**★★

[ʃruːd]

adj. 약삭빠른

동 astute, canny 약삭빠른

adj. 통찰력 있는

Shrewd decision-making can help stabilize a business in crisis.

통찰력 있는 의사 결정은 위기에 놓인 회사를 안정시키도록 도울 수 있다.

28 **berate**★★

[biréit]

동 reprimand 질책하다

v. 질책하다

The workers were **berated** for not meeting the company's safety standards.

직원들은 회사의 안전 기준을 충족시키지 못한 것에 대해 질책받았다.

29 **knock the socks off**★★

phr. ~에게 큰 영향을 미치다

Peter's presentation will **knock the socks off** the investors.

Peter의 발표는 투자자들에게 큰 영향을 미칠 것이다.

30 **let down**★★

phr. ~를 실망시키다

It's important for businesses not to **let down** their customers. 기업에게 있어 고객을 실망시키지 않는 것은 중요하다.

31 **presentable**★★

[prizéntəbl]

adj. 외모가 단정한

You should make yourself **presentable** before meeting the clients.
고객을 만나기 전에는 자기 자신의 외모를 단정히 해야 합니다.

32 **foray**★★

[fɔ́:rei]

v. 급습하다, 진출하다

n. (다른 분야로의) 진출, 시도

The technology firm is making its first **foray** into automobile manufacturing.
그 기술 회사는 자동차 제조업에 처음으로 진출한다.

텝스 출제 포인트!

독해 foray into ~에의 진출

33 **attain**★★

[ətéin]

파 attainment n. 달성, 성과
attainable adj. 이룰 수 있는

v. 달성하다, 이루다

The sales department **attained** its goal of selling a million cell phone units.
그 영업 부서는 휴대 전화 백만 대 판매라는 목표를 달성했다.

34 **asset**★★

[ǽset]

n. (-s) 자산, 재산 | 귀중한 것, 강점

The company's main **assets** include an office building and several vehicles.
그 회사의 주요 자산은 사무실 건물과 자동차 여러 대를 포함한다.

Good health is considered a person's most valuable **asset**. 건강은 사람에게 있어 가장 귀중한 것으로 여겨진다.

텝스 출제 포인트!

어휘 assets : liabilities : collateral
금융과 관련된 단어들의 의미를 구별하여 답을 선택하는 문제가 출제된다.
- assets 자산, 재산
- liabilities 부채, 빚
- collateral 담보, 저당물

독해 asset management 자산 관리

★★★ = 출제율 최상 ★★ = 출제율 상 ★ = 출제율 중

35 **grasp**★★

[græsp]

v. 꽉 잡다, 움켜잡다

v. 파악하다, 이해하다 | (기회를) 잡다

It will take the new employee a while to **grasp** the work schedule.

신입 사원이 작업 일정을 파악하는 데 시간이 좀 걸릴 것이다.

Sylvia **grasped** the opportunity to work with the famous designer.

Sylvia는 유명한 디자이너와 함께 일할 기회를 잡았다.

36 **labor**★★

[léibər]

파 laborer n. 노동자, 인부
laborious adj. 힘든

v. 일하다, 노동하다

The technicians had to **labor** all night to fix the computer's server.

그 기술자들은 컴퓨터 서버를 고치기 위해 밤새도록 일해야 했다.

37 **boost**★★

[buːst]

v. ~의 경기를 부양하다

v. 증대시키다 | 격려하다, 후원하다

Commercials featuring celebrities can **boost** product sales.

유명 인사를 출연시킨 광고는 상품 판매를 증대시킬 수 있다.

Thousands of people came out to **boost** the governor's presidential campaign.

수천 명의 사람들이 그 주지사의 대통령 선거 운동을 격려하고자 나왔다.

청해 boost sales 매출을 증대시키다
boost the economy 경기를 부양하다

38 **commence**★★

[kəméns]

동 initiate, start 시작하다

v. 시작하다, 착수하다

Operations will **commence** as soon as the plant renovations are completed.

공장 보수가 완료되자마자 작동이 시작될 것이다.

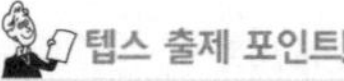

청해 commence 착수하다 → start 시작하다
commence가 유사한 의미의 다른 표현으로 바뀌어 출제된다.

39 **post**★★

[poust]

v. (안내문 등을) 게시하다, 공고하다

n. 직책, 지위

Mr. Reeves will resign his **post** as the company's financial director next week.
Mr. Reeves는 다음 주에 회사의 재무 이사 직책에서 물러날 것이다.

40 **win over**★

동 persuade 설득하다

phr. 설득하다

We need to offer attractive discounts to **win over** new clients.
우리는 새로운 고객들을 설득하기 위해 매력적인 할인을 제공해야 한다.

41 **potential**★

[pətén∫əl]

파 potentially adv. 잠재적으로

adj. 잠재력이 있는, 가능한

Businesses are always looking for **potential** new markets. 기업들은 항상 잠재력이 있는 새로운 시장을 찾고 있다.

n. 잠재력, 가능성

A child's **potential** can only be developed through proper education.
어린이의 잠재력은 적절한 교육을 통해서만 발달될 수 있다.

텝스 출제 포인트!

독해 potential threat 잠재적 위협
growth potential 성장 가능성

42 **divvy up**★

phr. ~을 나누다, 분배하다

The firm's business partners have agreed to **divvy up** the profits equally.
그 회사의 협력자들은 이윤을 동등하게 나누기로 합의했다.

43 **page**★

[peidʒ]

v. 안내 방송을 하다

Mr. Henson **paged** the team members to come to an urgent meeting.
Mr. Henson은 팀원들에게 긴급 회의에 참석하라고 안내 방송을 했다.

44 **subservient**★

[səbsə́:rviənt]

adj. 복종하는

Larry was **subservient** to his boss because he didn't want to get fired. Larry는 해고되고 싶지 않아서 그의 상사에게 복종했다.

45 **upcoming***

[ʌ́pkʌ̀miŋ]

adj. 다가오는, 곧 있을

The CEO is scheduled to attend an **upcoming** leadership conference.

그 최고 경영자는 다가오는 지도부 회의에 참석하기로 예정되어 있다.

텝스 출제 포인트!

독해 upcoming election 다가오는 선거

46 **document***

v. [dɑ́ːkjumènt]

n. [dɑ́ːkjumənt]

파 documentation n. 기록, 서류

v. 기록하다

The secretary was instructed to **document** everything the chairman said.

그 비서는 회장이 말한 모든 것을 기록하도록 지시받았다.

n. 서류, 문서

Job applicants must submit the required **documents** by May 10.

취업 지원자들은 구비 서류를 5월 10일까지 제출해야 한다.

47 **occur***

[əkə́ːr]

v. 발생하다, 생기다

파 occurrence n. 발생, 나타남

v. (생각 등이) 떠오르다

During the meeting, a brilliant idea **occurred** to me.

회의 도중에, 기발한 아이디어가 떠올랐다.

텝스 출제 포인트!

어휘 occur to (아이디어 · 생각이) ~에게 떠오르다

48 **incentive***

[inséntiv]

n. 자극, 동기

adj. 자극적인, 고무하는

n. 격려금

The insurance company provides financial **incentives** to top salesmen.

그 보험 회사는 최고의 영업 사원들에게 금전적 격려금을 제공한다.

DAY 25 Daily Checkup

단어에 해당하는 뜻을 오른쪽에서 찾아 연결하세요.

01	endorse	ⓐ 파업
02	foray	ⓑ 지지하다
03	transaction	ⓒ 유입
04	strike	ⓓ 진출
05	influx	ⓔ 질책하다
		ⓕ 거래

문맥에 맞는 단어를 보기에서 골라 빈칸에 넣으세요.

ⓐ initiate ⓑ berate ⓒ enterprise ⓓ boost ⓔ manufacturing ⓕ renowned

06 Sam works for the leading telecommunications ______ in Europe today.

07 My family has been ______ wrist watches since the 1900s.

08 The company plans to ______ a new incentive program for its employees.

09 Many ______ authors have been awarded the Nobel Prize in Literature.

10 The manager came up with a strategy to ______ productivity and make the department more efficient.

ⓐ established ⓑ potential ⓒ reneged ⓓ grasp ⓔ upcoming ⓕ portion

11 The university was ______ in the late 19th century by Catholic missionaries.

12 The ______ side effects of aspirin include nausea and vomiting.

13 Patrick Bates will play the lead role in a(n) ______ movie.

14 I'm going to donate a(n) ______ of my earnings this year to charity.

15 The design firm ______ on their promise to take on this contract.

Answer 01 ⓑ 02 ⓓ 03 ⓕ 04 ⓐ 05 ⓒ 06 ⓒ 07 ⓔ 08 ⓐ 09 ⓕ 10 ⓓ 11 ⓐ 12 ⓑ 13 ⓔ 14 ⓕ 15 ⓒ

➔ 무료 Daily Checkup 해석은 HackersIngang.com에서 제공됩니다.
무료 단어시험지 자동생성기와 무료 해커스 텝스 기출 보카 TEST는 HackersTEPS.com에서 제공됩니다.

텝스완성단어

350점 단어

- □ advertise [ǽdvərtàiz] v. 광고하다, 선전하다
- □ advertisement [æ̀dvərtáizmənt] n. 광고, 선전 (= ad)
- □ brand [brænd] n. 상표
- □ central [séntrəl] adj. 중심이 되는 | 주요한
- □ client [kláiənt] n. 고객 | 변호 의뢰인
- □ commerce [kɑ́:mə:rs] n. 상업 | 통상, 무역
- □ commercial [kəmə́:rʃəl] adj. 상업의 n. 광고 방송
- □ executive [igzékjutiv] n. 임원, 경영 간부 adj. 행정적인 | 집행력이 있는
- □ expert [ékspə:rt] n. 전문가
- □ export [ekspɔ́:rt] v. 수출하다
- □ favorable [féivərəbl] adj. 호의적인 | 유리한 | 순조로운
- □ firm [fə:rm] n. 회사 adj. 단단한 | 확고한
- □ generous [dʒénərəs] adj. 넉넉한 | 관대한
- □ goods [gudz] n. 상품, 제품
- □ import [impɔ́:rt] v. 수입하다, 들여오다 n. 수입, 수입품
- □ involved [invɑ́:lvd] adj. 연루된, 관련된
- □ partnership [pɑ́:rtnərʃìp] n. 제휴, 협력
- □ patent [pǽtnt] v. ~의 특허를 취득하다
- □ possess [pəzés] v. 소유하다 | (능력·성질을) 지니다
- □ questionnaire [kwèstʃənέər] n. 설문지
- □ representative [rèprizéntətiv] n. 대표자 | 하원 의원 adj. 대표하는, 상징하는
- □ smoothly [smú:ðli] adv. 순조롭게
- □ sponsor [spɑ́:nsər] n. 후원자 v. 후원하다
- □ sponsorship [spɑ́:nsərʃìp] n. 후원
- □ take advantage of phr. ~을 이용하다
- □ target [tɑ́:rgit] v. 목표로 삼다 n. 과녁, 목표
- □ venture [véntʃər] n. (투기적) 사업 v. 위험을 무릅쓰고 하다

450점 단어

- annex [ənéks] — v. (무력으로) 합병하다
- augment [ɔ:gmént] — v. 증가시키다
- binding [báindiŋ] — adj. 구속력이 있는
- blemish [blémiʃ] — n. 흠, 결점 v. 손상하다
- bombard [bɑ:mbɑ́:rd] — v. 퍼붓다
- bookkeeping [búkkì:piŋ] — n. 부기
- bottom line — phr. 순이익 | 최종 결과 | 핵심, 요점
- branch [bræntʃ] — n. 지점, 지사 | 나뭇가지 v. 갈라지다
- clientele [klàiəntél] — n. 고객
- collaborate [kəlǽbərèit] — v. 공동으로 일하다
- confidential [kɑ̀nfədénʃəl] — adj. 기밀의
- corporate [kɔ́:rpərət] — adj. 기업의 | 법인의
- corporation [kɔ̀:rpəréiʃən] — n. 기업 | 법인
- diffident [dífidənt] — adj. 조심스러운, 소심한
- distribute [distríbju:t] — v. 분배하다 | 유통시키다
- distribution [dìstrəbjú:ʃən] — n. 분배 | 유통
- downsize [dáunsàiz] — v. (인력·규모를) 줄이다
- entrepreneur [ɑ̀:ntrəprənə́:r] — n. 기업가
- entrust [intrʌ́st] — v. 맡기다, 위임하다
- expertise [èkspərtí:z] — n. 전문 지식(기술)
- fetch [fetʃ] — v. 가서 가져오다 | (특정 가격에) 팔리다
- follow suit — phr. 남이 하는 대로 하다
- franchise [frǽntʃaiz] — n. 가맹점
- fulfill [fulfíl] — v. 실행하다, 이행하다
- harness [hɑ́:rnis] — v. (자연력을) 이용하다, 동력화하다
- haughty [hɔ́:ti] — adj. 거만한
- hedge [hedʒ] — n. 장애물 | 울타리
- hub [hʌb] — n. 중심지, 중추
- hurdle [hə́:rdl] — n. 장애물 | 곤란한 문제
- in the long run — phr. 결국은, 장기적으로

□	incorporate [inkɔ́:rpərèit]	v. 통합하다
□	industrious [indʌ́striəs]	adj. 열심히 일하는, 부지런한
□	laborious [ləbɔ́:riəs]	adj. 힘든, 고된
□	lucrative [lú:krətiv]	adj. 돈벌이가 되는, 수익성이 좋은
□	make up for	phr. ~을 보상하다, ~을 만회하다
□	market share	phr. 시장 점유율
□	market value	phr. 시장 가치
□	maximize [mǽksəmàiz]	v. 극대화하다
□	offset [ɔ́:fsèt]	v. 상쇄하다
□	outsource [àutsɔ́:rs]	v. 외부에 위탁하다
□	patent right	phr. 특허권
□	pending [péndiŋ]	adj. 결정되지 않은 | 임박한
□	privatize [práivətàiz]	v. 민영화하다
□	procure [proukjúər]	v. 얻다, 입수하다
□	public relations	phr. 홍보 활동 (= PR)
□	pundit [pʌ́ndit]	n. 전문가, 권위자
□	quote [kwout]	v. 인용하다 n. 견적, 시세 | 인용문
□	scheme [ski:m]	n. 계획 | 책략 | 제도
□	self-employed [sèlfimplɔ́id]	adj. 자영업의
□	shipment [ʃípmənt]	n. 수송 | 적하물
□	shred [ʃred]	v. 가르다, 찢다
□	strategic [strətí:dʒik]	adj. 전략적인 | 중요한
□	surpass [sərpǽs]	v. (양 · 정도가) 능가하다, 뛰어넘다
□	takeover [téikòuvər]	n. (기업) 인수
□	tariff [tǽrif]	n. 관세
□	track record	phr. 실적
□	trade restriction	phr. 무역 제한
□	twofold [tú:fòuld]	adj. 두 배의 | 이중적인
□	undertake [ʌ̀ndərtéik]	v. 맡다 | 착수하다
□	underway [ʌ̀ndərwéi]	adj. 진행 중인
□	undoubtedly [ʌ̀ndáutidli]	adv. 확실히, 틀림없이

500점 단어

□	affiliated with	phr. ~와 제휴한
□	apportion [əpɔ́:rʃən]	v. 배분하다, 할당하다
□	be one's own boss	phr. 독립해서 일하다
□	burn one's bridges	phr. 배수의 진을 치다
□	conglomerate [kənglɑ́:mərèit]	v. 합병하다 n. 복합 기업
□	connive [kənáiv]	v. 못 본 체하다, 묵인하다
□	consign [kənsáin]	v. 건네주다 l 위탁하다
□	cutback [kʌ́tbæ̀k]	n. (인원·생산 등의) 축소, 삭감
□	down the drain	phr. 허비된
□	efficacious [èfəkéiʃəs]	adj. 효과적인
□	ensnare [insnέər]	v. 함정에 빠뜨리다 l 유혹하다
□	expedite [ékspədàit]	v. 진척시키다, 신속히 처리하다
□	fledgling [flédʒliŋ]	adj. 풋내기의 n. 초보자
□	hiatus [haiéitəs]	n. (행동의) 중단 l 공백
□	in accordance with	phr. ~에 따라서
□	increment [ínkrəmənt]	n. 증가 l 이익
□	meet the needs	phr. 요구를 충족시키다
□	menial [mí:niəl]	adj. 시시한 l 천한, 하찮은
□	merger [mə́:rdʒər]	n. (회사·사업의) 합병
□	misappropriation [mìsəpròupriéiʃən]	n. 남용 l 횡령
□	niche [nitʃ]	n. 틈새시장 l 적소
□	proprietor [prəpráiətər]	n. 소유자, 경영자
□	pull the plug	phr. 지원을 끊다
□	slacken [slǽkən]	v. 느슨해지다 l 늦추다
□	spur [spə:r]	v. 박차를 가하다 l 자극하다 n. 박차 l 자극
□	stringent [stríndʒənt]	adj. (규칙 등이) 엄격한
□	supercilious [sù:pərsíliəs]	adj. 거만한, 남을 얕보는
□	tacit [tǽsit]	adj. 암묵적인
□	tycoon [taikú:n]	n. (실업계·정계의) 거물
□	vie [vai]	v. 경쟁하다

DAY 26

Hackers TEPS Vocabulary

▲ 무료 MP3 바로 듣기

화학 실험의 필수품

물리·화학

유나와 나는 화학 수업에서 다양한 물질을 dissolve해서 만든 compound에 대해 배운다. 유나는 volatile한 물질로 실습할 때 필요한 precaution을 자꾸 잊곤 한다. 오늘은 물질들이 react하는 phase와 실험순서에 대한 시험을 봤다. 마지막 문제는 실험 중 chemical을 엎질렀을 때 대처하는 방법을 쓰는 것이었다. 답은 dilute할 수 있는 물질들을 나열해 적는 것이었다. 시험을 마치고 유나와 시험에 대해 이야기를 나누었는데, 유나가 울상을 지으며 말했다. "난 물걸레라고 적었어…"

01 **dissolve**★★★

[dizάːlv]

v. (계약 등을) 해소하다

파 dissolution n. 용해, 해소

v. 녹이다, 용해하다

Dissolve some sugar in a cup of boiling water to make syrup.

시럽을 만들려면 끓는 물 한 컵에 약간의 설탕을 녹이세요.

텝스 출제 포인트!

어휘 dissolve : melt

'녹이다'를 뜻하는 단어들의 의미를 구별하여 답을 선택하는 문제가 출제된다.

- dissolve (가루 등을 액체에) 녹이다
- melt (언 것을 따뜻하게 하여) 녹이다

02 **compound**★

n. [kάːmpaund]

v. [kəmpáund]

n. 혼합물, 합성물

Extraction is one way to separate chemical **compounds** into elements.

추출은 화학 혼합물을 원소들로 분리하는 한 가지 방법이다.

v. 혼합하다, 섞어서 만들다

The dish **compounded** Asian flavors and French cooking techniques.

그 요리는 아시아적인 맛과 프랑스 요리 기술을 혼합했다.

텝스 출제 포인트!

독해 chemical compound 화학 혼합물

03 **volatile**★

[vάːlətil]

adj. 휘발성의 | (가격 등이) 끊임없이 변동하는

Applying heat to a **volatile** fluid will quickly turn it into gas.

휘발성 액체에 열을 가하면 그것은 빠르게 기체로 변할 것이다.

The stock market becomes **volatile** in times of uncertainty.

주식 시장은 불안정한 시기에는 끊임없이 변동한다.

텝스 출제 포인트!

어휘 volatile market 끊임없이 변동하는 시장

market과 어울려 쓰이는 volatile을 선택하는 문제가 출제된다.

04 **precaution**★★
[prikɔ́ːʃən]
파 precautious adj. 조심하는

n. 예방 조치, 예방책

Chemists wear gloves as a **precaution** before handling toxic materials.
화학자들은 독성 물질을 다루기 전에 예방 조치로 장갑을 착용한다.

텝스 출제 포인트!

어휘 take precautions 예방 조치를 취하다
take와 어울려 쓰이는 precaution을 선택하는 문제가 출제된다.

청해 precaution 예방 조치 → ways to avoid 피하기 위한 방법
precaution이 유사한 의미의 다른 표현으로 바뀌어 출제된다.

독해 safety precaution 안전 예방책
as a precaution 예방 조치의 일환으로

05 **react**★
[riǽkt]
파 reaction n. 반응

v. 반응하다

Iron **reacts** with oxygen in the air to form rust.
철은 공기 중의 산소와 반응하여 녹을 형성한다.

텝스 출제 포인트!

청해 reaction 반응 → response 반응
reaction이 유사한 의미의 다른 표현으로 바뀌어 출제된다.

독해 react with ~과 반응하다
react to ~에 반응하다

06 **phase**★
[feiz]

n. (변화·발달의) 단계

Water enters a gas **phase** as the temperature increases.
물은 온도가 상승함에 따라 기체 단계로 접어든다.

v. 단계적으로 실행하다

America's withdrawal from Vietnam was **phased** over a number of years.
베트남에서의 미국의 철수는 몇 년 동안 단계적으로 실행되었다.

텝스 출제 포인트!

청해 phase out ~을 단계적으로 폐지하다

07 **chemical**★★
[kémikəl]
파 chemistry n. 화학

adj. 화학적인, 화학의

Chemical change alters the composition of a substance. 화학적인 변화는 물질의 구조를 바꾼다.

n. (-s) 화학 물질

Most products manufactured today contain **chemicals.** 오늘날 제조되는 대부분의 제품은 화학 물질을 포함하고 있다.

텝스 출제 포인트!

독해 chemical symbol 화학 기호
chemical reaction 화학 반응
chemical compound 화학 혼합물

08 **dilute**★
[dilú:t]
파 dilution n. 희석

v. 희석하다, 묽게 하다

Alcohol **diluted** with water is less concentrated.
물에 희석된 알코올은 농도가 낮다.

09 **go haywire**★★★

phr. 이상해지다, (기계가) 고장 나다

An intense chemical reaction made the laboratory's monitoring equipment **go haywire.**
강렬한 화학 반응은 그 실험실의 모니터 장비가 이상해지게 만들었다.

10 **concede**★★★
[kənsí:d]
파 concession n. 인정, 양해

v. 인정하다, 시인하다

Researchers **conceded** that there was a mistake in their findings. 연구자들은 그들의 발견에 실수가 있었다는 것을 인정했다.

11 **hasten**★★★
[héisn]
파 haste n. 서두름
hasty adj. 급한, 성급한
hastily adv. 급히

v. 촉진하다, 재촉하다

Catalysts are substances that **hasten** the process of chemical change without becoming consumed.
촉매는 소모되지 않으면서 화학적 변화 과정을 촉진하는 물질이다.

텝스 출제 포인트!

독해 hasten 촉진하다 → speed up 속도를 높이다
hasten이 유사한 의미의 다른 표현으로 바뀌어 출제된다.

12 **exposure*****

[ikspóuʒər]

n. 폭로

파 expose v. 노출시키다
exposed adj. 드러난, 노출된

n. 노출

Constant **exposure** to carbon monoxide is harmful to the blood.
일산화탄소에의 지속적인 노출은 혈액에 해롭다.

13 **convince*****

[kənvíns]

파 convinced adj. 확신하는
convincing adj. 설득력 있는

v. ~를 설득하다 | ~를 납득시키다

The physicist **convinced** investors to support his scientific project.
그 물리학자는 자신의 과학 프로젝트를 지원하도록 투자자들을 설득했다.

The defendant was unable to **convince** the jury of his innocence.
그 피고는 배심원에게 자신의 무죄를 납득시킬 수 없었다.

텝스 출제 포인트!

청해 convince A of B A에게 B를 납득시키다

14 **convey*****

[kənvéi]

파 conveyance n. 전달, 운반

v. 전달하다, 운반하다

A wire **conveys** direct electrical currents in only one direction. 전선은 직류를 한 방향으로만 전달한다.

텝스 출제 포인트!

독해 convey a message 메시지를 전달하다
convey a point 요지를 전달하다

15 **assume*****

[əsúːm]

파 assumption n. 가정

v. 가정하다 | (책임 등을) 떠맡다

Scientists **assume** that the laws of physics are universal. 과학자들은 물리 법칙이 보편적이라고 가정한다.

Ms. Denver temporarily **assumed** the role of head researcher in her colleague's absence.
Ms. Denver는 그녀의 동료의 부재로 인하여 임시로 수석 연구원의 역할을 떠맡았다.

16 **affirm*****

[əfə́ːrm]

파 affirmation n. 확언, 단언
affirmative adj. 확언적인, 긍정의

v. 확언하다, 단언하다

Biologists have **affirmed** that a living thing cannot come from something lifeless.
생물학자들은 생명체가 생명이 없는 것에서 비롯될 수 없다고 확언했다.

17 **extensive*****

[iksténsiv]

파 extensively adv. 광범위하게
extension n. 확장
extend v. 확대하다, 뻗다

adj. 광범위한, 포괄적인

Extensive research on atoms led to advances in nanotechnology.
원자에 대한 광범위한 연구는 나노 기술의 진보로 이어졌다.

18 **undergo*****

[ʌ̀ndərgóu]

v. (변화 등을) 겪다, 경험하다 | (검사·수술 등을) 받다

Under high pressure or temperature, liquids will **undergo** a molecular change.
고압이나 고온에서, 액체는 분자의 변화를 겪을 것이다.

The patient is **undergoing** medical treatment for a broken leg.
그 환자는 부러진 다리에 대한 치료를 받고 있다.

텝스 출제 포인트!

어휘 undergo a checkup 건강 진단을 받다
checkup과 어울려 쓰이는 undergo를 선택하는 문제가 출제된다.

독해 undergo a test 검사를 받다
undergo treatment 치료를 받다

19 **hypothesis*****

[haipɑ́:θəsis]

파 hypothesize v. 가설을 세우다
hypothetical adj. 가설의

n. 가설

We conducted an experiment to confirm our **hypothesis**.
우리는 우리의 가설을 확인하기 위해 실험을 했다.

20 **velocity****

[vəlɑ́:səti]

n. 속도, 속력

The **velocity** of the wind was measured at various intervals throughout the day.
바람의 속도는 종일 여러 간격을 두고 측정되었다.

21 **indisputable****

[ìndispjú:təbl]

파 indisputably adv. 명백하게
반 disputable 반론의 여지가 있는

adj. 명백한, 반론의 여지가 없는

It is **indisputable** that Einstein altered our understanding of time and space.
아인슈타인이 시공간에 대한 우리의 이해를 바꾸었다는 것은 명백하다.

***= 출제율 최상 **= 출제율 상 *= 출제율 중

22 **irregularity**★★
[irègjulǽrəti]
파 irregular adj. 불규칙적인
반 regularity 규칙적임

n. 변칙, 불규칙
During the experiment, some **irregularities** were found in the molecular structure.
실험 도중에, 분자 구조에서 몇몇 변칙들이 발견되었다.

23 **neutralize**★★
[njú:trəlàiz]
파 neutralization n. 중립화, 무효화
neutral adj. 중립적인

v. 상쇄하다, 무효화하다
The medication **neutralizes** the side effects of an allergic reaction.
그 약은 알레르기 반응의 부작용을 상쇄한다.

텝스 출제 포인트!
독해 neutralize 상쇄하다 → nullify 무효화하다
neutralize가 유사한 의미의 다른 표현으로 바뀌어 출제된다.

24 **unadulterated**★★
[ʌ̀nədʌ́ltəreitid]
반 adulterated 불순한

adj. 다른 것을 섞지 않은, 순수한
The vitamin supplements were analyzed to see if they were truly **unadulterated**.
그 비타민 보충제는 정말 다른 것을 섞지 않았는지 보기 위해 분석되었다.

25 **formidable**★★
[fɔ́:rmidəbl]

adj. 어마어마한, 가공할
The capacity of the world's largest nuclear power plant is **formidable**.
세계에서 가장 큰 원자력 발전소의 생산 능력은 어마어마하다.

26 **penetrate**★★
[pénətrèit]
파 penetration n. 관통, 침투
penetrative adj. 관통하는, 침투하는

v. 통과하다, 꿰뚫다
Due to their short wavelengths, X-rays can **penetrate** the body.
짧은 파장 때문에, X선은 신체를 통과할 수 있다.

27 **sterilize**★★
[stérəlàiz]
파 sterilization n. 살균, 불임화
sterile adj. 살균한, 불임의

v. 살균하다 | 불임으로 만들다
Lab equipment must be **sterilized** to prevent contamination. 실험 도구는 오염을 방지하기 위해 살균되어야 한다.
The veterinarian **sterilizes** stray animals to prevent them reproducing.
그 수의사는 떠돌이 동물들의 번식을 막기 위해 불임으로 만든다.

28 **exude**★★
[igzúːd]

v. (냄새·분위기 등을) 풍기다, 발산하다

The chemical compound **exudes** a pungent odor.
그 화학 혼합물은 몹시 자극적인 냄새를 풍긴다.

텝스 출제 포인트!

어휘 **exude confidence** 자신감을 풍기다
confidence와 어울려 쓰이는 exude를 선택하는 문제가 출제된다.

어휘 **exude : exhume**
exude와 형태가 비슷한 exhume의 의미를 구별하여 함께 외워 두자.
- exude (냄새·분위기 등을) 풍기다, 발산하다
- exhume (시체·무덤을) 발굴하다, 파내다

29 **motion**★★
[móuʃən]

파 move v. 움직이다
motional adj. 운동의

n. 움직임 | 발의안, 제안

People cannot feel the Earth's **motion** due to the uniformity of its speed.
사람들은 속도의 일정함 때문에 지구의 움직임을 느낄 수 없다.

The school board supported a **motion** to renovate the cafeteria.
그 학교의 위원회는 학교 식당을 수리하자는 발의안을 지지했다.

텝스 출제 포인트!

어휘 **reject a motion** 발의안을 부결하다
reject와 어울려 쓰이는 motion을 선택하는 문제가 출제된다.

독해 **set A in motion** A를 움직이게 하다

30 **agitate**★★
[ǽdʒitèit]

파 agitation n. 휘젓기, 동요
agitated adj. 동요된

v. (액체를) 흔들다 | 동요시키다

Agitate the solution to dissolve any solid substances.
어떤 고체 물질이든 녹이려면 용액을 흔들어라.

The court's decision to free the murder suspect **agitated** the crowd.
그 살인 용의자를 석방하겠다는 법원의 결정은 대중을 동요시켰다.

31 **diffuse**★★

[difjúːz]

파 diffusion n. 확산, 보급

동 spread 퍼지다

v. 퍼지다 | (학문 등을) 보급하다

A perfume's smell **diffuses** through a room by mixing with the air.

향수 냄새는 공기와 섞여서 방 전체로 퍼진다.

The physicist did his best to **diffuse** his theory throughout the scientific community.

그 물리학자는 과학계 전체에 자신의 이론을 보급하기 위해 최선을 다했다.

32 **constant**★★

[kάːnstənt]

파 constancy n. 불변성
constantly adv. 끊임없이

adj. 일정한, 불변의 | 끊임없는

The temperature of a liquid remains **constant** throughout the freezing process.

액체의 온도는 냉각이 진행되는 동안 일정하게 유지된다.

The professor gave us **constant** reminders of the book report deadline.

교수님은 우리에게 독후감 마감 기한에 대해 끊임없는 주의를 주셨다.

33 **oppose**★★

[əpóuz]

파 opposition n. 반대
opponent n. 적수, 반대자
opposed adj. 반대하는

v. ~에 반대하다

Some astronomers **oppose** the notion that time travel is possible.

일부 천문학자들은 시간 여행이 가능하다는 개념에 반대한다.

텝스 출제 포인트!

[청해] oppose ~에 반대하다 → reject 거절하다
oppose가 유사한 의미의 다른 표현으로 바뀌어 출제된다.

[독해] be opposed to ~에 반대하다

34 **conductive**★★

[kəndʌ́ktiv]

adj. 전도성의, 전도하는

Copper is a highly **conductive** material that is frequently used in electrical wiring.

구리는 매우 전도성이 있는 물질로 흔히 전선에 이용된다.

텝스 출제 포인트!

[어휘] conductive : conducive
conductive와 형태가 비슷한 conducive의 의미를 구별하여 함께 외워 두자.

conductive 전도성의, 전도하는
conducive 도움이 되는

35 **recognize**★★

[rékəgnàiz]

파 recognition n. 인식
recognizable adj. 알아볼 수 있는

v. 알아차리다, 인식하다 | 인정하다

The chemist **recognized** the substance under his microscope as sugar.
그 화학자는 현미경 아래의 물질이 당분이라는 것을 알아차렸다.

The determined athlete refused to **recognize** defeat.
그 단호한 운동선수는 자신의 패배를 인정하려 하지 않았다.

36 **objective**★

[əbdʒéktiv]

파 objectively adv. 객관적으로

adj. 객관적인

Analysts arrived at an **objective** conclusion based on test data.
분석가들은 시험 자료에 기초하여 객관적인 결론에 도달했다.

n. 목표, 목적

The **objective** of the team is to win the championship.
그 팀의 목표는 우승을 하는 것이다.

 텝스 출제 포인트!

청해 objective 객관적인 → unbiased 편견 없는
objective가 유사한 의미의 다른 표현을 바뀌어 출제된다.

독해 objective 목적 → aim 목표
objective가 유사한 의미의 다른 표현으로 바뀌어 출제된다.

37 **function**★

[fʌ́ŋkʃən]

파 functional adj. 기능의

n. 기능, 작용

The natural **functions** of the body can be improved with dietary supplements.
몸의 생체 기능들은 건강 보조제로 향상될 수 있다.

v. 역할을 하다

The vice president **functions** as the president in the latter's absence.
그 부사장은 사장의 부재 시 사장의 역할을 한다.

 텝스 출제 포인트!

청해 function as ~의 역할을 하다

독해 bodily functions 신체 기능

38 **component***
[kəmpóunənt]

n. 구성 요소, 성분

Nitrogen gas is the largest **component** of the Earth's atmosphere.
질소 가스는 지구 대기의 가장 큰 부분을 차지하는 구성 요소이다.

39 **combine***
[kəmbáin]

파 combination n. 결합(물)

v. 결합하다

Atoms can **combine** to form molecules.
원자는 분자를 형성하기 위해 결합할 수 있다.

40 **obtain***
[əbtéin]

파 obtainable adj. 얻을 수 있는

v. 얻다, 획득하다

Students must **obtain** permission before handling poisonous materials in the classroom.
학생들은 교실에서 독성 물질을 다루기 전에 허락을 얻어야 한다.

텝스 출제 포인트!

청해 obtain permission 허락을 얻다

41 **equivalent***
[ikwívələnt]

파 equivalence n. 같음, 동량
equivalently adv. 동등하게

adj. 상응하는, 동등한

A pound is **equivalent** to about 450 grams.
1파운드는 약 450그램에 상응한다.

텝스 출제 포인트!

청해 equivalent to ~에 상응하는, ~과 같은

DAY 26 Daily Checkup

단어에 해당하는 뜻을 오른쪽에서 찾아 연결하세요.

01	hypothesis	ⓐ 상응하는
02	agitate	ⓑ 객관적인
03	penetrate	ⓒ 가설
04	volatile	ⓓ 휘발성의
05	equivalent	ⓔ 동요하다
		ⓕ 꿰뚫다

문맥에 맞는 단어를 보기에서 골라 빈칸에 넣으세요.

ⓐ phase ⓑ exposure ⓒ hastens ⓓ motion ⓔ recognize ⓕ convey

06 The lack of action from governments around the world ______ the process of climate change.

07 Good writers ______ their ideas concisely to their readers.

08 When carbon dioxide enters a solid ______, it is called dry ice.

09 You can get burned from too much ______ to the sun.

10 Some people didn't ______ me after I cut my hair.

ⓐ dissolve ⓑ sterilized ⓒ constant ⓓ undergo ⓔ exude ⓕ component

11 Infants' feeding bottles are ______ to keep them clean.

12 The ______ presence of the police in the city center discourages criminal behavior.

13 This pill must be swallowed so it can ______ in the stomach.

14 A lens is an essential ______ of a camera.

15 Patients should not eat before they ______ surgery.

Answer 01 ⓒ 02 ⓔ 03 ⓕ 04 ⓓ 05 ⓐ 06 ⓒ 07 ⓕ 08 ⓐ 09 ⓑ 10 ⓔ 11 ⓑ 12 ⓒ 13 ⓐ 14 ⓕ 15 ⓓ

텝스완성단어

350점 단어

- □ a series of — phr. 일련의
- □ as a whole — phr. 전체로서
- □ atom [ǽtəm] — n. 원자
- □ boil [bɔil] — v. 끓이다
- □ dense [dens] — adj. 빽빽한, 밀집한 | (인구가) 조밀한
- □ density [dénsəti] — n. 밀도
- □ element [éləmənt] — n. 원소 | 요소, 성분
- □ examine [igzǽmin] — v. 조사하다, 검사하다
- □ figure [fígjər] — n. 수치 | 인물
- □ figure out — phr. 이해하다, 계산해 내다
- □ finite [fáinait] — adj. 한정된, 유한한
- □ infinite [ínfənət] — adj. 무한한
- □ gradual [grǽdʒuəl] — adj. 점진적인, 서서히 일어나는
- □ laboratory [lǽbərətɔ̀:ri] — n. 실험실 (= lab)
- □ nuclear [njú:kliər] — adj. 원자력의, 핵에너지의
- □ object [á:bdʒikt] — n. 물체, 물건
- □ object to — phr. ~에 반대하다
- □ oxygen [á:ksidʒen] — n. 산소
- □ pause [pɔ:z] — v. 잠시 멈추다 n. 잠시 멈춤
- □ physics [fíziks] — n. 물리학
- □ pressure [préʃər] — n. 압력, 압박 | 기압
- □ proportion [prəpɔ́:rʃən] — n. 비율, 부분
- □ quantity [kwá:ntəti] — n. 양
- □ solid [sá:lid] — adj. 고체의 | 단단한 n. 고체
- □ solidify [səlídəfài] — v. 응고시키다 | 단결시키다
- □ stability [stəbíləti] — n. 안정, 안정성
- □ stable [stéibl] — adj. 안정된 | 확고한

450점 단어

- □ abound in — phr. ~이 풍부하다
- □ activate [ǽktəvèit] — v. 활성화하다 | 반응을 촉진하다
- □ alchemist [ǽlkəmist] — n. 연금술사
- □ alloy [ǽlɔi] — n. 합금
- □ ascend [əsénd] — v. 상승하다 | 오르다
- □ ascendancy [əséndənsi] — n. 패권, 우세
- □ boundary [báundəri] — n. 한계, 범위 | 경계선
- □ by-product [báiprɑ̀:dəkt] — n. 부산물
- □ catalyst [kǽtəlist] — n. 촉매 | 자극
- □ circulate [sə́:rkjulèit] — v. 순환하다 | (소문 등을) 유포시키다
- □ configuration [kənfìgjuréiʃən] — n. 구성 | 배열
- □ consist of — phr. ~으로 구성되다
- □ constituent [kənstítʃuənt] — n. 구성 요소 adj. 구성하는
- □ constraint [kənstréint] — n. 제약, 제한
- □ contradict [kɑ̀:ntrədíkt] — v. 반박하다 | 모순되다
- □ diagram [dáiəgræm] — n. 도표, 그림
- □ elastic [ilǽstik] — adj. 탄성이 있는 | 쾌활한
- □ electron [iléktran] — n. 전자
- □ erroneous [iróuniəs] — adj. 잘못된, 틀린
- □ evaporate [ivǽpərèit] — v. 증발시키다
- □ evaporation [ivæpəréiʃən] — n. 증발
- □ flimsy [flímzi] — adj. 약한 | 얇은 | (근거·이유 등이) 뻔한, 박약한
- □ formula [fɔ́:rmjulə] — n. 공식, 식 | 제조법
- □ formulate [fɔ́:rmjulèit] — v. 공식화하다
- □ fraction [frǽkʃən] — n. 파편 | 소량, 조금
- □ fragmented [frægméntid] — adj. 조각난, 부서진
- □ give off — phr. 풍기다
- □ hydrogen [háidrədʒən] — n. 수소
- □ immerse [imə́:rs] — v. 담그다, 적시다 | 몰두하게 만들다
- □ impure [impjúər] — adj. 불순물이 섞인 | 더러운

□	impurity [impjúərəti]	n. 불순물 | 불결
□	indivisible [ìndəvízəbl]	adj. 나눌 수 없는, 불가분의
□	inertia [inə́:rʃə]	n. 관성, 타성
□	inquisitive [inkwízətiv]	adj. 호기심 많은 | 탐구적인
□	kindle [kíndl]	v. 불붙이다, 태우다
□	make up	phr. 구성하다 | 지어내다
□	molecule [mɑ́:ləkjù:l]	n. 분자
□	nitrogen [náitrədʒən]	n. 질소
□	nothing more than	phr. ~에 불과한
□	overshadow [òuvərʃǽdou]	v. 가리다 | 무색하게 하다
□	parallel [pǽrəlèl]	adj. 평행의 | 대응하는 | 유사한
□	particle [pɑ́:rtikl]	n. 입자 | 극소량
□	perpendicular [pə̀:rpəndíkjulər]	adj. 수직의
□	probability [prɑ̀:bəbíləti]	n. 개연성 | 확률
□	probable [prɑ́:bəbl]	adj. 있음직한, 충분히 가능한
□	pry [prai]	v. 지레로 들어올리다
□	quantitative [kwɑ́:ntətèitiv]	adj. 양의, 양적인
□	residue [rézədjù:]	n. 나머지, 잔여
□	spark [spɑ:rk]	v. 자극하다, 촉발시키다 | 불을 붙이다
□	stumble upon	phr. ~를 우연히 만나다
□	substance [sʌ́bstəns]	n. 물질 | 내용
□	substantial [səbstǽnʃəl]	adj. 상당한, 막대한 | 실질적인
□	substantiate [səbstǽnʃièit]	v. 입증하다 | 실체화하다
□	symmetrical [simétrikəl]	adj. 대칭적인
□	synthetic [sinθétik]	adj. 합성한, 인조의
□	transparent [trænspέərənt]	adj. 투명한 | 명백한
□	vanish [vǽniʃ]	v. 사라지다 | (빛 · 빛깔이) 희미해지다
□	vapor [véipər]	n. 증기, 기체
□	vaporize [véipəràiz]	v. 증발하다, 증발시키다
□	warp [wɔ:rp]	v. 휘어지게 만들다 | (행동 등을) 비뚤어지게 만들다
□	wavelength [wéivlèŋθ]	n. 파장 | 주파수

500점 단어

□	amorphous [əmɔ́:rfəs]	adj. 확실한 형태가 없는
□	anomaly [ənɑ́:məli]	n. 변칙, 이례
□	arsenic [ɑ́:rsənik]	n. 비소
□	caustic [kɔ́:stik]	adj. 부식성의
□	coagulate [kouǽgjulèit]	v. 응고하다 ǀ 굳히다
□	coalesce [kòuəlés]	v. 합체하다, 하나로 되다
□	combustive [kəmbʌ́stiv]	adj. 연소성의
□	corrosion [kəróuʒən]	n. 부식
□	ebullient [ibʌ́ljənt]	adj. (원기 · 열정이) 끓어 넘치는
□	emanate [émənèit]	v. 방사하다, 퍼지다
□	exfoliate [eksfóulièit]	v. 박피하다
□	expound [ikspáund]	v. 상세히 설명하다
□	fructose [frʌ́ktous]	n. 과당
□	glucose [glú:kous]	n. 포도당
□	impervious [impə́:rviəs]	adj. (물 · 공기가) 통하지 않는 ǀ 둔감한
□	infinitesimal [ìnfinitésəməl]	adj. 극미한, 극소의
□	infuse [infjú:z]	v. 주입하다 ǀ (신념 · 용기 등을) 불어넣다
□	juxtaposition [dʒʌ̀kstəpəzíʃən]	n. 병렬, 병치
□	meld [meld]	v. 혼합하다
□	momentum [mouméntəm]	n. 타성 ǀ 추진력, 여세
□	oscillate [ɑ́:səlèit]	v. 진동하다 ǀ (마음 · 의견이) 동요하다
□	oxidation [ɑ̀ksədéiʃən]	n. 산화
□	permeable [pə́:rmiəbl]	adj. 투과성의, 삼투성의
□	permeate [pə́:rmièit]	v. 스며들다 ǀ 퍼지다
□	pliable [pláiəbl]	adj. 유연한, 휘기 쉬운
□	quantum mechanics	phr. 양자역학
□	saturation [sætʃəréiʃən]	n. 삼투 ǀ 포화 (상태)
□	sucrose [sú:krous]	n. 자당, 수크로오스
□	unequivocal [ʌ̀nikwívəkl]	adj. 뚜렷한, 명백한
□	viscosity [viskɑ́səti]	n. 점성

DAY 27

Hackers TEPS Vocabulary

통신 판매자와 엄마의 대화

통신

어느 날 엄마가 전화를 받더니 "hold the line"이라고 cordially 말씀하시고 수화기를 잡은 채 TV에 몰두하셨다. 수화기 속의 목소리가 audible했는데, remarkable한 인터넷 connection이 가능한 상품으로 switch하라는 것이었다. 엄마가 잘 못 들었다고 하자, 그 사람은 같은 말을 반복했다. 다시 TV를 보시던 엄마가 또 못 들었다고 하자, eventually 그 사람은 왜 같은 걸 자꾸 말하게 해서 시간을 낭비하게 하냐며 화냈다. 그러자 엄마도 immediately 말씀하셨다. "드라마 마지막 회 시간에 전화하시면 어떡해요?"

01 **hold the line**★

phr. 전화를 끊지 않고 기다리다

Please **hold the line** while I transfer your call.
제가 전화를 돌려 드리는 동안 끊지 말고 기다리세요.

02 **cordially**★
[kɔ́:rdʒəli]
파 cordial adj. 진심의

adv. 정중히, 진심으로

You are **cordially** invited to an awards dinner at the Ormonde Hotel.
Ormonde 호텔에서 열리는 시상식 만찬에 귀하를 정중히 초대하는 바입니다.

 텝스 출제 포인트!

어휘 be cordially invited 정중히 초대되다

03 **audible**★
[ɔ́:dəbl]
파 audibility n. 들을 수 있음
audibly adv. 들을 수 있게
반 inaudible 들리지 않는

adj. 들리는, 들을 수 있는

The caller's voice was **audible** to everyone standing nearby.
전화 건 사람의 목소리가 근처에 서 있는 모든 사람들에게 들렸다.

04 **remarkable**★
[rimá:rkəbl]
파 remark v. 주목하다 n. 주목
remarkably adv. 현저하게

adj. 놀랄 만한

Wireless communication has made **remarkable** progress in the last few decades.
무선 통신은 지난 수십 년간 놀랄 만한 발전을 했다.

 텝스 출제 포인트!

청해 remarkable 놀랄 만한 → impressive 훌륭한
remarkable이 유사한 의미의 다른 표현으로 바뀌어 출제된다.

05 **connection**★★★
[kənékʃən]
파 connect v. 연결하다
connectedness n. 유대감

n. (전화의) 연결, 접속

The businessman's **connection** was lost during an important international call.
그 사업가의 전화 연결은 중요한 국제 전화 도중에 끊겼다.

 텝스 출제 포인트!

청해 lose connection (전화) 연결이 끊기다
have a bad connection (전화가) 감이 안 좋다, (전화가) 혼선되다
connect A to B A를 B에게 연결하다
connect A with B A를 B와 연결하다

06 **switch**★★★

[switʃ]

v. 스위치를 켜다
n. 전환, 변경

v. 바꾸다, 전환하다

A customer may choose to **switch** Internet providers if a lower price is offered.

고객은 더 낮은 가격이 제시되면 인터넷 공급자를 바꾸기로 결정할 수도 있다.

텝스 출제 포인트!

청해 switch on (전등 등의) 스위치를 켜다

07 **eventually**★

[ivéntʃuəli]

파 eventual adj. 최후의
동 finally 마침내

adv. 마침내, 결국

The letters sent by post during the busy holiday season **eventually** arrived.

바쁜 연휴 기간에 우편으로 보낸 편지가 마침내 도착했다.

08 **immediately**★

[imíːdiətli]

파 immediacy n. 즉시
immediate adj. 즉각적인

adv. 바로, 즉시

An e-mail is usually received **immediately** after it is sent.

이메일은 보통 발송된 후 바로 수신된다.

09 **transmit**★★★

[trænsmít]

파 transmission n. 전송, 송신

v. 보내다, 전달하다

Telegrams were once the fastest way to **transmit** messages over long distances.

전보는 한때 장거리로 메시지를 보내는 가장 빠른 방법이었다.

텝스 출제 포인트!

어휘 transmit a message 메시지를 보내다
message와 어울려 쓰이는 transmit을 선택하는 문제가 출제된다.

10 **hectic**★★★

[héktik]

adj. 몹시 바쁜

The CEO's **hectic** schedule forces her to have video conferences rather than meetings.

그 최고 경영자의 몹시 바쁜 일정은 회의 대신 화상 회의를 하도록 한다.

텝스 출제 포인트!

어휘 hectic schedule 몹시 바쁜 일정
schedule과 어울려 쓰이는 hectic을 선택하는 문제가 출제된다.

11 **remind**★★★

[rimáind]

파 reminder n. 생각나게 하는 것

v. ~에게 상기시키다

I'm calling to **remind** you of your appointment with Mr. Allen tomorrow morning.

내일 아침 Mr. Allen과의 약속을 상기시켜 드리려고 전화 드립니다.

텝스 출제 포인트!

어휘 remind : remember : memorize

기억과 관련된 단어들의 의미를 구별하여 답을 선택하는 문제가 출제된다.

- remind ~에게 상기시키다 (이미 알고 있는 것을 다시 생각나게 하는 경우에 쓰인다)
- remember 기억하다 (잊지 않고 기억하는 경우에 쓰인다)
- memorize 암기하다 (모르는 것을 기억하여 외우는 경우에 쓰인다)

청해 remind A of B A에게 B를 상기시키다

12 **impetus**★★★

[ímpətəs]

n. 자극, 추진력

The Internet has provided an **impetus** for cultural exchange. 인터넷은 문화 교류에 자극을 주었다.

13 **register**★★★

[rédʒistər]

파 registration n. 등록

v. 등록하다

The Web site requires you to **register** before you can make posts. 그 웹사이트는 글을 쓰기 전에 등록할 것을 요구한다.

n. 명단, 등록부

The government maintains a **register** of eligible voters. 정부는 유권자들의 명단을 보존한다.

텝스 출제 포인트!

청해 register for a course 수강 신청을 하다

14 **burgeon**★★★

[bə́ːrdʒən]

파 burgeoning adj. 급증하는

v. 급증하다, 급격히 성장하다

The number of online shopping sites has **burgeoned** in recent years.

최근 몇 년 동안 온라인 쇼핑 사이트의 수가 급증했다.

텝스 출제 포인트!

어휘 burgeon into ~으로 급격히 성장하다

★★★ = 출제율 최상 ★★ = 출제율 상 ★ = 출제율 중

15 **coincidence**★★★

[kouínsidəns]

파 coincide v. 동시에 일어나다, 일치하다
coincidental adj. 우연의
coincidentally adv. 우연히

n. 우연의 일치

It's a **coincidence** that we contacted each other at the same time.
우리가 동시에 서로 연락했다니 우연의 일치네요.

텝스 출제 포인트!

청해 What a coincidence! 우연의 일치네요!
coincide with ~과 동시에 일어나다

16 **reach**★★★

[riːtʃ]

파 reachable adj. 도달 가능한

v. ~에게 연락하다 | ~에 도달하다, ~에 이르다

My mother tried to **reach** a friend on the telephone for hours.
어머니는 몇 시간 동안 전화로 한 친구분께 연락하려고 시도하셨다.

We have **reached** a conclusion about how to proceed with the project.
우리는 그 프로젝트를 어떻게 진행해야 할지에 대한 결론에 도달했다.

텝스 출제 포인트!

어휘 reach a conclusion 결론에 도달하다
reach an arrangement 합의에 도달하다
conclusion, arrangement와 어울려 쓰이는 reach를 선택하는 문제가 출제된다.

17 **relay**★★★

[ríːlei]

v. 중계하다

The policy was **relayed** to all staff through the company's broadcasting system.
그 정책은 회사 방송 시스템을 통해 전 직원에게 중계되었다.

18 **ban**★★★

[bæn]

n. 금지

동 forbid, prohibit 금지하다

v. 금지하다

You are **banned** from using electronic devices during takeoff and landing.
이륙과 착륙 시에는 전자 기기를 사용하는 것이 금지된다.

텝스 출제 포인트!

독해 ban A from -ing A가 -하는 것을 금지하다
ban on ~에 대한 금지

19 **shoot the breeze** ★★

phr. 수다를 떨다

Shooting the breeze with friends is the best way to relax.

친구들과 수다를 떠는 것은 휴식을 취하는 가장 좋은 방법이다.

20 **show off** ★★

phr. 자랑하다, 과시하다

Charles **showed off** his brand new smartwatch to his coworkers.

Charles는 그의 신상 스마트 시계를 동료들에게 자랑했다.

21 **vex** ★★

[veks]

파 vexation n. 성가심, 짜증

v. 짜증나게 하다

It **vexes** me that the phone reception at home is so bad.

집의 전화 수신 상태가 너무 좋지 않은 것은 나를 짜증나게 한다.

22 **invent** ★★

[invént]

v. 날조하다, 조작하다

파 invention n. 발명, 발명품
inventive adj. 창의적인

v. 고안하다, 발명하다

People continuously **invent** new ways to communicate with one another.

사람들은 계속해서 서로 연락할 새로운 방법을 고안한다.

23 **get through** ★★

phr. (전화 등으로) 연락이 되다

I finally **got through** to customer service after about 30 minutes of waiting.

나는 30분 가량의 기다림 끝에 마침내 고객 상담실과 연락이 되었다.

24 **give ~ a shot** ★★

phr. ~을 시도하다

After analyzing the investment opportunity, Aroz Telecom has decided to **give** it **a shot**.

투자 기회를 분석한 후, Aroz Telecom사는 시도하기로 결정했다.

25 **enclose** ★★

[inklóuz]

v. 에워싸다, 둘러싸다

파 enclosure n. 동봉한 것

v. 동봉하다

Applicants should **enclose** a cover letter in the envelope with their résumés.

지원자들은 봉투에 자신의 이력서와 함께 자기소개서를 동봉해야 한다.

★★★ = 출제율 최상 ★★ = 출제율 상 ★ = 출제율 중

26 **current**★★
[kə́:rənt]
파 currently adv. 현재

adj. 최신의, 현재의

International businesses do their best to stay **current** with technological changes.
국제적인 기업들은 기술적 변화의 최신 동향을 유지하려고 최선을 다한다.

n. (기류·해류 등의) 흐름

The swimmers struggled against the strong **current** of the river.
수영하는 사람들은 강의 강한 흐름에 맞서 싸웠다.

27 **notify**★★
[nóutəfài]
파 notice v. 알아차리다 n. 통지, 알림
notification n. 통지

v. ~에게 알리다, ~에게 통지하다

An assistant **notified** the director of the schedule via voicemail.
한 조수가 음성 메일을 통해 이사에게 일정을 알렸다.

텝스 출제 포인트!

청해 notify A of B A에게 B를 알리다

28 **exceed**★★
[iksí:d]
파 excess n. 초과
excessive adj. 과도한

v. 넘다, 초과하다

This firm's broadband Internet connection **exceeds** the speed of all of its competitors.
이 회사의 광대역 인터넷 연결은 모든 경쟁사들의 속도를 넘는다.

텝스 출제 포인트!

독해 exceed budget 예산을 초과하다

29 **prohibit**★★
[prouhíbit]
파 prohibition n. 금지
prohibitive adj. 금지하는
동 forbid, ban 금지하다

v. 금지하다

Company policy **prohibits** the use of chat programs during working hours.
회사 정책은 근무 시간 동안 채팅 프로그램의 사용을 금지한다.

텝스 출제 포인트!

청해 prohibit A from -ing A가 -하는 것을 금지하다

30 **emulate** ★★

[émjulèit]

동 imitate 모방하다

v. 모방하다, 흉내 내다

The cable channel has been so successful that many have tried to **emulate** its model.

그 케이블 채널은 매우 성공적이어서 많은 사람들이 그 모델을 모방하려고 시도해왔다.

31 **determine** ★★

[ditə́:rmin]

파 determination n. 결정
determinant n. 결정 요소
determined adj. 굳게 결심한

v. 좌우하다, 결정하다 | 결심하다

An enterprise's interaction with customers will **determine** its success.

기업체의 고객과의 소통은 그 기업의 성공을 좌우할 것이다.

The manager **determined** that he would open a second branch this year.

그 매니저는 올해 두 번째 지점을 열겠다고 결심했다.

텝스 출제 포인트!

[문법] be determined + to V ~하기로 결심하다
be determined 뒤에 to부정사를 쓰는 문제가 출제된다.

[청해] determinant 결정 요소 → factor 요인
determinant가 유사한 의미의 다른 표현으로 바뀌어 출제된다.

32 **solicit** ★★

[səlísit]

파 solicitation n. 간청
solicitor n. 외판원, 법무관

v. 요청하다, 간청하다

Businesses **solicit** feedback from customers through online surveys.

기업들은 온라인 설문 조사를 통해 고객에게 피드백을 요청한다.

텝스 출제 포인트!

[어휘] telephone solicitor 전화로 상품을 파는 판매원
telephone과 어울려 쓰이는 solicitor를 선택하는 문제가 출제된다.

[독해] solicit 간청하다 → request 요청하다
solicit이 유사한 의미의 다른 표현으로 바뀌어 출제된다.

33 **broach** ★★

[broutʃ]

파 broacher n. 발의자

v. (이야기를) 꺼내다, 발의하다

The technician **broached** the issue of online security during the meeting.

그 기술자는 회의 중에 온라인 보안에 대한 문제를 꺼냈다.

34 **improve**★★

[imprúːv]

파 improvement n. 향상, 개선

v. 향상시키다, 개선하다

Telecommunication services can **improve** information flow between rural and urban regions.
원거리 통신 서비스는 시골과 도시 지역 간의 정보 흐름을 향상시킬 수 있다.

텝스 출제 포인트!

청해 improve grades 성적을 향상시키다
improve one's status ~의 지위를 향상시키다
improve one's performance ~의 능력을 향상시키다

독해 improve on/upon ~을 향상시키다

35 **urgent**★★

[ə́ːrdʒənt]

파 urgency n. 긴급
urgently adv. 급히

adj. 긴급한, 시급한

The boss instructed us to connect **urgent** calls to him. 상사는 우리에게 긴급한 전화를 연결해 달라고 지시했다.

텝스 출제 포인트!

어휘 urgent : rapid : alert
urgent와 의미가 비슷한 rapid, alert의 쓰임을 구별하여 답을 선택하는 문제가 출제된다.
- urgent 긴급한 (상황이 최대한 빨리 해결될 필요가 있는 경우에 쓰인다)
- rapid 신속한 (일이 매우 빨리 일어나는 경우에 쓰인다)
- alert 방심하지 않는 (일어날 수 있는 상황에 주의를 집중하는 경우에 쓰인다)

36 **terminate**★

[tə́ːrmənèit]

파 termination n. 종료
terminal adj. 끝의, 말기의

v. 끝내다, 종료하다

The postal company **terminated** its express delivery service. 그 우편 회사는 속달 우편 서비스를 끝냈다.

37 **extension**★

[iksténʃən]

n. 공개 강좌

파 extend v. 연장하다
extensive adj. 넓은, 광범위한
extended adj. 연장한, 확장한

n. 내선 번호 | 연장, 확장

You must dial the **extension** of the person you wish to contact.
연락하기를 원하시는 분의 내선 번호를 누르셔야 합니다.

The employee requested an **extension** of her medical leave. 그 직원은 병가의 연장을 요청했다.

텝스 출제 포인트!

독해 university extension 대학 공개강좌

38 **trivial***

[tríviəl]

파 triviality n. 사소함, 하찮은 것

adj. 사소한

An increasing number of online articles focus on **trivial** issues.

점점 더 많은 온라인 기사는 사소한 문제에 초점을 맞춘다.

39 **prematurely***

[prì:mətʃúərli]

파 prematurity n. 조숙
premature adj. 너무 이른

adv. 너무 이르게, 조급하게

Information about the event was **prematurely** leaked all over the Internet.

그 행사에 대한 정보는 너무 이르게 인터넷 곳곳에 누설되었다.

40 **hang up on***

phr. (갑자기) 전화를 끊다

Janet **hung up on** me when I told her I couldn't go to her party.

Janet은 내가 그녀의 파티에 갈 수 없다고 말하자 전화를 끊어버렸다.

41 **contact***

[kάːntækt]

v. ~에게 연락하다

If you have any questions about our products or services, please **contact** us.

저희 제품이나 서비스에 대해 질문이 있으시면, 저희에게 연락해 주십시오.

텝스 출제 포인트!

문법 **contact + 목적어** ~에게 연락하다
contact의 목적어를 전치사 없이 바르게 썼는지 묻는 문제가 출제된다. contact는 타동사이므로 목적어 앞에 to를 쓰지 않는다는 것에 주의한다.

청해 **contact** ~에게 연락하다 → **reach** ~에게 연락하다
contact가 유사한 의미의 다른 표현으로 바뀌어 출제된다.

42 **corrupt***

[kərʌ́pt]

v. 타락시키다

파 corruption n. 부패, 비리
corruptive adj. 부패성의
corruptly adv. 타락하여

v. (컴퓨터 파일에) 오류를 일으키다

The virus **corrupted** some of the files on my hard drive.

그 바이러스는 내 하드 드라이브에 있는 파일 일부에 오류를 일으켰다.

43 **recipient***

[risípiənt]

n. 수령인, 수신자

The postman asked the **recipient** to sign for the package.

그 집배원은 수령인에게 소포를 받았다는 서명을 해달라고 요청했다.

★★★ = 출제율 최상 ★★ = 출제율 상 ★ = 출제율 중

44 **latest**★
[léitist]

adj. 최신의

The firm launched its **latest** wide-screen television.
그 회사는 최신 와이드 스크린 텔레비전을 출시했다.

45 **intermittent**★
[ìntərmítnt]

파 intermittently adv. 간헐적으로

adj. 때때로 끊기는

The building's residents are complaining about an **intermittent** Internet connection.
그 건물의 주민들은 때때로 끊기는 인터넷 접속에 대해 불평하고 있다.

텝스 출제 포인트!

어휘 intermittent connection (전화 · 인터넷의) 때때로 끊기는 접속

46 **novelty**★
[nά:vəlti]
n. 새로움, 참신함

파 novel adj. 새로운

n. 신기한 물건, 새로운 물건

Once considered a **novelty**, the cell phone has now become a part of our daily life.
한때 신기한 물건으로 간주되었지만, 휴대 전화는 이제 우리의 일상생활의 일부가 되었다.

47 **advent**★
[ǽdvent]

n. 출현, 도래

Letter writing became less popular with the **advent** of e-mail.
이메일의 출현으로 편지 쓰기는 인기가 줄어들었다.

텝스 출제 포인트!

어휘 with the advent of ~의 출현으로

48 **upgrade**★
[ʌ̀pgréid]

n. 업그레이드

An **upgrade** to some on-campus infrastructure drastically improved the wireless connection.
대학 내 일부 공공 기반 시설의 업그레이드는 무선 접속을 급격하게 향상시켰다.

DAY 27 Daily Checkup

단어에 해당하는 뜻을 오른쪽에서 찾아 연결하세요.

01	cordially	ⓐ 수령인
02	impetus	ⓑ 자극
03	recipient	ⓒ 들리는
04	extension	ⓓ 진심으로
05	audible	ⓔ 내선 번호
		ⓕ 사소한

문맥에 맞는 단어를 보기에서 골라 빈칸에 넣으세요.

ⓐ improve ⓑ eventually ⓒ reach ⓓ transmits ⓔ notified ⓕ intermittent

06 The two leaders could not ______ an agreement on a new trade pact.

07 A breakdown in the power plant caused the electricity supply to be ______.

08 An assistant ______ the organizers that a guest had canceled.

09 You can ______ your vocabulary by reading books.

10 When the body experiences pain, the nervous system ______ signals to the brain.

ⓐ novelty ⓑ current ⓒ trivial ⓓ hectic ⓔ hang up on ⓕ banned

11 It is important that employees keep their skills ______ by studying new technologies.

12 Smoking is ______ in most public places.

13 I have a ______ schedule with only short breaks between meetings.

14 The president does not want to be bothered with ______ details.

15 You shouldn't ______ people in the middle of a conversation.

Answer 01 ⓓ 02 ⓑ 03 ⓐ 04 ⓔ 05 ⓒ 06 ⓒ 07 ⓕ 08 ⓔ 09 ⓐ 10 ⓓ 11 ⓑ 12 ⓕ 13 ⓓ 14 ⓒ 15 ⓔ

→ 무료 Daily Checkup 해석은 HackersIngang.com에서 제공됩니다.
무료 단어시험지 자동생성기와 무료 해커스 텝스 기출 보카 TEST는 HackersTEPS.com에서 제공됩니다.

텝스완성단어

350점 단어

□ aim [eim]	v. 목표로 삼다 n. 목표
□ answer the phone	phr. 전화를 받다
□ at the moment	phr. 바로 지금
□ be on the phone	phr. 통화 중이다
□ expect a call	phr. 전화를 기다리다
□ get in touch with	phr. ~와 연락하다
□ give A a call	phr. A에게 전화 걸다
□ hang up	phr. 전화를 끊다
□ I'll put you through.	phr. 전화를 연결해 드리겠습니다.
□ intention [inténʃən]	n. 계획, 의도, 목적
□ leave one hanging	phr. ~의 대답을 기다리도록 내버려 두다
□ long-distance [lɔ̀:ŋdístəns]	adj. 장거리의 n. 장거리 전화 서비스
□ notable [nóutəbl]	adj. 주목할 만한 | 유명한
□ note [nout]	v. 주목하다 | 언급하다 n. 짧은 편지
□ noted [nóutid]	adj. 저명한, 유명한
□ on a daily basis	phr. 매일
□ on another line	phr. 다른 전화를 받고 있는
□ payphone [péifoun]	n. 공중전화 (= public phone)
□ recharge [ri:tʃá:rdʒ]	v. 재충전하다 n. 재충전
□ reply [riplái]	v. 대답하다, 응답하다
□ respond to	phr. ~에 대응하다
□ right away	phr. 곧바로, 즉시
□ so far	phr. 지금까지
□ speedy [spí:di]	adj. 신속한
□ take a message	phr. 메시지를 받다
□ vast [væst]	adj. 막대한 | 광대한
□ wrong number	phr. 잘못 걸린 전화

450점 단어

□	assurance [əʃúərəns]	n. 보장 | 확신, 장담
□	assure [əʃúər]	v. 보장하다 | 확신시키다
□	beat around the bush	phr. 돌려서 말하다, 요점을 피하다
□	blunt [blʌnt]	adj. 무딘 | 무뚝뚝한 v. 둔하게 하다
□	brag [bræg]	v. 자랑하다, 떠벌리다
□	break the news	phr. 소식을 전하다
□	come to one's senses	phr. 정신이 들다
□	correspond [kɔ̀:rəspɑ́:nd]	v. 왕래하다
□	correspondence [kɔ̀:rəspɑ́:ndəns]	n. 통신, 서신 왕래
□	courtesy [kə́:rtəsi]	n. 예의, 공손
□	devise [diváiz]	v. 고안하다
□	downright [dáunràit]	adj. 철저한 | 솔직한
□	drag one's feet	phr. 지연시키다
□	eavesdrop [í:vzdrɑ̀:p]	v. 엿듣다
□	external [ikstə́:rnl]	adj. 외부의, 밖의
□	forthcoming [fɔ̀:rθkʌ́miŋ]	adj. 다가오는, 곧 닥쳐올 | 마련된
□	forward [fɔ́:rwərd]	adj. 앞의 | 진보적인 v. 전송하다
□	fuss [fʌs]	n. 야단법석, 소동
□	get ahold of	phr. 연락을 취하다
□	Give my best wishes.	phr. 제 안부를 전해 주세요.
□	hinder [híndər]	v. 방해하다, 저지하다
□	hindrance [híndrəns]	n. 방해, 저해
□	hotline [hɑ́:tlàin]	n. 전화 상담 서비스
□	How may I direct your call?	phr. 어디로 전화를 연결해 드릴까요?
□	I'll have to put you on hold.	phr. 끊지 말고 기다리세요.
□	intercept [ìntərsépt]	v. 가로막다, 가로채다
□	interconnected [ìntərkənéktid]	adj. 상호 연결된
□	interdependence [ìntərdipéndəns]	n. 상호 의존
□	interfere [ìntərfíər]	v. 간섭하다 | 방해하다
□	interrelated [ìntərriléitid]	adj. 서로 밀접한 관련이 있는

□	interval [íntərvəl]	n. 간격 | 휴식 시간
□	intolerable [intá:lərəbl]	adj. 참을 수 없는
□	intolerant [intá:lərənt]	adj. 너그럽지 못한, 편협한
□	mundane [mʌndéin]	adj. 평범한 | 이승의, 현세의
□	nerve-wracking [nə́:rvrækiŋ]	adj. 신경을 건드리는, 괴롭히는
□	obstruct [əbstrʌ́kt]	v. 막다, 차단하다
□	operator [á:pərèitər]	n. 전화 교환원
□	parcel [pá:rsəl]	n. 소포
□	postage [póustidʒ]	n. 우편 요금
□	postal service	phr. 우편 업무
□	prevail [privéil]	v. 유행하다 | 우세하다
□	prevalent [prévələnt]	adj. 만연하는, 유행하는
□	prompt [prɑ:mpt]	adj. 신속한 v. 자극하다 | 촉구하다
□	protracted [proutrǽktid]	adj. 오래 끄는, 지연된
□	province [prá:vins]	n. 지역, 지방 | 주, 도
□	provocative [prəvá:kətiv]	adj. 화나게 하는, 도발적인
□	provoke [prəvóuk]	v. 화나게 하다 | 자극하다, 유발하다
□	proximity [prɑ:ksíməti]	n. 근접, 접근
□	readily [rédəli]	adv. 순조롭게 | 선뜻, 기꺼이
□	recount [rikáunt]	v. 자세히 이야기하다
□	secret admirer	phr. 남몰래 흠모하는 사람
□	speak up	phr. 큰 소리로 말하다
□	spill the beans	phr. 비밀을 털어놓다, 자백하다
□	talkative [tɔ́:kətiv]	adj. 이야기하기 좋아하는, 수다스러운
□	the former	phr. 전자
□	the latter	phr. 후자
□	the other day	phr. 일전에, 며칠 전에
□	trustworthy [trʌ́stwə̀:rði]	adj. 신뢰할 수 있는
□	unprecedented [ʌ̀nprésidèntid]	adj. 전례 없는
□	wireless communications	phr. 무선 통신
□	without a hitch	phr. 거침없이, 술술

500점 단어

- □ affix [əfíks] v. 첨부하다, 덧붙이다
- □ cajole [kədʒóul] v. 감언이설로 속이다
- □ cursory [kə́:rsəri] adj. 서두르는, 되는 대로의
- □ dilatory [dílətɔ̀:ri] adj. 느린, 더딘
- □ drab [dræb] adj. 단조로운 | 생기 없는
- □ encumber [inkʌ́mbər] v. 방해하다 | (빚·짐을) 지우다
- □ forgo [fɔ:rgóu] v. 보류하다 | 버리다, 그만두다
- □ frantic [frǽntik] adj. 극도로 흥분한, 미친 듯한
- □ furtively [fə́:rtivli] adv. 남몰래, 은밀히
- □ gall [gɔ:l] v. 억울하게 만들다
- □ hoarse [hɔ:rs] adj. (목소리가) 쉰
- □ incipient [insípiənt] adj. 시작의, 초기의
- □ insipid [insípid] adj. 무미건조한, 재미없는
- □ keep in touch phr. 연락하고 지내다
- □ laconic [ləkɑ́:nik] adj. 간결한 | 말수가 적은
- □ liaise [li:éiz] v. 연락하다
- □ pleasantry [plézəntri] n. 의례적인 말, 인사
- □ pros and cons phr. 장단점, 찬반양론
- □ rebuff [ribʌ́f] n. 퇴짜, 묵살
- □ recourse [rí:kɔ:rs] n. 의지
- □ refute [rifjú:t] v. 반박하다, 논박하다
- □ remit [rimít] v. 보내다, 송금하다 | 면제하다
- □ repudiate [ripjú:dièit] v. 거부하다, 거절하다 | 부인하다
- □ reticent [rétəsənt] adj. 말이 없는, 과묵한
- □ rowdy [ráudi] adj. 시끄러운 | 난폭한
- □ snub [snʌb] v. 냉대하다 | 윽박지르다
- □ surreptitiously [sə̀:rəptíʃəsli] adv. 몰래, 남모르게
- □ unctuous [ʌ́ŋktʃuəs] adj. 말주변이 좋은 | 기름기 있는
- □ unreachable [ʌ̀nrí:tʃəbl] adj. 도달할 수 없는, 손이 미치지 않는
- □ wrangle [rǽŋgl] v. 말다툼하다, 언쟁하다

▲ 무료 MP3 바로 듣기

우리 집에 블랙홀이 있다!

지구과학·천문학

기말고사에 대비해 천문학 공부를 하고 있었다. Atmosphere는 numerous한 기체로 구성되고, 지구는 태양을 orbit하는 데 approximately 1년이 걸린다는 것을 알게 되었다. 화성의 terrain은 desolate하지만, 물이 흐른 evidence가 발견되었다고 한다. 블랙홀은 중력이 intense해서 아무것도 빠져 나오지 못하며, 아직도 블랙홀에 대해 detect되지 않은 것이 많다는 기사를 읽고 있었는데, 듣고 계시던 엄마가 말씀하셨다. "블랙홀은 우리 집에 있잖니, 한번 들어간 돈은 절대 나오지 않는 네 아빠 지갑 말이야."

01 **atmosphere**★
[ǽtməsfìər]

파 atmospheric adj. 대기의, 분위기 있는

n. 대기 | 분위기

The **atmosphere** is mostly made up of nitrogen and oxygen.
대기는 대부분 질소와 산소로 구성되어 있다.

The soft music and candlelight created a romantic **atmosphere** in the restaurant.
부드러운 음악과 촛불이 레스토랑에 낭만적인 분위기를 형성했다.

02 **numerous**★
[njú:mərəs]

파 numerously adv. 수없이 많이

adj. 수많은

Numerous stars can be seen in the clear night sky.
수많은 별들은 맑은 밤하늘에서 볼 수 있다.

03 **orbit**★
[ɔ́:rbit]

n. 궤도

파 orbital adj. 궤도의

v. ~의 주위를 궤도를 그리며 돌다

Some of Jupiter's moons **orbit** the planet in less than 12 hours.
목성의 몇몇 위성들은 12시간 이내에 목성의 주위를 궤도를 그리며 돈다.

04 **approximately**★
[əprɑ́:ksəmətli]

파 approximate adj. 대략의

adv. 대략

The Earth is believed to have formed **approximately** 4.5 billion years ago.
지구는 대략 45억 년 전에 생성되었다고 여겨진다.

05 **terrain**★
[təréin]

n. 지형, 지대

Canyons on the Martian **terrain** reveal that water may have once existed there.
화성 지형에 있는 협곡들은 한때 그곳에 물이 있었을 수도 있다는 것을 나타낸다.

텝스 출제 포인트!

독해 terrain 지형 → ground 지면
terrain과 유사한 의미의 다른 표현으로 바뀌어 출제된다.

06 **desolate**★
[désələt]

adj. 황량한, 적막한

Mercury is considered a **desolate** planet without any signs of life.
수성은 어떠한 생명의 흔적도 없는 황량한 행성으로 간주된다.

★★★ = 출제율 최상 ★★ = 출제율 상 ★ = 출제율 중

07 **evidence**★

[évədəns]

파 evident adj. 명백한, 분명한

n. 증거, 물증

Material **evidence** should be presented to support the theory on planetary formation.

행성의 형성에 대한 이론을 뒷받침하기 위해서는 물적 증거가 제시되어야 한다.

 텝스 출제 포인트!

[청해] evidence 증거 → proof 증거물
evidence가 유사한 의미의 다른 표현으로 바뀌어 출제된다.

[독해] concrete/hard + evidence 구체적인/확실한 증거
material evidence 물적 증거

08 **intense**★

[inténs]

파 intensify v. 강화하다
intensity n. 강렬함, 격렬함
intensive adj. 격렬한, 집중적인

adj. 강렬한, 격렬한 | (감정이) 열정적인

The movement of the Earth's mantle is partly caused by its **intense** heat.

지구 맨틀의 움직임은 부분적으로 강렬한 열에 인해 야기된다.

Romance movies often incorporate the theme of **intense** love.

로맨스 영화는 보통 열정적인 사랑의 주제를 포함한다.

09 **detect**★★★

[ditékt]

파 detection n. 발견
detective n. 탐정

v. 발견하다, 찾아내다

Giant telescopes are used to **detect** distant galaxies.

거대 망원경은 멀리 떨어져 있는 은하계를 발견하기 위해 사용된다.

 텝스 출제 포인트!

[독해] lie detector 거짓말 탐지기

10 **observe**★★★

[əbzə́ːrv]

파 observer n. 관찰자, 준수자
observation n. 관찰
observance n. 준수

v. 관찰하다 | 말하다, 진술하다 | (규칙 등을) 준수하다

The Voyager spacecraft allows us to **observe** distant planets up close.

우주선 보이저호는 멀리 있는 행성들을 가까이서 관찰할 수 있게 해준다.

In her speech, the president **observed** that the economy was improving.

그녀의 연설에서, 대통령은 경제가 나아지고 있다고 말했다.

Visitors to the library must **observe** a strict policy of silence.

도서관 방문객들은 엄격한 정숙 방침을 준수해야 한다.

11 **illuminate**★★★

[ilú:mənèit]

v. 해명하다

파 illumination n. 빛, 조명
illuminator n. 조명기
illuminative adj. 밝게 하는, 비추는

v. 밝히다, 비추다

A meteor shower **illuminated** the night sky for hours.

유성우는 몇 시간 동안이나 밤하늘을 밝혔다.

텝스 출제 포인트!

어휘 illuminate : glitter

illuminate와 의미가 비슷한 glitter의 쓰임을 구별하여 답을 선택하는 문제가 출제된다.

- illuminate 밝히다, 비추다
- glitter 빛나다, 반짝이다

12 **erupt**★★★

[irʌ́pt]

파 eruption n. 폭발, 이가 남

v. (화산이) 폭발하다 | (이가) 나다

The volcano released magma and ash as it **erupted**.

화산이 폭발하면서 마그마와 재를 분출했다.

Children's baby teeth usually **erupt** at six months of age.

어린이의 젖니는 보통 생후 6개월에 난다.

텝스 출제 포인트!

어휘 erupt : exude

erupt와 의미가 비슷한 exude의 쓰임을 구별하여 답을 선택하는 문제가 출제된다.

- erupt (화산이) 폭발하다
- exude (냄새·분위기를) 풍기다, 발산하다

독해 volcanic eruption 화산 폭발
tooth eruption 이가 남

13 **record**★★★

[rékərd]

n. 기록
v. 기록하다 [rikɔ́:rd]

adj. 기록적인

Arctic ocean ice is melting at **record** levels.

북극해의 얼음은 기록적인 수준으로 녹고 있다.

텝스 출제 포인트!

청해 at record levels 기록적인 수준으로
break a record 기록을 깨다
keep a record of ~의 기록을 남기다

14 **rift**★★★
[rift]

n. 균열, 갈라진 틈 | 불화

Forces beneath the Earth's crust can cause land to split, causing **rifts**.
지각 밑의 힘은 땅을 갈라지게 하여 균열을 일으킬 수 있다.

Imposing economic sanctions on Russia has caused a **rift** among the world's powerful countries.
러시아에 경제 제재를 가한 것은 세계의 강대국들 사이에 불화를 일으켰다.

15 **impact**★★★
n. [ímpækt]
v. [impǽkt]

n. 충돌 | 영향

A meteorite **impact** may have caused the extinction of the dinosaurs. 운석의 충돌이 공룡의 멸종을 일으켰을 수도 있다.

Storms have a destructive **impact** on farm production. 폭풍우는 농작물 생산에 파괴적인 영향을 미친다.

v. 영향을 주다

Higher demand **impacted** the company's decision to increase production.
더 많은 수요는 생산량을 증가하려는 그 회사의 결정에 영향을 주었다.

텝스 출제 포인트!

[독해] have an impact on ~에 영향을 주다

16 **shape**★★★
[ʃeip]
n. 모양, 형태, 상태

v. 형성하다, 만들다

Geological forces such as tectonic plate movements **shaped** the planet.
텍토닉 플레이트 이동과 같은 지질학적 작용력이 지구를 형성했다.

텝스 출제 포인트!

[청해] take shape 형태를 갖추다
in good shape 몸 상태가 좋은

17 **shrink**★★★
[ʃriŋk]

v. 수축하다, 줄다

Scientists have discovered that the surface of Mercury is **shrinking**.
과학자들은 수성의 표면이 수축하고 있다는 사실을 발견했다.

18 **debate**★★★
[dibéit]
v. 숙고하다
파 debatable adj. 논란의 여지가 있는

n. 논쟁, 토론
The existence of extraterrestrials has long been a subject of **debate**.
외계인의 존재는 오랫동안 논쟁의 주제가 되어 왔다.

v. 논쟁하다, 토의하다
Lawmakers are currently **debating** the need for healthcare reform.
국회의원들은 현재 의료 개혁의 필요성에 대해 논쟁하고 있다.

19 **call**★★★
[kɔːl]
v. 명령하다

v. ~이라고 부르다
The dark spots on the Sun's surface are **called** sunspots. 태양 표면에 있는 검은 점들은 태양의 흑점이라고 불린다.

20 **unravel**★★
[ʌnrǽvl]
동 resolve 풀다

v. (의문 등을) 풀다, 해명하다
Humankind may never **unravel** the mysteries of black holes. 인류는 절대 블랙홀의 수수께끼를 풀 수 없을지도 모른다.

텝스 출제 포인트!

독해 unravel a mystery 수수께끼를 풀다

21 **despondent**★★
[dispɑ́ːndənt]
파 despondently adv. 낙담하여, 실망하여

adj. 낙담한, 의기소침한
The loss of the space shuttle *Columbia* was a tragedy that left the world **despondent**.
우주 왕복선 컬럼비아호의 상실은 전 세계를 낙담하게 만든 비극이었다.

22 **mystify**★★
[místifài]
파 mystification n. 어리둥절하게 함

v. 당혹시키다, 어리둥절하게 하다
The existence of an underground lake in Antarctica **mystified** scientists.
남극에 있는 지하 호수의 존재는 과학자들을 당혹시켰다.

23 **incontrovertible**★★
[inkɑ̀ːntrəvə́ːrtəbl]
반 controvertible 논쟁의 여지가 있는

adj. 명백한, 논쟁의 여지가 없는
James Bradley offered **incontrovertible** proof that the Earth moves around the Sun.
제임스 브래들리는 지구가 태양의 주변을 돈다는 명백한 증거를 제시했다.

★★★ = 출제율 최상 ★★ = 출제율 상 ★ = 출제율 중

24 **innovative**★★

[ínəvèitiv]

파 innovate v. 혁신하다
innovation n. 혁신

adj. 혁신적인

Innovative technology has made launching rockets into space much easier.

혁신적인 기술은 우주로 로켓을 발사하는 것을 훨씬 쉽게 만들었다.

텝스 출제 포인트!

독해 innovative 혁신적인 → original 독창적인

innovative가 유사한 의미의 다른 표현으로 바뀌어 출제된다.

25 **initial**★★

[iníʃəl]

파 initiate v. 시작하다
initiation n. 시작, 개시
initially adv. 처음에

adj. 초기의

Initial opposition to the glacial theory diminished as more proof was revealed.

빙하 이론에 대한 초기의 반박은 더 많은 증거가 드러남에 따라 줄어들었다.

텝스 출제 포인트!

어휘 initial : prior

initial과 의미가 비슷한 prior의 쓰임을 구별하여 답을 선택하는 문제가 출제된다.

initial 초기의
prior (시간 · 순서 등이) 이전의

어휘 initial stage 초창기

26 **in effect**★★

phr. 시행 중인

phr. 사실상, 실제로는

What is known about the formation of the moon is, **in effect**, hypothetical.

달의 형성에 대해 알려진 것은 사실상 가설이다.

27 **assert**★★

[əsə́:rt]

파 assertion n. 주장
assertive adj. 자기 주장이 강한

v. (강하게) 주장하다

Many astronomers **assert** that life may have existed on Mars.

많은 천문학자들은 화성에 생명체가 존재했을 수도 있다고 주장한다.

텝스 출제 포인트!

독해 assert 주장하다 → state 말하다

assert가 유사한 의미의 다른 표현으로 바뀌어 출제된다.

28 **definite**★★

[défənit]

파 definitive adj. 명확한, 결정적인

definitely adv. 명확히, 물론

반 indefinite 명확하지 않은

adj. 명확한, 확실한

No one can give a **definite** answer to the question of the universe's origin.

아무도 우주의 기원에 대한 질문에 명확한 답을 할 수 없다.

텝스 출제 포인트!

청해 give a definite answer 명확한 답을 하다

Definitely. 물론이지.

Definitely not! 절대로 안 돼!

29 **opportunity**★★

[àːpərtjúːnəti]

파 opportune adj. 시기가 좋은

opportunistic adj. 기회주의적인

n. 기회

Space travel is a once-in-a-lifetime **opportunity** for many astronauts.

우주 여행은 많은 우주 비행사들에게 평생 한 번밖에 없는 기회이다.

텝스 출제 포인트!

문법 have an opportunity + to V ~할 기회를 가지다

have an opportunity 뒤에 to부정사를 쓰는 문제가 출제된다.

청해 once-in-a-lifetime opportunity 평생 한 번밖에 없는 기회

take an opportunity to V 기회를 이용하여 ~하다

business opportunity 사업 기회

job opportunity 취업 기회

30 **exploit**★

[iksplɔ́it]

파 exploitation n. 개발, 착취

exploitative adj. 착취적인

v. 활용하다 | 착취하다

Astronomers **exploit** new technology to learn more about the stars.

천문학자들은 항성에 대해 더 알기 위해 새로운 기술을 활용한다.

European colonizers **exploited** the natural resources of their colonies.

유럽의 식민 통치자들은 그들 식민지의 천연자원을 착취했다.

31 **absorb**★

[əbsɔ́ːrb]

파 absorption n. 흡수

v. 흡수하다

The ozone layer **absorbs** harmful ultraviolet rays from the Sun.

오존층은 태양에서 나오는 해로운 자외선을 흡수한다.

32 **spawn***

[spɔːn]

v. (결과를) 낳다 | (알을) 낳다

New technology has **spawned** advances in space exploration.

새로운 기술은 우주 탐사의 진보를 낳았다.

Frogs **spawn** thousands of eggs in ponds and lakes every year.

개구리는 매년 연못과 호수에 수천 개의 알을 낳는다.

33 **tangible***

[tǽndʒəbl]

adj. 실체적인

반 intangible 막연한, 무형의

adj. 명백한, 확실한

Extreme weather patterns provide **tangible** proof of global warming.

극단적인 기후 패턴은 지구 온난화의 명백한 증거를 제공한다.

텝스 출제 포인트!

청해 tangible proof 명백한 증거

34 **substitute***

[sʌ́bstətjùːt]

파 substitution n. 대리, 대용
substitutive adj. 대리의

v. 대신하다

Satellites allow us to **substitute** computerized navigators for paper maps.

인공위성은 종이 지도를 컴퓨터화된 내비게이터로 대신하도록 해준다.

n. 대용품, 대신

Some people drink soy milk as a **substitute** for dairy.

어떤 사람들은 유제품의 대용품으로 두유를 마신다.

텝스 출제 포인트!

어휘 substitute A for B B를 A로 대신하다, A를 B 대신 쓰다

35 **conceive***

[kənsíːv]

파 conception n. 개념, 임신
conceivable adj. 상상할 수 있는

v. 생각하다, 상상하다 | 임신하다

Most people **conceive** the universe as infinite space.

대부분의 사람들은 우주를 무한한 공간이라고 생각한다.

Jessica **conceived** a child in her first year of marriage.

Jessica는 결혼 첫해에 아이를 임신했다.

텝스 출제 포인트!

독해 conceive A as B A를 B라고 생각하다
conceive of ~을 생각해내다
conceive a child 아이를 임신하다

36 **link**★
[liŋk]
n. 관련성, 관계
동 intertwine 엮다

v. 관련시키다

Many researchers **link** increased volcanic activity with climate change.
많은 연구원들은 증가한 화산 활동과 기후 변화를 관련시킨다.

37 **collision**★
[kəlíʒən]
파 collide v. 충돌하다

n. 충돌

Collisions with asteroids caused the craters on the moon.
소행성과의 충돌은 달에 있는 분화구를 만들었다.

38 **erode**★
[iróud]
파 erosion n. 침식, 부식

v. 침식하다, 부식시키다

Continuous rain **eroded** the soil around the hill.
계속되는 비는 언덕 주변의 토양을 침식시켰다.

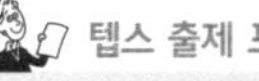

독해 soil erosion 토양 침식

39 **repository**★
[ripɑ́:zətɔ̀:ri]

n. (지식·정보 등의) 보고

The author's *Book of Celestial Bodies* is a **repository** of information on the known universe.
그 저자의 *Book of Celestial Bodies*는 알려진 우주에 대한 정보의 보고다.

40 **altitude**★
[ǽltətjù:d]

n. 높이, 고도

With an **altitude** of 5,000 meters, this is one of the highest mountains in the country.
5,000미터의 높이인 이 산은 국내에서 가장 높은 산 중 하나이다.

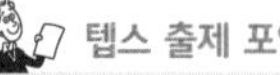

독해 develop altitude sickness 고산병에 걸리다

41 **conclude**★
[kənklúːd]

파 conclusion n. 결론
conclusive adj. 결정적인

v. 결론짓다 | 끝내다

Cosmologists have **concluded** that Pluto is not a planet.
우주학자들은 명왕성이 행성이 아니라고 결론지었다.

The speaker **concluded** his speech with a positive message.
그 연설자는 긍정적인 메시지로 연설을 끝냈다.

42 **simulate**★
[símjulèit]
v. 흉내 내다

파 simulation n. 모의실험

v. 모의실험을 하다

NASA **simulates** zero gravity in special machines for astronauts to train in.
NASA는 우주 비행사들이 훈련하도록 특수한 기계에서 무중력 모의실험을 한다.

43 **akin**★
[əkín]

adj. 유사한

A newly discovered mineral is **akin** to the green-colored substance called jadeite.
최근에 발견된 광물은 경옥이라고 불리는 초록빛을 띠는 물질과 유사하다.

텝스 출제 포인트!

청해 akin to ~과 유사한

44 **massive**★
[mǽsiv]

adj. 거대한, 대규모의

An undersea earthquake caused a **massive** tidal wave.
해저 지진은 거대한 해일을 야기했다.

45 **quest**★
[kwest]

n. 탐구, 탐색

Astrophysicists' **quest** to view the shadow of a black hole may soon be possible.
블랙홀의 그림자를 보려는 천체 물리학자들의 탐구는 곧 가능해질 수도 있다.

DAY 28 Daily Checkup

단어에 해당하는 뜻을 오른쪽에서 찾아 연결하세요.

01	rift	ⓐ 어리둥절하게 하다
02	observe	ⓑ 수축하다
03	mystify	ⓒ 흡수하다
04	erupt	ⓓ 폭발하다
05	shrink	ⓔ 균열
		ⓕ 준수하다

문맥에 맞는 단어를 보기에서 골라 빈칸에 넣으세요.

ⓐ akin　ⓑ eroded　ⓒ assert　ⓓ collision　ⓔ illuminates　ⓕ substitute

06 The Sun ______ the Earth throughout the day.

07 The recent volcanic eruption was ______ to one that occurred in the 1700s.

08 ______ yogurt for ice cream for a healthier dessert.

09 Flowing water has ______ the rock over thousands of years to form canyons and waterfalls.

10 A(n) ______ between two cars caused heavy traffic on the freeway.

ⓐ terrain　ⓑ desolate　ⓒ tangible　ⓓ conceived　ⓔ altitude　ⓕ unravel

11 People once ______ of the Earth as flat.

12 It took scientists several centuries to ______ the puzzle of the genetic code.

13 The existence of fossils provided ______ proof of evolution.

14 The truck is designed for driving on rough ______.

15 The Sahara desert is one of the most ______ places on the planet.

Answer 01 ⓔ 02 ⓕ 03 ⓐ 04 ⓓ 05 ⓑ 06 ⓔ 07 ⓐ 08 ⓕ 09 ⓑ 10 ⓓ 11 ⓓ 12 ⓕ 13 ⓒ 14 ⓐ 15 ⓑ

➔ 무료 Daily Checkup 해석은 HackersIngang.com에서 제공됩니다.
무료 단어시험지 자동생성기와 무료 해커스 텝스 기출 보카 TEST는 HackersTEPS.com에서 제공됩니다.

텝스완성단어

350점 단어

- □ accurate [ǽkjurət] — adj. 정확한 | 정밀한
- □ along with — phr. ~와 함께
- □ angle [ǽŋgl] — n. 각도 | 관점　v. ~에 눈높이를 맞추다
- □ astronaut [ǽstrənɔ̀:t] — n. 우주 비행사
- □ astronomer [əstrɑ́:nəmər] — n. 천문학자
- □ astronomy [əstrɑ́:nəmi] — n. 천문학
- □ comet [kɑ́:mit] — n. 혜성
- □ desert [dézərt] — n. 사막
- □ equal [í:kwəl] — adj. 동일한
- □ geographical [dʒì:əgrǽfikəl] — adj. 지리상의, 지리적인
- □ geology [dʒiɑ́:lədʒi] — n. 지질학
- □ groundwater [gráundwɔ̀:tər] — n. 지하수
- □ lengthy [léŋkθi] — adj. 너무 긴 | (연설 등이) 장황한
- □ material [mətíəriəl] — n. 물질, 재료　adj. 물질의
- □ name [neim] — v. 이름을 지어주다
- □ planet [plǽnit] — n. 행성
- □ provide [prəváid] — v. 제공하다, 공급하다
- □ satellite [sǽtəlàit] — n. 인공위성
- □ smooth [smu:ð] — adj. 매끄러운, 윤기 있는
- □ solar system — phr. 태양계
- □ spacecraft [spéiskræ̀ft] — n. 우주선
- □ suggest [səgdʒést] — v. 제안하다 | 암시하다, 시사하다
- □ suited [sú:tid] — adj. 적합한, 적당한
- □ surface [sə́:rfis] — n. 표면　v. 떠오르다
- □ telescope [téləskòup] — n. 망원경
- □ theory [θí:əri] — n. 이론, 학설
- □ visible [vízəbl] — adj. 눈에 보이는

450점 단어

□	active volcano	phr. 활화산
□	ambivalent [æmbívələnt]	adj. 상극인
□	asteroid [ǽstərɔ̀id]	n. 소행성
□	axis [ǽksis]	n. 축 | 중심선
□	breadth [bredθ]	n. 폭, 너비
□	celestial body	phr. 천체
□	cluster [klʌ́stər]	n. 성단 | 송이, 무리 v. 밀집하다
□	comprise [kəmpráiz]	v. 구성되다
□	concur [kənkə́:r]	v. 동의하다, 일치하다 | 동시에 일어나다
□	conjecture [kəndʒéktʃər]	n. 짐작, 추측 v. 짐작하다, 추측하다
□	contend [kənténd]	v. 논쟁하다 | 경쟁하다
□	contention [kənténʃən]	n. 논쟁 | 경쟁
□	continent [kɑ́ntənənt]	n. 대륙
□	crater [kréitər]	n. 분화구
□	crew [kru:]	n. 승무원, 선원
□	crust [krʌst]	n. 지각 | 빵 껍질
□	debris [dəbrí:]	n. 부스러기, 파편
□	diameter [daiǽmətər]	n. 지름, 직경
□	dormant volcano	phr. 휴화산
□	eclipse [iklíps]	n. 일식, 월식
□	elusive [ilú:siv]	adj. 파악하기 어려운 | (교묘히) 피하는
□	equator [ikwéitər]	n. 적도
□	expansion [ikspǽnʃən]	n. 확장, 팽창 | 발전, 신장
□	explode [iksplóud]	v. 폭발하다, 파열하다
□	explosion [iksplóuʒən]	n. 폭발, 파열
□	fieldwork [fí:ldwə̀:rk]	n. 현지 조사
□	gigantic [dʒaigǽntik]	adj. 거대한
□	gravity [grǽvəti]	n. 중력
□	horizon [həráizn]	n. 지평선, 수평선
□	incredulous [inkrédʒuləs]	adj. 믿지 않는, 못 믿겠다는 듯한

- □ **landmass** [lǽndmæ̀s] n. 광대한 토지, 대륙
- □ **latitude** [lǽtətjù:d] n. 위도
- □ **lava** [lá:və] n. 용암
- □ **longitude** [lá:ndʒətjù:d] n. 경도
- □ **lucid** [lú:sid] adj. 맑은, 투명한 | 명쾌한
- □ **magnetic field** phr. 자기장
- □ **magnitude** [mǽgnətjù:d] n. 크기, 규모 | 지진 규모
- □ **manned** [mænd] adj. 사람을 실은, 유인의
- □ **meteor** [mí:tiər] n. 유성, 별똥별
- □ **meteorite** [mí:tiəràit] n. 운석
- □ **naked eye** phr. 육안, 맨눈
- □ **outer space** phr. 우주 공간, 외계
- □ **peninsula** [pənínsjulə] n. 반도
- □ **polar regions** phr. 극지방
- □ **ponder** [pá:ndər] v. 곰곰이 생각하다, 숙고하다
- □ **propagate** [prá:pəgèit] v. (소리 · 진동을) 전하다 | 선전하다 | 번식하다
- □ **radiant** [réidiənt] adj. 빛나는, 밝은 | 방사되는
- □ **radiate** [réidièit] v. 빛나다 | 방사하다
- □ **radiation** [rèidiéiʃən] n. 복사 에너지 | 방사능
- □ **resonate** [rézənèit] v. 울려 퍼지다
- □ **rover** [róuvər] n. 방랑자
- □ **scant** [skænt] adj. 부족한, 불충분한
- □ **so-called** [sòu:kɔ́:ld] adj. 소위, 이른바
- □ **spatial** [spéiʃəl] adj. 공간의, 공간적인
- □ **sphere** [sfiər] n. 구체 | 천체
- □ **strait** [streit] n. 해협
- □ **surmise** [sərmáiz] v. 추측하다 n. 추측
- □ **theoretical** [θì:ərétikəl] adj. 이론상의
- □ **ultraviolet rays** phr. 자외선
- □ **unmanned** [ʌ̀nmǽnd] adj. 사람이 타지 않은, 무인의
- □ **vertical** [və́:rtikəl] adj. 수직의, 세로의

500점 단어

- ☐ archipelago [à:rkəpéləgòu] n. 다도해 | 군도
- ☐ axiom [ǽksiəm] n. 자명한 이치 | 원리
- ☐ circumference [sərkʌ́mfərəns] n. 원주, 둘레
- ☐ circumvent [sə̀:rkəmvént] v. 일주하다 | 교묘하게 피하다 | 우회하다
- ☐ contiguous [kəntígjuəs] adj. 근접한, 접촉하는
- ☐ conundrum [kənʌ́ndrəm] n. 수수께끼
- ☐ corroborate [kərá:bərèit] v. (증거를) 제공하다, 확증하다
- ☐ cryptic [kríptik] adj. 불가해한, 수수께끼 같은
- ☐ due to phr. ~ 때문에
- ☐ elliptical [ilíptikəl] adj. 타원형의 | 생략법의
- ☐ epicenter [épəsèntər] n. 진원지, 진앙
- ☐ irradiate [iréidièit] v. 비추다, 밝히다 | 계몽하다
- ☐ macroscopic [mækrəskápik] adj. 육안으로 보이는
- ☐ nebula [nébjələ] n. 성운
- ☐ nebulous [nébjuləs] adj. 희미한, 안개 낀 | 모호한
- ☐ percussion [pərkʌ́ʃən] n. 충격, 충돌
- ☐ perimeter [pərímitər] n. 주변, 주위
- ☐ plausible [plɔ́:zəbl] adj. 그럴듯한
- ☐ reverberant [rivə́:rbərənt] adj. 반향하는, 울려 퍼지는 | 반사하는
- ☐ salinity [səlínəti] n. 염분, 염도
- ☐ sediment [sédəmənt] n. 침전물 | 퇴적물
- ☐ seismic wave phr. 지진파
- ☐ solstice [sá:lstəs] n. 최고점, 극점
- ☐ spate [speit] n. 빈발
- ☐ stalactite [stəlǽktait] n. 종유석
- ☐ stalagmite [stəlǽgmait] n. 석순
- ☐ sublunary [sʌ́blu:nèri] adj. 지상의 | 달 아래의
- ☐ topography [təpá:grəfi] n. 지세 | 지형
- ☐ trajectory [trədʒéktəri] n. (행성의) 궤도
- ☐ wane [wein] v. (달이) 작아지다 | 약화되다, 쇠약해지다

DAY 29

Hackers TEPS Vocabulary

▲ 무료 MP3 바로 듣기

뉴욕 사람이 없는 뉴욕

사회·문화

준수가 장학생이 되어 reward로 뉴욕에 가게 되었다. 오늘 전화가 왔는데 뉴욕이 매우 multicultural하고 다양한 ethnic 집단이 이웃으로 있다고 했다. 도심에서 peripheral한 지역에 머무는데, 그곳 사람들도 세계 곳곳에서 migrate해왔다고 했다. 내 선입견인지 모르겠지만 뉴욕 사람이 보통 무례하고 snob의 이미지와 associate되는데 그게 진짜인지 물어봤다. 준수가 잘 모르겠다며 말하기를 "집주인은 러시아인, 선생님은 캐나다인, 룸메이트는 중국인, 식당 주인은 심지어 한국인이야! 뉴욕 사람은 본 적이 없어!!"

01 **reward***

[riwɔ́:rd]

파 rewarding adj. 보상으로서의, 보람이 있는

v. 보답하다, 보상하다

Officials **rewarded** foreign volunteers with honorary citizenships.
공무원들은 외국인 자원봉사자들에게 명예 시민권으로 보답했다.

n. 보상, 상

The manager was given a **reward** for completing the project on time.
그 책임자는 프로젝트를 제때 끝낸 것에 대한 보상을 받았다.

텝스 출제 포인트!

청해 reward for ~에 대한 보상

02 **multicultural***

[mʌ̀ltikʌ́ltʃərəl]

파 multiculturalism n. 다문화주의

adj. 다문화의, 여러 문화가 공존하는

Globalization increased the trend toward **multicultural** societies.
세계화는 다문화 사회로의 추세를 증가시켰다.

텝스 출제 포인트!

청해 multicultural society 다문화 사회

03 **ethnic***

[éθnik]

파 ethnicity n. 민족성
ethnically adv. 민족적으로

adj. 민족의, 인종의

The United States is composed of many **ethnic** groups. 미국은 많은 민족 집단으로 구성되어 있다.

텝스 출제 포인트!

독해 ethnic group 민족 집단, 인종 집단

04 **peripheral***

[pərífərəl]

파 periphery n. 주변

adj. 주변의, 부수적인

The urbanization of **peripheral** areas will lead to the expansion of the city.
주변 지역들의 도시화는 도시의 확장으로 이어질 것이다.

텝스 출제 포인트!

어휘 peripheral to ~에 부수적인

05 **migrate**★★★
[máigreit]
파 migration n. 이주, 이동
migrator n. 이주자
migratory adj. 이주하는

v. 이주하다 | (철새 등이) 철 따라 이주하다

People **migrated** from Europe to America seeking a better life.
사람들은 더 나은 삶을 찾아 유럽에서 미국으로 이주했다.

Most bird populations **migrate** to warmer regions in winter.
대부분의 새들은 겨울에 더 따뜻한 지역으로 철 따라 이주한다.

06 **snob**★
[snɑːb]
파 snobbish adj. 속물적인

n. 속물

Snobs dress expensively to obtain the approval of others.
속물들은 타인에게 인정을 받기 위해 사치스럽게 옷을 차려입는다.

텝스 출제 포인트!

어휘 snob value (사치품 등과 같이) 속물근성을 자극하는 요소

07 **associate**★
[əsóuʃièit]
파 association n. 연관, 연상
associated adj. 관련된
associative adj. 연상의, 연합의

v. 관련시키다

In contrast to European mythology, dragons are **associated** with prosperity in Asian cultures.
유럽 신화와는 대조적으로 용은 아시아 문화권에서 번영과 관련된다.

텝스 출제 포인트!

청해 be associated with ~과 관련되다

08 **besiege**★★★
[bisíːdʒ]

v. 에워싸다, 포위하다

The boy band's hotel was **besieged** by fans eager to see them.
그 젊은 남성 밴드의 호텔은 그들을 열렬히 보고 싶어 하는 팬들에 의해 에워싸였다.

09 **shirk**★★★
[ʃəːrk]

v. (게을러서 할 일을) 회피하다

Alex accused the marketing team of trying to **shirk** responsibility.
Alex는 그 마케팅팀이 책임을 회피하려 하는 것에 대해 비난했다.

10 **laud** ★★★

[lɔːd]

파 laudable adj. 칭찬할 만한

v. 칭찬하다, 칭송하다

This novel was **lauded** by the critics, but did not sell well.

이 소설은 평론가들로부터 칭찬을 받았지만, 잘 팔리지 않았다.

11 **compulsory** ★★★

[kəmpʌ́lsəri]

파 compulsion n. 강제

동 mandatory, obligatory 의무적인

adj. 의무적인, 강제적인

Military training is **compulsory** for adult male citizens in some countries.

군사 훈련은 몇몇 국가에서 성인 남성 시민들에게 의무적이다.

텝스 출제 포인트!

독해 be compulsory for ~에게 의무적이다

12 **assimilate** ★★★

[əsíməlèit]

파 assimilation n. 동화

v. 동화되다

People **assimilate** into a community by learning the language.

사람들은 언어를 배우면서 사회에 동화된다.

텝스 출제 포인트!

독해 assimilate into ~에 동화되다

13 **disclose** ★★★

[disklóuz]

파 disclosure n. 폭로, 공개

v. 폭로하다, 드러내다

It is illegal to **disclose** national secrets to a foreign government.

외국 정부에 국가 기밀을 폭로하는 것은 불법이다.

14 **tolerant** ★★★

[tɑ́ːlərənt]

파 tolerate v. 참다
tolerance n. 관용
tolerable adj. 참을 수 있는

반 intolerant 너그럽지 못한, 편협한

adj. 관대한

Younger people tend to be more **tolerant** of various cultures.

젊은이들은 다양한 문화에 대해 더 관대한 경향이 있다.

텝스 출제 포인트!

청해 be tolerant of ~에 대해 관대하다
zero-tolerance 가차 없는

15 **falter**★★★

[fɔ́:ltər]

파 faltering adj. 비틀거리는

v. 주춤하다, 흔들리다

Despite his initial success, the writer's career **faltered** due to poor reviews.

그의 초기 성공에도 불구하고, 그 작가의 출세는 악평으로 인해 주춤했다.

16 **ostracize**★★★

[ɑ́:strəsàiz]

파 ostracism n. 배척

v. 배척하다, 추방하다

Statistics show that many teenagers **ostracize** peers who act or dress differently.

통계 자료는 많은 십 대들이 다르게 행동하거나 옷을 입는 또래들을 배척한다는 것을 보여 준다.

17 **donate**★★★

[dóuneit]

파 donation n. 기부
donor n. 기부자

v. 기부하다, 기증하다

Residents **donated** clothing and canned goods to victims of the landslide.

주민들은 산사태 피해자들에게 옷과 통조림 제품들을 기부했다.

텝스 출제 포인트!

청해 donate money to charity 자선 단체에 돈을 기부하다

18 **practice**★★★

[prǽktis]

v. 연습하다, 실행하다

파 practical adj. 실제적인

n. 관행, 관습

The **practice** of giving chocolate to loved ones on Valentine's Day began in the early 1900s.

밸런타인데이에 연인에게 초콜릿을 주는 관행은 1900년대 초에 시작되었다.

19 **scarcity**★★★

[skɛ́ərsəti]

n. 희귀함

파 scarce adj. 부족한, 드문
scarcely adv. 거의 ~않다

n. 부족, 결핍

The villagers moved due to the **scarcity** of land available for agricultural use.

그 마을 사람들은 농사에 이용할 토지가 부족하여 이주했다.

20 **negligent**★★★

[néglidʒənt]

파 neglect v. 방치하다, 무시하다
negligence n. 태만, 과실

adj. (의무 등에) 태만한

Jack is dedicated to his work, but is **negligent** of everything else in his life.

Jack은 그의 일에 헌신적이지만, 그의 삶의 다른 모든 것들에는 태만하다.

21 **reclusive**★★★
[riklú:siv]
파 reclusively adv. 은둔하여

adj. 고립된, 은둔한
Some tribes still lead a **reclusive** life away from modern civilization.
어떤 부족들은 여전히 현대 문명으로부터 고립된 삶을 살아간다.

22 **goal**★★
[goul]

n. 목표, 목적
The city's **goal** is to reduce waste by 10 percent before next year.
그 도시의 목표는 내년 전까지 쓰레기를 10퍼센트 줄이는 것이다.

23 **indigence**★★
[índidʒəns]
파 indigent adj. 궁핍한
동 poverty 가난

n. 빈곤, 가난
A new welfare program will help relieve **indigence** in poorer neighborhoods.
새로운 복지 시스템은 가난한 이웃들을 빈곤에서 구제하는 것을 도와줄 것이다.

24 **discrimination**★★
[diskrìmənéiʃən]
파 discriminate v. 차별하다
discriminatory adj. 차별적인

n. 차별
Gender **discrimination** in the workplace is banned in many countries.
직장에서의 성차별은 많은 국가에서 금지되어 있다.

텝스 출제 포인트!
독해 gender discrimination 성차별
racial discrimination 인종 차별

25 **clandestinely**★★
[klændéstinli]
파 clandestine adj. 비밀의

adv. 비밀리에, 남몰래
The FBI sometimes operates **clandestinely** to survey suspected criminals.
FBI는 범죄 용의자들을 조사하기 위해 때때로 비밀리에 활동한다.

26 **coarse**★★
[kɔ:rs]
파 coarsen v. 거칠게 하다
coarsely adv. 거칠게

adj. 천한, 상스러운
In the 1800s, it was considered **coarse** for women to wear pants.
1800년대에는 여성이 바지를 입는 것이 천한 것으로 여겨졌다.

★★★ = 출제율 최상 ★★ = 출제율 상 ★ = 출제율 중

27 **eclectic****

[ikléktik]

adj. 절충적인

파 eclectically adv. 절충하여

adj. (취미·의견 등이) 폭넓은, 다방면에 걸친

The museum has an **eclectic** collection of pieces by artists from around the world.

그 박물관은 전 세계 예술가들의 폭넓은 작품들을 소장하고 있다.

28 **keep one's fingers crossed****

phr. 행운을 빌다

The parents **kept their fingers crossed** for their children's dance team.

부모들은 그들의 아이들의 댄스팀을 위해 행운을 빌었다.

29 **stupor****

[stjú:pər]

n. 아연실색 | (술 등으로 인한) 인사불성

The world was in a **stupor** after the terrible attacks in France.

전 세계는 프랑스에서 일어난 끔찍한 공격 이후 아연실색의 상태가 되었다.

Having had too much to drink, the man left the bar in a drunken **stupor**.

술을 너무 많이 마셔서, 그 남자는 취해서 인사불성이 된 채로 술집을 떠났다.

30 **neatly****

[ní:tli]

파 neat adj. 깔끔한, 정돈된

adv. 깔끔하게, 단정하게

The real estate agent made sure everything in the model home was arranged **neatly**.

부동산 중개인은 모델 하우스에 있는 모든 것이 깔끔하게 정리되어 있도록 했다.

31 **obnoxious****

[əbnɑ́:kʃəs]

파 obnoxiousness n. 불쾌함
obnoxiously adv. 불쾌하게, 역겹게

adj. 아주 불쾌한

That restaurant has good food, but the staff is very **obnoxious**.

저 레스토랑의 음식은 훌륭하지만, 종업원들은 아주 불쾌하다.

32 **redundant****

[ridʌ́ndənt]

파 redundancy n. 여분
redundantly adv. 과다하게

adj. 잉여의, 남는

The economic crisis has created a **redundant** population of workers.

경제 위기는 잉여 노동 인구를 만들어 냈다.

텝스 출제 포인트!

청해 redundant 잉여의 → unnecessary 불필요한
redundant가 유사한 의미의 다른 표현으로 바뀌어 출제된다.

33 **wedlock**★★
[wédlὰ:k]

n. 혼인, 결혼 생활

The couple was joined in **wedlock** at a local church.
그 커플은 지역 교회에서 혼인했다.

텝스 출제 포인트!

청해 join in wedlock 결혼시키다

34 **disown**★★
[disóun]

v. 의절하다

Some women in India are **disowned** by their families for refusing an arranged marriage.
인도의 일부 여성들은 정략결혼을 거절하여 그들의 가족에게 의절 당한다.

35 **oblivious**★★
[əblíviəs]

adj. 알지 못하는, 감지하지 못하는

People in countries ruled by a dictator are often **oblivious** to events around the world.
독재자가 통치하는 국가의 국민들은 종종 세계에서 일어나는 일을 알지 못한다.

36 **skirt**★★
[skə:rt]
v. 에워싸다

v. 피하다, 비켜 가다

The presence of security cameras everywhere has made it harder to **skirt** the law.
어디에나 있는 감시 카메라의 존재는 법망을 피하기 더 어렵게 만들었다.

텝스 출제 포인트!

어휘 skirt law 법망을 피하다

37 **pose**★★
[pouz]

v. (문제 · 위험 등을) 야기하다, 제기하다

Gang-related crimes are thought to **pose** the biggest threat to urban safety.
갱단과 관련이 있는 범죄는 도시 안전에 가장 큰 위협을 야기한다고 생각된다.

텝스 출제 포인트!

어휘 pose + a problem/threat/danger 문제/위협/위험을 야기하다

★★★ = 출제율 최상 ★★ = 출제율 상 ★ = 출제율 중

38 **inveigle**★★

[invéigl]

동 lure 유인하다

v. 속이다, 꾀다

Two men **inveigled** many of the elderly into trusting them with their savings and then fled.
두 남자는 노인들을 속여 그들에게 예금을 맡기게 하고는 도망갔다.

39 **adopt**★★

[ədɑ́:pt]

v. (외국어 등을) 차용하다

파 adoption n. 채택, 입양

v. (자기 것으로) 받아들이다, 채택하다 | 입양하다

The refugees **adopted** the customs of their new country. 그 난민들은 새 국가의 관습을 받아들였다.

The childless couple **adopted** a baby from the orphanage. 아이가 없는 그 부부는 고아원에서 아기를 입양했다.

텝스 출제 포인트!

청해 adopt a system 제도를 채택하다
adopt a child 아이를 입양하다
adopt a language 언어를 차용하다

40 **status**★★

[stéitəs]

n. 지위, 신분 | 상태

Foreign residents must indicate their legal **status** when applying for a job.
외국인 거주자들은 일자리에 지원할 때 그들의 법적 지위를 명시해야 한다.

You can confirm the **status** of your order by logging into your account.
귀하의 주문 상태는 계정에 로그인하시면 확인하실 수 있습니다.

텝스 출제 포인트!

어휘 marital status (미혼·기혼 등의) 결혼 여부
marital과 어울려 쓰이는 status를 선택하는 문제가 출제된다.

청해 status quo 현 상황

41 **struggle**★★

[strʌ́gl]

파 struggling adj. 분투하는

n. 노력, 노고

The country's **struggle** to control population growth yielded positive results.
인구 증가를 통제하려는 그 나라의 노력은 긍정적인 결과를 가져왔다.

v. 애쓰다, 크게 노력하다

The new employee **struggled** to impress his colleagues. 그 신입 사원은 동료들에게 깊은 인상을 주기 위해 애썼다.

텝스 출제 포인트!

청해 struggle with ~하느라 애쓰다

42 **clamor**★

[klǽmər]

n. 아우성

파 clamorous adj. 떠들썩한, 시끄러운

v. 강력히 요구하다, 외치다

Protestors **clamored** for a ban on the sale of genetically modified foods.

시위자들은 유전자 조작 음식에 대한 판매 금지를 강력하게 요구했다.

43 **eligible**★

[élidʒəbl]

파 eligibility n. 적격, 적임

반 ineligible 자격이 없는

adj. 자격이 있는, 적격의

Only jobless people are **eligible** for unemployment payments.

직업이 없는 사람들만이 실업 급여를 받을 자격이 있다.

텝스 출제 포인트!

어휘 eligible : illegible

eligible과 형태가 비슷한 illegible의 의미를 구별하여 함께 외워 두자.

- eligible 자격이 있는, 적격의
- illegible 읽기 어려운

독해 be eligible for ~의 자격이 있다

be eligible to V ~할 자격이 있다

44 **tarry**★

[tǽri]

v. 지체하다, 늦어지다

Peter **tarried** too long in the park and was late for dinner.

Peter는 공원에서 너무 오래 지체해서 저녁 식사에 늦었다.

45 **charity**★

[tʃǽrəti]

파 charitable adj. 자선의, 관대한

n. 자선, 자선 단체

A church raised money for **charity** by holding a cake sale.

교회는 케이크를 판매하여 자선을 위한 돈을 마련했다.

텝스 출제 포인트!

독해 charity funds 자선기금

46 **integrate***
[íntəgrèit]
파 integration n. 통합
integrated adj. 통합된

v. 통합하다
Government leaders are working to **integrate** minorities into the mainstream community.
정부 지도자들은 소수 집단을 주류 사회로 통합하려고 노력하고 있다.

47 **privilege***
[prívəlidʒ]
v. 특전을 주다
파 privileged adj. 특권을 가진

n. 특권
While in office, the president has the **privilege** of protection by the secret service.
재직 중에 대통령은 첩보 기관으로부터 보호를 받는 특권이 있다.

48 **acknowledge***
[æknɑ́:lidʒ]
v. 도착을 알리다
파 acknowledgment n. 인정
acknowledged adj. 인정된

v. 인정하다
The world today **acknowledges** the contribution of women to society.
오늘날 세계는 사회에 대한 여성의 기여를 인정한다.

텝스 출제 포인트!

독해 acknowledge receipt of (편지·물품 등의) 도착을 알리다

49 **disseminate***
[disémənèit]
파 dissemination n. 보급, 유포

v. (정보·지식 등을) 유포하다, 퍼뜨리다
Local governments **disseminate** information to citizens via newspaper announcements.
지방 정부는 신문 공고를 통해 시민들에게 정보를 유포한다.

50 **segment***
[ségmənt]
파 segmentation n. 분할

n. 부분, 단편
The fastest-growing **segment** of the nation's population is people aged 65 and over.
그 국가의 인구 중 가장 빠르게 증가하는 부분은 65세 이상의 인구이다.

DAY 29 Daily Checkup

단어에 해당하는 뜻을 오른쪽에서 찾아 연결하세요.

01 reward
02 assimilate
03 redundant
04 struggle
05 segment

ⓐ 부분
ⓑ 노력
ⓒ 잉여의
ⓓ 동화되다
ⓔ 속물
ⓕ 보상하다

문맥에 맞는 단어를 보기에서 골라 빈칸에 넣으세요.

ⓐ clamored	ⓑ donates	ⓒ neatly	ⓓ falter	ⓔ lauded	ⓕ coarse

06 Mr. Smith ______ money to charities every year.
07 Any film containing ______ language must warn viewers.
08 Protestors ______ for the mayor's resignation.
09 The volunteers were ______ for assisting people after the earthquake.
10 Sally ______ arranged her clothes in her new wardrobe.

ⓐ compulsory	ⓑ eligible	ⓒ status	ⓓ tolerant	ⓔ goal	ⓕ obnoxious

11 The Olympic committee made it ______ to test athletes for drugs before the games.
12 People over 65 years old are ______ for senior citizen discounts.
13 The song cannot be played on the radio due to its ______ and offensive lyrics.
14 Passengers may view a flight's ______ on the airport monitor.
15 Managers need to be ______ of mistakes made by new employees.

Answer 01 ⓕ 02 ⓓ 03 ⓒ 04 ⓑ 05 ⓐ 06 ⓑ 07 ⓕ 08 ⓐ 09 ⓔ 10 ⓒ 11 ⓐ 12 ⓑ 13 ⓕ 14 ⓒ 15 ⓓ

➔ 무료 Daily Checkup 해석은 HackersIngang.com에서 제공됩니다.
무료 단어시험지 자동생성기와 무료 해커스 텝스 기출 보카 TEST는 HackersTEPS.com에서 제공됩니다.

텝스완성단어

350점 단어

□	age group	phr. 연령대, 연령 집단
□	attitude [ǽtitjù:d]	n. 태도 | 사고방식
□	celebration [sèləbréiʃən]	n. 축하 | 기념행사
□	ceremony [sérəmòuni]	n. 의식, 식
□	citizen [sítəzən]	n. 시민 | 국민
□	citizenship [sítizənʃìp]	n. 시민권
□	compare [kəmpέər]	v. 비유하다 | 비교하다
□	dress code	phr. 복장 규정
□	exclude [iksklú:d]	v. 제외하다, 배척하다
□	familiar [fəmíljər]	adj. 익숙한, 친숙한
□	funeral [fjú:nərəl]	n. 장례식
□	gender [dʒéndər]	n. 성별, 성
□	general public	phr. 일반 대중
□	gesture [dʒéstʃər]	n. (감정·의도의) 표시 | 몸짓
□	get used to	phr. ~에 익숙해지다
□	identical [aidéntikəl]	adj. 동일한, 똑같은 | 일치하는
□	identity [aidéntəti]	n. 정체성, 주체성 | 개성
□	infancy [ínfənsi]	n. 유아기 | 초창기
□	infant [ínfənt]	n. 유아 adj. 유아용의
□	minority [minɔ́:rəti]	n. 소수 | 소수 민족
□	not to mention	phr. ~은 말할 것도 없이
□	orphan [ɔ́:rfən]	n. 고아 v. 고아로 만들다
□	orphanage [ɔ́:rfənidʒ]	n. 고아원
□	overpopulation [òuvərpɑpjuléiʃən]	n. 인구 과잉
□	persuade [pərswéid]	v. 설득하다 | 납득시키다
□	persuasive [pərswéisiv]	adj. 설득력 있는
□	racket [rǽkit]	n. 소음

450점 단어

□	aboriginal [æbərídʒənl]	n. 원주민 adj. 원주민의
□	absurd [æbsə́:rd]	adj. 어처구니없는 | 불합리한
□	alienate [éiljənèit]	v. 소원하게 하다, 소외시키다
□	alienation [èiljənéiʃən]	n. 소외, 소외감
□	all walks of life	phr. 사회 각계각층
□	attire [ətáiər]	n. 복장, 의복 v. 차려 입히다
□	birth control	phr. 산아 제한
□	brace [breis]	v. (스스로) 대비하다 | 대비시키다
□	cannibal [kǽnəbl]	n. 식인종 adj. 식인종의
□	cemetery [sémətèri]	n. 공동묘지
□	census [sénsəs]	n. 인구 조사
□	civil rights	phr. 민권 | 평등권
□	contempt [kəntémpt]	n. 경멸, 멸시
□	contravene [kɑ̀:ntrəví:n]	v. (법 · 규칙을) 위반하다 | 모순되다
□	crude [kru:d]	adj. 천연 그대로의 | 조잡한, 거친
□	customary [kʌ́stəmèri]	adj. 관습의
□	dearly [díərli]	adv. 몹시 | 값비싼
□	deceased [disí:st]	adj. 사망한 n. 고인
□	demographics [dèməgrǽfiks]	n. 인구 통계
□	dignity [dígnəti]	n. 위엄, 품위
□	dissuade [diswéid]	v. (설득하여) 단념시키다
□	escalate [éskəlèit]	v. 점점 오르다, 점점 확대되다
□	frown [fraun]	v. 눈살을 찌푸리다
□	implicit [implísit]	adj. 함축적인, 암시적인
□	imply [implái]	v. 의미하다, 암시하다
□	jostle [dʒɑ́:sl]	v. 세게 밀다
□	longevity [landʒévəti]	n. 장수 | 수명
□	manhood [mǽnhùd]	n. 성년 | 사나이다움
□	mind-set [máindsèt]	n. 마음가짐, 사고방식
□	naturalize [nǽtʃərəlàiz]	v. ~에게 시민권을 주다

- ☐ nomadic [noumǽdik] adj. 유목의, 방랑의
- ☐ norm [nɔːrm] n. 규범 | 표준
- ☐ obligation [àːbləgéiʃən] n. 의무, 책임
- ☐ paradox [pǽrədàks] n. 모순, 역설
- ☐ perseverance [pə̀ːrsəvíərəns] n. 인내(심)
- ☐ persevere [pə̀ːrsəvíər] v. 참다, 인내하다
- ☐ pervade [pərvéid] v. 널리 퍼지다 | 배어들다, 넘쳐나다
- ☐ population density phr. 인구 밀도
- ☐ populous [páːpjuləs] adj. 인구가 많은, 인구 밀도가 높은
- ☐ prejudice [prédʒudis] n. 편견
- ☐ prominent [práːmənənt] adj. 현저한, 두드러진 | 유명한
- ☐ puberty [pjúːbərti] n. 사춘기 | 성숙기
- ☐ racism [réisizm] n. 인종 차별주의
- ☐ retort [ritɔ́ːrt] n. 말대꾸 v. 말대꾸하다
- ☐ senior [síːnjər] n. 연장자, 상급생 adj. 손위의 | 최고 학년의
- ☐ senior citizen phr. 어르신, 노인
- ☐ sexism [séksizm] n. 성차별주의
- ☐ social ills phr. 사회 병폐
- ☐ specify [spésəfài] v. 일일이 열거하다, (구체적으로) 명시하다
- ☐ stereotype [stériətàip] n. 고정 관념 v. 정형화하다
- ☐ superstition [sùːpərstíʃən] n. 미신
- ☐ superstitious [sùːpərstíʃəs] adj. 미신적인, 미신을 믿는
- ☐ toddler [táːdlər] n. 유아, 아장아장 걷는 아이
- ☐ upheaval [ʌphíːvl] n. 격변, 대변동
- ☐ upper class phr. 상류층, 상류 사회
- ☐ upscale [ʌ́pskèil] adj. 평균 이상의 | 부유층의
- ☐ vehement [víːəmənt] adj. 격렬한
- ☐ vulgar [vʌ́lgər] adj. 상스러운, 저속한
- ☐ welfare system phr. 복지 제도
- ☐ westernize [wéstərnàiz] v. (사고 방식 · 생활 양식을) 서구화하다
- ☐ when it comes to phr. ~에 관한 한

500점 단어

□	abet [əbét]	v. (나쁜 일을) 사주하다
□	adolescent [ædəlésnt]	n. 청소년 adj. 청소년기의
□	altruism [ǽltu:ìzm]	n. 이타주의
□	apartheid [əpá:rtheit]	n. 인종 차별 정책
□	biased [báiəst]	adj. 편견이 있는
□	confluence [ká:nfluəns]	n. 합류 | 합일
□	construe [kənstrú:]	v. 해석하다 | 추론하다
□	curfew [kə́:rfju:]	n. 통금, 통행금지 시간
□	debacle [deibá:kl]	n. 대실패
□	denigrate [dénigrèit]	v. (명예를) 훼손하다 | 모욕하다
□	discreet [diskrí:t]	adj. 사려 깊은 | 신중한
□	disparate [díspərit]	adj. 이질적인
□	elicit [ilísit]	v. 이끌어내다
□	heated [hí:tid]	adj. 과열된
□	incendiary [inséndièri]	adj. 자극적인, 선동적인
□	intrinsic [intrínsik]	adj. 본질적인 | 내재하는
□	lag behind	phr. ~보다 뒤쳐지다
□	mediocre [mì:dióukər]	adj. 보통의, 평범한
□	milieu [miljú]	n. (사회적 · 문화적) 환경
□	mistreat [mìstrí:t]	v. 학대하다, 혹사하다
□	moot [mu:t]	adj. 논쟁의 여지가 있는, 미결정의
□	obliterate [əblítərèit]	v. 지우다 | 없애다
□	punctilious [pʌŋktíliəs]	adj. 격식에 치우친 | 꼼꼼한, 세심한
□	root for	phr. 응원하다
□	segregation [sègrigéiʃən]	n. 차별, 분리
□	sully [sʌ́li]	v. (명예 · 가치를) 훼손하다, 더럽히다
□	tendentious [tendénʃəs]	adj. 편향적인
□	trappings [trǽpiŋz]	n. 과시적인 요소
□	vernacular [vərnǽkjulər]	adj. 고유한, 그 고장 특유의 n. 자국어 | 방언
□	voyeur [vwa:jə́:r]	n. 꼬치꼬치 캐묻기 좋아하는 사람

강이 오염되면 좋은 점은?

환경

나는 평소에 환경 문제에 관심이 많다. 그래서 열심히 recycle하고, 에너지도 conserve한다. 또한 pollution을 prevent하고 endangered한 wildlife를 보호하는 환경 단체에서 환경 교육을 하는 volunteer이기도 하다. 오늘은 초등학교에 가서 noxious한 물질이 배출되면 강물이 contaminate되어서 물고기의 extinction을 초래할 수도 있다는 것을 가르쳐 주었다. 그런데 한 아이가 기뻐하는 것이다. 이유를 물었더니 이렇게 소리쳤다. "그럼 생선 대신 고기를 더 많이 먹을 수 있잖아요!"

01 **recycle**★

[rì:sáikl]

파 recycling n. 재활용
recyclable adj. 재활용할 수 있는
recycled adj. 재생의

v. 재활용하다

The campaign to **recycle** paper was designed to reduce forest resource depletion.
종이를 재활용하자는 그 캠페인은 삼림 자원의 고갈을 줄이기 위해 계획되었다.

텝스 출제 포인트!

어휘 recycled paper 재생 용지
paper와 어울려 쓰이는 recycled를 선택하는 문제가 출제된다.

02 **conserve**★★

[kənsə́:rv]

파 conservation n. 보존
conservative adj. 보존력이 있는, 보수적인

v. (자원·에너지를) 절약하다 | 보존하다

People should avoid using air conditioners to **conserve** energy.
사람들은 에너지를 절약하기 위해 에어컨 사용을 피해야 한다.

The council has agreed to provide funds to **conserve** the ancient palace.
의회는 고궁을 보존하기 위해 기금을 제공하는 것에 동의했다.

텝스 출제 포인트!

어휘 conserve energy 에너지를 절약하다
energy와 어울려 쓰이는 conserve를 선택하는 문제가 출제된다.

03 **pollution**★

[pəlú:ʃən]

파 pollute v. 오염시키다
pollutant n. 오염 물질
polluted adj. 오염된

동 contamination n. 오염

n. 오염, 공해

Radioactive **pollution** can remain active for several centuries. 방사능 오염은 몇 세기 동안 지속될 수 있다.

텝스 출제 포인트!

독해 air pollution 대기 오염

04 **prevent**★

[privént]

파 prevention n. 예방
preventive adj. 예방의

v. 막다, 예방하다

Governments should **prevent** poachers from killing wild animals.
정부는 밀렵꾼들이 야생 동물들을 죽이는 것을 막아야 한다.

텝스 출제 포인트!

독해 prevent A from -ing A가 -하는 것을 막다

05 **endangered**★★★

[indéindʒərd]

파 endanger v. 위험에 빠뜨리다

adj. 멸종 위기에 처한

Polar bears are an **endangered** species in the Arctic.

북극곰은 북극에서 멸종 위기에 처한 종이다.

텝스 출제 포인트!

어휘 endangered species 멸종 위기에 처한 (동식물) 종

species와 어울려 쓰이는 endangered를 선택하는 문제가 출제된다.

06 **wildlife**★

[wáildlaif]

n. 야생 생물

Tropical rainforests are home to a wide variety of **wildlife**. 열대 우림은 다양한 종류의 야생 생물들의 고향이다.

07 **volunteer**★★★

[vὰ:ləntíər]

v. 자진하여 하다

파 voluntary adj. 자발적인

voluntarily adv. 자발적으로

n. 자원봉사자, 지원자

The country's national parks are maintained by **volunteers**.

그 나라의 국립 공원들은 자원봉사자들에 의해 관리된다.

08 **noxious**★

[nά:kʃəs]

동 harmful 해로운

poisonous, toxic 유독한

adj. 유해한, 유독한

Noxious fumes from the landfill site caused health problems for local residents.

쓰레기 매립장에서 나온 유해한 연기는 지역 주민들에게 건강 문제를 일으켰다.

09 **contaminate**★★★

[kəntǽmənèit]

파 contamination n. 오염

동 pollute 오염시키다

v. 오염시키다

Industrial waste from factories may **contaminate** rivers. 공장에서 나온 산업 폐기물은 강물을 오염시킬 수 있다.

10 **extinction**★

[ikstíŋkʃən]

파 extinct adj. 멸종된

n. 멸종

Nearly 16,000 plant and animal species face **extinction** due to human activity.

거의 16,000가지의 동식물 종이 인간의 활동 때문에 멸종에 직면해 있다.

텝스 출제 포인트!

독해 become extinct 멸종하다

11 **continuity**★★★
[kὰ:ntənjú:əti]

n. 지속성 | 연관성, 연속성

A generous grant will ensure the **continuity** of key environmental programs.
후한 보조금은 핵심적인 환경 프로그램들의 지속성을 보장할 것이다.

Recent research revealed the **continuity** between plant and animal DNA.
최근의 연구는 식물과 동물의 유전자 사이의 연관성을 밝혀냈다.

12 **appreciate**★★★
[əprí:ʃièit]

파 appreciation n. 감사, 감상
appreciative adj. 감사의, 안목이 있는

v. 감사하다 | ~의 가치를 인정하다 | (예술을) 감상하다

The conservationist **appreciated** the award for his contributions to wildlife protection.
그 환경 보호 활동가는 야생 생물 보호에 대한 기여로 받은 상에 감사했다.

Only a few people **appreciated** Van Gogh's talent during his lifetime.
소수의 사람들만이 반 고흐의 생전에 그가 지닌 재능의 가치를 인정했다.

Diners **appreciated** the beautiful music playing in the restaurant.
식사하는 사람들은 레스토랑에서 연주되는 아름다운 음악을 감상했다.

13 **disposable**★★★
[dispóuzəbl]
adj. 처분할 수 있는
n. 일회용품

파 dispose v. 처리하다, ~할 마음이 나게 하다
disposal n. 처분, 처리
disposition n. 처분, 성향

adj. 일회용의

Disposable plastic containers take 450 years to decompose. 일회용 플라스틱 용기는 분해되는 데 450년이 걸린다.

텝스 출제 포인트!

어휘 disposable income 가처분 소득 (마음대로 쓸 수 있는 소득)
income과 어울려 쓰이는 disposable을 선택하는 문제가 출제된다.

14 **alternative**★★★
[ɔ:ltə́:rnətiv]
adj. 대체의

파 alternate v. 번갈아 하다
adj. 대리의
alternation n. 교대
alternatively adv. 그 대신에

n. 대안

Solar energy may be a good **alternative** to fossil fuels. 태양 에너지는 화석 연료에 대한 좋은 대안이 될 수 있다.

텝스 출제 포인트!

독해 alternative fuel 대체 연료
alternative energy 대체 에너지
alternative medicine 대체 의학

15 **distinctive**★★★
[distíŋktiv]

파 distinction n. 특징, 차이
distinct adj. 독특한, 뚜렷한
distinctively adv. 특징적으로

adj. 독특한, 특유의

This **distinctive** trash can reduce garbage by compacting it.
이 독특한 쓰레기통은 쓰레기를 압축하여 줄일 수 있다.

텝스 출제 포인트!

독해 distinction between A and B A와 B의 차이
subtle distinction 미묘한 차이

16 **release**★★★
[rilí:s]

n. 발표, 석방
v. 방출하다

n. 방출

The volcano's explosion brought about the **release** of ash high into the atmosphere.
그 화산 폭발은 재가 대기 높이 방출되게 했다.

v. 출시하다, 발표하다 | 석방하다

My favorite singer will **release** a new CD next week.
내가 좋아하는 가수가 다음 주에 새 CD를 출시할 것이다.

The man was **released** from prison after serving his sentence.
그 남자는 징역을 산 후에 감옥에서 석방되었다.

텝스 출제 포인트!

독해 release 석방하다 → let loose 풀어주다
release가 유사한 의미의 다른 표현으로 바뀌어 출제된다.

17 **adverse**★★★
[ædvə́:rs]

파 adversely adv. 불리하게, 반대로

adj. 부정적인, 불리한

The destruction of forests is an **adverse** effect of urban development.
삼림 파괴는 도시 개발의 부정적인 효과이다.

텝스 출제 포인트!

어휘 adverse effect 부정적인 효과, 역효과
effect와 어울려 쓰이는 adverse를 선택하는 문제가 출제된다.

청해 affect adversely 부정적인 영향을 미치다

18 **critical**★★★
[krítikəl]
파 critically adv. 비판적으로
반 uncritical 무비판적인

adj. 비판적인 | 결정적인, 중대한

The public is **critical** of the government's new eco-friendly energy policy.
대중은 정부의 새 환경친화적인 에너지 정책에 대해 비판적이다.

Adolescence is a **critical** period in a child's development. 청소년기는 아이의 발달에 있어 결정적인 시기이다.

텝스 출제 포인트!

청해 be critical of ~에 대해 비판적이다
critical period 결정적인 시기

19 **deplete**★★★
[diplíːt]
파 depletion n. 고갈

v. 고갈시키다

Humans are **depleting** the Earth's resources at an alarming rate.
인간은 지구의 자원을 급속도로 고갈시키고 있다.

20 **deficiency**★★★
[difíʃənsi]
파 deficient adj. 부족한

n. 부족, 결핍

Deficiency in petroleum has led to the use of renewable energy.
석유의 부족은 재생 가능 에너지의 사용으로 이어졌다.

21 **subject**★★★
n. [sʌ́bdʒikt]
v. [səbdʒékt]
n. 과목, 대상
adj. 영향을 받기 쉬운
파 subjective adj. 피지배자의, 주관적인
subjectively adv. 주관적으로

n. 주제 | 백성, 국민

Global warming is a common **subject** in many ecology magazines.
지구 온난화는 많은 생태학 잡지에서 흔한 주제이다.

The king required his **subjects** to pay taxes.
그 왕은 그의 백성들에게 세금을 낼 것을 요구했다.

v. 시달리게 하다, 당하게 하다

Plant workers are often **subjected** to intense occupational noise.
공장 노동자들은 직업과 관련된 극심한 소음에 자주 시달린다.

텝스 출제 포인트!

청해 subject matter 주제, 내용
be subjected to ~에 시달리다, ~을 당하다
be subject to ~을 하기 쉽다, ~의 대상이다

22 **consequence*****

[kάːnsəkwèns]

n. 중요성

파 consequent adj. 결과의
consequently adv. 그 결과

n. 결과

Smog is a **consequence** of the increased number of cars in the city.

스모그는 도시의 증가한 자동차 수의 결과이다.

23 **tributary****

[tríbjutèri]

n. 속국

n. (강의) 지류

The river is becoming polluted due to trash that flows into it from its **tributaries**.

그 강은 지류에서부터 흘러들어온 쓰레기 때문에 오염되고 있다.

24 **harsh****

[hɑːrʃ]

파 harshness n. 엄격함
harshly adv. 가혹하게

adj. 가혹한, 모진

Some plants can survive the **harsh** environment of the desert. 어떤 식물들은 사막의 가혹한 환경에서 생존할 수 있다.

텝스 출제 포인트!

독해 harsh environment 가혹한 환경
harsh realities of life 삶의 냉혹한 현실
harsh punishment 가혹한 벌

25 **filthy****

[fílθi]

파 filth n. 오물, 쓰레기

adj. 더러운, 불결한

Industrialization is largely responsible for the contaminated soil and **filthy** air found in cities.

산업화는 도시에서 발견되는 오염된 토양과 더러운 공기의 주된 원인이다.

26 **ameliorate****

[əmíːljərèit]

파 amelioration n. 개선, 향상
ameliorable adj. 개선할 수 있는

v. 개선하다

Building sewage treatment facilities can **ameliorate** the effects of water pollution.

하수 처리장을 짓는 것은 수질 오염의 영향을 개선할 수 있다.

27 **inimical****

[inímikəl]

adj. 해로운

The logging industry is **inimical** to the preservation of the Amazon Rainforest.

벌목 산업은 아마존 열대 우림의 보존에 해롭다.

28 **litter**★★
[lítər]
n. 쓰레기

v. ~에 쓰레기를 버리다, 어지르다

Inconsiderate people **littered** the beach with their trash. 분별없는 사람들이 해변에 그들의 쓰레기를 버렸다.

텝스 출제 포인트!

어휘 litter : dispose
litter와 의미가 비슷한 dispose의 쓰임을 구별하여 답을 선택하는 문제가 출제된다.
- litter ~에 쓰레기를 버리다 (쓰레기를 버리거나 어질러 지저분하게 만드는 경우에 쓰인다)
- dispose 처리하다 (필요 없거나 원치 않는 물건을 처분하는 경우에 쓰인다)

29 **derelict**★★
[dérəlìkt]

adj. 버려진, 유기된

The **derelict** warehouse has become an illegal dumping ground for factory waste.
그 버려진 창고는 공장 폐기물의 불법 쓰레기 매립지가 되었다.

30 **vestige**★★
[véstidʒ]

n. 흔적, 자취

Vestiges of an oil spill that occurred 20 years ago can still be seen today.
20년 전에 일어난 석유 유출의 흔적은 오늘날에도 볼 수 있다.

텝스 출제 포인트!

청해 vestige 흔적 → trace 자취
vestige가 유사한 의미의 다른 표현으로 바뀌어 출제된다.

31 **productive**★★
[prədʌ́ktiv]
adj. 다작의
파 productivity n. 생산성
동 fruitful 생산적인

adj. 비옥한, 다산의 | 생산적인

Productive land must be protected to ensure long-term crop growth.
비옥한 토지는 장기간의 농작물 성장을 보장하기 위해 보호되어야 한다.

The director recognizes **productive** employees and rewards them.
그 관리자는 생산적인 직원을 인정하고 그들을 포상한다.

텝스 출제 포인트!

독해 productive writer 다작하는 작가

★★★ = 출제율 최상 ★★ = 출제율 상 ★ = 출제율 중

32 **peter out**★★

phr. 점차 작아지다

Luckily, the typhoon **petered out** before it hit the city.
다행히도 태풍은 그 도시를 강타하기 전에 점차 작아졌다.

33 **emission**★★
[imíʃən]
파 emit v. 내뿜다

n. 배기가스, 방출 물질

Car **emissions** are one of the causes of air pollution.
자동차 배기가스는 대기 오염의 원인 중 하나이다.

텝스 출제 포인트!

어휘 automobile/car + emissions 자동차 배기가스

34 **acquiescence**★★
[ækwiésns]
파 acquiesce v. 묵인하다
acquiescent adj. 묵인하는
acquiescently adv. 순순히

n. 묵인

The governor's **acquiescence** to the contamination of the river by local factories sparked outrage.
지역 공장들에 의한 강의 오염에 대한 그 주지사의 묵인은 분노를 유발했다.

35 **source**★★
[sɔːrs]

n. 원천 | 출처, 근원

Wind power, which is relatively easy to produce, is one of the best **sources** of clean energy.
상대적으로 쉽게 생산할 수 있는 풍력은 최고의 청정에너지 원천 중 하나이다.

The Internet is the fastest **source** for breaking news available to the public.
인터넷은 대중들이 접할 수 있는 뉴스 속보의 가장 빠른 출처이다.

텝스 출제 포인트!

청해 energy source 에너지원
source of information 정보의 출처

36 **run out of**★★
파 runout n. 고갈

phr. ~이 바닥나다, ~을 다 써버리다

The Earth will eventually **run out of** oil in existing deposits.
지구에 현재 매장된 석유는 결국 바닥날 것이다.

37 **fertile**★★
[fə́ːrtl]

파 fertilize v. 비옥하게 하다
fertility n. 비옥, 다산
fertilization n. 비옥화
fertilizer n. 비료

반 barren, sterile 불모의

adj. (땅이) 비옥한, 기름진

Soil can be made **fertile** without using chemical fertilizers. 토양은 화학 비료를 사용하지 않고도 비옥하게 만들 수 있다.

텝스 출제 포인트!

어휘 fertile : futile
fertile과 형태가 비슷한 futile의 의미를 구별하여 함께 외워 두자.
- fertile 비옥한, 기름진
- futile 헛된, 소용없는

청해 fertilize the soil 땅을 비옥하게 하다

38 **species**★★
[spíːʃiːz]

n. (동·식물의) 종

Invasive **species** can devastate a region's biodiversity by killing local plants.
침략종은 그 지역 식물들을 죽임으로써 한 지역의 생물 다양성을 완전히 파괴시킬 수 있다.

텝스 출제 포인트!

청해 endangered species 멸종 위기에 놓인 종

39 **vortex**★
[vɔ́ːrteks]
n. (전쟁·혁명 등의) 소용돌이

n. (물·공기 등의) 소용돌이

The **vortex** of the tornado sucked up everything in its path.
토네이도의 소용돌이는 가는 길에 있는 모든 것을 빨아들였다.

40 **grime**★
[graim]

n. 먼지, 때

All the windows were coated with **grime** after the dust storm.
모든 창문은 황사가 지나간 후 먼지로 뒤덮였다.

41 **straddle**★
[strǽdl]

v. (강·도로 등을) 가로지르다, 걸쳐 있다

The bridge that **straddles** the river is falling apart.
강을 가로지르는 다리가 다 허물어지고 있다.

42 **propose***

[prəpóuz]

v. 청혼하다

파 proposal n. 제안, 청혼
proposition n. 제안, 제의

v. 제안하다, 제의하다

The senator **proposed** a law banning the discharging of wastewater into lakes and rivers.

그 상원 의원은 호수와 강에 폐수 배출을 금지하는 법을 제안했다.

텝스 출제 포인트!

독해 accept a proposal 제안을 받아들이다

43 **reverse***

[rivə́:rs]

v. 뒤집다

adj. 거꾸로의

파 reversal n. 되돌아옴, 전환
reversed adj. 반대의

v. 되돌리다

Government officials are looking to **reverse** the damage caused by pesticide use.

정부 관료들은 농약 사용으로 인한 피해를 되돌리는 방안을 생각해보고 있다.

n. 정반대

The **reverse** of what the newspaper reported about the story is true.

신문이 그 이야기에 대해 보도한 것의 정반대가 사실이다.

44 **waste***

[weist]

v. 낭비하다

Kylie does not like to **waste** anything, so she cleans jars and reuses them as containers.

Kylie는 어떤 것도 낭비하는 것을 좋아하지 않아서, 병을 씻어서 용기로 재사용한다.

45 **deteriorate***

[ditíəriərèit]

파 deterioration n. 악화

v. 더 나빠지다, 악화되다

The city's air quality **deteriorated** as the number of factories increased.

그 도시의 대기 질은 공장의 수가 증가하면서 더 나빠졌다.

텝스 출제 포인트!

어휘 deteriorate : corrupt

deteriorate와 의미가 비슷한 corrupt의 쓰임을 구별하여 답을 선택하는 문제가 출제된다.

- deteriorate 악화되다 (질 · 건강 · 날씨 등이 더 나빠지는 경우에 쓰인다)
- corrupt 부패시키다 (도덕적으로 타락하는 경우에 쓰인다)

DAY 30 Daily Checkup

단어에 해당하는 뜻을 오른쪽에서 찾아 연결하세요.

01 adverse
02 noxious
03 deficiency
04 vestige
05 deteriorate

ⓐ 흔적
ⓑ 악화되다
ⓒ 출시하다
ⓓ 유해한
ⓔ 부족
ⓕ 부정적인

문맥에 맞는 단어를 보기에서 골라 빈칸에 넣으세요.

ⓐ critical	ⓑ emissions	ⓒ reverse	ⓓ disposable	ⓔ appreciate	ⓕ distinctive

06 Planting trees may ______ the damage caused by soil erosion.
07 ______ from factories are a major contributor to global warming.
08 Finding substantial funding is ______ to a successful election campaign.
09 To fully ______ Beethoven's work, it is best to hear it performed live.
10 ______ diapers are designed to be thrown away after a single use.

ⓐ depleting	ⓑ subject	ⓒ litter	ⓓ derelict	ⓔ conserve	ⓕ filthy

11 The dog was ______ after swimming in the muddy river.
12 The house had been ______ for years after its owner died and it was in a state of disrepair.
13 Every citizen of the United Kingdom is a ______ of the Queen.
14 ______ electricity by swapping your light bulbs for more efficient ones.
15 The region's growing population is ______ its supply of water.

Answer 01 ⓕ 02 ⓓ 03 ⓔ 04 ⓐ 05 ⓑ 06 ⓒ 07 ⓑ 08 ⓐ 09 ⓔ 10 ⓓ 11 ⓕ 12 ⓓ 13 ⓑ 14 ⓔ 15 ⓐ

➔ 무료 Daily Checkup 해석은 HackersIngang.com에서 제공됩니다.
무료 단어시험지 자동생성기와 무료 해커스 텝스 기출 보카 TEST는 HackersTEPS.com에서 제공됩니다.

텝스 완성단어

350점 단어

□	acid rain	phr. 산성비
□	agriculture [ǽgrəkʌ̀ltʃər]	n. 농업, 농사
□	awareness [əwɛ́ərnis]	n. 자각, 인식
□	be aware of	phr. ~을 알다, ~을 알아차리다
□	bring about	phr. 야기하다, 초래하다
□	causal [kɔ́:zəl]	adj. 원인이 되는, 인과 관계의
□	cause [kɔ:z]	v. 야기하다 n. 원인 | 대의, 목적
□	conduct	v. (업무를) 수행하다 | 행동하다 [kəndʌ́kt] n. 행동, 행실 [kándʌkt]
□	decline [dikláin]	v. 쇠퇴하다 | 거절하다 n. 쇠퇴 | 거절
□	do harm	phr. 해를 끼치다
□	ecosystem [í:kousìstəm]	n. 생태계
□	harmful [há:rmfəl]	adj. 해로운
□	harmless [há:rmlis]	adj. 무해한 | 악의 없는
□	harmonization [hà:rmənizéiʃən]	n. 조화 | 일치, 화합
□	life-threatening [láifθrètniŋ]	adj. 생명을 위협하는
□	natural resources	phr. 천연 자원
□	possibility [pà:səbíləti]	n. 가능성 | 가망
□	purify [pjúərəfài]	v. 정화하다
□	rain forest	phr. 열대 우림
□	reduce [ridjú:s]	v. 줄이다, 감소시키다
□	reduction [ridʌ́kʃən]	n. 축소, 감소
□	specific [spisífik]	adj. 구체적인, 명확한
□	threaten [θrétn]	v. 위협하다
□	unique [ju:ní:k]	adj. 독특한 | 유일한
□	uniqueness [ju:ní:knis]	n. 독특성 | 유일함
□	warn [wɔ:rn]	v. 경고하다
□	wastewater [wéistwɔ̀:tər]	n. 하수, 폐수

450점 단어

□	activism [ǽktəvìzm]	n. 실행주의
□	aftermath [ǽftərmæ̀θ]	n. 결과, 여파
□	Antarctic [æntɑ́:rktik]	n. 남극 adj. 남극의
□	Arctic [ɑ́:rktik]	n. 북극 adj. 북극의
□	barren [bǽrən]	adj. (토지가) 불모의, 메마른
□	bleak [bli:k]	adj. 황량한 | 한랭한 | 암울한
□	cap [kæp]	v. (액수의) 한도를 정하다 n. (액수의) 한도
□	carbon dioxide	phr. 이산화탄소
□	converge [kənvə́:rdʒ]	v. (한곳에) 모이다
□	counteract [kàuntərǽkt]	v. 대항하다, 방해하다 | 거스르다
□	crevice [krévis]	n. 틈
□	decomposed [dì:kəmpóuzd]	adj. 부패된, 분해된
□	deforestation [di:fɔ̀:ristéiʃən]	n. 삼림 벌채
□	degradation [dègrədéiʃən]	n. (지층·암석의) 침식, 붕괴 | 하락
□	degrade [digréid]	v. 좌천시키다 | 퇴화시키다
□	discard [diskɑ́:rd]	v. 버리다, 폐기하다
□	disproportionate [disprəpɔ́:rʃənət]	adj. 불균형의
□	downside [dáunsàid]	n. 부정적인 면, 불리한 면 adj. 하강의
□	duration [djuréiʃən]	n. 지속 | 지속 기간
□	environmentally conscious	phr. 환경에 특별한 관심이 있는
□	environmentally friendly	phr. 환경 친화적인
□	ever-present [èvərpréznt]	adj. 항상 존재하는
□	extract [ikstrǽkt]	v. 추출하다, 뽑아내다
□	fossil fuel	phr. 화석 연료
□	fragile [frǽdʒəl]	adj. 부서지기 쉬운 | 약한
□	garbage dump	phr. 쓰레기 처리장
□	glacier [gléiʃər]	n. 빙하
□	greenhouse effect	phr. 온실 효과
□	impair [impέər]	v. 손상시키다, 해치다
□	impairment [impέərmənt]	n. (신체적·정신적) 장애 | 손상

□	influence [ínfluəns]	v. 영향을 끼치다 n. 영향(력)
□	intimidation [intìmədéiʃən]	n. 위협, 협박
□	landfill site	phr. 쓰레기 매립지
□	lofty [lɔ́:fti]	adj. 매우 높은
□	logging [lɔ́:giŋ]	n. 벌목, 벌채
□	marsh [mɑ:rʃ]	n. 늪, 습지
□	on the verge of	phr. ~의 직전에, 금방 ~하려고 하여
□	outweigh [àutwéi]	v. 능가하다, ~보다 중요하다
□	ozone layer	phr. 오존층
□	pesticide [péstisàid]	n. 살충제, 농약
□	poaching [póutʃiŋ]	n. 밀렵
□	pose a threat	phr. 위협이 되다
□	radioactive waste	phr. 방사성 폐기물
□	recede [risí:d]	v. 물러가다, 멀어지다 | 약해지다
□	replenish [ripléniʃ]	v. 보충하다, 다시 채우다
□	reservoir [rézərvwɑ̀:r]	n. 저수지 | 저장
□	resourceful [risɔ́:rsfəl]	adj. 기량이 풍부한
□	sanctuary [sǽŋktʃuèri]	n. 보호구역 | 안식처, 피난처
□	smokestack [smóukstæ̀k]	n. 공장의 굴뚝
□	smolder [smóuldər]	v. 그을려서 검게 하다
□	sulfur dioxide	phr. 이산화황
□	swamp [swɑ:mp]	n. 늪, 습지 v. (처리가 힘들 정도의 일 등이) 쇄도하다
□	take a toll	phr. 피해를 주다
□	thrive [θraiv]	v. 번성하다 | 잘 자라다
□	uncanny [ʌ̀nkǽni]	adj. 초자연적인 | 섬뜩한, 으스스한
□	underlying [ʌ̀ndərláiiŋ]	adj. 근본적인 | 잠재적인
□	untapped [ʌ̀ntǽpt]	adj. (자원 등이) 이용되지 않은
□	vigilant [vídʒələnt]	adj. 빈틈없는, 방심하지 않는
□	wasteland [wéistlæ̀nd]	n. 황무지
□	whaling [hwéiliŋ]	n. 고래잡이
□	wilderness [wíldərnis]	n. 황야 | 야생 지역

500점 단어

- □ agrarian [əgréəriən] adj. 농업의
- □ arable [ǽrəbl] adj. 경작할 수 있는
- □ be in a state of flux phr. 항상 변하다, 유동적이다
- □ bend over backward phr. 비상한 노력을 하다 | 진지하게 대하다
- □ detoxify [diːtáːksəfài] v. 해독하다, 독성을 없애다
- □ equilibrium [ìːkwəlíbriəm] n. 균형, 평형
- □ fallow [fǽlou] adj. (농지를) 휴한하는
- □ ford [fɔːrd] n. 여울, (강 따위의) 얕은 곳
- □ forlorn [fərlɔ́ːrn] adj. 버림받은, 외로운 | 절망적인
- □ fraught with phr. ~으로 가득한
- □ futile [fjúːtl] adj. 헛된, 소용없는
- □ high-stakes [haistéiks] adj. 이판사판의
- □ irrevocable [irévəkəbl] adj. 돌이킬 수 없는, 취소할 수 없는
- □ latent [léitnt] adj. 숨어 있는, 잠재한
- □ lesion [líːʒən] n. (조직 · 기능의) 손상
- □ miniscule [mínskjùːl] adj. 아주 작은, 하찮은
- □ palliative [pǽlièitiv] adj. (병 · 고통을) 완화하는 n. 완화제
- □ paucity [pɔ́ːsəti] n. 부족, 결핍
- □ pernicious [pərníʃəs] adj. 해로운, 유독한
- □ resilient [rizíljənt] adj. 탄력 있는 | 곧 기운을 회복하는
- □ salvageable [sǽlvidʒəbl] adj. 구조 가능한
- □ scruple [skrúːpl] n. 양심의 가책 v. 꺼리다, 주저하다
- □ steadfast [stédfæ̀st] adj. 확고한 | 고정된
- □ stewardship [stjúːərdʃìp] n. 책임, 의무
- □ submerge [səbmə́ːrdʒ] v. 잠수하다
- □ subsistent [səbsístənt] adj. 존재하는 | 타고난, 고유의
- □ tentative [téntətiv] adj. 시험적인, 임시의 | 주저하는
- □ thwart [θwɔːrt] v. 방해하다, 좌절시키다
- □ verdant [vɔ́ːrdnt] adj. (초목으로) 푸릇푸릇한, 초록의
- □ vitiate [víʃièit] v. 오염시키다 | 손상시키다

실전 TEST 3

Part 1 Questions 01~10
Choose the best answer for the blank.

01 A: You should have told your mom that you needed help.
B: I didn't want to ________ her.

(a) motivate
(b) bother
(c) control
(d) assume

02 A: How long till we ________ our destination?
B: It'll probably take one more hour.

(a) join
(b) lure
(c) assemble
(d) reach

03 A: This is the most complicated printer I've ever seen!
B: I know! I had to look at the ________ just to operate it.

(a) advice
(b) preparation
(c) instructions
(d) cutbacks

04 A: I was almost hit by a cyclist just now.
B: Oh dear! Cycling on sidewalks should be ________.

(a) warned
(b) banned
(c) aimed
(d) dismissed

05 A: Have you decided what to do?
B: No, I'm not able to give a(n) ________ answer just yet.

(a) innate
(b) definite
(c) tardy
(d) hostile

06 A: How do you make your children behave so well?
B: I try to be easygoing, and avoid all forms of ________.

(a) discipline
(b) retribution
(c) regression
(d) consultation

07 A: Was your mom angry that you stayed out late?
B: She sure was. She ________ when I got home.

(a) pitched in
(b) passed out
(c) blew up
(d) shook off

08 A: I've got a job interview this afternoon.
B: Good luck! I will ________ for you.

(a) pull my leg
(b) hit my stride
(c) keep my fingers crossed
(d) burn my bridges

09 A: Politicians are really useless these days.
B: True. All they do is argue over ________ details.

(a) profound
(b) vital
(c) trivial
(d) tangible

10 A: How did your sister find your journal?
B: She ________ through my closet.

(a) rummaged
(b) daydreamed
(c) audited
(d) modified

Part 2 Questions 11~30
Choose the best answer for the blank.

11 Educational opportunities remain ________ to the development of any society.

(a) crucial
(b) logical
(c) original
(d) morbid

12 Some people still ________ the theory of climate change, despite the massive amount of evidence supporting it.

(a) oppose
(b) endorse
(c) invalidate
(d) consign

13 In the tundra, a surprising number of plants and animals have proved to be hardy in spite of the ________ conditions.

(a) harsh
(b) vacant
(c) current
(d) mature

14 The librarian has ________ all the new books into categories, and placed them on the shelves.

(a) notified
(b) estimated
(c) associated
(d) classified

15 Although Pollock initially experimented with different styles, there is a clear ________ in his later work.

(a) hypothesis
(b) continuity
(c) velocity
(d) intimacy

16 With the ________ of the Internet, new forms of financial malfeasance became possible.

(a) purpose
(b) removal
(c) advent
(d) degree

17 After giving the wrong answer to a question, Rebecca cracked a joke to ________ her embarrassment.

(a) confirm
(b) confront
(c) conceal
(d) conclude

18 Even humans have some vestige of an animal ________, although it is usually repressed.

(a) instinct
(b) atmosphere
(c) appetite
(d) inhabitant

19 The increase in atmospheric moisture around the world can be ________ to the surge in human activity.

(a) attributed
(b) digressed
(c) enclosed
(d) relegated

20 The plan to ________ the restaurant included changing the flooring and getting more modern furniture.

(a) relay
(b) replace
(c) retain
(d) revamp

21 To ________ an outbreak of the virus, doctors have issued a general health warning.

(a) preempt
(b) perish
(c) peruse
(d) permeate

22 Despite being ________ by enemy forces for months, the castle remained impregnable.

(a) besieged
(b) assuaged
(c) chastised
(d) exploited

23 Elizabeth was ________ when she discovered her brother hadn't told her he had lost his job.

(a) protracted
(b) incensed
(c) placated
(d) irradiated

24 Years of field research ________ the archaeologist's theory that pottery first originated in Mesopotamia.

(a) inculcated
(b) compounded
(c) undertook
(d) underpinned

25 The philosopher was more ________ than his colleagues and preferred to test his theories in everyday life.

(a) derelict
(b) precocious
(c) pragmatic
(d) indisputable

26 The ________ and barren landscape of the Nevada desert has made the area an unlikely tourist destination.

(a) stark
(b) bountiful
(c) inveterate
(d) shrewd

27 Eleanor found it hard to deal with her ________ manager's tendency to alter his plans.

(a) capricious
(b) coarse
(c) droopy
(d) inimical

28 Jack has been ________ with the car's engine for the last few days, and has actually managed to fix it.

(a) shuffling
(b) emulating
(c) tinkering
(d) unraveling

29 After a thorough examination, the plumber found that it was a broken pipe that was ________ the repulsive smell.

(a) eliciting
(b) restoring
(c) exuding
(d) engendering

30 The prime minister stated that he would not ________ responsibility for the current economic crisis.

(a) shrivel
(b) shirk
(c) shill
(d) shank

정답 및 해석 p.522

Hackers TEPS Vocabulary

정답 및 해석

실 전 TEST 1

p.180

01 (c)	02 (b)	03 (a)	04 (a)	05 (a)	06 (d)	07 (b)	08 (b)
09 (d)	10 (a)	11 (c)	12 (a)	13 (b)	14 (c)	15 (d)	16 (a)
17 (b)	18 (b)	19 (b)	20 (c)	21 (a)	22 (d)	23 (a)	24 (b)
25 (a)	26 (d)	27 (a)	28 (b)	29 (a)	30 (b)		

01 해석 A: 네 책상 위의 펜이 낯익은데.
B: 그것이 네 것이기 때문이야. 내가 너한테서 빌렸잖아, 기억나?

어휘 **loan** [loun] 빌려주다 **contain** [kəntéin] 담고 있다, 포함하다
borrow [bɑ́:rou] 빌리다 **grant** [grænt] (정식으로) 주다, 수여하다

02 해석 A: 너 이번 주 금요일에 Michael의 파티에 갈 거니?
B: 사실 난 빼먹을 것 같아. 나 정말 바쁘거든.

어휘 **interrupt** [ìntərʌ́pt] 가로막다 **skip** [skip] 빼먹다, 거르다 **locate** [lóukeit] 위치시키다
attend [əténd] 참석하다, 출석하다

03 해석 A: 너희 부모님은 아직 너와 함께 지내고 계시니?
B: 응, 하지만 나는 오늘 밤 공항에 우리 엄마를 배웅하러 갈 거야. 한국으로 돌아가시거든.

어휘 **see off** ~를 배웅하다 **pick up** ~를 데리러 가다 **leave out** ~을 빠뜨리다, 제외하다
go at ~을 열심히 하다

04 해석 A: 나는 여전히 시골에 사는 것이 익숙하지 않아.
B: 걱정하지 마. 곧 평온함에 익숙해질 거야.

어휘 **peace and quiet** 평온함 **accustomed** [əkʌ́stəmd] 익숙한 **prepared** [pripɛ́ərd] 준비가 되어 있는
accepted [ækséptid] 일반적으로 인정된 **figured** [fígjərd] 형성된, 모양을 이룬

05 해석 A: West가의 도로 보수 공사가 교통을 정말 정체시켰어.
B: 알아. 우회해서 천만다행이야.

어휘 **take a detour** 우회하다 **breakthrough** [bréikθru:] 획기적인 발전
curb [kə:rb] (인도와 차도 사이의) 도로 경계석 **route** [ru:t, raut] 길, 노선

06 해석 A: 우산을 챙겨야 할 것 같아.
B: 그게 좋아. 아마도 오늘 늦게 이슬비가 올 거야.

어휘 **probably** [prɑ́:bəbli] 아마도 **splash** [splæʃ] (물을) 튀기기 **flow** [flou] 흐름
fluid [flú:id] 액체 **drizzle** [drízl] 이슬비, 가랑비

07 해석 A: Jill은 체육관에 다니고 있어.
B: 응, 그녀는 몸매를 회복하려고 새로운 운동 요법을 하는 중이야.

어휘 **gym** [dʒim] 체육관 **get back into shape** 몸매를 회복하다 **pattern** [pǽtərn] 모양, 무늬
regimen [rédʒəmən] (식사·운동 등에 의한) 요법 **launch** [lɔ:ntʃ] 출시 **plunge** [plʌndʒ] 급락

08 해석 A: 그 샌드위치를 일주일 전에 사지 않았니? 너는 그것을 버려야 해.
B: 괜찮아. 아직 먹을 수 있을 것 같아.

어휘 **throw ~ away** 버리다 **culinary**[kjú:lənèri] 요리의
edible[édəbl] 먹을 수 있는 **rancid**[rǽnsid] 썩은 냄새가 나는 **chilly**[tʃíli] 쌀쌀한

09 해석 A: 이번 자선 사업을 위해 모금하기는 쉽지 않을 거야.
B: 몹시 힘든 일이 되겠지만, 그만한 가치가 있을 거라 생각해.

어휘 **fundraising**[fʌ́ndrèiziŋ] 모금 **charity**[tʃǽrəti] 자선 사업 **callous**[kǽləs] 냉담한, 무신경한
partial[pá:rʃəl] 부분적인 **tactile**[tǽktil] 촉각의 **arduous**[á:rdʒuəs] 몹시 힘든

10 해석 A: 닭고기가 익었는지 어떻게 알 수 있나요?
B: 뾰족한 무언가로 그것을 찔러봐야 해요.

어휘 **prod**[prɑ:d] 찌르다, 쑤시다 **goad**[goud] 자극하다, 격려하다 **nudge**[nʌdʒ] (팔꿈치로) 슬쩍 찌르다
rig[rig] (부정한 수법으로) 조작하다

11 해석 그 작가의 최신 소설은 거의 7백만 부가 팔렸다.

어휘 **author**[ɔ́:θər] 작가, 저자 **episode**[épəsòud] (증상의) 발현, 삽화 **topic**[tá:pik] 주제
copy[ká:pi] (같은 책·잡지의) 부 **stock**[stɑ:k] 주식, 재고

12 해석 고급 레스토랑의 종업원들은 단순히 주문만 받는 것이 아니라, 식사하는 손님들에게 음식에 대해 설명해야 한다.

어휘 **fine dining restaurant** 고급 레스토랑 **guide**[gaid] 설명하다, 안내하다
diner[dáinər] 식사하는 사람(손님) **meal**[mi:l] 음식, 식사 **take an order** 주문을 받다
invitation[ìnvitéiʃən] 초대 **recipe**[résəpi] 조리법 **instruction**[instrʌ́kʃən] 교육

13 해석 학생들은 늦어도 5시까지는 그들의 최종 보고서를 제출할 것을 요구받았다.

어휘 **expect**[ikspékt] 요구하다, 기대하다 **no later than** 늦어도 ~까지는
commit[kəmít] (죄를) 저지르다, 전념하다 **submit**[səbmít] 제출하다 **permit**[pərmít] 허가하다
omit[oumít] 빠뜨리다, 생략하다

14 해석 온라인 뱅킹은 거래를 하기 위해 은행을 방문하는 것보다 훨씬 더 편리하다.

어휘 **visit**[vízit] 방문하다 **transaction**[trænzǽkʃən] 거래, 매매 **obedient**[oubí:diənt] 순종하는
patient[péiʃənt] 참을성 있는 **convenient**[kənví:niənt] 편리한
persistent[pərsístənt] 계속되는, 집요한

15 해석 판사는 검사가 피고를 괴롭히는 것을 멈추게 하려고 중재할 필요가 있다고 느꼈다.

어휘 **judge**[dʒʌdʒ] 판사 **necessary**[nésəseri] 필요한 **prosecutor**[prá:sikjù:tər] 검사
bully[búli] 괴롭히다 **defendant**[diféndənt] 피고 **recede**[risí:d] 물러가다, 약해지다
concede[kənsí:d] 인정하다 **supersede**[sù:pərsí:d] 대체하다 **intercede**[ìntərsí:d] 중재하다

16 해석 그녀의 차는 거의 완전히 파괴되었지만, Sarah는 버스와의 충돌에서 크게 다치지 않은 채로 나왔다.

어휘 **totally**[tóutəli] 완전히 **largely**[lá:rdʒli] 크게 **unhurt**[ʌnhə́:rt] 다치지 않은
collision[kəlíʒən] 충돌 **emerge**[imə́:rdʒ] (어두운 곳 등에서) 나오다, 나타나다
inspire[inspáiər] 자극하다 **issue**[íʃu:] 발행하다 **elevate**[éləvèit] (지위·등급 등을) 높이다

17 해석 많은 정부들은 석유 산업의 기업들이 기후 변화 문제를 다루도록 격려하고 있다.

어휘 encourage[inkə́:ridʒ] 격려하다, 장려하다 climate change 기후 변화
discharge[distʃɑ́:rdʒ] 해고하다 address[ədrés] (문제·상황 등에 대해) 다루다
irritate[írətèit] ~에 염증을 일으키다 cater[kéitər] (연회 등에) 음식을 출장 제공하다

18 해석 판매 수익에 대한 주제는 오늘 이사회 회의의 의제는 아니지만, 의장은 그것이 포함되도록 요청할 것이다.

어휘 sales revenue 판매 수익 board of directors 이사회 chairman[tʃérmən] 의장
agreement[əgrí:mənt] 합의, 동의 agenda[ədʒéndə] 의제, 안건
preface[préfis] 서문 procedure[prəsí:dʒər] 절차

19 해석 쓰레기 압축기는 공간을 덜 차지하는 작고 밀도 높은 덩어리가 되도록 쓰레기를 짓누른다.

어휘 trash compactor 쓰레기 압축기 refuse[rifjú:z] 쓰레기 dense[dens] 밀도 높은, 빽빽한
take up (시간·공간을) 차지하다 refute[rifjú:t] 반박하다 squash[skwɑ:ʃ] 짓누르다
devour[diváuər] 먹어 치우다 inject[indʒékt] 주사하다, 투여하다

20 해석 스트레스는 병이 날 가능성을 높이기 때문에 당신의 건강에 해로울 수 있다.

어휘 aerial[ɛ́əriəl] 공중의, 대기의 thermal[θə́:rməl] 보온이 잘 되는, 열의
detrimental[dètrəméntl] 해로운 vigorous[vígərəs] 격렬한

21 해석 시장은 그 지역의 작가에게 경의를 표하여 12월 3일을 Riggs Sutton의 날로 선포했다.

어휘 mayor[méiər] 시장, 군수 in honor of ~에게 경의를 표하여 local[lóukəl] 지역의
author[ɔ́:θər] 작가, 저자 proclaim[proukléim] 선포하다 relegate[réləgèit] 좌천시키다
maintain[meintéin] 보수하다, 유지하다 disregard[dìsrigɑ́:rd] 무시하다, 소홀히 하다

22 해석 Diana는 적은 용돈으로 살았던 대학 시절부터 절약하며 지내는 것을 배웠다.

어휘 allowance[əláuəns] 용돈 meager[mí:gər] 불충분한 prosperous[prɑ́:spərəs] 번영하는
lethal[lí:θəl] 치명적인 frugal[frú:gəl] 절약하는

23 해석 1년 넘게 적자였기 때문에, 그 회사의 파산 선언은 불가피했다.

어휘 declaration[dèkləréiʃən] 선언 bankruptcy[bǽŋkrəptsi] 파산 inevitable[inévətəbl] 불가피한
in the red 적자인 on the loose 탈주 중인 on the ball 빈틈이 없는 off the cuff 즉흥적으로

24 해석 프랑스의 집값은 프랑스 경제가 지속적으로 쇠퇴함에 따라 올해에 폭락할 것으로 예상된다.

어휘 economy[ikɑ́:nəmi] 경제 decline[dikláin] 쇠퇴하다
compensate[kɑ́:mpənsèit] 보상하다, 배상하다 plummet[plʌ́mit] (가격·물가 등이) 폭락하다
epitomize[ipítəmàiz] ~의 전형이다 dismiss[dismís] 해고하다

25 해석 의료 종사자들의 빠른 대응은 서아프리카의 잠재적인 콜레라 전염병을 방지했다.

어휘 rapid[rǽpid] 빠른 health professional 의료 종사자 potential[pəténʃəl] 잠재적인, 가능한
cholera epidemic 콜레라 전염병 avert[əvə́:rt] 방지하다, 피하다
disperse[dispə́:rs] 흩어져 사라지게 하다 endow[indáu] 기부하다
rescind[risínd] (법률·제도 등을) 폐지하다

26 해석 템스강은 북해로 흘러 들어가기 전에 런던을 거쳐 구불구불 흐른다.

어휘 flow into ~로 흘러 들어가다 linger[líŋgər] 꾸물거리다 barge[bɑ:rdʒ] 난입하다
recoup[rikú:p] (손실 등을) 되찾다 meander[miǽndər] 구불구불하다

27 해석 무역 관세의 철회는 인도 회사들에 미국 시장으로의 자유로운 접근을 제공했다.

어휘 removal [rimúːvəl] 철회, 제거, 이동 tariff [tǽrif] 관세 trade [treid] 무역, 거래
access [ǽkses] 접근, 접촉 unfettered [ʌnfétərd] 자유로운, 제한받지 않는
convoluted [kɑ́ːnvəlùːtid] 복잡한 prolific [prəlífik] (작가 등이) 다작의
feckless [fékləs] 무책임한, 나태한

28 해석 시내의 수위가 최고조에 달할 때를 제외하면, 그 시내는 보통 충분히 걸어서 건너갈 수 있을 정도로 얕다.

어휘 lapse [læps] (어떤 상태에) 빠지다 wade [weid] (개울·강 등을) 걸어서 건너다
defy [difái] ~에게 반항하다, ~에게 도전하다 fuse [fjuːz] 결합하다, 융합하다

29 해석 오토바이가 비탈 아래로 위태롭게 달렸고 안전벽에 충돌했다.

어휘 slope [sloup] 비탈 crash [kræʃ] 충돌하다 safety barrier 안전벽
careen [kəríːn] 위태롭게 달리다 gorge [gɔːrdʒ] 실컷 먹다 crawl [krɔːl] 몹시 느리게 가다, 기어가다
loiter [lɔ́itər] 어슬렁어슬렁 걷다

30 해석 현대인의 시각으로는, 아르누보 예술과 건축 양식이 불필요하게 화려하다고 이해될 수 있다.

어휘 contemporary [kəntémpərèri] 현대의, 동시대의 architecture [ɑ́ːrkitèktʃər] 건축 양식
come across 이해되다 unnecessarily [ʌ̀nnésəsèrəli] 불필요하게, 쓸데없이
frigid [frídʒid] 몹시 추운 florid [flɔ́ːrid] 화려한, 현란한
pungent [pʌ́ndʒənt] (혀·코를) 몹시 자극하는 prescient [préʃiənt] 선견지명이 있는

Hackers TEPS Vocabulary

실 전 TEST 2

p.344

01 (c)	02 (d)	03 (c)	04 (c)	05 (a)	06 (a)	07 (a)	08 (c)
09 (c)	10 (b)	11 (d)	12 (a)	13 (c)	14 (a)	15 (b)	16 (c)
17 (a)	18 (c)	19 (a)	20 (c)	21 (c)	22 (d)	23 (b)	24 (c)
25 (b)	26 (d)	27 (c)	28 (c)	29 (c)	30 (b)		

01 해석 A: 법정 소송에서 이겼나요?
B: 아직 모르겠어요. 판사가 그의 최종 판결을 밝히지 않았어요.

어휘 **court case** 법정 소송 **judge**[dʒʌdʒ] 판사 **reveal**[rivíːl] 밝히다, 드러내다 **legacy**[légəsi] 유산 **wording**[wə́ːrdiŋ] 표현, 단어 선택 **final ruling** (법원의) 최종 판결 **offer**[ɔ́ːfər] 제안, 제의

02 해석 A: 안녕하세요. 바지 한 벌에 얼마를 청구하시나요?
B: 다리미질을 포함한 드라이클리닝은 6달러입니다.

어휘 **ironing**[áiərniŋ] 다리미질 **included**[inklúːdid] 포함된 **lease**[liːs] 임대하다 **rent**[rent] 빌리다 **total**[tóutl] 합계하다 **charge**[tʃɑːrdʒ] (금액을) 청구하다

03 해석 A: 수업을 계속 빠진다면 결국 낙제하게 될 거예요.
B: 죄송합니다. 다음 수업에는 꼭 출석하도록 할게요.

어휘 **fail**[feil] 낙제하다 **attend**[əténd] 출석하다 **let on** (비밀을) 말하다, 털어놓다 **work out** 운동하다 **end up** 결국 ~하게 되다 **get along** 사이좋게 지내다

04 해석 A: 난 너와 Tom이 친구 사이였는지 몰랐어.
B: 친구는 아니야. 그는 단지 그냥 아는 사람일 뿐이야.

어휘 **merely**[míərli] 단지, 다만 **stranger**[stréindʒər] 낯선 사람 **opponent**[əpóunənt] 적수, 반대자 **acquaintance**[əkwéintəns] 아는 사람, 지인 **companion**[kəmpǽnjən] (남편·아내 등의) 동반자

05 해석 A: 새로운 일은 어떠니?
B: 난 그것에 너무나도 행복해. 내 이전 직업보다 훨씬 좋아.

어휘 **over the moon** 너무나도 행복한 **up in arms** 분개하여 **around the clock** 24시간 내내 **in a pinch** 위기를 맞은

06 해석 A: 경주에서 Michael을 이길 수 있을 것 같아?
B: 응, 나는 그를 앞지를 수 있을 거라 확신해.

어휘 **beat**[biːt] 이기다, 패배시키다 **race**[reis] 경주 **outpace**[àutpéis] 앞지르다, 앞서다 **stretch**[stretʃ] 뻗다 **partake**[pɑːrtéik] 참가하다 **mingle**[míŋgl] 어울리다, 교제하다

07 해석 A: Eliot 교수님의 강의에 대해 어떻게 생각해?
B: 살짝 복잡했어. 난 그가 무엇을 이야기하고 있는지 제대로 파악하지 못했어.

어휘 **apprehend**[æ̀prihénd] 파악하다, 이해하다 **reciprocate**[risíprəkèit] 보답하다, 답례하다 **squander**[skwɑ́ːndər] (시간·돈을) 낭비하다 **congregate**[kɑ́ːŋgrigèit] 모이다

08 해석 A: 난 이 벤치에 내 이니셜을 새겨 넣을 거야.
B: 얘, 그러지 마. 그건 고의적 파괴야.

어휘 **infrastructure** [ínfrəstrʌktʃər] 기반 시설 **pastime** [pǽstàim] 취미, 오락
vandalism [vǽndəlìzm] (예술·문화·공공 시설의) 고의적 파괴 **counterpart** [káuntərpɑ̀:rt] 대응물

09 해석 A: John은 수업을 시작한 이후로 바이올린 연주가 참 많이 늘었어.
B: 맞아. 그는 그 악기에 아주 능숙해졌어.

어휘 **lesson** [lésn] 수업 **instrument** [ínstrəmənt] 악기 **facile** [fǽsil] 술술 하는, 안이한
dull [dʌl] 지루한 **deft** [deft] 능숙한, 솜씨가 좋은 **tepid** [tépid] 열의 없는, 미온적인

10 해석 A: Sharon은 항상 옷을 아주 멋지게 입어요.
B: 그녀는 비싼 옷을 과시하기를 좋아하죠.

어휘 **dress** [dres] 옷을 입다 **expensive** [ikspénsiv] 비싼 **grasp** [græsp] 파악하다, 이해하다
flaunt [flɔ:nt] 과시하다 **hoist** [hɔist] 들어 올리다 **coerce** [kouɛ́:rs] 억지로 시키다

11 해석 우리 대학의 등록 비율 문제를 해결하는 데 한 가지 장애물은 대학이 다양한 요구를 지닌 학생들의 편의를 도모하는 데 필요한 자금이 부족하다는 것이다.

어휘 **obstacle** [ɑ́:bstəkl] 장애(물) **enrollment** [inróulmənt] 등록
accommodate [əkɑ́mədèit] ~의 편의를 도모하다 **show** [ʃou] 보여 주다
compose [kəmpóuz] 작곡하다, 구성하다 **found** [faund] (회사·나라를) 세우다
lack [læk] ~이 부족하다, ~이 없다

12 해석 영국군은 19세기 동안 아주 강력해서 그들이 전쟁에 참여하면 주요 적들을 쉽게 패배시키곤 했다.

어휘 **engage in** ~에 참여하다 **defeat** [difí:t] 패배시키다, 쳐부수다 **surrender** [səréndər] 항복하다
challenge [tʃǽlindʒ] 도전하다 **explore** [iksplɔ́:r] 탐험하다, 탐사하다

13 해석 다양한 부정적 예측들과는 반대로, ShellCorp사는 지난 분기에 계속해서 확장되었다.

어휘 **contrary to** ~와는 반대로 **a range of** 다양한 **negative** [négətiv] 부정적인
forecast [fɔ́:rkæst] 예측, 예보 **continue** [kəntínju:] (쉬지 않고) 계속하다
quarter [kwɔ́:rtər] 분기, 4분의 1 **expend** [ikspénd] 지출하다 **extract** [ikstrǽkt] 추출하다
expand [ikspǽnd] 확장되다, 확장하다 **extort** [ikstɔ́:rt] 갈취하다

14 해석 그 새로운 마케팅 전략은 젊은 쇼핑객들에게 그 브랜드를 최신 유행인 것처럼 보이게 만드는 것을 목표로 삼았다.

어휘 **strategy** [strǽtədʒi] 전략 **be aimed at** ~을 목표로 삼다 **appear** [əpír] ~인 것 같다, 나타나다
trendy [tréndi] 최신 유행의 **rigid** [rídʒid] 엄격한, 완고한 **fraudulent** [frɔ́:dʒələnt] 사기의, 속이는
controversial [kɑ̀:ntrəvɛ́:rʃəl] 논란의 여지가 있는

15 해석 테레사 수녀는 콜카타의 방치된 아이들과 환자를 돕는 데 그녀의 일생을 바쳤다.

어휘 **neglect** [niglékt] 방치하다 **enforce** [infɔ́:rs] (법률 등을) 시행하다, 집행하다
devote [divóut] (시간·노력 등을) 바치다 **reveal** [riví:l] 밝히다, 드러내다 **resort** [rizɔ́:rt] 의지하다

16 해석 파리의 전 세계적인 상징물로서, 에펠탑은 어쩌면 세계에서 가장 유명한 역사적 건축물이다.

어휘 **universal** [jù:nəvə́:rsəl] 전 세계적인 **symbol** [símbəl] 상징물 **possibly** [pɑ́:səbli] 어쩌면
pedigree [pédəgrì:] 족보 **limelight** [láimlait] 각광, 주목의 대상
landmark [lǽndmɑ̀:rk] 역사적 건축물 **pilgrimage** [pílgrəmidʒ] 성지 순례

17 해석 그 환자는 그의 건강 검진 전에 침대에 눕도록 지시받았다.

어휘 **patient**[péiʃənt] 환자 **instruct**[instrʌ́kt] 지시하다, 가르치다 **health inspection** 건강 검진
recline[rikláin] 눕다, 기대다 **retreat**[ritríːt] 물러나다, 후퇴하다
surpass[sərpǽs] (양·정도가) 능가하다 **deflate**[difléit] 공기를 빼다, 기를 꺾다, (물가를) 끌어내리다

18 해석 난초의 각 종류는 잘 자라기 위해 특정한 환경을 필요로 하는데, 그것은 난초 키우기를 상당한 난제로 만든다.

어휘 **species**[spíːʃiːz] 종 **orchid**[ɔ́ːrkid] 난초 **require**[rikwáiər] 필요로 하다
condition[kəndíʃən] 환경, 조건 **considerable**[kənsídərəbl] 상당한
challenge[tʃǽlindʒ] 난제, 과제 **fit**[fit] ~에 적합하다 **match**[mætʃ] ~에 어울리다
flourish[flɛ́ːriʃ] (동식물이) 잘 자라다, 번창하다 **generate**[dʒénərèit] (전기·열 등을) 발생시키다

19 해석 연구자들은 복잡한 기술도 완전히 익힐 수 있는 극도로 정교한 인공 지능 시스템을 개발하고 있다.

어휘 **develop**[divéləp] 개발하다 **extremely**[ikstríːmli] 극도로 **artificial intelligence** 인공 지능
be capable of ~할 수 있다 **master**[mǽstər] 완전히 익히다, 숙달하다
complex[kəmpléks] 복잡한 **sophisticated**[səfístəkèitid] 정교한, 복잡한
introverted[íntrəvɛ̀ːrtid] 내성적인, 내향적인 **unsubstantiated**[ʌ̀nsəbstǽnʃieitid] 근거 없는
underestimated[ə̀ndəréstəmeitid] 과소평가된

20 해석 교사들은 학생들의 모든 실수에 대해 비판하는 대신 그들에게 자신감을 주입하도록 노력해야 한다.

어휘 **instead of** ~ 대신에 **criticize**[krítisàiz] 비판하다 **confidence**[kɑ́ːnfədəns] 자신감
erect[irékt] 건설하다 **possess**[pəzés] 소유하다 **instill**[instíl] (사상·감정 등을) 주입하다
require[rikwáiər] 필요로 하다

21 해석 라파엘 나달에게는 이번이 네 번째 연속 그랜드 슬램 타이틀로, 그를 12개의 주요 선수권 대회를 우승한 선수를 이긴 역사상 유일한 인물로 만들었다.

어휘 **beat**[biːt] 이기다, 패배시키다 **championship**[tʃǽmpiənʃìp] 선수권 대회
consistent[kənsístənt] 일관된 **concurrent**[kənkə́ːrənt] 동시에 일어나는
consecutive[kənsékjutiv] 연속적인 **continuous**[kəntínjuəs] 계속적인

22 해석 종교 단체들은 현대의 기술이 영적인 것을 서서히 약화시켰고 세속적인 사회로 이끌었다고 불평한다.

어휘 **undermine**[ʌ̀ndərmáin] 서서히 약화시키다 **spirituality**[spìritʃuǽləti] 영적인 것, 영적임
ordinary[ɔ́ːrdənèri] 보통의, 평범한 **rational**[rǽʃənl] 이성적인, 합리적인
domestic[dəméstik] 국내의, 가정의 **secular**[sékjulər] 세속적인, 비종교적인

23 해석 그 새로운 컴퓨터 시스템은 하루에 회사가 처리할 수 있는 데이터양의 두 배 이상을 늘릴 수 있는 능력을 지니고 있다.

어휘 **process**[prɑ́ːses] (정보·데이터를) 처리하다 **in a day** 하루에 **posterity**[pɑːstérəti] 후대
capacity[kəpǽsəti] 능력 **amenity**[əménəti] 생활 편의 시설 **propensity**[prəpénsəti] 경향, 성향

24 해석 Jack Goldman의 매우 정중한 젊은이로서의 평판은 그가 마을에서 인기 있었다는 것을 의미했다.

어휘 **reputation**[rèpjutéiʃən] 평판, 명성 **well liked** 인기 있는 **inscrutable**[inskrúːtəbl] 수수께끼 같은
impertinent[impə́ːrtənənt] 무례한 **courteous**[kɛ́ːrtiəs] 정중한, 예의 바른

obtuse [əbtúːs] 둔감한

25 해석 문서 작업은 골치 아픈 일이 될 수 있긴 하지만, 정확한 기록을 유지하는 데에 필요하다.

어휘 paperwork [péipərwɛːrk] 문서 작업 necessary [nésəseri] 필요한
maintain [meintéin] 유지하다, 지키다 accurate [ǽkjərət] 정확한 record [rékərd] 기록
condolence [kəndóuləns] 애도 hassle [hǽsl] 골치 아픈 일
clemency [klémənsi] 관대한 처분, 관용 predilection [prèdəlékʃən] 매우 좋아함, 편애

26 해석 스마트폰은 사람들의 생산성을 신장시키기보다는 그들에게 늑장 부리는 수많은 방법을 제공했다.

어휘 rather than ~보다는 boost [buːst] 신장시키다, 북돋우다 productivity [pròudʌktívəti] 생산성
offer [ɔ́ːfər] 제공하다, 제안하다 fabricate [fǽbrikèit] 지어내다, 위조하다
exonerate [igzɑ́nərèit] 혐의를 풀어주다 reiterate [riːítəreit] (말 등을) 반복하다
procrastinate [proukrǽstənèit] 늑장 부리다, 꾸물거리다

27 해석 회의론자들은 Mendel이 살아 있었을 때 그의 아이디어를 폄하했지만, Mendel의 유전 이론은 결국 맞는 것으로 증명되었다.

어휘 skeptic [sképtik] 회의론자 genetic [dʒənétik] 유전의, 유전학의 theory [θíːəri] 이론
ultimately [ʌ́ltəmətli] 결국, 궁극적으로 prove [pruːv] 증명하다 correct [kərékt] 맞는, 정확한
repeal [ripíːl] (법률 등을) 폐지하다 revere [rivír] 숭배하다
disparage [dispǽridʒ] 폄하하다, 비하하다 verify [vérəfai] 확인하다

28 해석 Samuel은 집안일에 많은 노력을 들였고, 그래서 주방이 흠 없이 완벽했다.

어휘 put effort 노력을 들이다 a great deal of 많은, 다량의 quaint [kweint] 색다른, 진기한
obsolete [ɑ́ːbsəlíːt] 쓸모없게 된 immaculate [imǽkjələt] 완벽한, 흠 없는 illicit [ilísit] 불법의

29 해석 만성적인 건강 문제가 있는 사람들은 실험적인 치료를 더 잘 받아들이는 경향이 있다.

어휘 chronic [krɑ́ːnik] 만성적인, 고질의 tend to ~하는 경향이 있다
experimental [ikspèrəméntl] 실험적인 treatment [tríːtmənt] 치료, 처치
avuncular [əvʌ́ŋkjələr] 아저씨 같은 debonair [dèbənér] 멋지고 당당한
amenable [əmíːnəbl] 잘 받아들이는, 순종하는 ornery [ɔ́ːrnəri] 심술궂은, 성질이 고약한

30 해석 저희 잡지의 이번 주 호에서, 귀하의 흥미를 불러일으킬 기사를 분명히 찾으실 수 있을 겁니다.

어휘 issue [íʃuː] (출판물의) 호, 판 journal [dʒɔ́ːrnl] 잡지 definitely [défənitli] 분명히, 명백히
insert [insɔ́ːrt] 삽입하다, 끼워넣다 pique [piːkéi] (흥미를) 불러일으키다
frisk [frisk] ~의 몸을 수색하다 usher [ʌ́ʃər] 안내하다

Hackers TEPS Vocabulary

실 전 TEST 3

p.508

01 (b)	02 (d)	03 (c)	04 (b)	05 (b)	06 (a)	07 (c)	08 (c)
09 (c)	10 (a)	11 (a)	12 (a)	13 (a)	14 (d)	15 (b)	16 (c)
17 (c)	18 (a)	19 (a)	20 (d)	21 (a)	22 (a)	23 (b)	24 (d)
25 (c)	26 (a)	27 (a)	28 (c)	29 (c)	30 (b)		

01 해석 A: 넌 엄마한테 네가 도움이 필요했다고 말씀드렸어야 했어.
B: 난 그녀를 신경 쓰이게 하고 싶지 않았어.

어휘 **motivate** [móutəvèit] 동기를 부여하다 **bother** [bɑ́:ðər] 신경 쓰이게 하다, 괴롭히다
control [kəntróul] 조절하다 **assume** [əsú:m] 가정하다

02 해석 A: 우리의 목적지에 도달하는 데 얼마나 더 걸리나요?
B: 아마 한 시간 정도 더 걸릴 거예요.

어휘 **destination** [dèstənéiʃən] 목적지, 행선지 **join** [dʒɔin] 참가하다
lure [luər] 유인하다, 유혹하다 **assemble** [əsémbl] 조립하다 **reach** [ri:tʃ] ~에 도달하다, ~에 이르다

03 해석 A: 이건 내가 본 것 중에 가장 복잡한 프린터야!
B: 맞아! 난 그걸 작동하려고 사용 설명서를 봐야 했어.

어휘 **complicated** [kɑ́mpləkèitid] 복잡한 **operate** [ɑ́:pərèit] (기계를) 작동하다
advice [ædváis] 조언, 충고 **preparation** [prèpəréiʃən] 준비, 대비
instruction [instrʌ́kʃən] (-s) 사용 설명서 **cutback** [kʌ́tbæk] (인원·생산 등의) 축소, 삭감

04 해석 A: 나 방금 자전거 타는 사람과 거의 부딪힐 뻔 했어.
B: 저런! 인도에서 자전거 타는 것은 금지되어야 해.

어휘 **cyclist** [sáiklist] 자전거 타는 사람 **cycle** [sáikl] 자전거 타다 **warn** [wɔ:rn] 경고하다
ban [bæn] 금지하다 **aim** [eim] 목표로 삼다 **dismiss** [dismís] 해고하다

05 해석 A: 넌 무엇을 할지 결정했니?
B: 아니, 난 아직 확실한 답변을 할 수 없어.

어휘 **innate** [inéit] 타고난 **definite** [défənit] 확실한 **tardy** [tɑ́:rdi] 지각한 **hostile** [hɑ́:stl] 적대적인

06 해석 A: 당신은 어떻게 당신 아이들이 그렇게 바르게 행동하도록 만드나요?
B: 저는 느긋하고자 노력하고, 모든 형태의 징계를 피해요.

어휘 **behave** [bihéiv] 행동하다 **easygoing** [izigóuiŋ] 느긋한, 태평한 **avoid** [əvɔ́id] 피하다, 방지하다
discipline [dísəplin] 징계, 학과 **regression** [rigréʃən] 퇴행, 퇴보
consultation [kɑ́:nsltéiʃən] 상담

07 해석 A: 네 어머니는 네가 늦게까지 집에 들어가지 않아서 화나셨었니?
B: 물론 그랬어. 내가 집에 갔을 때 화를 내셨어.

어휘 **stay out** 집에 안 들어가다 **pitch in** (자금 등을 지원하며) 협력하다 **pass out** 죽다
blow up 화내다 **shake off** (병 등을) 떨쳐내다, 물리치다

08 해석 A: 오늘 오후에 면접이 있어.
B: 잘 되길 바라! 행운을 빌어 줄게.

어휘 **pull one's leg** ~를 놀리다 **hit one's stride** 본래의 컨디션을 되찾다
keep one's fingers crossed 행운을 빌다 **burn one's bridge** 배수의 진을 치다

09 해석 A: 요즘 정치인들은 정말 쓸모 없어요.
B: 맞아요. 그들이 하는 것이라고는 사소한 항목을 두고 논쟁하는 것뿐이에요.

어휘 **politician**[pɑ̀:lətíʃən] 정치인 **these days** 요즘 **argue over** ~을 두고 논쟁하다
profound[prəfáund] 심오한 **vital**[váitl] 생명에 중요한 **trivial**[tríviəl] 사소한
tangible[tǽndʒəbl] 명백한

10 해석 A: 네 여동생은 어떻게 네 일기를 찾았니?
B: 그 애가 내 옷장을 샅샅이 뒤졌어.

어휘 **journal**[dʒə́:rnl] 일기 **rummage**[rʌ́midʒ] 샅샅이 뒤지다 **daydream**[déidri:m] 공상에 잠기다
audit[ɔ́:dit] (수업을) 청강하다 **modify**[mɑ́:dəfài] 변형하다, 변경하다

11 해석 교육의 기회는 여전히 모든 사회의 발전에 결정적이다.

어휘 **opportunity**[ɑ̀:pərtjú:nəti] 기회 **remain**[riméin] 여전히 ~이다
crucial[krú:ʃəl] 결정적인, 중대한 **logical**[lɑ́:dʒikəl] 논리적인
original[ərídʒənl] 독창적인 **morbid**[mɔ́:rbid] 병적인

12 해석 어떤 사람들은 기후 변화 이론을 지지하는 막대한 양의 증거에도 불구하고 이에 여전히 반대한다.

어휘 **theory**[θí:əri] 이론 **climate change** 기후 변화 **massive**[mǽsiv] 막대한, 대규모의
amount[əmáunt] 양, 액수 **evidence**[évədəns] 증거, 물증 **oppose**[əpóuz] ~에 반대하다
endorse[indɔ́:rs] 지지하다 **invalidate**[invǽlədeit] (생각·주장이) 틀렸음을 입증하다
consign[kənsáin] 건네주다, 위탁하다

13 해석 툰드라 지역에서는, 놀라운 수의 동식물들이 가혹한 환경에도 불구하고 튼튼하다고 증명되었다.

어휘 **hardy**[hɑ́:rdi] 튼튼한 **in spite of** ~에도 불구하고 **harsh**[hɑ:rʃ] 가혹한, 모진
vacant[véikənt] 비어 있는 **current**[kə́:rənt] 최신의, 현재의 **mature**[mətjúər] 다 자란, 성숙한

14 해석 그 사서는 모든 새로운 책들을 카테고리로 분류해서 선반에 놓았다.

어휘 **librarian**[laibrέəriən] 사서 **place**[pleis] 놓다, 두다 **notify**[nóutəfài] ~에게 알리다
estimate[éstəmèit] 추정하다, 견적하다 **associate**[əsóuʃièit] 관련시키다
classify[klǽsəfài] 분류하다

15 해석 Pollock은 처음에 각양각색의 스타일을 실험했지만, 그의 후기 작품에는 분명한 연관성이 있다.

어휘 **initially**[iníʃəli] 처음에 **experiment**[ikspérəmənt] 실험하다 **hypothesis**[haipɑ́:θəsis] 가설
continuity[kɑ̀:ntənú:əti] 연관성, 지속성 **velocity**[vəlɑ́:səti] 속도, 속력
intimacy[íntəməsi] 친밀함

16 해석 인터넷의 출현으로, 새로운 형태의 금융 위법 행위가 가능해졌다.

어휘 **financial**[fainǽnʃəl] 금융의, 재정의 **malfeasance**[mælfí:zns] 위법 행위
purpose[pə́:rpəs] 목적, 의도 **removal**[rimú:vəl] 제거 **advent**[ǽdvent] 출현, 도래
degree[digrí:] 학위, 정도

17 해석 문제에 틀린 답을 하고 나서, Rebecca는 자신의 무안함을 감추기 위해 농담을 했다.

어휘 **crack a joke** 농담을 하다 **embarrassment** [imbǽrəsmənt] 무안함
confirm [kənfə́:rm] 확인하다 **confront** [kənfrʌ́nt] 직면하다, 맞서다
conceal [kənsí:l] 감추다, 숨기다 **conclude** [kənklú:d] 결론짓다

18 해석 보통 억제되어 있긴 하지만 인간도 동물적 본능의 흔적을 가지고 있다.

어휘 **vestige** [véstidʒ] 흔적, 자취 **repress** [riprés] 억제하다, 참다 **instinct** [ínstiŋkt] 본능
atmosphere [ǽtməsfiər] 대기, 분위기 **appetite** [ǽpətait] 식욕
inhabitant [inhǽbitənt] 거주자, 주민

19 해석 전 세계의 대기 내 수분의 증가는 인간 활동이 급증한 탓으로 할 수 있다.

어휘 **atmospheric** [ætməsférik] 대기의 **moisture** [mɔ́istʃər] 수분, 습기
attribute [ətríbju:t] ~의 탓으로 하다 **digress** [daigrés] (이야기가) 벗어나다
enclose [inklóuz] 동봉하다 **relegate** [réləgèit] 좌천시키다

20 해석 식당을 개조하려는 그 계획은 바닥재를 바꾸는 것과 더욱 현대적인 가구를 마련하는 것을 포함했다.

어휘 **flooring** [flɔ́:riŋ] 바닥재 **modern** [mɑ́:dərn] 현대적인 **relay** [rí:lei] 중계하다
replace [ripléis] 대체하다 **retain** [ritéin] 보유하다, 간직하다
revamp [ri:vǽmp] 개조하다, 수리하다

21 해석 바이러스의 발생을 예방하기 위해서, 의사들은 전면적인 건강 경고를 공표했다.

어휘 **outbreak** [áutbreik] 발생, 발발 **issue** [íʃu:] 공표하다, 발행하다
general [dʒénərəl] 전면적인, 일반적인 **health** [helθ] 건강 **warning** [wɔ́:rniŋ] 경고
preempt [priémpt] 예방하다 **perish** [périʃ] 소멸하다, 죽다 **peruse** [pərú:z] 정독하다
permeate [pə́:rmieit] 스며들다, 퍼지다

22 해석 수개월간 적군에게 포위되어 있었음에도 불구하고, 그 성은 철통같았다.

어휘 **enemy forces** 적군 **remain** [riméin] 여전히 ~이다
impregnable [imprégnəbl] 철통같은, 난공불락의 **besiege** [bisí:dʒ] 포위하다, 에워싸다
assuage [əswéidʒ] (불쾌한 감정을) 누그러뜨리다 **chastise** [tʃæstáiz] 벌하다, 혼내 주다
exploit [iksplɔ́it] 활용하다, 착취하다

23 해석 Elizabeth는 남동생이 자신이 실직했다는 사실을 그녀에게 말하지 않았다는 것을 알았을 때 몹시 화났다.

어휘 **discover** [diskʌ́vər] 알아내다, 발견하다 **protracted** [proutrǽktid] 오래 끄는, 지연된
incensed [insénst] 몹시 화난 **placated** [pléikeitid] (화가) 누그러진, 진정된
irradiated [iréidièitid] 빛나는

24 해석 수년간의 현장 연구는 도예가 메소포타미아에서 처음 유래되었다는 그 고고학자의 이론을 뒷받침했다.

어휘 **field research** 현장 연구 **archaeologist** [ɑ̀:rkiɑ́:lədʒist] 고고학자 **theory** [θí:əri] 이론
pottery [pɑ́:təri] 도예, 도자기 **originate in** ~에서 유래하다
inculcate [inkʌ́lkeit] (사상 등을) 심어 주다 **compound** [kɑ́:mpaund] 혼합하다
undertake [ʌ̀ndərtéik] 맡다, 착수하다 **underpin** [ʌ̀ndərpín] 뒷받침하다, 근거를 대다

25 해석 그 철학자는 그의 동료들보다 더 실용적이었고, 자신의 이론들을 매일의 삶 속에서 시험하기를 좋아했다.

어휘 **philosopher**[filɑ́:səfər] 철학자 **colleague**[kɑ́:li:g] 동료 **prefer**[prifɛ́:r] ~을 좋아하다
theory[θí:əri] 이론 **derelict**[dérəlikt] 버려진
precocious[prikóuʃəs] (지적·신체적으로) 발달이 빠른 **pragmatic**[prægmǽtik] 실용적인
indisputable[ìndispjú:təbl] 명백한

26 해석 그 황량하고 메마른 네바다의 사막 풍경은 그 지역을 예상 밖의 관광 명소로 만들었다.

어휘 **barren**[bǽrən] 메마른, 불모의 **landscape**[lǽndskeip] 풍경 **unlikely**[ʌnláikli] 예상 밖의
tourist destination 관광 명소 **stark**[stɑ:rk] 황량한, 삭막한 **bountiful**[báuntifəl] 풍부한
inveterate[invétərət] 상습적인 **shrewd**[ʃru:d] 통찰력 있는

27 해석 Eleanor는 계획들을 바꾸는 변덕스러운 매니저의 성향을 다루는 것이 어렵다고 생각했다.

어휘 **deal with** ~을 다루다 **tendency**[téndənsi] 성향, 경향 **alter**[ɔ́:ltər] 바꾸다, 변하다
capricious[kəpríʃəs] 변덕스러운 **coarse**[kɔ:rs] 천한, 상스러운 **droopy**[drú:pi] 의기소침한
inimical[inímikəl] 해로운

28 해석 Jack은 지난 며칠간 차의 엔진을 어설프게 고쳤는데, 실제로 이럭저럭 고쳐냈다.

어휘 **for the last few days** 지난 며칠간 **actually**[ǽktʃuəli] 실제로 **manage to** 이럭저럭 ~해내다
shuffle[sʌ́fl] (위치나 순서를) 이리저리 바꾸다 **emulate**[émjulèit] 모방하다, 흉내 내다
tinker[tíŋkər] 어설프게 고치다 **unravel**[ʌnrǽvl] (의문 등을) 풀다, 해명하다

29 해석 철저한 조사 후, 배관공은 역겨운 냄새를 풍기고 있는 것이 망가진 파이프였다는 것을 발견했다.

어휘 **elicit**[ilísit] 이끌어내다 **restore**[ristɔ́:r] 회복하다, 복구하다
exude[igzú:d] (냄새·분위기 등을) 풍기다, 발산하다
engender[indʒéndər] (감정·상태를) 불러일으키다, 낳다

30 해석 그 수상은 현재의 경제 위기에 대한 책임을 회피하지 않을 것이라고 말했다.

어휘 **prime minister** 수상, 국무총리 **state**[steit] 말하다 **responsibility**[rispɑ̀:nsəbíləti] 책임
current[kə́:rənt] 현재의, 최신의 **economic crisis** 경제 위기 **shrivel**[ʃrívəl] 시들다
shirk[ʃə:rk] (게을러서 할 일을) 회피하다 **shill**[ʃil] 팔다, 선전하다
shank[ʃæŋk] (골프 공을) 치다, (잎 등이) 썩어서 떨어지다

Hackers TEPS Vocabulary

인덱스

A

B

A B C D E F G H I J K L M N O P Q R S T U V W X Y Z

D

E

F

G

H

I

J

K

L

M

N

O

P

A
B
C
D
E
F
G
H
I
J
K
L
M
N
O
P
Q
R
S
T
U
V
W
X
Y
Z

Q

R

A B C D E F G H I J K L M N O P Q R S T U V W X Y Z

S

T

U

V

W

Y

Z

A B C D E F G H I J K L M N O P Q R S T U V W X Y Z

주제별 연상 암기로 텝스 단어 30일 완성!

해커스 텝스 기출 보카

개정 3판 11쇄 발행 2023년 10월 2일
개정 3판 1쇄 발행 2018년 10월 17일

지은이 David Cho | 언어학 박사, 前 UCLA 교수
펴낸곳 ㈜해커스 어학연구소
펴낸이 해커스 어학연구소 출판팀

주소 서울특별시 서초구 강남대로61길 23 ㈜해커스 어학연구소
고객센터 02-537-5000
교재 관련 문의 publishing@hackers.com
동영상강의 HackersIngang.com

ISBN 978-89-6542-271-6 (13740)
Serial Number 03-11-01

1위 해커스의 노하우가 담긴
해커스텝스 무료 학습자료

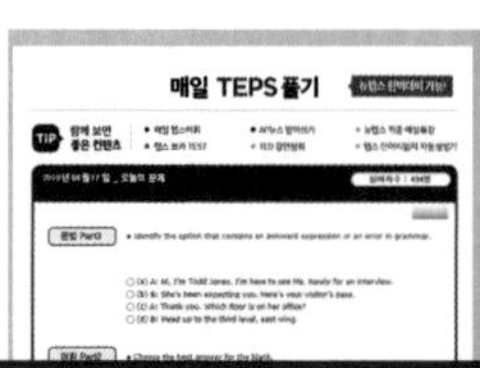

1 매일 업데이트되는 텝스 실전문제로 시험 대비

매일 텝스 풀기

2 베스트셀러 1위 해커스 텝스 리딩의 학습효과를 2배로

최신 텝스 리딩 무료 강의

3 1위 해커스 스타 강사진의 텝스 적중예상특강으로 고득점 달성 가능

텝스 적중예상특강

4 텝스 필수 기출 어휘 학습

매일 텝스 어휘

5 텝스 최신 기출 어휘를 꼼꼼하게 복습

해커스 텝스 기출 보카 TEST

[올해의 브랜드 선호도 1위] 한국소비자브랜드위원회 선정 2012-2016년 올해의 브랜드 대상 교육그룹 부문 5년 연속 수상(해커스 교육그룹)
[해커스 텝스 리딩] YES24 국어 외국어 사전 베스트셀러 텝스 독해/문법/RC 분야 1위(2018년 10월 월별 베스트 기준)

HackersTEPS.com